S.F.
V.

Andrej Sinjawskij

Der Traum vom neuen Menschen oder Die Sowjetzivilisation

Aus dem Russischen von Swetlana Geier

S. Fischer

Das Glossar für die deutsche Ausgabe wurde
von Alexander Kasakewitsch und Elisabeth Ruge erarbeitet.

Die russische Originalausgabe erschien 1989 unter dem Titel
»Osnowy Sowjetskoi Ziwilisazii« bei SYNTAXIS, Paris

Umschlaggestaltung: Buchholz/Hinsch/Walch
Satz: Wagner GmbH, Nördlingen
Druck und Einband: Franz Spiegel Buch GmbH, Ulm
Printed in Germany 1989
ISBN 3-10-074406-3

Inhalt

Der neue Mensch

Die sowjetische Lebensweise

Die Sowjetsprache

Hoffnungen und Alternativen

Nachwort

Vorwort

Die Idee zu diesem Buch und seine Form entstanden aus den Kursen, die ich vor einer westlichen Zuhörerschaft gab. Mir, einem Schriftsteller und früheren Bürger der Sowjetunion, wurden viele Fragen gestellt. Sie bezogen sich auf die Vergangenheit und Gegenwart meines Landes und kreisten alle mehr oder weniger um dasselbe: Wie konnte es dazu kommen und wie lange kann es so weitergehen? Diese Fragen, Diskussionen und Polemiken veranlaßten mich, die vertrauten Züge meines Heimatlandes genauer zu betrachten – dieses Antlitz, das so anziehend und zugleich so erschreckend und abstoßend ist. Um so mehr als ich von meinem Beruf her, als Schriftsteller, von diesen Themen tief berührt bin.

Der Begriff »Zivilisation« setzt neben vielem anderen die Existenz stabiler und beständiger Formen voraus, die lange Zeiten überdauert haben und von ihnen abgeschliffen worden sind. Die Sowjetzivilisation jedoch ist etwas Neues, sie kann nicht auf eine lange Geschichte zurückblicken, auch wenn es ihr gelungen ist, innerhalb verhältnismäßig kurzer Zeit den Eindruck zu vermitteln, sie sei eine dauerhafte und solide Struktur, die sich in der Welt ausbreitet.

Die Sowjetzivilisation zieht die Aufmerksamkeit der Welt auf sich, weil sie die vielleicht auffälligste und bedrohlichste Erscheinung des zwanzigsten Jahrhunderts darstellt. Sie ist bedrohlich, weil sie Anspruch auf die Zukunft der Menschheit erhebt und sich immer neue Länder unterwirft oder Einflußsphären schafft, wobei sie sich selbst als Ideal oder zumindest als gesetzmäßiges Resultat der weltgeschichtlichen Entwicklung versteht. Sie ist so neu, so stark und ungewöhnlich, daß sogar Menschen, die in ihrem Schoß geboren und in ihrer Welt erzogen wurden, sie als etwas Monströses erleben, wie ein Reich von Marsmenschen, dem sie bereits unterworfen sind. Die besondere Schwierigkeit beim Studium der Sowjetzivilisation besteht in erster Linie darin, daß sie uns so nah ist. Uns fehlt der gelassen beobachtende Blick, denn wir sind nicht einfach Historiker, sondern Zeitgenossen und Zeugen (manchmal sogar Akteure) eines Prozesses, der noch nicht abgeschlossen ist und von dem man nicht weiß, wann er zum Abschluß kommen wird. Freilich, wir genießen dadurch die Vorteile einer konkreten und unmittelbaren Erfahrung.

Aber hier erhebt sich noch eine weitere Schwierigkeit: All dies kocht über von Problemen und ist so eng mit aktuellen gesellschaftlichen Fragen verknüpft, daß es aus den unterschiedlichsten, zuweilen einander widersprechenden Gesichtspunkten gesehen wird. Deshalb kann es keine erschöpfenden oder allgemeingültigen Antworten geben, und vieles muß offen und ungelöst bleiben.

Der Stoff ist immens, zumal der Begriff der Zivilisation den Alltag, die Psychologie, die Staatsordnung, die Politik usw. umfaßt, und zu jedem dieser Punkte ist bereits viel geschrieben worden. Um mein Vorhaben bewältigen zu können, will ich meine Aufmerksamkeit weniger auf die Geschichte der sowjetischen Zivilisation richten als auf ihre Theorie, ja, ich möchte fast sagen, ihre Metaphysik.

Dabei stütze ich mich auf einige theoretische Aspekte: Die Revolution, der Staat, der neue Mensch usw. Vorwiegend möchte ich die Sowjetzivilisation mit den Augen der aus ihr hervorgegangenen Literatur betrachten. Denn ein Kunstwerk ist nicht nur analytisch, sondern auch symbolisch, und in diesem Fall geht es uns um die Symbole. Sie sind die Zeugen ihrer Epoche. »Wenn ein Symbol ein konzentriertes Bild ist«, schreibt Trotzkij, der bis jetzt unübertroffene Historiker der russischen Revolution, »so ist die Revolution die größte Symbolbildnerin, denn sie läßt alle Erscheinungen und Beziehungen in ihrer konzentrierten Form auftreten.«

Die Literatur tut dasselbe – in einem Akt eben dieser revolutionären Konzentration.

Als Motto zu diesem Buch können einige Zeilen Radischtschews dienen, aus seiner Ode *An das achtzehnte Jahrhundert*, die er am Ende eben jenes Jahrhunderts geschrieben hat. Sie sind nicht nur ein Motto, sie sind für mich die Würdigung eines unvergeßlichen Gegenstands:

Nein, nicht vergessen wirst du, rasendes, kluges Saeculum,
Verflucht bis ans Ende der Zeit, bis ans Ende der Zeit bestaunt.
Triefendes Blut um deine Wiege, Gesänge, Getöse von Schlachten.
Ach, und triefend von Blut sinkst du hinab in das Grab ...

Die Revolution

»Revolution« – das ist im folgenden der gesamte Komplex von Ideen und Ereignissen, der den Oktober 1917 eingeleitet, ausgelöst und während des Bürgerkriegs bis hin zum endgültigen Sieg der Sowjetmacht fortgeführt hat. Ein revolutionärer Prozeß ergreift die meisten Aspekte des Lebens eines Landes, sogar der ganzen Welt. Er äußert sich als kurzes, stürmisches und radikales Niederreißen und Neuaufbauen des gesamten gesellschaftlichen Lebens und sogar der Denkweisen, als Niederreißen aller oder fast aller Institutionen und historischen Traditionen. Und zwar nicht nur innerhalb Rußlands, sondern auf dem ganzen Erdball, denn die Oktoberrevolution wurde von ihren Schöpfern lediglich als der erste Schritt oder als Prolog zu einer ganzen Kette von Revolutionen betrachtet, die nach ihren Vorstellungen in die Weltrevolution münden sollte – die universale und endgültige Revolution in der Geschichte der gesamten Menschheit.

Auch heute noch, da von der ursprünglichen Intention der Revolution im Alltag der sowjetischen Gesellschaft nicht die leiseste Spur geblieben ist, wirken ihre Kräfte und Stimuli, die zur globalen, universalen Ausdehnung drängten, immer noch fort – wenn auch in anderen Formen. Etwa in der Form der ideologischen, militärischen oder politischen Expansion, die die Sowjetzivilisation in Europa, Asien, Afrika und Amerika beharrlich verfolgt. Im Idealfall soll letztlich auf dem ganzen Erdball die rote Fahne wehen, die zum ersten Mal als Zeichen der siegreichen neuen gesellschaftlichen Ordnung von der Oktoberrevolution gehißt wurde. Es handelt sich um dieselben revolutionären Zielsetzungen, auch wenn sie nun verzerrt auftreten. Am Anfang wurden sie weit ehrlicher und direkter formuliert. In seinem Poem *Die Zwölf* gab Alexandr Blok diesen Stimmungen im Stil einer Moritat Ausdruck:

Allen Bourgeois zum Leid
Werden wir die Welt in Brand stecken,
Den Weltbrand im Blut entfachen,
Segne uns, o Herr.

Die Tendenz zu umfassender, globaler Ausdehnung entsprach der Tiefe und Totalität der eingeleiteten Umwälzung, die einen Bruch mit der gesamten Weltgeschichte darstellte. Denn nach Marx sind die vorrevolutionären Entwicklungsstufen der Menschheit lediglich Vorgeschichte, während die wahre Geschichte erst mit der proletarischen sozialistischen Revolution, als die sich der Oktober 1917 versteht, anhebt. In diesem Sinn sagt Majakowskij 1924 in seinem Lenin-Poem:

Es lebe die Revolution,
Die frohe und rasche,
Sie ist
        der einzige
                große Krieg
Unter allen,
        von denen die Geschichte berichtet.

Der Anspruch ist ungeheuer. Der einzige große – und der letzte – Krieg. Die letzte Gewaltanwendung und der letzte Krieg, die dazu führen sollen, daß alle Gewalt und alle Kriege für immer vom Antlitz der Erde verschwinden und die gesamte Menschheit endlich – und für immer – frei und glücklich wird.

Man fühlt sich an die Apokalypse erinnert. Die Geschichte scheint vergangen und es beginnt »der neue Himmel und die neue Erde«. Das Reich Gottes, das Himmlische Jerusalem werden Wirklichkeit und verheißen ein Paradies auf Erden. Und zwar nicht durch Gottes Ratschluß, sondern als eigenständiges Werk des Menschen. Und auch nicht als Traum oder Phantasie, sondern als Folge der von Marx nachgewiesenen historischen Gesetzmäßigkeit, die unausweichlich ist und in jedem Fall siegen wird, auch unabhängig von unserem Willen, so daß uns modernen Menschen gar keine Wahl bleibt, als diesen Zustand auf dem Wege der Revolution, der »frohen« und »raschen«, herbeizuführen.

Schon an diesen logischen Überlegungen läßt sich die Verquickung einer exakten historischen Wissenschaft (des Marxismus) mit den ewigen religiösen Sehnsüchten des Menschen ablesen. Daher die Ähnlichkeit der Revolution mit dem Jüngsten Gericht – diese Apokalypse aber vollzieht sich auf den Grundlagen des dialektischen Materialismus und verzichtet auf das Mitwirken des Göttlichen, so daß die Idee des »göttlichen Ratschlusses« sich in die von Marx postulierte historische Gesetzmäßigkeit verwandelt. Und dem Kommunisten oder dem Proletarier, dem letzten Kettenglied der menschlichen Geschichte, der nichts zu verlieren hat außer seinen Fesseln und deshalb der »reinste Mensch« ist, obliegt es, diese wissenschaftliche Gesetzmäßigkeit, diese Apokalypse des zwanzigsten Jahrhunderts zu realisieren. Unter diesem Gesichtspunkt gewinnen die Parolen, die die Fahne der Revolution geschmückt und die Menschen fasziniert haben, einen besonderen Sinn. Solche Parolen begeistern und faszinieren immer noch, allerdings nicht mehr die Menschen in der Sowjetunion, sondern die Menschen in anderen Ländern. Aber wenn man diese wirklich großartigen Leitsprüche näher betrachtet, entdeckt man, daß es sich meistens um bestimmte Formeln aus dem Alten und Neuen Testament handelt, die in die Sprache der aktuellen, revolutionären Moderne übersetzt wurden. Und die nicht mehr im Namen Gottes, sondern im Namen des Menschen verkündet werden, der sich an die Stelle Gottes gesetzt hat.

In der Offenbarung des Johannes, in den Prophetien des Alten Testaments und denen anderer Religionen ist gesagt, daß irgendwann einmal – in einem einzigen Augenblick – sich alles verändern und die gesamte menschliche, gesellschaftliche Ordnung sich derart umkehren würde, daß »Viele, die da sind die Ersten, werden die Letzten sein« (so bei Matthäus). Wie eine Paraphrase dieser biblischen Zeile tönen die Worte der Internationale, die von den Kommunisten aller Länder gesungen wird und die Vorstellung einer sakralen Liturgie weckt. Nur statt des »Alleluja« wird etwas anderes gesungen. Ich zitiere hier einige Sätze der Internationale in der russischen Fassung, die dem Geist der Revolution und dem Geist der Apokalypse am nächsten kommen:

> Die Welt der Gewalt werden wir niederreißen
> Bis auf den Grund. Und dann
> Die neue, unsere Welt erbauen:
> Wer niemand war, wird alles sein.

»... daß hinfort keine Zeit mehr sein soll«: Die Stunde der Sowjetzivilisation – auf dem Wege der Revolution – ist gekommen. Der neue »Äon« beginnt.

Betrachten wir andere Parolen der Revolution, die der Bibel entliehen sind, aber auf eine Weise, die von der Bibel nichts mehr übrigläßt. Gott ist abgeschafft, geblieben sind nur die schönen, auf Verwirklichung drängenden Worte: »Die Proletarier haben kein Vaterland.« Ist doch gerade diese Formel (»Die Proletarier haben kein Vaterland« – folglich: »Proletarier aller Länder, vereinigt euch!«) eine den neuen Verhältnissen angepaßte Variante der christlichen Regel: »Es ist hier kein Unterschied unter Juden und Griechen« – nämlich vor dem Angesicht Gottes, vor der neuen Religion.

Man könnte ein ganzes Buch schreiben, das sich ausschließlich mit solchen sprachlichen Übereinstimmungen oder Anleihen beschäftigt, unter dem Titel: »Der Kommunismus und die Bibel.« Das wäre durchaus sinnvoll, schon deshalb, weil der Kommunismus und die Revolution bestimmte höhere Bedürfnisse, die in der menschlichen Seele schlummern, im Leben befriedigen und diesen Bedürfnissen entsprechend die Welt grundlegend verändern wollten, wobei die gesamte bisherige menschliche Geschichte als fehlerhaft und ungerecht über Bord geworfen werden sollte. In diesem Sinne griff der Kommunismus nicht nur als eine neue sozialpolitische und ökonomische Ordnung in die Geschichte ein, sondern gleichermaßen als neue Weltreligion, die alle übrigen verneinte. Und Pjotr Werchowenskij, einer ihrer Verkünder, sagt in den *Dämonen:* »Hier, Väterchen, zieht eine neue Religion anstelle der alten herauf, daher braucht man auch so viele Soldaten ...«

Unablässig nennt sich der Marxismus-Leninismus die einzige wissenschaftliche Weltanschauung, die einzige wissenschaftliche Philosophie. Er will gewissermaßen die wissenschaftlichste aller Wissenschaften sein, die die Gesetze der Natur und der Gesellschaft ebenso beherrscht wie die der Geschichte. Aber diese betonte Wissenschaftlichkeit des Kommunismus schließt seine religiöse Natur nicht aus. Denn seit Anfang des achtzehnten Jahrhunderts entwickelte sich die Wissenschaft, deren Macht von Stunde zu Stunde zunahm, zu einer in ihrer Universalität unvergleichlichen Weltanschauung. Ob ausgesprochen oder nicht – ein Rückhalt bei der Wissenschaft ist für die moderne Menschheit unerläßlich. Die Wissenschaft ist inzwischen ein Bestandteil des Lebens, man schlüpft aus ihr genausowenig heraus wie aus der eigenen Haut. Deshalb verkleiden sich die religiösen Stimuli des Kommunismus als wissenschaftliche Formen und Formeln.

Aber schon die Wissenschaftlichkeit des Kommunismus selbst ist religiös. Die vom Marxismus entdeckten Kräfte und Gesetzmäßigkeiten – in Gestalt der Produktionskräfte und Produktionsverhältnisse, in Gestalt der alles entscheidenden ökonomischen Basis und des Klassenkampfes – spielen die Rolle der göttlichen Vorsehung oder des Fatums, dessen Wirken unaufhaltsam ist. Ob man es will oder nicht – dank der durch den Marxismus nachgewiesenen historischen Notwendigkeit bleibt einem das Paradies nicht erspart, wobei die Geschichte, nachdem der Idealzustand des Kommunismus erreicht sein wird, keinen qualitativen Veränderungen mehr unterworfen ist und auch in der allerentferntesten Zukunft eine weitere Ablösung der erreichten gesellschaftlichen Ordnung durch irgendeine andere nicht mehr vorsieht. Die Frage: Was kommt nach dem Kommunismus? ist ebensowenig statthaft wie die Frage: Was kommt nach der Ewigkeit? Nach dem Kommunismus als idealer Gesellschaftsordnung kommt nur noch ein noch größerer und noch kommunistischerer Kommunismus. Dementsprechend duldet der Kommunismus keine anderen wissenschaftlichen Ansichten über Geschichte und Gesellschaft. Sie werden entweder als unwissenschaftlich oder als pseudowissenschaftlich abgestempelt. Und diese Ausschließlichkeit, diese Einzigartigkeit, dieser Anspruch auf den Rang einer Heilslehre stellen eine weitere Gemeinsamkeit von Kommunismus und Religion dar. Die Äußerungen der Klassiker des Marxismus-Leninismus unterliegen ebensowenig dem Zweifel und der Kritik wie die Heilige Schrift oder die Lehren der Kirchenväter innerhalb eines religiösen Ideensystems. Bereits die spezifische Wissenschaftlichkeit des Kommunismus bietet genügend Gründe, ihn mit einer Religion zu vergleichen.

Das Eigentümliche der kommunistischen Religion besteht darin, daß sie ihre Doktrin ohne alle Abstriche in die Praxis umsetzt und auf sämtliche Lebensgebiete, auf alle Lebenssphären des Menschen uneingeschränkten Anspruch erhebt. Ein Umsetzungsprozeß dieser Art, der Übergang einer Glaubenslehre in ein reales und totales Handeln kann auf Gewalt nicht verzichten. Und um Gewalt im größten Maßstab auszuüben, braucht man Macht. Deshalb erleiden die moralisch-sozialen Ideale des Kommunismus als der absolut gerechten Gesellschaft auf Erden im Zuge ihrer Realisierung deutliche Veränderungen in Richtung einer amoralischen, unmenschlichen Wirklichkeit. Wir können aber auch hier eine Art religiöser Färbung sämtlicher untergeordneten, gleichsam dienstleistenden Einrichtungen beobachten, dienstleistend nämlich im Verhältnis zum höchsten kommunistischen Ideal. Selbst die Gewalt nimmt Züge eines sakralen Versöhnungsopfers an, wobei die Rolle der allmächtigen, opferheischenden Gottheit von der historischen Notwendigkeit übernommen wird. Man opfert nicht einfach sich selbst: Selbstaufopferung wurde in der menschlichen Geschichte schon immer geheiligt. Nun sollen andere geopfert werden, die sogenannten Ausbeuter, und anschließend überhaupt sehr, sehr vieles. Will man dieses »sehr viele« definieren, so könnte man durchaus sagen, daß die gesamte Vergangenheit geopfert werden soll. Dies alles gemahnt an religiöse Mysterien, die ihre Quellen möglicherweise in den urzeitlichen, prähistorischen Blut- und Opferkulten der Vergangenheit haben, in den alten religiösen Ritualen der periodischen Erneuerung von Leben und Welt.

Der Abschied von der Vergangenheit gewann den Charakter einer sakralen Opferhandlung, auf die ein revolutionäres Bacchanal folgte. Dementsprechend traten die Akteure dieses Dramas in der Rolle des »heiligen Mörders« oder des »heiligen Sünders« auf (so bei Blok in den *Zwölf*, in Babels Erzählungen und in anderen frühen Beschreibungen der russischen Revolution). Und die Hauptdarsteller in diesem Drama – die Führer und die Henker – tragen Züge von Oberpriestern und bleiben keineswegs nur politische Funktionäre. Von hier aus ist es nur ein kleiner Schritt bis zur Vergottung der Persönlichkeit des revolutionären Diktators, der die größte Macht in seiner Hand vereinigt und die Gewalt in die Tat umsetzt. Als Macht und Gewalt erscheinen Kommunismus und Revolution in einem sakralen, religiösen und sogar mystischen Licht. Allein der Bruch mit der Vergangenheit wie auch der Bruch mit der alten Religion selbst tragen ein religiöses Gepräge.

Die Revolution stand unter dem Signum »alles neu«. Die Verneinung der Vergangenheit war derart radikal, daß auch die absoluten menschlichen Werte der Vernichtung oder zumindest der Gefahr der Vernichtung ausgesetzt waren. Deshalb kamen der Revolution, nebenbei bemerkt, die Aufrufe der Futuristen so zustatten: Werft die Klassiker vom Schiff der Zeit über Bord!

Die Gedichte des proletarischen Poeten Kirillow, 1917 geschrieben und unter dem Titel *Wir* veröffentlicht, erfreuten sich allgemeiner Beliebtheit, weil sie zu einem Sturm auf die alten Götzen aufriefen:

> Wir sind im Rausch von Leidenschaft und Aufruhr,
> Mag man uns warnen: »Ihr seid des Schönen Henker!«
> Im Namen unseres Morgen werden wir Rafael verbrennen,
> Museen niederreißen und die Kunst mit Füßen treten.

»Das Alte«, »die Vergangenheit« galt als Synonym für »das Schlechte«, und »das Neue« als Synonym für »das Schöne«. Nicht umsonst hat sich der Begriff »Überbleibsel der Vergangenheit«, der für die Sowjetzivilisation so charakteristisch ist, bis auf den heutigen Tag erhalten. Alles Negative im Leben wurde als Folge feindlicher Umtriebe (der Feind ist ebenfalls eine Personifizierung der Vergangenheit) oder im günstigsten Fall eben als ein »Überbleibsel der Vergangenheit« angesehen, das nach und nach auszumerzen war. So wurden etwa Trunksucht, Diebstahl oder die alltägliche Brutalität, die nicht dem Klassenfeind aufs Konto gesetzt werden konnte, samt und sonders zu »Überbleibseln« oder, wie es häufig hieß, zu einem »Erbe der verfluchten Vergangenheit« erklärt. Ein bevorzugtes Angriffsziel und ganz besonders verpönt waren die nationale Vergangenheit und die nationalen Traditionen Rußlands, gleichgültig, ob es sich um die alten Stände (Adel, Klerus, Kaufmannsstand), die Monarchie und die Kirche oder ganz allgemein um die großen Namen und Helden handelte, etwa Alexandr Newskij oder Suworow, die erst sehr viel später (und nur bedingt) rehabilitiert wurden. »Dem heiligen Rußland eine Kugel verpassen!« heißt es in den *Zwölf*. Das ist das Pathos der Revolution. Schon die bloßen Worte »Russe«, »Rußland« verschwanden von der Bühne. Die Revolution verstand sich nicht als ein russisches, sondern als ein internationales Phänomen.

Dieser Logik gemäß ereignete sie sich in Rußland eigentlich deshalb, weil Rußland in der Vergangenheit die letzte Stelle unter allen Ländern eingenommen hatte – der soziale Druck war härter, das Regime morsch, und in der Kette des Weltkapitalismus erwies es sich, dank der russischen Rückständigkeit, als besonders schwaches Glied.

Demzufolge neigten auch die Feinde der Revolution dazu, sie nicht als ein im engeren Sinn nationales Phänomen zu bewerten. In bürgerlichen (und auch nicht bürgerlichen) Kreisen kursierte die Meinung, daß die Revolution ein Machwerk von Juden und Deutschen sei. Es stimmt allerdings, daß an der Spitze und in den Stoßtrupps der Revolution die Nicht-Russen zahlreich waren – Juden, Polen, Letten, sogar Chinesen. Natürlich waren sie im Vergleich mit dem russischen Kontingent in der Minderheit, aber als Ausländer fielen sie, wie immer, sofort auf und weckten ein mißbilligendes Interesse. So kam es zu der bis auf den heutigen Tag geltenden Theorie, die in jüngster Zeit sogar zunehmend an Einfluß gewinnt, der Theorie, daß die Revolution nichts Russisches, sondern etwas Importiertes gewesen sei, das mit dem russischen Volk und dem nationalen Boden nichts gemein habe. Rußland sei, so behaupten die Verfechter dieser Theorie, ein besetztes Land. Die Besatzungsmacht sei aus dem Westen eingedrungen, der Marxismus bedeute eine Infiltration. Ich lehne diese Theorie entschieden ab. Aber es fällt mir ebenso schwer, mich mit der anderen, entgegengesetzten Meinung zu befreunden, die behauptet, die Oktoberrevolution und Sowjetzivilisation seien eine typisch russische, nationale Erscheinung. In der Revolution fließt, wie mir scheint, beides ineinander – Nationales und Internationales, Lokales und Globales. Und der Umstand, daß sie sich als Bruch mit der eigenen nationalen Vergangenheit, der natürlichen Überlieferung und sogar mit dem nationalen Antlitz Rußlands darstellte, schließt ihre Zugehörigkeit zum mütterlichen Boden nicht aus, obwohl die Revolution selbst weit über dessen Grenzen hinausreicht.

Im religiösen Charakter der russischen Revolution trat eine ihrer typischen nationalen Eigenschaften zutage. Auf die Religiosität der Revolutionäre wies als erster Dostojewskij mit all seiner Leidenschaftlichkeit hin, und zu Beginn des zwanzigsten Jahrhunderts schlossen sich einige russische Denker seiner Ansicht an, unter anderem solche, die selbst jeder Art revolutionärer Ideen fernstanden. Zum Beispiel Berdjajew in seinem Aufsatz »Die russische Gironde«, den er 1906, auf dem Höhepunkt der ersten russischen Revolution schrieb. Darin vergleicht er die konstitutionell-demokratische, das heißt die liberale Partei mit den Girondisten. Das politische Programm der Kadetten – national, progressiv, aber gleichzeitig gemäßigt, sozusagen zwischen dem linken und rechten Extrem angesiedelt – entspricht in allem Berdjajews persönlichem Geschmack. Aber er erkennt, daß es in Rußland keine Perspektiven hat, und zwar gerade deshalb, weil es ihm an religiösem Pathos mangelt. Er polemisiert gegen Pjotr Struwe, einen Vertreter der konstitutionell-demokratischen Plattform:

»Die Sozialdemokratie vermittelt ein religiöses Pathos, das die Herzen der Massen gewinnt und die Jugend mitreißt. Die ganze Politik bedeutet für die Sozialdemokraten Religion und religiösen Kult. Was können die konstitutionellen Demokraten dem entgegensetzen? Sie haben überhaupt keine Ideen, außer einer einzigen, die ebenso unbezweifelbar richtig wie flügellahm ist, nämlich daß eine Verfassung, die Recht und Freiheit garantiert, einem absolutistisch-bürokratischen System vorzuziehen sei. Und weder die Jugend noch die Masse der Arbeiter werden den konstitutionellen Demokraten folgen, da diese nicht in der Lage sind, ihnen geistige Nahrung zu bieten, und ihr Wille, sie mit leiblicher zu versorgen, mehr als zweifelhaft ist.

Struwe unterschätzt die reale Bedeutung des religiösen Pathos in der Sozialdemokratie, die nicht durch eine Gegenüberstellung mit den kahlen und formalen Prinzipien des Liberalismus neutralisiert werden kann, da diesen jede Faszination abgeht. Der Wille des Schicksals hat Rußland bereits dem Spiel der Extreme ausgeliefert, schwarz und rot dominieren, und da tut nicht eine bleiche Theorie not, maßvoll und temperamentlos, sondern eine neue zündende Idee.

Eine solche Idee kann nur eine religiöse Idee sein, die nicht weniger radikal ist als die der Sozialdemokraten oder der Schwarzhundertschaft. Solange Struwe dies nicht sehen will, werden alle seine potentiellen Energien nur eine geringe Wirkung haben. Denn er ist ein Skeptiker, und das Geheimnis der Macht über die Herzen, das die Männer roter oder schwarzer Couleur erkannt haben, ist ihm absolut fremd.«

Ein anderer religiöser Schriftsteller, Mereschkowskij, analysierte ebenfalls die Erfahrungen der Revolution von 1905 und schrieb dazu:

»Die russische Revolution – das ist nicht nur Politik, sondern auch Religion. Und dies zu verstehen fällt Europa außerordentlich schwer, weil dort die Religion bereits längst Politik geworden ist ... Die russische Revolution ist ebenso absolutistisch wie die von ihr bekämpfte absolute Monarchie ... Bereits Bakunin hatte vorausgesehen, daß die endgültige Revolution nicht mehr ein nationales, sondern ein globales Ereignis sein würde. Die russische Revolution ist eine globale Revolution. Sobald Ihr Europäer dies erkennt, werdet Ihr alle Anstalten treffen, um der Feuersbrunst Herr zu werden. Aber nehmt Euch in acht, Ihr werdet uns nicht löschen, wir aber werden Euch in Brand setzen.«

Als den größten Propheten der russischen Revolution zitiert Mereschkowskij Dostojewskij. Nach seinen Worten

»fürchtet und haßt Dostojewskij die Revolution, ist aber außerstande, sich etwas außer dieser furchtbaren und verhaßten Revolution vorzustellen. Für ihn ist sie das absolute, wenn auch negative Maß aller Dinge, die allgemeinste Denkkategorie. Es gibt nichts anderes, wovon er träumen, woran er denken kann. Wenn es einen Menschen gäbe, der die Revolution über Rußland heraufbeschworen hätte, so wie Zauberer ein Unwetter herbeischwören, so wäre es selbstverständlich Dostojewskij gewesen. Von Raskolnikow bis zu Iwan Karamasow sind alle seine Lieblingshelden politische und religiöse Rebellen, Verbrecher gegen menschliche und göttliche Gesetze und zugleich Atheisten, aber Atheisten von einem besonderen, dem russischen Typus, mystische Atheisten, nicht geradlinige Gottlose, sondern Ringer mit Gott.«

Diese Behauptung mutet seltsam an: Ist denn ein Atheist religiöser Prägung oder gar ein mystischer Atheist denkbar? Und worin soll der Unterschied zwischen einem »gottlosen« und einem mit Gott ringenden Atheisten bestehen? Aber es geht ja gerade darum, daß die russischen Atheisten, die dazu neigen, mit ihrem Gott zu ringen, zu dem religiösen psychologischen Typus gehören, im Gegensatz zu dem geradlinigen Gottlosen. Ein gottloser Atheist nach rationalem westlichem Zuschnitt ist sich sicher, daß es keinen Gott gibt und steht deshalb dem gesamten Problemkreis Gott und Religion ruhig und gelassen gegenüber, denn wenn es nun einmal keinen Gott gibt, braucht man sich weder um ihn Gedanken zu machen, noch mit ihm zu ringen. Aber der russische, der mit Gott ringende Atheist läßt in der Tiefe seines Herzens, fernab von allem Bewußtsein, die Möglichkeit zu, daß es Gott gibt, und sieht sich veranlaßt, Ihn zu versuchen, zu provozieren, oder er fordert Ihn zu einer imaginären Diskussion, zu einem Wettkampf auf: Wer ist besser, wer ist gerechter, wer ist stärker? Darin kann unter anderem ein Grund für die ungeheuren Ausfälle gegen kultische Gegenstände gesehen werden. Zum Beispiel, warum die Ikonen nicht einfach abgehängt, sondern als Dielenbretter in der Dorfsauna verwendet wurden, wobei nicht einmal das Antlitz abgehobelt oder abgeschliffen wurde. Oder warum sie reihenweise vor einer Mauer aufgestellt und beschossen wurden, als wären sie für die bäuerlichen Gottesringer lebendige Wesen.

In Dostojewskijs Romanen begegnen wir Gottesringern auf hohem intellektuellem und moralischem Niveau, wie etwa Raskolnikow (*Schuld und Sühne*), Ippolit (*Der Idiot*) oder Iwan Karamasow (*Die Brüder Karamasow*). Sie alle sind Atheisten, Nihilisten und Rebellen, aber zugleich gute und mitfühlende Menschen – viel zu gut und viel zu mitfühlend. Sie sind tödlich verletzt durch das Bewußtsein der Ungerechtigkeit, des Bösen auf dieser Welt und von Liebe und Mitleid zu den Menschen erfüllt. Daraus entspringt ihre Abkehr von Gott, dessen Güte und Barmherzigkeit angesichts solcher Leiden auf Erden in Frage gestellt wird. Der berühmte Ausspruch Iwan Karamasows ist eine Art Devise des russischen Atheismus: »Nicht, daß ich Gott nicht gelten ließe ... ich möchte ihm nur ergebenst meine Eintrittskarte zurückgeben.« (Die Eintrittskarte in das himmlische Reich.) Er möchte sie »zurückgeben«, weil auf der Erde das Böse herrscht, mit dem er sich unmöglich abfinden will, ebensowenig, wie er Gott die Tränen eines zu Tode gequälten unschuldigen Kindes vergeben kann.

Hier, meint Dostojewskij, entspringt der russische Sozialismus als Folge des russischen Atheismus, der die Form eines Ringens mit Gott angenommen hatte. Nach dieser atheistischen Logik wird der Mensch, da es keinen Gott geben soll, selbst Gott und erschafft das Paradies auf Erden, aus dem das Böse und das Leid verbannt sind. Deshalb unterhalten sich die »russischen Jungen« in der Kneipe entweder über Gott oder über Sozialismus, was übrigens, fügt Dostojewskij hinzu, fast dasselbe ist. Denn es handelt sich in beiden Fällen um ein Suchen nach Gott, um ein Suchen nach Religion, selbst wenn dabei sowohl Gott als auch die Religion negiert werden.

Mit Leichtigkeit entdeckt man auch in der geistigen Physiognomie der russischen Revolutionäre analoge Züge. Die beste und schärfste Charakteristik dieses psychologischen Typus finden wir bei Majakowskij. Als bereits gefeierter sowjetischer Dichter verkündete er:

An der Zeiten Brücke,
Allen zum Hohn,
Zum Gespött
Als Heiland irdischer Liebe
Muß ich stehen.
Ich stehe an Aller statt,
Sühne für Alle.
Weihe für Alle.

Das Kreuz, das er als Stellvertreter des allmenschlichen Leidens und der Liebe auf sich nimmt, wird zum bleibenden Symbol für seinen Lebensweg und für seine Kunst. Und mit dem Kreuz und der Kreuzigung tauchen in seinem Werk auch andere, vielsagende Ideen und Bilder auf – Christi Geburt, Christi Wunder, seine Auferstehung von den Toten, die apokalyptischen Motive vom Ende der Welt und vom Neuen Jerusalem. Dabei handelt es sich nicht um eine Stilisierung: es ist eine bewußte oder auch unbewußte Aneignung der religiösen Idee, die im gleichen Augenblick zu einem Ringen mit Gott wird, zu einer Negation sämtlicher früheren Glaubensbekenntnisse, die der Welt die erhoffte Erneuerung bis jetzt vorenthalten haben.

In seiner frühen Schaffensperiode erreichte der Messianismus Majakowskijs seinen Höhepunkt in dem Poem *Eine Wolke in Hosen* (1915), das ursprünglich den Titel *Der dreizehnte Apostel* trug. Es ist die kürzeste Selbstdarstellung des realen Menschen und Dichters Majakowskij, der eine zweideutige Beziehung zum Evangelium unterhält. Für diese Beziehung sind extreme Anziehung und Zurückweisung charakteristisch. Schon die Wendung »Dreizehnter Apostel« klingt wie »Antichrist«: mit »Apostel« meint er sich selbst, davor steht die böse, unheilige Zahl »Dreizehn«, beides nebeneinander ist Blasphemie. Und im selben Atemzug erhebt dieser überzählige, »zusätzliche« und nichtkanonisierte Apostel Majakowskij Anspruch auf eine Fortführung der religiösen Verklärung des Lebens, und zwar entschiedener und kühner als die Zwölf Apostel und sogar noch realer, als es vom Schöpfer vorgesehen und von Ihm verwirklicht worden ist. Die Religion verwandelt sich in die Revolution, die mit der Gottesleugnung anhebt, aber für Majakowskij dennoch die Religion der höchsten Liebe bleibt.

Pasternak sagte, daß der junge Majakowskij ihn am meisten an die »jüngeren Helden« Dostojewskijs erinnere, an seine Nihilisten und Rebellen.

In dem Poem *Eine Wolke in Hosen* gibt der »Dreizehnte Apostel« Majakowskij nach dem Beispiel Iwan Karamasows dem Schöpfer seine Eintrittskarte in das Himmlische Reich zurück, nur auf eine äußerst ungenierte und direkte Art, eben als Nihilist neuester Prägung. Aber hinter seinen Blasphemien sind der Schmerz, die Liebe und das Verlangen nach Gott nicht zu überhören – und zwar sofort, hier, restlos und real. Und wehe, wenn das nicht geht!

> Allmächtiger, Du schafftest zwei Hände,
> Du machtest
> daß jeder einen Kopf auf den Schultern trägt –
> warum schafftest Du nicht,
> daß man ohne zu leiden
> küssen und küssen und küssen kann?!

Mit diesem unermeßlichen Vorrat an Leidenschaft und Verzweiflung, mit diesem Verlangen, in einem Augenblick die Welt umzukrempeln, mit dieser Bereitschaft zu unerhörtem religiösen Einsatz, selbst wenn es um ein Attentat gegen Gott geht, schloß sich Majakowskij der Revolution an und wurde ihr erster Sänger.

Die Elementarkraft Volk

Freunde und Feinde haben die Revolution mit einem Kataklysmus verglichen – mit Sintflut, Erdbeben, Weltbrand, Sturm und Zyklon.

Und in der Tat, Rußland geriet um diese Zeit in einen Zustand elementarer chaotischer Auflösung, damit aus diesem Chaos eine andere, eine neue Kultur entstehen sollte. Es läßt sich darüber streiten, was den Zusammenbruch ausgelöst hat. Der Sturz der Monarchie durch die Februarrevolution 1917? Oder die Entfesselung irgendwelcher neuen Elementarkräfte, die im Oktober und später, während des Bürgerkrieges sich äußerten? Ich persönlich neige zu der Auffassung, daß der Hauptstoß gegen die Hierarchie, die die alte Zivilisation verkörperte, an der Front, im letzten Akt des Krieges gegen Deutschland, geführt wurde. Als die Armee – geschlossen – desertierte oder sich mit den Deutschen verbrüderte, zum Zeichen der Beendigung des Krieges, als die Soldaten ihre Offiziere einfach umbrachten, sobald diese sie daran zu hindern versuchten, nach Hause zu gehen und das Land aufzuteilen. Das alte zaristische Rußland ruhte auf dem Fundament der Unterordnung der niederen gegenüber den höheren Rängen, der unteren gegenüber den oberen gesellschaftlichen Schichten. Und nun, als Resultat fortgesetzter Niederlagen auf dem Kriegsschauplatz und der beginnenden revolutionären Anarchie, zerriß das stabilste hierarchische Kettenglied der Unterordnung – die Armee.

Man muß zugeben, daß die Parolen der Bolschewiki aktuell und taktisch zweckmäßig waren: »Weg mit dem Krieg!«, »Friede den Völkern!«, »Brot für die Hungrigen!« und »Das Land den Bauern!«, »Die Fabriken den Arbeitern!«, »Enteignet die Enteigner!« oder »Expropriation der Expropriateure!« Und alles dies war sozialistische Revolution.

Die Bolschewiki gewannen ihr Spiel in erster Linie deshalb, weil sie die Elementarkräfte entfesselt, die Hierarchie zerstört und damit der alten Gesellschaft die Möglichkeit einer wirksamen Gegenwehr genommen hatten. Deren Widerstand setzte verzögert ein, im Bürgerkrieg, aber da war es bereits zu spät.

Der höchste und wahrhaft adäquate Ausdruck der revolutionären Elementargewalt in der russischen Literatur ist das Poem *Die Zwölf* von Alexandr Blok. Dieses Poem verkörpert jenes tosende Element, das Blok die Musik der Revolution nannte. Darunter verstand er nicht nur jene Musik, die die Straßen erfüllte, sondern das Tönen eines »Weltenorchesters«, wie er es nannte, das aus höheren jenseitigen Sphären erklang. Nach seinem Verständnis begann die Revolution im Geistigen, um sich in der Folge im Irdischen zu ereignen. Aber sowohl das eine wie das andere bedeutete für ihn eine Entfesselung von Elementarkräften, die den Zeitereignissen zugrunde liegen. Die »Musik der Revolution« hatte Blok noch vor ihrem Ausbruch vernommen und wie ein Seismograph das Nahen einer Weltkatastrophe registriert, der er sich als der Quelle seiner Lyrik und als einer historischen Notwendigkeit verwandt fühlte. Es ist unumgänglich, seine eigentümliche Auffassung von »Elementarkräften« und »Zivilisation« als Gegensätze zu beachten. Es steht uns frei,

Bloks Ansichten zu teilen oder nicht, jedenfalls sind sie äußerst interessant und aufschlußreich – und dies nicht nur, weil Blok der größte russische Dichter des beginnenden zwanzigsten Jahrhunderts ist. Diese Ansichten sind deshalb so bedeutend, weil wir gegenwärtig mit demselben Problem konfrontiert sind, mit dem Gegensatz von »Elementarkräften« und »Zivilisation«. In seinen Augen sind die »Elementarkräfte« ein ständig verjüngendes, schöpferisches, musikalisches Prinzip, das bis zu einem bestimmten Augenblick im Schoß der Natur, auf dem Grund des nationalen und kosmischen Lebens schlummert. »Elementarkraft« ist jener unbezähmbare und unregulierbare Geist der Musik, aus dem der Kosmos und die Harmonie geboren wird, aus dem, in der menschlichen Geschichte, die Kultur entsteht und erblüht. »Elementarkräfte« sind irrational und organisch. Sie können furchtbar und vernichtend sein, aber in ihnen verbirgt sich das Pfand der Zukunft, und deshalb sind sie immer im Recht, selbst in der Zerstörung, mit der sie die Welt bedrohen. Widerstand wäre genauso sinnlos wie das Unterfangen, sich einem Orkan oder Erdbeben zu widersetzen. Die Aufgabe des Dichters ist es, auf die Elementarkräfte zu hören und mitzuschwingen, selbst wenn es für ihn persönlich den Untergang bedeutet.

Die »Zivilisation« dagegen ist nicht nur dem Elementaren, sondern auch der Kultur entgegengesetzt. Denn die Zivilisation ist eine kalte tote Kruste, die sich an der Oberfläche des Lebens und der Kultur bildet und ihre Weiterentwicklung behindert. Aber unter dieser Kruste, wie unter der Erdrinde, brodeln und rebellieren die Elementarkräfte ewig weiter, bis sie eines Tages ausbrechen und die Zivilisation hinwegfegen, damit auf dem noch nicht erkalteten bewegten Boden ein neues Leben und eine neue Kultur entstehen. Unter diesem Gesichtspunkt besteht die Weltgeschichte in erster Linie aus periodisch sich wiederholenden Explosionen des Elementaren, den Vulkanausbrüchen vergleichbar, worauf die äußere Rinde erneut zu der leblosen, musiklosen Zivilisation erstarrt.

Und genau diese titanische, alles umwälzende und alles verwandelnde Rolle des Elementaren vermittelt uns Blok in seinem

Poem. Denn die Revolution, die er weniger als politisches, sondern als metaphysisches und musikalisches Ereignis erlebte, war für ihn die gewaltigste Manifestation des Elementaren, seine Kulmination und Apotheose. Und zu einer solchen Apotheose wurde auch sein Poem *Die Zwölf*.

Und als der Ausbruch und der Sturm der revolutionären Elementarkräfte ihren Höhepunkt überschritten hatten, als sie von dem Prinzip der Staatlichkeit, Organisation und Ordnung (das heißt: Zivilisation) abgelöst wurden, verstummte für Blok die Musik der Revolution, und er, der Dichter, verstummte ebenfalls. Er hat sich auch weiterhin zu seinem Poem bekannt, aber mit dem Ende des Ausbruchs der Elemente beginnt für ihn die Epoche der Sprachlosigkeit und Atemnot. Und bald darauf starb er, als hätte er sich restlos – physisch und künstlerisch – in seinem der Revolution ebenbürtigen Poem verausgabt.

Schließlich darf ein drittes Moment in der Darstellung des Elementaren bei Blok nicht außer acht gelassen werden. Das Elementare ist Selbstzweck und durch sein eigenes Sein gerechtfertigt. Blok, und das ist das Bemerkenswerte, schlug in seinem Plädoyer für die Revolution als Ausdruck der Elementarkräfte keineswegs den üblichen Weg der Idealisierung, Lobpreisung und Verherrlichung ein. Ganz im Gegenteil: Er zeigte das Dunkelste und Finsterste, was er an ihr damals, Anfang 1918, gesehen hatte – Mord, Raub, das wilde Trudeln der betrunkenen, von ihrem eigenen Triumph berauschten Menge, die sinnlose Knallerei auf den unsichtbaren Feind ... Und nachdem er das alles in einem Sturmreigen durcheinandergewirbelt, nachdem er das Dunkel der Nacht durch weißen Schnee und aufblitzende Lichter unterbrochen hat, stellt er die Revolution als Wechselspiel von Hell und Dunkel dar, das er schließlich mit einem letzten Lichteinfall (oder Kontrast), mit Jesus Christus krönt, der als Geisterscheinung die Revolution anführt.

> Tack-tack-tack! Nur ein Echo
> Schallt als Antwort aus den Häusern ...
> Nur des Schneesturms langes Lachen

Hallt im Schneegestöber fort ...
Tack-tack-tack!
Tack-tack-tack!
... Schreiten weiter machtbewußt –
Hinter ihnen – der hungrige Köter,
Vor ihnen – mit blutroter Fahne,
In den Stürmen unsichtbar,
Gegen die Kugel gefeit,
Zarten Schritts über den Stürmen,
Über Schnee und Perlenfelder,
In der weißen Rosenkrone –
Vor ihnen – Jesus Christus.

Das Ersetzen absoluter Prinzipien durch alles auf den Kopf stellende Ironie und der Wirklichkeit durch Kunst und Karneval besagt, daß die Revolution als Ausbruch des Elementaren Selbstzweck ist. Und daß die Frage müßig bleibt, ob sie recht oder unrecht hat. Sie ist, wie sie ist.

Christi Erscheinung im Finale drückt zweifellos Bloks moralisch-emotionales Akzeptieren der Revolution aus. Es handelt sich sozusagen um das Mystische, das hinter jeder Emotion steht und nicht nur für Blok und seine *Zwölf*, sondern für den gesamten Komplex der Revolution gültig ist. Denn selbst beim einzelnen Menschen ist ein elementarer, emotionaler Ausbruch, wenn er mächtig und tiefgreifend ist, weder auf Argumente noch auf Rechtfertigung angewiesen. Mehr noch, ein solcher Ausbruch ist irrational und vernunftwidrig ...

Ich möchte das an einem Beispiel aus Dostojewskijs *Brüder Karamasow* erläutern, einem Beispiel aus dem berühmten zentralen Kapitel des Romans – »Rebellion«. Das ist jenes Kapitel, in dem Iwan Karamasow Gott seine Eintrittskarte in das Himmelreich zurückgibt. Nicht nur die Beweisführung des mit Gott ringenden Atheisten Iwan macht dieses Kapitel besonders interessant, sondern Aljoschas Reaktion auf einige dieser Argumente. Denn Aljoscha Karamasow ist Dostojewskijs ethisches Ideal, er ist der lebende praktische Träger Christi und des Christentums in der modernen Welt. Iwan Karamasow erzählt seinem Bruder Aljoscha eine Geschichte vom Leiden eines unschuldigen Kindes. In dieser Geschichte läßt ein alter Gutsbesitzer, ein pensionierter General, einen kleinen Jungen, der als Leibeigener zu seinem Gesinde gehört, von Jagdhunden zu Tode hetzen. Die Hunde zerfleischen das Kind vor den Augen seiner Mutter. Und nun fragt Iwan Karamasow seinen Bruder, was man mit dem General tun solle? Was soll man mit ihm tun, um dem »sittlichen Empfinden Genugtuung zu verschaffen?« präzisiert Iwan. »›Erschießen!‹ sagte Aljoscha leise, mit einem bleichen, irgendwie schiefen Lächeln und hob den Blick zum Bruder empor. ›Bravo!‹ brüllte Iwan verzückt, ›wenn du das sagst, dann ... Du bist mir ein schöner Mönch!‹« Darauf korrigiert sich Aljoscha als wahrer Christ und fährt fort: »›Ich habe Unsinn geredet, aber ...‹« Aljoschas Antwort ist widersinnig vom Gesichtspunkt der »sittlichen Normen des Christentums«, nach denen er sich richtete und immer noch richtet. Aber es gibt eine unmittelbare menschliche Reaktion, die ihm gegen seine logischen und sogar seine moralischen Gründe einfach diktiert: »Erschießen!« Und das ist die Macht der unmittelbaren emotionalen Reaktion.

Wenn man diese Antwort Aljoscha Karamasows in die Epoche der Oktoberrevolution transponiert, so wird man begreifen, weshalb die Erschießungen und selbst das Wort »Erschießung« mit einem Schlag einen so erhabenen und sogar romantischen Sinn erhielten. Denn was könnte man sonst, fragen wir uns, mit dem oben erwähnten General, der das Kind vor den Augen der Mutter von Hunden zerfleischen läßt, anstellen? Wahrscheinlich würden wir keine andere Antwort finden als die Aljoscha Karamasows: »Erschießen!«

Das ist jene Emotion, der seelische Aspekt des Elementaren, die Blok in seinem Poem *Die Zwölf* uns vor Augen führt und rechtfertigt. Deshalb klang das bloße Wort Revolution für viele, sogar für sehr viele Ohren wie höchste Gerechtigkeit.

Vielleicht hat Alexandr Blok sich damals vom Elementaren überrennen lassen und es überschätzt? Ein eindeutiges Urteil ist nicht möglich. Allein, es finden sich Argumente zugunsten des Elementaren auch in Pasternaks Roman *Doktor Schiwago,* und zwar zu einer Zeit, in der er von der Revolution keineswegs angetan war und sie in vielen Punkten negativ beurteilte (einschließlich des Ausbruchs des Elementaren). Trotzdem fühlte sich Pasternak genötigt, die Revolution als den erhabensten und inspirierendsten schöpferischen Augenblick in Geschichte und Natur zu beschreiben: »Ein verblüffendes Schauspiel ... Sterne und Bäume treten zusammen und reden miteinander. Nachtblumen philosophieren und steinerne Häuser halten Versammlungen ab. Es ist wie im Evangelium, nicht wahr?«

Dies alles spiegelt sich schon in Pasternaks Gedichtband *Meine Schwester, das Leben,* der im Sommer 1917 entstand. Ist das vielleicht – fragt man sich – alles eine Wirkung lediglich der Februarrevolution? Und nicht der Oktoberrevolution? Nein, auch in der Oktoberrevolution erlebte Pasternak das Weiterwirken derselben Elementarkräfte, und in *Doktor Schiwago* entwirft er eine Landschaft, die der von Blok verwandt ist, auch wenn sie in eine andere, die realistische Tonart transponiert ist: »Jurij Andrejewitsch bog immer wieder um die Ecke, aus einer Gasse in die andere. Er hatte schon längst aufgegeben, sie zu zählen, als es plötzlich dicht zu schneien begann, und bald erhob sich ein Schneesturm, ein Schneesturm, wie er im offenen Feld heulend über den Boden fegt ...«

Es ist verblüffend, daß im Abstand von fast einem halben Jahrhundert und von vollkommen verschiedenen Positionen aus Blok und Pasternak sich in einer positiven emotionalen Bewertung des »Elementaren« treffen, des »Elementaren« sowohl in seiner metaphysischen als auch in seiner sinnlichen Form. Offensichtlich waren die Macht und der Zauber der »Elementarkräfte« so beherrschend, daß zwei sehr verschiedene Dichter unabhängig voneinander ihrem Ruf folgen mußten.

Wenden wir uns nun einer anderen sozialen Schicht des revolutionären emotionalen Stroms zu. Ich denke dabei an Sergej Jessenin. Es ist bekannt, daß Jessenin die Revolution mit der gleichen Begeisterung begrüßte wie Blok, aber bodenständiger, volkstümlich vom Gesichtspunkt des Dorfes, des Bauern und des bäuerlichen revolutionären Impulses aus. Und dies mit gutem Grund – Rußland war alles in allem ein bäuerliches Land. Und der direkte Nutzen der Revolution für den Bauern war – Land. Es war Jessenin, der in den Jahren der Revolution vor allem diesen Aspekt entwickelte, den Aspekt der bäuerlichen Elementarkraft, die in die Revolution einfloß.

Und gerade bei ihm, gerade bei Jessenin, läßt sich am besten der Zusammenstoß dieser Kraft mit der neuen Staatlichkeit, mit der neuen Zivilisation beobachten. Das Elementare bewirkte die Revolution, ging aber letztendlich leer aus. Die neue Ordnung schlug es in Fesseln.

Schon sehr früh, bereits 1919, tritt bei Jessenin der Gegensatz zwischen dem revolutionären bäuerlichen Element und dem revolutionären Regime zutage, das in seinen Gedichten die Gestalt der »Stadt« annimmt. Diese »Stadt« bedeutet in seinem Munde noch etwas anderes – den Anbruch einer neuen Zivilisation.

Stadt, o Stadt! In hartem Zweikampf
Brandmarkst du uns als Abschaum und Aas.
Die Felder verenden in großäugiger Sehnsucht,
Erdrosselt von Telefonmasten.

Sehnig und muskulös ist der Teufelsnacken
Und leicht trägt er das Gerüst aus Stahl.
Doch was tut's? Es ist nicht zum ersten Mal,
Daß wir gebeutelt werden und untergehen.

Wovon ist hier eigentlich die Rede? Von dem Generalangriff der Stadt auf das Dorf? Äußerlich gesehen – ja. Aber im wesentlichen geht es um den Angriff der neuen toten Zivilisation auf die revolutionären Elementarkräfte, die diese Zivilisation in die Welt gesetzt haben. Um den Kampf des Staates mit jenem Prinzip, das, ohne es zu wissen, die Voraussetzungen zur Errichtung dieses Staates geschaffen hatte.

In Jessenins Poem *Vierzig Tage* aus dem Jahr 1920 gibt es eine wunderbare, der Natur abgeguckte Szene: Ein Fohlen galoppiert in der Steppe mit einer Lokomotive um die Wette. Dieser Wettlauf eines lebendigen Pferdes, eines Pferdes aus Fleisch und Blut, mit einem eisernen gewann für Jessenin persönlich eine umfassende symbolische Bedeutung. In einem Brief aus demselben Jahr an E. Liwschiz kommentiert er diese Episode:

»Hier ein anschauliches Beispiel ... Wir fuhren von Tichorezkaja nach Pjatigorsk. Da sehen wir, daß neben der Lokomotive ein junges Fohlen dahergaloppiert. Es galoppiert so, daß uns sofort klar wird, es will die Lokomotive überholen. Das dauerte eine ganze Weile, schließlich wurde es müde, und an einem Bahnhof wurde es eingefangen. Mag diese Episode für andere bedeutungslos sein, mir sagt sie sehr viel. Das stählerne Pferd siegte über das lebendige. Dieses junge Fohlen war für mich das anschauliche, geliebte, aussterbende Bild des Dorfes und des Wesens von Machno. Beide, das Dorf und Machno innerhalb unserer Revolution, ähneln auf unheimliche Weise dem Wettstreit der lebendigen und der eisernen Kraft.«

Der Vergleich eines Fohlens mit Machno ist verblüffend. Denn Nestor Machno ist die Personifikation der elementaren anarchistischen Bauernbewegung innerhalb des Revolutionsstroms, jener Bewegung, die Jessenin vertraut ist. Sie nimmt an der Revolution teil und trägt praktisch zu ihrem Triumph bei. Gleichzeitig aber gerät sie in einen Konflikt mit der neuen Staatlichkeit und muß deshalb schließlich liquidiert werden.

Und so sieht die Endphase dieser elementaren Bewegung in einem Gedicht Jessenins aus dem Zyklus *Kneipen-Moskau* aus:

Wieder wird hier gesoffen, gerauft und geweint
Zu der gelben Harmonika-Trauer,

Das Pech, das man hatte, verflucht,
An das Moskowitische Rußland erinnert.

Alle haben etwas für immer vertan,
Mein tiefblauer Mai! Der lichtblaue Juni!
Deshalb riecht es womöglich nach Aas
Bei diesen düsteren Festen ...

Etwas Böses im Blick,
Widerspenstig die lauten Reden,
Sie trauern um die törichte Jugend von damals,
Die ihr Leben unbekümmert verspielte.

Sie trauern, weil des rauhen Oktobers
Schneestürme sie täuschten,
Und die neue Verwegenheit schleift
Das im Stiefel sicher steckende Messer.

Nein! Dieses Volk ist nicht niederzuwalzen, nicht auszulöschen.
Sorglos und wagemutig macht es die Fäulnis.
O, Mutter Rußland ... Ruß. . .land ...
Asiatisches Land!

Die Säufer in der Kneipe erinnern sich an das »moskowitische Rußland« – wohl an die ungebärdige, unbändige Urkraft des alten Moskauer Reiches und gleichzeitig an die eigene, noch gar nicht so lange zurückliegende revolutionäre Vergangenheit. Es sind alles Menschen, die von der Revolution enttäuscht wurden, ebenso wie Jessenin, und nun wieder zu einem neuen elementaren Ausbruch bereit sind, diesmal aber als Räuber und Rowdies. Hier ist Zerfall, Fäulnis und gleichzeitig das Wissen um den ersten, schönen, jugendlichen Schwung. Und wenn sie um die Jugend, deren Leben von der Revolution zerstört wurde, trauern, trauern sie um sich selbst.

Und jene, die »weit fort sind« (im selben Gedicht), das sind Kommunisten, die ihre alten Kameraden, das Volk und seine elementare Kraft, ihre ehemalige Basis, vergessen haben. Als Kommentar zu dieser Auffassung der Schenke als eines revolutionären Elementarreichs, wenn auch bereits mit einem gewissen *haut gôut* und verdorben, kann uns ein kaum bekannter Brief Jessenins dienen, den er am 7. Februar 1923 an seinen ehemaligen Gesinnungsgenossen aus der Imaginistengruppe, Alexandr Kusikow, schrieb. Jessenin hielt sich zu dieser Zeit im Ausland auf, Kusikow war bereits aus Rußland emigriert, und Jessenin schrieb ihm einen Brief, der in der Sowjetunion nie veröffentlicht wurde. Der Westen mißfiel Jessenin, und er hatte Heimweh. Aber auch zu Hause in Rußland erwartete ihn nichts Erfreuliches, und er wußte das. Und so schrieb er an Kusikow:

»Sandro, Sandro! Das Heimweh ist tödlich – ich komme mir hier fremd und überzählig vor, aber kaum denke ich an Rußland, kaum denke ich daran, was mich dort erwartet, da vergeht mir die Lust, zurückzukehren. Wäre ich allein, hätte ich nicht meine Schwestern, dann würde ich mich auf dem Absatz umdrehen und nach Afrika oder sonstwohin auswandern. Es widerstrebt mir, einem legitimen Sohn Rußlands, im eigenen Land ein Stiefsohn zu sein. Ich habe genug von der liederlichen Herablassung der Machthabenden und erst recht von der Arschkriecherei meiner Berufsgenossen. Ich kann es nicht! Bei Gott, ich kann es nicht ertragen. Soll man um Hilfe rufen oder ein Messer einstecken und sich irgendwo am Straßenrand auf die Lauer legen? (Das heißt, unter die Räuber und Wegelagerer gehen, A. S.)

... Ich bin zornig und verzagt. Ich weiß nicht mehr, zu welcher Revolution ich gehörte. Ich weiß nur, daß es wahrscheinlich weder die Februar- noch die Oktoberrevolution war. Wir trugen einen November in uns und tragen ihn immer noch im Herzen ...«

In diesem Fall bedeutet »November« eine dritte, eine künftige Revolution, die sich nun gegen die neuen staatlichen Schablonen richtet. So ist Jessenins Vers zu verstehen: »Und die neue Verwegenheit schleift das im Stiefel sicher steckende Messer.« Hier wird bereits an einen neuen Pugatschow gedacht, der sich mit seinem Gefolge in die Kneipen zurückzieht und dort der früheren

Freiheit gedenkt. Dies ist freilich nicht mehr die Revolution, sondern ihre kümmerliche Nachhut, die mit einer anderen, sehr üppigen, kriminellen und halbkriminellen Woge zusammenfließt – mit der Welt der Banditen, Diebe und Rowdies ... Es ist bemerkenswert, daß Jessenin dieses neue Milieu in Verbindung mit der Oktoberrevolution sieht, die eine elementare Kraft erst ausgenutzt, darauf betrogen, niedergewalzt und ausgelöscht hatte, entgegen Jessenins Zuversicht, daß man uns, sorglos wie wir sind, weder niederwalzen noch auslöschen kann ...

Das Elementare und die Macht

Selbstverständlich gibt ein dichterisches Bild nie die Komplexität aller realen Vorgänge wieder, sondern zeigt sie uns in verallgemeinerter, gleichsam idealer Gestalt. Um die Elementarmacht der Revolution konkreter und historisch real anschaulich zu machen, wende ich mich Furmanows Erzählung »Tschapajew« zu, die 1923 geschrieben wurde. Künstlerisch-literarisch steht dieses Werk nicht besonders hoch. Aber für meine Absicht erweisen sich die Schwächen des Schriftstellers Furmanow als ganz besondere Vorzüge. Wir haben ein Dokument vor uns, das in seiner Faktizität besonders bedeutsam ist, in dem die Personen und die Ereignisse für sich selbst sprechen und dabei gelegentlich wesentlich mehr aussagen, als es in den Absichten des Autors liegt.

Besonders interessant ist die Gestalt Tschapajews, eine außerordentlich farbige Gestalt, die gleichsam berufen ist, aus dem Urgrund des Lebens aufzusteigen, um den Lauf der Geschichte zu bestimmen. Tschapajew, ein berühmter Feldherr der Revolution, kommt von ganz unten, aus dem Dorf. Er ist voll Haß gegenüber dem alten Regime, gegenüber den Gutsbesitzern und Kaufleuten, gegenüber der zaristischen Armee, und er ist bereit, sein Leben für die Revolution zu opfern. Aber er ist ebenso voll Haß und Mißtrauen den roten Stäben gegenüber, die seine

Handlungsfreiheit einschränken und ihn sogar, von seinem Standpunkt aus, daran hindern, richtig und erfolgreich zu kämpfen. In seiner Vergangenheit hatte er Kontakte zu den Anarchisten, die wahrscheinlich seiner ungebrochenen Natur besser entsprachen. Und jetzt, an der Front, in der Rolle eines Kommandeurs, ist Tschapajew Bolschewik, aber ein sozusagen elementarer, urtümlicher, ungehobelter und unreflektierter Bolschewik. Es genügt, darauf hinzuweisen, daß Tschapajew beispielsweise vor der Schlacht sich heimlich bekreuzigt, was sich für einen echten Kommunisten nicht gehört und von Furmanow mißbilligt und bedauert wird.

In Tschapajews Charakter erkennt man unschwer die innere, die Blutsverwandtschaft mit historischen Persönlichkeiten von der Art Stenka Rasins und Emeljan Pugatschows. In dem Abschnitt »Tschapajews Biographie« notiert Furmanow: »›Wissen Sie, wer ich bin?‹ fragte mich heute Tschapajew, und seine Augen funkelten naiv und geheimnisvoll. ›Ich bin das Kind einer Tochter des Gouverneurs von Kasan und eines Künstlers, eines Zigeuners ...‹«

Furmanow selbst mißt diesem Gespräch keine besondere Bedeutung bei und führt es lediglich als einen charakteristischen Zug von Tschapajews urwüchsiger und phantasiebegabter Persönlichkeit an. Aber dieses Detail, ganz unabhängig, ob Wahrheit oder Dichtung, ist sehr aufschlußreich. Denn in seiner Vorstellung sieht sich Tschapajew als eine Art Usurpator, das heißt, einen Volkszaren, der das moralische Recht auf die Macht und die allgemeine Verehrung hat. Dies verbindet Tschapajews Name und seine Persönlichkeit einmal mehr mit der traditionellen russischen Elementarkraft eines Rasin und eines Pugatschow ...

Als Beobachter und Kontrolleur dieses elementaren Reservoirs ist von der Partei Fjodor Klytschkow abkommandiert, in dem man unschwer Furmanow selbst erkennt. Und damit beginnt ein neues Thema dieser Erzählung, ein Thema, das Furmanow selbst, wie ich vermute, kaum ahnte. Ich möchte dieses Thema den »Kampf um die Macht« nennen, einen Kampf, den Fjodor Klytschkow-Furmanow im Namen von Partei und Staat eröffnet, mit dem Ziel, den elementaren, volkstümlichen Anführer der Partisanen unter Kontrolle zu halten.

Das wird gleich am Anfang klipp und klar gesagt. Fjodor Klytschkow ist abkommandiert, um Tschapajew zu observieren, Berichte über ihn zu schreiben und ihn insgeheim, ohne daß er es merkt, zu lenken und zu kommandieren. Die elementare Revolution, die zu einer Gefahr für die neue Staatlichkeit zu werden oder wenigstens sich ihrem Zugriff zu entziehen droht, erhält einen Kommissar, das heißt einen Späher des Regimes. Für Furmanow ist Tschapajew weniger das Objekt seiner Bewunderung als vielmehr Gegenstand der Beobachtung und, schließlich, der Unterwerfung. Deshalb protokolliert er wahrheitsgetreu seine Charakterfehler ebenso wie seine Vorzüge, die ja der Roten Armee und dem neuen Regime zustatten kommen könnten. In dieser Hinsicht ist die Rolle eines abkommandierten Außenstehenden dem Schriftsteller Furmanow außerordentlich bequem. Er macht Tschapajew niemals besser, als er ist, sondern bemüht sich um ein nüchternes Urteil, als wiege er ihn auf der Waage von Staat und Partei. Furmanow macht sich viele Gedanken, aber im wesentlichen zielen alle seine Gedanken in eine Richtung – es geht ihm um die Unterwerfung Tschapajews. Zu diesem Zweck gilt es als erstes, in seinen Augen Autorität zu erlangen. Als kluger Kopf redet er ihm nie bei den Kampfoperationen hinein, von denen er ohnehin nichts versteht, sondern legt alles darauf an, Tschapajew mit seiner Gelehrsamkeit und seiner staatspolitischen Beschlagenheit zu imponieren. Dabei schreibt er in aller Aufrichtigkeit über seine eigene Person und seine Sorgen:

»Wie erlangt man Autorität? Man muß ihn, Tschapajew, geistig gefangennehmen. Seinen Hunger nach Wissen, nach Bildung, nach Wissenschaft wecken, nach weiten Horizonten ... Darin war sich Fjodor seiner Überlegenheit gewiß und im voraus davon überzeugt, daß, sobald Tschapajew ›geweckt‹ wäre, sein Lied, das Lied des Anarchisten und Partisanen, zuende gesungen sein würde, so daß man ihn nach und nach, vorsichtig, aber unablässig auf andere Gedanken bringen und sein Interesse auch auf andere Zusammenhänge lenken könnte. Fjodors Selbstvertrauen, das Vertrauen auf die eigenen Kräfte und Fähigkeiten, war unerschöpflich. Tschapajew ist eine außerordentliche Erscheinung, er läßt sich mit keinem vergleichen, das stimmt. Es wird harte Mühe kosten, ihm wie einem Wildpferd den Zaum anzulegen, aber auch Wildpferde werden eines Tages gezähmt! Muß denn das sein? fragte er sich. Sollte man nicht diese schöne, urwüchsige, so farbige Gestalt völlig unangetastet ihrem Schicksal überlassen? Mag sie doch funkeln, spielen und sich ins Licht setzen wie ein Farben sprühender Edelstein!

Dieser Gedanke tauchte in Klytschkow auf, aber er kam ihm vor dem Hintergrund des gigantischen Kampfes lächerlich und kindisch vor.«

Der Gedanke, daß man die Gestalt Tschapajews unangetastet lassen sollte, weil sie an und für sich außerordentlich und bewunderungswürdig ist – der Gedanke eines Schriftstellers und Künstlers –, tauchte in Furmanow nur auf, um sofort von der politischen gesunden Vernunft verdrängt zu werden. Denn das Wichtigste für Furmanow war, Tschapajew nach der Schablone der Partei umzukrempeln und sich zu unterwerfen ...

Die Erzählung ist außerordentlich interessant als Dokument einer Selbstentlarvung, die die listige und skrupellose Taktik der Partei gegenüber dem einzelnen und der Menschheit enthüllt. Tschapajew ist bei allen Sympathien, die Furmanow ihm entgegenbringt, nichts als Rohstoff, aus dem eine für den Staat nutzbringende Person zu formen ist. Für Furmanow ist Tschapajew ein hochbegabtes Kind, aber eben ein Kind, das erzogen und geleitet werden muß.

Aber auch der Schoß der elementaren Masse gebärt Macht. Sie muß ihr nicht unbedingt nur von außen aufgedrängt werden. Es sind komplizierte Übergänge von einem Aggregatzustand in den anderen, und es entsteht eine Art Zivilisation im Medium des Elementaren.

Besonders aufschlußreich ist in diesem Zusammenhang Babels Erzählung »Die Lebensbeschreibung Pawlitschenkos, Matwej Rodionowitsch«, aus dem Zyklus *Die Reiterarmee*. Die Lebensbeschreibung hat die Form eines Berichts aus dem Munde Pawlitschenkos selbst, es ist gleichsam eine Art erzählter Autobiographie. Aber dieser Gestalt und dieser Biographie liegt eine reale historische Person zugrunde – Apanasenko. Die Erzählung vermittelt uns eine ziemlich genaue Vorstellung, wie die Revolution die Letzten in die Ersten und die Sklaven von gestern in die Herren von heute verwandelt. Pawlitschenko – Babels Held – ist nicht ein einfacher Soldat, sondern ein hoher Militär, ein roter General. Und er sieht sich auch selbst als Modell, typisch für die gesamte unterdrückte Menschheit, die jetzt, mit der Revolution, die Macht ergriffen hat oder ergreifen wird. So wurde er – der einfache Schweinehirt – General, und sein Schicksal spiegelt seiner Meinung nach das Schicksal des gesamten arbeitenden Volkes wider. Übrigens war Tschapajew ebenfalls Hütejunge gewesen. Der Lebensweg Pawlitschenkos – vom Schweinehirten zum General – kann in der Tat als typischer Lebenslauf der Revolutionszeit gelten. Er bleibt ein Kind des Elementaren, auch wenn er avanciert ist und einen hohen Rang bekleidet. Und Babel bedient sich bei der Beschreibung des Elementaren einer Sprache, bei der Anklänge an Bloks *Die Zwölf* nicht zu überhören sind. In Pawlitschenkos Lebensbeschreibung dringt an einer bestimmten Stelle das Volkslied ein, das Volksepos als Lobpreis der Revolution. In einigen folkloristisch stilisierten Sätzen wird der Umbruch dargestellt, an dessen Ende der gestern noch in seiner Erniedrigung kniende Habenichts hoch nach oben auf die Spitze getragen wird.

»Und also, ihr Freunde aus Stawropol, ihr meine Landsleute, Kameraden, ihr meine geliebten Blutsbrüder ... Fünf ganze verlorene Jahre war ich untergetaucht, bis ich, der Untergetauchte, von dem Jahre Achtzehn aufgesucht wurde. Auf feurigen Hengsten fuhr es vor, auf rassigen Stuten aus Kabarda. Einen großen Troß führte es mit, allerlei Musik. Hei, meine heiße Liebe, das Achtzehnte Jahr! Sollen wir beide nicht noch einmal über die Stränge schlagen, du mein Herzblut, du mein Achtzehntes Jahr ...«

Diese wenigen Zeilen lassen erkennen, wodurch die Revolution für Tausende und Abertausende so verlockend war. Nicht nur dadurch, daß sie neue Ideen und eine neue soziale Ordnung verkündete, nicht nur dadurch, daß sie uns für die Zukunft goldene Berge verhieß. Die Revolution war, wie wir hier begreifen, für die Masse, die sie vollzog, vor allem Selbstzweck. Es ist derselbe Festtaumel, den wir in Bloks *Die Zwölf* erleben. Deshalb wird die Revolution wie ein Festmahl im Märchen dargestellt – ein Festmahl für die ganze Welt.

Es war jene Zeit, da Pawlitschenko den Gutsherrn Nikitinskij aufgesucht und ihm gemeldet hatte, er habe ihm einen Brief von Lenin zu überreichen. Der staunte:

»›An mich, an Nikitinskij, ein Brief?‹

›An dich‹ – und ich nehme die Mappe mit den Befehlen, schlage eine leere Seite auf und lese vor, obwohl ich des Lesens und Schreibens bis in die tiefste Seele unkundig bin: ›Im Namen des Volkes und dem künftigen neuen Leben zuliebe befehle ich Pawlitschenko, Matwej Rodionowitsch, verschiedenen Menschen nach Gutdünken das Leben zu nehmen‹ ... ›Hier‹, sage ich, ›hier hast du ihn, Lenins Brief an dich.‹«

Wozu brauchte er diese Mystifikation, diesen Lenin-Befehl? Hätte Pawlitschenko mit dem Gutsbesitzer nicht auch ohne jeglichen Befehl von oben abgerechnet? Selbstverständlich – aber vor uns entrollt sich das Panorama des letzten Gerichts, des Jüngsten Tages, und dazu sind die höchsten, geradezu göttlichen Weisungen vonnöten, die direkt von Lenin kommen müssen. Der Held möchte nicht bloß Rache üben, er möchte sich als höchste Gewalt erleben, mit Lenins persönlicher Sanktion in der Tasche.

Andererseits entsprechen diese phantastischen, von Lenin persönlich erteilten Vollmachten, nach eigenem Gutdünken Recht zu sprechen, genau der konkreten historischen Lage und auch der realen Jurisdiktion jener Jahre. Denn damals wurde nicht nach dem Gesetz, sondern, wie es allgemein hieß, nach »Stimme und Gebot des revolutionären Gewissens« geurteilt. Mit anderen Worten, das Urteil entsprang den Eingebungen der inneren Stimme. Demnach verstießen solche Pawlitschenkos kaum gegen die Rechtsnormen der revolutionären Epoche. Die Stimme seines Gewissens, sein Klassengefühl diktierte ihm, daß der Gutsherr Nikitinskij zu liquidieren sei. Folglich war es eben Gesetz, folglich war es ein von Lenin persönlich empfangener Befehl ...

Die Abrechnung Pawlitschenkos mit seinem Herrn wird uns von Babel in verschiedenem Licht gezeigt: Einerseits muß der ehemalige Hirte in gewissem Sinn gerechtfertigt werden. Er handelt nicht aus grundloser Bosheit, sondern er vollzieht einen Akt begründeter persönlicher und klassenbewußter Vergeltung für frühere Kränkungen – für seine Ehefrau Nastja, für die Ohrfeige, die auf seiner Backe brennt und die, wie er sagt, bis zum Jüngsten Tag brennen wird, für unzählige Jahre rechtloser Sklaverei.

Aber andererseits weckt Pawlitschenko in dem Augenblick seines Triumphs und der Abrechnung mit seinem Herrn nicht die geringsten Sympathien. Denn obwohl er in gewisser Weise moralisch und emotional gerechtfertigt ist, handelt er niederträchtig und grauenerregend. Seine Abrechnung nimmt wahrhaft monströse Formen an: Er trampelt seinen Herrn zu Tode und empfindet bei dieser langsamen Folterung eine moralische und physische Genugtuung.

»... und ich trampelte meinen Herrn, den Herrn Nikitinskij, zu Tode. Eine ganze Stunde habe ich auf ihm herumgetrampelt, oder sogar länger als eine Stunde, und in dieser Zeit habe ich so richtig gefühlt, was Leben ist. Mit einem Schuß, das ist meine Meinung, mit einem Schuß wirst du den Menschen nur los: Ein Schuß ist für ihn eine Gnade, und für dich selbst eine lächerliche Kleinigkeit, mit einem Schuß kommst du nie an die Seele heran, dorthin, wo sie im Menschen steckt und wie sie sich zeigt. Und ich bin mir zu so etwas nicht zu schade. Ich trampele auf meinem Feind eine gute Stunde lang herum, und länger als eine Stunde. Ich will das Leben erkennen, wie es in uns allen ist ...«

Das ist nicht einfach Sadismus oder psychische Perversion. Pawlitschenko trampelt seinen Herrn mit den Füßen zu Tode, weil eine solche Hinrichtung dem klassenbedingten, dem sozialen Selbstempfinden des ehemaligen Schweinehirten und künftigen Generals entspricht. Früher lag er, Pawlitschenko, ganz tief unten, im Schmutz, auf den nackten Dielen, »niedriger als der niedrigste Dreck«, wie er sagt, als er sich seines Kniefalls vor dem Gutsherrn erinnert. Und nun soll der Herr »niedriger als der niedrigste Dreck« liegen, und zwar möglichst lange. Deshalb meint Pawlitschenko, er habe, während er auf seinem Herrn herumtrampelte, das Leben in seiner Fülle erkannt und höchste Seligkeit erlebt. Für ihn war es gleichsam eine zweite Geburt, daß er sich im wahrsten Sinne des Wortes auf der Höhe fühlte. Das Wichtigste dabei ist die Idee der Macht, denn das Wichtigste, was die Revolution und der Klassenkampf hervorbringen, ist eben die Macht. Diese Idee ist so umfassend, so universell und so sehr Selbstzweck, daß die schlichte Ermordung des Herrn einem Gnadenakt gleichgekommen wäre. Der Feind darf nicht einfach liquidiert – er muß mit Füßen getreten werden. Der letzte Satz in Babels Erzählung ist wahrhaft unheimlich. Es stellt sich heraus, daß Pawlitschenko es sich von nun an zur Gewohnheit macht, seine Feinde zu Tode zu trampeln. Die Empfindung der Lebensfülle fällt bei ihm mit der Empfindung der Machtfülle zusammen, der blutrünstigen Macht über den anderen Menschen.

Die Revolution bringt einen Machthunger hervor, den die Geschichte noch nicht kannte, einen Machthunger, der kein Erbarmen, kein Mitleid kennt und der unstillbar ist. Weil jedes Erbarmen die Macht schmälern würde. Ein ewiges Gericht, das Letzte Gericht.

Offensichtlich war sich Babel darüber im klaren, welche entsetzliche Wahrheit seine Erzählung enthält. In seinem Tagebuch schreibt er über Apanasenko, den Prototyp Pawlitschenkos: »Die neue Generation: die Spießbürger«, »Eine neue Rasse der Spießbürger«. Wahrscheinlich meinte er damit diesen Machthunger und den Triumphrausch, die die Anführer und Kriegshelden der neuen siegreichen Klasse überkam. Furchtbar war die Macht des Herrn über den rechtlosen Hirten, aber die Macht des zu seinem Recht gekommenen Schweinehirten über seinen Herrn erwies sich als noch furchtbarer.

Die realisierte Utopie

Die Macht der Idee

Bis jetzt haben wir die Revolution im wesentlichen als einen Ausbruch von Elementarkräften betrachtet. Nun wollen wir das Problem unter dem Gesichtspunkt der ihr zugrunde liegenden Idee betrachten, einer Idee, die zur Praxis geworden ist und ins Leben umgesetzt wurde, in eine Gesellschaftsstruktur und eine Staatsordnung. Diese Staatsordnung hält sich selbst für das höchste und das vollkommenste Vorbild, in historischen und globalen Maßstäben. Wir haben es also mit einer realisierten Utopie zu tun, die Anspruch auf Weltherrschaft erhebt. Sie, diese realisierte Utopie, nimmt der Welt (räumlich) und der Geschichte (zeitlich) gegenüber eine ambivalente Haltung ein. Einerseits wirbt sie für sich und drängt sich sogar der ganzen übrigen Menschheit auf, sie scheint sie in ihre Arme zu schließen und sie zu ermutigen, in den Kreis der großen, siegreichen Idee einzutreten. Andererseits jedoch schottet sie sich auf jede Weise gegen die übrige Welt ab. Wie gegen etwas Fremdes und Gefährliches. Die kapitalistische Umgebung, obwohl sie im eigentlichen Sinn nicht mehr existiert, stellt gleichsam das Meer dar, in dessen Mitte diese Insel gelegen ist, wie es sich für ein echtes Utopia gehört. Diese Insel ist inzwischen zu einem riesigen Kontinent geworden und dehnt sich ständig aus, fährt aber fort, sich als Insel im Ozean zu betrachten. Äußerste Expansion geht dabei mit äußerstem Isolationismus Hand in Hand. Und vom Standpunkt eines idealen Staates oder einer triumphierenden Idee aus ist das absolut begreiflich. Denn eine realisierte Utopie versteht sich als universales System oder als eine Doktrin. Gleichzeitig kann sie, einzigartig wie sie ist, eine andere Idee, welche es auch sein mag, innerhalb ihrer selbst nicht dulden.

In ihrem Verhältnis zur Geschichte läßt sich eine analoge Haltung beobachten – dieselbe Ambivalenz. Einerseits wird die gesamte menschliche Geschichte als eine notwendige allmähliche Vorbereitung auf diese letzte krönende Etappe betrachtet. Deshalb sind wir die Erben der Weltgeschichte und ihr letztes Wort. Deshalb haben alle fortschrittlichen Denker uns vorausgesehen und uns vorausgesagt. Unter diesem Aspekt ist die gesamte Entwicklung des menschlichen Denkens eine einzige großartige Utopie, die bereits in den triumphierenden Sozialismus gemündet ist. Andererseits ist die gesamte Geschichte des menschlichen Geschlechts unvollkommen, da die letzte Etappe bis jetzt noch nicht realisiert wurde und dem Vergleich mit dem erreichten Gipfel nicht standhält. Deshalb haftet dem Begriff »Utopie« im sowjetischen Kontext etwas Verächtliches an, zumindest eine pejorative Nuance. Ein Utopist ist jemand, der von der lichten Zukunft lediglich träumt oder über dieses Thema phantasiert, ohne etwas von den realen Mitteln zu seiner Verwirklichung zu ahnen, während wir den Schlüssel in der Hand halten und auf dem richtigen Weg sind. Aus dem Gefühl und dem Bewußtsein der eigenen Vorzüge nimmt die realisierte Utopie gegenüber aller Vergangenheit eine scharfe, kritische Haltung ein. Die größten Geister der Menschheit, selbst die, deren Denkart nach unserem Geschmack ist, hatten sich geirrt, etwas übersehen, nicht zu Ende gedacht oder auf Grund ihrer klassenbedingten und historischen Begrenztheit nicht voraussehen können – bis Marx kam.

Als Entschuldigung kann bestenfalls der Umstand gelten, daß sie noch nicht in der Epoche des reifenden oder des triumphierenden Sozialismus lebten. Aber auch dieser Umstand trägt zu dem Bewußtsein der eigenen Überlegenheit bei – der historischen, sozialen, geistigen und jeder anderen. Deshalb sind wir, wie Majakowskij schreibt, jedem in der Gegenwart überlegen:

Der sowjetische Mensch hat seinen Stolz:
auf die Kapitalisten
sehen wir
von oben herab.

Und ebenso in der Geschichte:

... Die Schlachten der Revolution
sind schwerwiegender als Poltawa,
Und die Liebe ist
grandioser
als die Liebe
Onegins.

Das Gefühl der Überlegenheit ist unweigerlich und zwangsläufig mit dem Begriff »Sowjetmensch« verknüpft. Aber es handelt sich dabei in der Regel nicht um persönliche Qualitäten oder menschliche Eigenschaften, sondern um die Folge einer Zugehörigkeit zu der besten und höchsten aller Welten – zu der Sowjetzivilisation; es handelt sich um die Zugehörigkeit zu der realisierten Utopie. Über das Glück, in der Sowjetheimat und in der Sowjetepoche zu leben, schrieben und schreiben immer noch ungezählte Autoren. Aber den treffendsten Ausdruck für dieses Weltgefühl fand wohl Jurij Olescha, der im Jahr 1935 mit einem gewissen intellektuellen Flair, aber bereits in dem schwelgerischen Bewußtsein eines Zeitgenossen der realisierten Utopie, einer von Vernunft und Ordnung regierten Welt, schrieb:

»Wir, die jungen Dichter, ahnten nicht, wie furchtbar die Welt war, in der wir lebten. Diese Welt war keine erklärte Welt. Es war die Zeit, bevor die große Erklärung der Welt stattfand. Jetzt lebe ich in der erklärten Welt. Ich erkenne die Ursachen. Ein Gefühl unendlicher Dankbarkeit, das sich nur in Musik ausdrücken ließe, erfüllt mich, sobald ich an jene denke, die ihr Leben opferten, damit unsere Welt zu einer erklärten Welt wurde, an jene, die sie erklärten und veränderten.«

Hinter diesem intellektuellen Bombast steht die bekannte marxistische These, daß die früheren Philosophien sich um eine Interpretation der Welt bemühten, während die eigentliche Aufgabe nicht in der Erklärung, sondern in der Veränderung der Welt bestand. Für den Marxismus, und erst recht für den Leninismus, liegt der Akzent nicht länger auf der Theorie, sondern auf der Praxis. Nicht mehr auf der Utopie, sondern auf ihrer Realisierung. Aber es ist eine solche Praxis, die die Welt zum ersten Mal sinnvoll, harmonisch und für den Menschen begreifbar macht. Als würde er aus einem dunklen undurchdringlichen Wald mit einem Schlag in eine helle luftige Kaserne versetzt. Eine helle Kaserne – das ist die Sowjetzivilisation. Sie ist nicht bloß ein Wirklichkeit gewordener Traum. Sie ist die wissenschaftlich begründete und wissenschaftlich organisierte Utopie. Eine Welt, die endlich zweckmäßig ist und ihrerseits alles Frühere und alles, was um sie herum geschieht, zweckmäßig macht. Deshalb verliert sich der Bürger dieser Welt keineswegs in Entzückungen, sondern fügt sich dem streng durchdachten Seinsplan ein und findet innerhalb des bereits realisierten Ganzen für sich und für alle übrigen Phänomene den richtigen Platz.

Da es sich um eine realisierte Utopie handelt, muß das elementare Geschehen durch einen ausgeprägten intellektuell-ideologischen Aspekt ergänzt werden, wobei allerdings dessen Zweckmäßigkeit für die Realisierung zu prüfen ist. Und dies alles muß mit dem Lauf der Geschichte in Übereinstimmung gebracht werden.

Das zwanzigste Jahrhundert ist – außer allem anderen – ein Jahrhundert verwirklichter oder in Verwirklichung begriffener Utopien. Wobei diese Utopien in den meisten Fällen die Gestalt ideologischer oder ideokratischer Staaten annehmen, d. h. von Gesellschaften, die auf den Fundamenten einer bestimmten ideologischen Doktrin errichtet sind. Nicht die Politik und nicht bloß die nationale Besinnung führen zur Bildung solcher Staaten, auch nicht nur elementare soziale Prozesse, sondern eine Ideologie, die sich häufig mehr oder weniger wissenschaftlich gebärdet und schließlich zur Materie gerinnt. Dies ist überall zu beobachten – in Hitlers Deutschland wie bei den Roten Khmer. Auf die mannigfaltigen Formen und Nuancen brauchen wir nicht einzugehen. Unser Thema ist die sowjetische Variante der realisierten Utopie. Um so mehr, als Sowjetrußland den Anfang gemacht und allen anderen Völkern und Doktrinen das Beispiel gegeben hat.

Die Entstehung solcher neuen Staaten von völlig andersartigem ideologischen Typus spielt sich innerhalb kürzester Zeit ab und wird von kolossalen sozialen Erschütterungen begleitet. Die triumphierende Idee unterjocht das Leben des ganzen Volkes und der Gesellschaft und gestaltet die Welt nach ihrem eigenen Bild um.

Die Priorität der Idee macht sich sogar dort bemerkbar, wo ihr gemäß ihrer eigenen Logik nur die zweite Rolle zukommt. Ein Beispiel dafür ist der Marxismus, der sich in Sowjetrußland als Leitidee verwirklicht hat. Und zwar im Widerspruch zu seiner eigenen Lehre, die sozialistische Revolution müsse zunächst in den industriell hochentwickelten Ländern stattfinden, wo das Proletariat den größten Teil der Bevölkerung ausmache und die Wirtschaft für den Übergang zum Sozialismus reif sei. Darin lag sogar ein Widerspruch zu der fundamentalen These des Marxismus, das Sein bestimme das Bewußtsein, d. h. die Idee – und keineswegs umgekehrt. In der Praxis jedoch verändert und unterwirft die Idee alles andere.

Boris Pilnjaks 1920 entstandener Roman *Das nackte Jahr* enthält eine interessante Szene, in der sich zwei Bolschewiki unterhalten. Das sind Menschen einer ganz besonderen, sehr seltenen Rasse, die kraft der Idee sich die Wirklichkeit unterwerfen und das bettelarme, dunkle, schreckliche Rußland in die lichte Welt der sozialistischen Utopie verwandeln wollen:

»... Abends, im Wohnheim, nachdem er die Stiefel ausgezogen und die müden Zehen ordentlich durchgeknetet hatte, kletterte Jegor Sobatschkin hinauf, auf sein Bett, unter die Glühbirne, kauerte sich dort hin und las lange in dem dünnen Heftchen, bis er seinen Nachbarn, der sich hinter der *Iswestija* verschanzt hatte, ansprach:

›Was glaubst du, Genosse Makarow, wird das Menschenleben

vom Sein bestimmt oder von der Idee? Wenn man sich das richtig überlegt, so ist doch die Idee auch ein Sein.‹«

Das ist ganz gewiß kein müßiger Einfall Pilnjaks. Die Geschichte der Sowjetzivilisation bietet eine Menge Beispiele dafür, wie die Idee sich als ein Sein erweist und sich sogar gegen das Sein behauptet, und wenn das Sein der Idee nicht entsprechen kann oder es gar nicht will – um so schlimmer für das Sein ... Die Meinung Lenins, Marx habe Hegels Dialektik vom Kopf auf die Füße gestellt, ist hinlänglich bekannt. Aber ein Umstand ist bemerkenswert: Der Marxismus selbst, indem er sich in der Praxis realisierte, vollführte einen Kopfstand, und der Eckstein der neuen Gesellschaft ist der Kopf. Von da an bestimmte das Bewußtsein das Sein, die Ideologie die Politik, und die Politik die Wirtschaft. Die wissenschaftliche marxistische Utopie verwirklichte sich zwar, aber umgekehrt, Kopf unten, Beine oben.

Es ist kein Zufall, daß die Gattung »Anti-Utopie« in der schönen Literatur unserer Zeit sich einer solchen Beliebtheit erfreut. Man schrieb und schreibt natürlich immer noch Utopien, aber das ist nur eine Fortsetzung einer alten Tradition. Die zahlreichen »Anti-Utopien« jedoch sind eine prinzipiell neue Erscheinung, angefangen mit *Wir* von Samjatin bis zu den Romanen Huxleys, Orwells usw. Die erste Schwalbe des anti-utopischen Genres in der russischen Literatur – wie übrigens vieler anderer Erscheinungen auch – war Dostojewskij mit seiner »Legende vom Großinquisitor« und Schigaljow und Werchowenskij in den *Dämonen*. Zu der Zeit, als Dostojewskij seine »Anti-Utopien« schrieb, wollte ihm keiner glauben. Wir aber glauben ihm, weil wir inzwischen die Erfahrung des zwanzigsten Jahrhunderts gemacht haben. Wir wissen, wovon er spricht, und das zeugt ebenso wie die Entwicklung des Genres »Anti-Utopie« davon, daß wir inzwischen mitten in der bereits realisierten Utopie leben und um ihren Preis wissen. Und auch das Genre »Anti-Utopie« bedeutet nicht eine einfache Negierung der Utopie oder eine bloße Kampfansage – sondern ihre letzte, auf die Spitze getriebene Verwirklichung, das Absolute als Realität. Dem läßt sich freilich entgegenhalten, daß diese Realität anders aussieht, als man es sich vorgestellt hat. Aber das ist eine andere Frage – wie und weshalb sich ein Ideal im Prozeß seiner Verwirklichung manchmal bis zur Unkenntlichkeit entstellt.

Es muß hinzugefügt werden, daß im zwanzigsten Jahrhundert die gesamte Erdkruste in Bewegung geraten ist und in der Zeitgeschichte sich ein deutlicher Übergang vom Denken zum Handeln beobachten läßt, zur Tat, wobei die Tat meistens gigantisch ist und krasse Veränderungen nach sich zieht. Im Rückblick erscheint das neunzehnte Jahrhundert als ein moderates, ruhiges und verhältnismäßig ereignisloses Säculum.

Der Einfachheit halber erlaube ich mir einen Hinweis auf meine persönliche Leseerfahrung. Ich hatte Gelegenheit, verschiedene dickleibige russische Zeitschriften aus der Zeit um die Jahrhundertwende durchzublättern. Sozusagen die Neujahrsnummern am Vorabend des neuen, des zwanzigsten Jahrhunderts mit umfangreichen Artikeln zum Thema »Unsere nächste Zukunft«. Heute würde man sagen, mit futurologischen Analysen und Glückwünschen zum anbrechenden Jahrhundert. Wie gesagt, dickleibige, repräsentative liberale Zeitschriften, etwa *Russkoje bogatstwo* und *Westnik Ewropy,* mit Artikeln von angesehenen Gelehrten, Professoren, Historikern und Soziologen, die den Leser mit ihren Mutmaßungen und Erwartungen bekannt machten: Wie wird es wohl werden, dieses anbrechende Jahrhundert?

Prognosen dieser Art, die auf dem Weg einer objektiven wissenschaftlichen Analyse der Gegenwart gewonnen werden, bestätigen sich selten. Der Grund ist wahrscheinlich darin zu suchen, daß für die Gegenwart bedeutsame Entwicklungen unmittelbar auf die Zukunft projiziert werden und die Zukunft im Endergebnis wie die Fortsetzung der Gegenwart, höchstens wie eine intensivere und korrigierte Gegenwart aussieht. So dominierten auch damals in jenen Neujahrsbetrachtungen und Prognosen die optimistische Stimmung und die freundlichsten Regenbogenfarben, entsprechend den progressiven Ideen und Normen des neunzehnten Jahrhunderts. So findet sich in diesen

Artikeln zum Beispiel die feste Überzeugung, daß das zwanzigste Jahrhundert das Ende aller Kriege bringen würde. Jedenfalls zwischen zivilisierten Völkern. Denn unter den modernen historischen Bedingungen seien Kriege höchst unrentabel und wären bereits jetzt seltener. Sie nähmen zunehmend einen eng begrenzten, lokalen Charakter an, wie etwa der Burenkrieg – der sich damals gerade an der Schwelle beider Jahrhunderte abspielte. Und sogar der durchaus ernstzunehmende Preußisch-französische Krieg von 1870 habe einen ziemlich begrenzten lokalen Charakter gehabt. Der letzte wirklich große Krieg – die napoleonischen Feldzüge – gehöre in das erste Viertel des neunzehnten Jahrhunderts und sei ein ferner, unwirklicher Widerschein der Antike gewesen, ein mißglückter romantischer Versuch, Julius Cäsar zu imitieren. Für die Zukunft könnten Kriege dieser Art als ausgeschlossen gelten. Der Stand der europäischen Zivilisation, Industrie, Wissenschaft und Technik schließe solche Kriege einfach aus. Zumal sie auch für Angreifer und Sieger wirtschaftlichen Verlust zur Folge hätten: eine übermäßige Anstrengung der Nationalökonomien, die sich immer deutlicher auf die Zusammenarbeit im Weltmarkt einrichteten. Es sei inzwischen wesentlich vorteilhafter und auch folgerichtig, internationale politische Konflikte nicht mehr auf militärischem Wege, sondern durch wirtschaftliche Absprachen und diplomatische Verhandlungen zu lösen ...

Ich muß zugeben, daß die Lektüre solcher Übersichten und Prognosen durch deren Wissenschaftlichkeit – Logik, Fakten, Statistik, Argumentation – fasziniert. Sie scheinen unwiderlegbar. Man glaubt, die Geschichte könne beim Übergang von einem Jahrhundert ins nächste keinen anderen Weg einschlagen. Und erst, wenn man sich daran erinnert, daß wir uns im ausgehenden zwanzigsten Jahrhundert befinden und inzwischen Weltkrisen und Kataklysmen zu überstehen hatten, die absolut unrentabel und vom Standpunkt des gesunden Menschenverstandes ganz unlogisch waren, greift man sich an den Kopf und ist die wissenschaftliche Illusion los. Die Illusion hat ihre Entstehung dem verhältnismäßig behüteten und friedlichen, progressiven und positivistischen neunzehnten Jahrhundert zu verdanken.

Das vorherrschende Lebens- und Selbstgefühl des letzten Jahrhunderts hat keineswegs Dostojewskij, sondern der unvergleichlich optimistischere und zuversichtlichere Jules Verne eingefangen. In seinen wunderbaren Romanen herrscht durchweg der Geist wissenschaftlicher Unbekümmertheit. Der Flug aus der Kanone auf den Mond. Nautilus ...

Alles sah ungetrübt und vielversprechend aus. Die Lösung aller Probleme wurde dem Fortschritt überlassen, der langsam, aber stetig die Menschheit an das ersehnte Ziel trug. In diesem Sinn war sogar der Marxismus lediglich eine Variante, allerdings eine mutigere Variante der Fortschrittstheorie, die die Menschheit, ob sie wollte oder nicht, zu einem wissenschaftlich begründeten Wohlergehen zu führen versprach. In der Tat, die Wissenschaft erzielte von Jahr zu Jahr größere Erfolge und rückte der totalen Herrschaft über die Natur immer näher. Parallel dazu schritt die Humanisierung des Menschen und der Gesellschaft weiter fort. Ungeachtet des Weges, auf dem das geschah – Evolution oder Revolution – die lichte Zukunft schien gesichert.

Und plötzlich, nach all diesen Entwicklungen, nach all diesen Neujahrswünschen und -erwartungen finden wir uns nicht in dem hypothetischen, sondern in dem realen zwanzigsten Jahrhundert, im Zeitalter der realisierten Utopien. Und alles stellt sich ganz anders dar, als die Gelehrten prognostiziert hatten. Die absurdesten Kriege und Umwälzungen erschüttern den Erdball. Kein Wirtschaftsabkommen und keine diplomatische Beziehung wird ernst genommen. Zivilisierte Völker fallen in die Barbarei zurück, und die Massenhinrichtungen und Deportationen nehmen kein Ende. Deutschland, das Land der Dichter und Denker, erfindet die Gaskammern. Der Sprung aus dem Zustand der Notdurft in den Zustand der Freiheit führt zu einer Sklaverei, wie sie sich die Menschheit noch nie hatte träumen lassen. Die Physik verliert das Maß, wird relativ und ersteigt den Gipfel des wissenschaftlich-technischen Fortschritts – die Möglichkeit des totalen kosmischen Selbstmords. Die Wasserstoffbombe stellt uns vor die Frage, ob das Endziel der Weltentwicklung in nichts anderem bestehe als in der endgültigen Vernichtung des Lebens, wie wir es kennen, ob nicht das Leben etwas höchst Überflüssiges sei und ob nicht diese Einsicht Ziel und Zweck der menschlichen Existenz ausmache. Mit einem Wort, die ganze Geschichte, der ganze Fortschritt sind für die Katz ...

Der Sinn der Geschichte geht verloren und wird wiedergefunden

Die große Utopie oder Anti-Utopie (wie man will) hätte in Rußland nicht realisiert werden können, wäre nicht der Erste Weltkrieg ausgebrochen. Aber auch hier betrachte ich nicht die sozialpolitischen Folgen, sondern seine geistig-substantiellen Aspekte. Für diesen Krieg gab es keinen Grund, für ihn konnten keinerlei ernsthafte und fundierte, vernünftige Argumente vorgebracht werden. Verglichen mit dem Ersten Weltkrieg waren der Zweite und sogar der Bürgerkrieg wesentlich sinnvoller und begreiflicher. Der Mangel an Logik und Zweckmäßigkeit machte den Ersten Weltkrieg zu einem Alptraum oder zur Ausgeburt eines kranken Gehirns. Man fragt sich: Wieso und warum konnten zivilisierte europäische Völker, die verhältnismäßig liberal regiert wurden, in einem verhältnismäßigen Wohlstand lebten und großen Wert auf Humanität und Bildung legten, plötzlich aufeinander losgehen und sich auf eine so unmenschliche Weise und in einem so unwahrscheinlichen Ausmaß gegenseitig bekämpfen? Eine Antwort auf diese Frage wurde nie gefunden und kann nicht gefunden werden. Und die Sinnlosigkeit des Krieges wirkte abtötend und bedrückend, vielleicht nicht weniger als seine physischen Schrecken. In seinem Artikel »Intelligenzija und Revolution« schrieb Alexandr Blok 1918 über den Weltkrieg, der für Rußland praktisch bereits zu Ende war:

»Europa hat den Verstand verloren: Die Blüte der Menschheit, die Blüte der Intelligenzija sitzt jahrelang im Sumpf, sitzt mit Überzeugung (ist das nicht ein Symbol?) auf einem schmalen, tausend Werst langen Streifen, der ›Front‹ genannt wird ... Schwer zu sagen, was widerwärtiger ist: Das Blutvergießen oder der Müßiggang, die Langeweile, das Ordinäre: beides nennt man – ›Den Großen Krieg‹, ›Den Vaterländischen Krieg‹, ›Den Befreiungskrieg für die unterdrückten Völker‹, und wie noch? Nein, unter diesen Vorzeichen kann man Niemanden befreien.«

Es war nur zu natürlich, daß man eines Tages vor der immer dringlicheren Frage stand: Wie kann man dieser Sinnlosigkeit entrinnen? So kam es zu der logischen Folgerung, die die Bolschewiki vertraten: Lieber ein Ende mit Schrecken als dieser Schrecken ohne Ende! Lieber die Revolution! Die Revolution war um so nötiger, weil die alte Welt offensichtlich durch und durch morsch war. Wenn die europäische Zivilisation in einem solchen Alpdruck kulminieren konnte, dann mußten ihre Fundamente verwerflich sein.

So gesehen schien die Idee der Weltrevolution der einzige Ausweg aus der Sackgasse zu sein, in die sich die Geschichte verrannt hatte. Ein Wagnis zwar, aber was sollte man tun? Immerhin war es die letzte Chance, aus der Falle zu schlüpfen und einen neuen Sinn zu finden. Majakowskij schrieb damals über die Revolution: »Das ist die letzte Karte in der Spielbank Welt.« Spielerlogik? Logik der Verzweiflung ... Immerhin ist es interessant, daß auch Lenin sich gelegentlich derselben Logik bediente, wenn er begründen wollte, weshalb man gegen die Gesetze des Marxismus sich zu einem solchen Risiko, wie es diese sozialistische Revolution in dem rückständigen bäuerlichen Rußland war, entschließen mußte. Kurz vor seinem Tod polemisierte er mit den klassischen Marxisten und schrieb zum Beispiel, fast im Ton einer Rechtfertigung:

»... Immer wieder taucht bei ihnen (bei den traditionellen Marxisten, A. S.) das bis zum Überdruß abgedroschene Argument auf, das sie in der Entwicklungsepoche der europäischen Sozialdemokratie auswendig gelernt hatten: wir seien für den Sozialismus noch nicht reif, uns fehlten, wie diese ›studierten‹ Herrschaften es ausdrücken, für den Sozialismus die objektiven ökonomischen Voraussetzungen. Und keiner kommt auf den Gedanken, sich zu fragen: Wäre es nicht möglich, daß ein Volk, das in eine revolutionäre Situation gerät, eine Situation wie die des ersten imperialistischen Krieges, angesichts seiner ausweglosen Lage sich zu einem Kampf entschließt, der ihm eine wenn auch nur geringe Chance bietet, gewisse, wenn auch außergewöhnliche Bedingungen für die Weiterentwicklung der Zivilisation zu erobern?«

Bemerkenswert ist Lenins Hinweis auf die »geringe Chance«, der durch den Ersten Weltkrieg entstandenen ausweglosen Lage zu entkommen. Und die Revolution war eine Chance, sie war der verwegene Versuch, die alte Zivilisation durch eine andere, neue – die vernünftige Sowjetzivilisation – zu ersetzen.

Und dieser Wechsel hat stattgefunden. Man darf dabei nicht übersehen, daß der Triumph der Revolution für viele ihrer Freunde in Rußland und im Westen einer Sinnfindung gleichkam: Man entdeckte den großen, universellen Sinn in der Geschichte, der so überzeugte und begeisterte, weil er auf die katastrophale Sinnlosigkeit des Ersten Weltkrieges folgte und sich gegen ihren düsteren Hintergrund gut abhob. Der Wahnsinn wurde durch einen vernünftigen Aufbau abgelöst. Die Menschheit sah vor sich ein Ziel und den Weg, der zu diesem Ziel führt. Ich glaube, daß darin und in nichts anderem für viele Menschen eine lange Zeit hindurch die Anziehungskraft der Revolution und der von ihr geschaffenen neuen Zivilisation bestand. Diese Anziehungskraft blieb bestehen, ungeachtet aller Schrecken und Verluste, die sie mit sich brachte. Hier arbeitete – bewußt oder unbewußt – folgende Logik: Mag es uns dreckig gehen, mag diese realisierte Utopie in manchem unseren Erwartungen und Hoffnungen nicht entsprechen – aber dafür gibt es jetzt eine Antwort auf die Frage: Wozu lebt man?

Der Mensch neigt überhaupt dazu, nach dem Sinn des Lebens, nach dem Sinn des Daseins zu fragen. Und der russische Mensch neigt dazu vielleicht in einem ganz besonderen Maße. Darüber schrieb Berdjajew im Jahre 1904: »Die russische Sehnsucht nach dem Sinn des Lebens – sie ist das Hauptmotiv unserer Literatur, und sie ist das innerste Wesen der russischen Intelligenzija ...« Dieses Lechzen nach dem Ziel oder die Sehnsucht nach dem Sinn des Lebens, folgert Berdjajew, lag dem Radikalismus zugrunde und äußerte sich in der revolutionären Gestimmtheit der russischen Intelligenzija, in ihrem Bedürfnis, dem Volk zu dienen, und in ihrer Entflammbarkeit für die Ideale des Sozialismus.

Und nun war es soweit: Die Revolution bot ein sinnvolles Ziel an, das sowohl für den Verlauf der Geschichte als auch für die Form der Gesellschaft Gültigkeit hatte. Freilich, sie nahm dafür dem Menschen seine Freiheit – und das war der Grund, weshalb der größte Teil der russischen Intelligenzija sich von der Revolution distanzierte. Aber es blieben immer noch genug Menschen, die die Revolution mit all ihren Folgen bejahten, weil das neue Sein und die neue Etappe der Geschichte sich von Sinn erfüllt zeigten. Alexandr Blok gehörte zu ihnen. In dem oben erwähnten Artikel »Intelligenzija und Revolution« begegnen wir nicht nur einem Blok, der sich, was für ihn charakteristisch ist, am Elementaren berauscht, sondern auch an dem wiedererlangten Sinn der Weltgeschichte, der für ihn im Chaos des Weltkrieges untergegangen war. Blok fragt nach den Zielen und Plänen der Revolution: »Was hat man sich vorgenommen?« und antwortet:

»Alles zu verändern. Alles zu tun, damit alles neu wird, damit unser verlogenes, schmutziges, langweiliges, häßliches Leben ein gerechtes, sauberes, fröhliches und wunderbares Leben wird.

Wenn solche Ideen, die seit Urzeiten auf dem Grund der menschlichen Seele, in der Volksseele leben, ihre Fesseln zerreißen und als mächtiger Strom ausbrechen ... nennt man das Revolution ... (Und nun eine Warnung an die Intellektuellen! A. S.) Wehe dem, der von der Revolution nur die Erfüllung seiner Träume erwartet, und wenn sie noch so erhaben und edel sind. Wie ein Orkan und Gewitter, wie ein Schneesturm bringt eine Revolution stets Neues und Überraschendes, sie ist für viele eine herbe Enttäuschung, sie erfaßt und zerschmettert wie ein Strudel manchen Würdigen, sie spült manchen

Unwürdigen wohlerhalten ans sichere Ufer; aber das sind Einzelfälle, das ändert nichts an der Hauptrichtung des Stromes, an seinem drohenden und alles übertönenden Grollen. Dieses Grollen kündet trotz allem immer Großes an.«

Unter dem »Großen« ist die große Idee, die schöne neue Welt zu verstehen.

Von den Zinnen einer erhabenen historischen Sinnfindung überschüttet Blok die Intelligenzija mit Vorwürfen. Sie habe beinahe hundert Jahre von der Befreiung des Volkes geträumt und durch ihre Radikalität die Pfeiler der alten Gesellschaft untergraben. Jetzt aber, da diese alte Welt zusammengebrochen sei und das Volk sein wahres Gesicht zeige, trete sie schleunigst den Rückzug an und versuche, den Brand zu löschen, den sie selbst gelegt hatte.

Natürlich war das Hin und Her der Intelligenzija sehr inkonsequent und sogar lächerlich, zum Beispiel wenn Balmont, der einst die Revolution besungen hatte, sich selbst gestand:

> Du irrtest in allem: dein geliebtes Volk –
> Es ist nicht so, wie du es träumtest, es ist nicht so.

Aber hinter allem stand und in allem äußerte sich die Inkonsequenz der Geschichte, die eine völlig andere Utopie realisierte als die, von der die russischen Intellektuellen träumten. Und Blok war eigentlich ebenso inkonsequent, als er in der Enge und Unfreiheit jener schönen Welt, die sich vor ihm auftat, schließlich erstickte.

Zusammenfassend könnte man behaupten, daß die russische Intelligenzija während der Revolution und noch lange danach eine sehr schwere innere Krise durchgemacht hat, an deren Folgen sie heute noch leidet. Ich meine damit nicht ihre physische Vernichtung oder ihre erzwungene Entwurzelung. Die innere Krise, von der hier die Rede ist, muß eine Sinn-Krise genannt werden. Denn der umfassende, von der neuen Epoche angebotene Sinn setzte Bedingungen voraus, die für einen frei und aufrichtig denkenden Menschen untragbar waren. Und es blieb ihm nichts anderes übrig, als fortgesetzt zwischen Rot und Weiß zu wechseln.

Im Todesjahr Bloks, 1921, entstand in der bereits weißen, in der Emigranten-Welt, die Bewegung der »Smenowechowzy«, die von einer einzigen Empfindung getragen war: von der »intuitiven Erkenntnis der Größe der russischen Revolution«, wie sie es selbst nannten. Es war dieselbe Intuition, von der Blok sich in den ersten Tagen der Revolution leiten ließ (man erinnere sich an seine Worte, daß das Grollen einer Revolution immer Großes ankündige) und auf die sich nun so plötzlich und so spät diejenigen beriefen, die gegen diese Revolution gekämpft und eine Niederlage erlitten hatten. Es würde zu weit führen, die konkreten Merkmale und Ursachen dieser Bewegung zu analysieren. Ich erwähne sie nur deshalb, weil ich eine bemerkenswerte Äußerung des intellektuellen Führers dieser Gruppe, N. Ustrjalow, zitieren möchte. 1921 spricht er in dem Artikel »Intelligenzija und Volk in der russischen Revolution« von der Krise des Geistes (in unserer Terminologie: Sinn-Krise), die die Intelligenzija in den Revolutionsjahren durchgemacht hatte.

»Es war das Jüngste Gericht (gemeint ist die Revolution, A. S.) – das Gericht über Geist und Leib der russischen Intelligenzija. Und da stand sie ihren eigenen verkörperten Träumen gegenüber (d. h. der realisierten Utopie, A. S.), in ihrer konsequentesten, klarsten, endgültigen Form ... Sie erlebte die Früchte ihres Denkens und Handelns.

Ihre willensstarken, furchtlosen, sich selbst treuen Vertreter (gemeint sind die Bolschewiki, A. S.) verwirklichten in Sturm und Gewitter ihre Vergangenheit in der Gegenwart (d. h. ihre Träume im Leben, A. S.). ›Mönche der *ecclesia militans* – der Revolution‹, schreckten sie vor keiner Inquisition zurück, um ihren ›goldenen Traum‹ zu realisieren. Aber die Masse, die ›Armee‹ der Intellektuellen geriet ins Wanken. Das reale Leben schien ihr grauenerregend und irrsinnig, und entsetzt wandte sie sich von ihm ab. Sie empfand, sie erlebte am eigenen Leib die bodenlose geistige Leere, die sie früher für die höchste Weisheit gehalten hatte (gemeint sind die Ideale der atheistischen Intelligenzija, A. S.). Und als in ihrem Bewußtsein die traditionellen Fackeln, die sie geblendet hatten, endlich erloschen – da leuchteten in dem hereingebrochenen Dunkel die Gestirne der wahren und tiefen Werte auf, die ihnen bis dahin fremd und fern gewesen waren. (Ustrjalow meint die Begriffe Nation, Vaterland, Staat, Religion, usw., A. S.)

Aber die verwirklichte Vergangenheit (d. h. die realisierte Utopie, A. S.) hatte für solches Renegatentum keinen Sinn. Ins Leben gerufen, mit Macht ausgestattet und in dem einzigartigen Bund mit den erwachten elementaren Kräften des Volkes – zog sie die Intelligenzija zur Rechenschaft. Es entbrannte ein tragischer Kampf, in dem die gegen sich selbst, gegen die eigene Geschichte rebellierende Intelligenzija aufs Haupt geschlagen wurde.«

Hier ist nicht die Rede von dem Kampf der Weißen gegen die Roten, sondern von einer geistigen Auseinandersetzung, von einem Kampf der Ideen. Und obwohl der Teil der Intellektuellen, der die Revolution ablehnte und sich ihr widersetzte, zahlenmäßig stark war, fehlte ihm (wir wollen ihn mit Vorbehalt den »weißen« Teil nennen) eine zugkräftige und universelle Idee, wie die »Roten« sie besaßen. Die herkömmlichen revolutionär-demokratischen Traditionen waren bei dem Zusammenstoß mit der realen Revolution zerschellt und hatten ihre Farbe verloren. Und die »wiedererlangten« Werte wie Religion, Moral, Nation usw. ... blieben verschwommen und entbehrten eines wirklich tragenden historischen Sinns.

In einem anderen Artikel erinnert sich derselbe Ustrjalow an seine Überlegungen und an die Gespräche, die er Anfang 1919 im Lager der Weißen, zu denen er damals gehörte, geführt hatte. Er erzählt einem Kameraden von seinen Eindrücken:

»Ich konnte das Bedürfnis nicht unterdrücken, ein quälendes, jedoch unabweisbares Gefühl auszusprechen:

›Natürlich, gebe Gott, daß Koltschak siegt, man möchte so gern an seinen Sieg glauben. Aber wissen Sie, trotz allem – um wieviel farbiger, um wieviel interessanter ist das Gesicht Moskaus im Vergleich mit diesem hier ... Das Pathos der Geschichte ist trotz allem – dort ... Und hier – hier genügt es, einmal ins ›Rossija‹ zu gehen, und schon beginnt man zu zweifeln ... Das hier ist nicht das neue Rußland, nicht die Zukunft ... Alles ehemalige Menschen ... Irgend etwas stimmt hier nicht ...‹«

Selbstverständlich waren die Ideale der weißen Bewegung in moralischer Hinsicht kaum weniger erhaben als die der roten. Aber es waren in der Regel Ideale aus der Vergangenheit Rußlands, während seine Zukunft sich höchst verschwommen, zersplittert und widersprüchlich darstellte.

Aber das »Pathos der Geschichte« war sogar für Ustrjalow – einen Kämpfer unter dem weißen Banner – auf der Seite des roten Moskau.

Phantasie und Ratio der Revolution

Die neue Zielsetzung und Sinngebung innerhalb der historischen Perspektive und die totale Umgestaltung (*perestrojka*) des Lebens nach revolutionären und sozialistischen Grundsätzen führten zu einer strikten Begrenzung jeder individuellen Initiative, jeder Äußerung persönlichen oder gemeinschaftlichen Wollens, sobald dieses nicht mit dem Wollen von Staat und Partei übereinstimmte. Am Anfang aber war man in der neuen Weltordnung noch nicht so recht heimisch. Und der erst im Werden begriffene Staat war einfach physisch außerstande, alles zu regeln und auf einen einzigen Nenner zu bringen. Auf vielen Gebieten fehlte noch die gültige Schablone, während die alten Normen und Gesetze entweder zerstört oder für ungültig, zumindest für fragwürdig erklärt worden waren. So bildeten sich Hohlräume, und der Staat war plötzlich darauf angewiesen, sie durch einen Zustrom frischer Kräfte und sogar frischer Ideen zu füllen. Die alten Kader der Fachleute (»Spez«) beutete er einfach aus, indem er sie an die Kandare nahm, aber die sogenannten »Massen« behandelte er weit freundlicher, rief sie zu Kooperation und Kollegialität auf und räumte ihnen größere Handlungsfreiheit ein. Denn er wollte wirklich ein Arbeiter-und-Bauern-Staat sein und rechnete mit dem guten Willen dieser Millionen. Und die verbürgte Gleichberechtigung und sogar die Vorrangstellung der unteren Bevölkerungsschichten weckten ihren revolutionären Enthusiasmus und den Wunsch, des neuen Lichts und der neuen Luft teilhaftig zu werden. Mit einem Wort, man war auf gegenseitige Zufriedenheit und gemeinsames schöpferisches Handeln eingestellt.

Zwischenfälle blieben natürlich nicht aus. Denn die Lebensbedingungen der einfachen Menschen hatten sich gar nicht so entschieden verändert, und wenn doch, dann gelegentlich sogar zum Schlimmeren. Die Partei aber rechnete mit Gegenliebe. In ihren Erinnerungen an Lenin erzählt Krupskaja eine amüsante Episode mit der Putzfrau, die die Böden im Smolnyj scheuerte: »Einmal, es war in den ersten Tagen nach der Revolution, stieg Iljitsch die Treppe hinauf und sah: Sie scheuert die Treppe, ist müde geworden, hat sich aufgerichtet und lehnt sich an das Geländer. Iljitsch sprach sie an. Sie wußte damals noch nicht, wer er war. Er fragte: ›Nun, wie ist es, Genossin, ist das Leben unter der Sowjetregierung nicht besser als unter der alten?‹ Und sie antwortete: ›Mir ist alles recht, nur, daß sie meine Arbeit richtig bezahlen.‹«

Aber nicht jeder dachte so rückständig. Für viele, sogar sehr viele Menschen brachte das Sowjetregime wenn schon nicht ein besseres, so doch ein unterhaltsameres Leben. Und der Grund dafür war, daß ihr Leben einen höheren Sinn bekommen hatte. Der Weg zu einer leitenden Stellung, zu einer elementaren Bildung, zu einer künstlerischen Tätigkeit stand jetzt jedem offen. Diese Stimmung wurde von oben unterstützt, gefördert und angeheizt. Allerdings nur, solange sie mit der Parteipolitik übereinstimmte. Das Leben, das Persönliche und die Geschichte bekamen einen neuen Sinn – und dies war die Basis für die Entstehung einer neuen Demokratie. Einer Demokratie ohne demokratische Freiheiten. Einer Demokratie im Zeichen der Diktatur, selbstverständlich nicht einer individuellen, sondern der von Partei und Staat. Deshalb läßt sich in der ersten Zeit ein Aufwachen schöpferischer Energie im weitesten Umfang im Volk beobachten, einer Energie, die sich auf verschiedenste Weise äußerte, sich aber immer in das Panorama der realisierten Utopie einfügte. Gestern Schweinehirt, heute Regimentskommandeur oder Armeegeneral – das ist doch auch eine realisierte Utopie. Gestern Schneider, heute Kommissar. Gestern Analphabet, und heute buchstabiert er die *Prawda* und versteht das, was er liest: Er versteht, daß er ein Mensch ist, daß er etwas zu sagen hat, und liest deshalb besonders laut, damit ihn alle hören.

In meiner frühen Kindheit, Ende der zwanziger Jahre, hatten wir in unserer Kommunalwohnung in Moskau einen Nachbarn, der vom Land kam und jeden Abend sich selbst laut die Zeitung vorlas, so laut, daß niemand in der Wohnung Ruhe fand. Und wenn man ihn bat, leiser zu lesen, geriet er in furchtbaren Zorn und wurde sogar tätlich, weil er darin ein neuerliches Attentat auf seine Klassenwürde sah. Später schaltete er das Radio auf größte Lautstärke. Das alles kann man lächerlich oder erhaben, rührend oder entsetzlich finden, aber es sind Zeugnisse der erwachten schöpferischen Energie des Volkes, eines Lebens, das nicht einfach so vor sich hinsickert, sondern in eine erklärte und sinnerfüllte Welt gehört.

Begreiflich, daß dieses Milieu vor allem zu Beginn seiner revolutionären Kreativität die mannigfaltigsten Utopien hervorbrachte. Das war ganz im Geiste jener Zeit. Wenn die eine, die entscheidende Utopie realisiert war, so waren doch durchaus weitere denkbar, die allesamt unser revolutionäres Fortschreiten zu den Zielen des Kommunismus fördern und beschleunigen würden.

Eine solche Utopie, die nur teilweise realisiert und bald darauf vom Staat, der sie ins Leben gerufen hatte, eliminiert wurde, war der »Proletkult« – Massenorganisationen im Dienste der höchsten und reinsten proletarischen Kultur, getragen von den Kräften der Arbeiterschaft. Und auch auf einem anderen Gebiet, dem wissenschaftlich-technischen, florierte unter dem Volk der Erfindergeist – unter den Autodidakten in den Reihen der Arbeiter oder unter den vielen namenlosen Tüftlern. In Rußland hat es seit eh und je geniale Tüftler gegeben, aber nun schienen sie wie aus einem langen Schlaf zu erwachen und ließen über die wissenschaftlichen Instanzen eine Flut verschiedenster Projekte niedergehen, die gelegentlich wahrhaft erstaunlich, aber auch absurd und völlig verrückt waren.

Aber diese utopische Böe erfaßte nicht nur die unteren Bevölkerungsschichten. Auch der linke Flügel der Kunstschaffenden, die Futuristen, wurde davon mitgerissen. Das Pathos der einst verfemten Rebellen, der Erfindergeist, mit dem sie die Kunst ins Leben und das Leben in die Kunst zu verwandeln trachteten, das sogenannte »Erbauen des Lebens« oder »Erschaffen des Lebens« und vieles andere entsprachen dem Geist der Revolution und dem neuerschlossenen Feld praktischer Phantastik. Später, gar nicht besonders viel später, rechnete der Staat mit den Futuristen ab, indem er sie als ein Relikt der Vergangenheit verurteilte, aber ursprünglich trugen die Futuristen wesentlich zu der Farbigkeit dieser Epoche bei. Außerdem mangelte es dem Staat an hochqualifizierten Kunstschaffenden, die aufrichtig und aktiv mit ihm kooperiert hätten. Und wie im einzelnen die Kunst des triumphierenden Proletariats aussehen sollte – darüber wußte der Staat auch nichts Vernünftiges zu sagen.

Es ist uns leider nicht möglich, hier bei den Schicksalen und der Geschichte dieser linken Bewegung zu verweilen. Aber ich möchte jedenfalls das futuristische revolutionär-utopische Pathos nicht unerwähnt lassen, die futuristische Phantastik, die Erfindungsgabe, den Drang, aus der Ästhetik ins Leben, auf die Straße auszubrechen und dort mit der Revolution zu verschmelzen. Das war es, was sie befähigte, in einem gewissen Maß und für eine bestimmte Zeit die Epoche ästhetisch angemessen zu prägen, und zwar auf eine künstlerisch ernstzunehmende Weise. Da die Futuristen sich ausschließlich der Kunst verschrieben hatten, war ihre Utopie verhältnismäßig harmlos. Aber die ins Auge gefaßten Projekte waren grandios und den sich öffnenden historischen Horizonten durchaus entsprechend. Ich verweise nur auf Majakowskijs Anfang 1918 erschienenen »Offenen Brief an die Arbeiter«, dessen phantastische Metaphern und Vergleiche für den ästhetischen Aufbau und für die ästhetische Umformung der Welt äußerst beredt sind:

»Keinem ist es gegeben zu wissen, welch riesige Sonnen im Leben der Zukunft leuchten werden. Vielleicht verwandeln die Künstler den grauen Staub der Städte in hundertfarbige Regenbögen, vielleicht wird von der Höhe der Berge unermüdlich donnergleiche Musik von in Flöten verwandelten Vulkanen ertönen, vielleicht werden wir die Wogen des Ozeans zwingen, zwischen Europa und Amerika gespannte Saiten zum Erklingen zu bringen. Eines ist uns klar – wir haben die erste Seite der neuen Kunstgeschichte geschrieben.«

Die farbigste Gestalt unter den russischen Futuristen, der eigenwillige und hochgestimmte Meister utopischer Konstruktionen war Chlebnikow. Obwohl er als Denker und als Dichter seine Position schon früher bezogen hatte, erreichten seine Utopien ihren eigentlichen Höhepunkt gerade in den ersten Jahren der Revolution. Chlebnikow hatte das Gefühl, seine Gedichte und Programme seien der neuen kosmischen Zivilisation auf den Leib geschrieben. Dieses neue Bauwerk, diese realisierte Utopie wollte er durch seine Entdeckungen verschönern, ausstatten und erweitern. In der Praxis war er natürlich das fünfte Rad am Wagen und wurde nur von einem engen Kreis befreundeter Futuristen geschätzt. Aber seine Utopien erlauben uns, jenen intellektuellen Aufschwung zu ermessen, worauf, wie es anfangs schien, die neue Epoche und die Gesellschaft angelegt waren. Sie spiegeln die potentielle Energie seiner Zeit, den utopischen Geist wider, die die Revolution teilweise aufgesogen, teilweise geweckt und dann mit eigener Hand vernichtet hat.

Übrigens betrachtete Chlebnikow selbst seine Konstruktionen keineswegs als Utopien oder Phantasien, sondern mit allem nötigen wissenschaftlichen Ernst und hielt sie für die Entdeckung der höchsten Gesetze des Weltalls. Seiner Meinung nach sollten sie den Menschen der Zukunft helfen, ihr Weltverständnis und ihre Lebensweise radikal zu ändern. Chlebnikow ist ein Sohn unseres Jahrhunderts – mit seinem wissenschaftlichen Anspruch und seiner utopischen und futurologischen Denkweise.

Nun sollte man diesen Prozeß auch von einer anderen Seite aus betrachten – von der Seite der Praktikabilität. Der Utilitarismus zwang die Utopie in den Rahmen der Realität und leitete einen Übergang von großen Worten und Ideen zur Wirklichkeit, zum Aufbau der Neuen Welt ein. Gerade dieses utilitaristische Pathos schuf eine reale und rationale Basis für die utopische Phantasie, schränkte sie aber gleichzeitig ein, korrigierte sie, holte sie vom Himmel auf den Boden der Tatsachen herunter und trieb ihr die erhabenen Träume zugunsten einer nützlichen Tätigkeit aus.

Bald nach der Revolution machte sich im linken Flügel der künstlerischen Intelligenzija ein neuer und sehr ausgeprägter Trend zur materiellen Praxis, zum Utilitären bemerkbar. Das führte bis zur völligen Abkehr von der Ästhetik – im Namen des Nutzens. Diese Veränderung ist um so deutlicher und auffälliger, als der russische Futurismus sich vor der Revolution im wesentlichen als Kunst der reinen Form verstanden hatte, als Kunst um der Kunst willen. Aber offenbar besaß der Futurismus jene Lebensenergie, jenen Drang zum Handeln, der ihn veranlaßte, »dem Wort als solchen«, der reinen Ästhetik abzuschwören, auf die Seite des Nutzens, des bloßen Nutzens zu desertieren und die ästhetischen Parolen gegen utilitaristische, extrem utilitaristische auszuwechseln. Unmittelbar nach der Revolution gab der Futurismus seine Phantasien noch nicht auf, ganz im Gegenteil, die Kurve der utopischen Projekte stieg steil in die Höhe, aber alles spielte sich hauptsächlich auf dem Papier ab. Trotzdem schlug er bei seinen neuen Konstruktionen eine unüberhörbar rationalistische und produktions-utilitaristische Tonart an. Hatte doch sogar Chlebnikow seine märchenhaften Entwürfe, bei denen es um den Triumph über die Zeit und über die Sprache ging, keineswegs bloß als ein poetisches, formales oder intellektuelles Spiel verstanden, sondern als ein höchst rationales und nützliches Unternehmen. Noch krasser und noch unmittelbarer wurde der Übergang von der Theorie zur Praxis, vom ästhetischen Spiel zur Tat, vom kämpferischen und durch und durch revolutionären Kern der russischen Futuristen (mit Majakowskij an der Spitze) vollzogen. Utilitaristisches Pathos in Kombination mit Phantastik läßt sich am besten mit einigen Zeilen Majakowskijs aus seinem Poem *150 000 000* illustrieren, die selbstverständlich niemals beim Wort genommen werden dürfen und die wie eine Herausforderung an die alte Romantik und den sentimentalen Idealismus klingen. Majakowskijs maßlose Phantasie verbindet sich mit unerhörtem Tatendrang, wobei die Taten nützlich sind und alle Erscheinungen entsprechend ihrer Brauchbarkeit geordnet werden:

Schreiten!
                Fliegen!
                    Schwimmen!
                        Fahren!
Des ganzen Weltalls Inventur.
Brauchbares –
        In Ordnung, soll bleiben,
Unbrauchbares
    zum Teufel damit!
        Ein schwarzes Kreuz drauf.
Wir werden dich schon zur Strecke bringen,
                                romantische Welt!
Statt jeden Glaubens –
                in der Seele
                        Elektrizität und Dampf.
Statt zu betteln –
                aller Welten
                        Reichtum reißt euch unter den Nagel!
Bist du alt – fort mit dir!
                        Und aus den Schädeln Aschenbecher machen!

Lenin, der keinen Sinn für Dichtung hatte und noch weniger für die Poesie der Hyperbeln und Metaphern, verwarf diese Zeilen als Rowdytum und war empört, daß sie im Staatsverlag gedruckt wurden. Aber Majakowskij äußert sich hier keineswegs als Rowdy, sondern er brachte den Geist der Revolution, die Einheit von erhabenen Ideen und konkreten Taten, von Utopismus und plumpem Materialismus (deshalb besteht die von einem neuen Glauben besessene Seele aus Elektrizität und Dampf) zum Ausdruck. Majakowskij übertrug Lenins Parole »Raubt Geraubtes!« (oder »Expropriation der Expropriateure«) in die gehobene romantische Sprache und rief deshalb nicht dazu auf, fremdes Geld »sich unter den Nagel zu reißen«, sondern gleich den Reichtum eines ganzen Universums. Gleichzeitig stellt er für seine Romantik und seine Phantastik die utilitaristischen Weichen, indem er alle Erscheinungen in brauchbare und unbrauchbare (vom Standpunkt der Revolution aus) einteilt. Und da für den Futuristen alles Alte überlebt und unbrauchbar ist, schlägt er vor, natürlich nicht buchstäblich, sondern in seinem gewohnten hyperbolischen Stil, die Schädel der Alten für die Herstellung von Aschenbechern zu verwenden. Denn ein Aschenbecher ist etwas Nützliches ...

Selbstverständlich übertrieb Majakowskij. Aber wir brauchen uns nur daran zu erinnern, wie utilitaristisch sich Lenin gegenüber Leben und Tod verhielt und daß in seinen Augen eigentlich nur »nützliche« Menschen Anrecht auf Leben hatten. Lenin war stets sehr besorgt um die Gesundheit seiner Genossen und Mitarbeiter. Wenn er ihnen vorschlug oder sie sogar dazu zwang, sich ärztlich behandeln zu lassen, fügte er stets, halb im Spaß, halb im Ernst hinzu, daß die Nachlässigkeit der eigenen Gesundheit gegenüber eine Veruntreuung von »Staatseigentum« und damit ein Amtsvergehen bedeute. Persönlichkeit und Menschenleben sind »Staatseigentum«, das heißt, sie sind nicht ein Wert an sich, sondern nur in Verbindung mit einer nützlichen Aufgabe, die Partei und Staat stellen. Das galt für ihn selbst und für alle Menschen seiner Umgebung, der utilitaristisch-praktische Gesichtspunkt war entscheidend.

Lange vor der Revolution, 1911, ging in Frankreich das Ehepaar Lafargue freiwillig in den Tod. Als sie ein gewisses Alter erreicht hatten, glaubten sie, der Gesellschaft nicht mehr nützlich sein zu können und deshalb Hand an sich legen zu müssen. Beide waren bekannte Marxisten, die Frau war eine Tochter von Marx und Lafargue seinerzeit Mitglied der Pariser Kommune. Bei diesem Selbstmord handelte es sich also um Menschen, deren Denkart der Lenins nahestand und die ihm teuer waren. Seine Reaktion? Krupskaja führt in ihren Erinnerungen seine Bemerkung anläßlich dieses Selbstmordes an: »Wenn man für die Partei nicht länger arbeiten kann, dann muß man den Mut haben, der Wahrheit in die Augen zu sehen und so zu sterben wie die Lafargues.«

Zurück zum Futurismus: Mit der Revolution, aber auch in Übereinstimmung mit dem eigenen Vorsatz, möglichst nah am Leben zu bleiben und Tatkraft zu beweisen, den Übergang von der reinen Form zum Gebrauchsgegenstand zu vollziehen, erhielt diese Strömung ein neues Ziel. Das fand seinen Ausdruck in einer recht breiten und interessanten Bewegung, die unter den Parolen: »Kunst in die Produktionsbetriebe«, »Vom Bild zum Chintz« entstand. Das heißt, von der Staffelei zur Arbeit in der Textilindustrie. Gegenstandslose Künstler, die sich bis dahin mit abstrakter Malerei oder mit abstrakten multidimensionalen Gebilden beschäftigt hatten, gingen nun zur Herstellung nützlicher und in jeder Weise konkreter Gegenstände über – Stühle, Tische, Maschinen, Chintz, Zweckbauten und ähnliches mehr. Dieser Aufbruch der gegenstandslosen linken Kunst in die Produktion war das, was später im Westen »Design« genannt wurde. Aber das damalige russische »Design« unterschied sich von dem westlichen dadurch, daß es sich nicht um eine Vereinnahmung der Ästhetik durch die moderne industriell-technologische Kultur handelte. Die Kunst wurde damals der Produktion zum Opfer gebracht, alldieweil die Produktion bei uns von nun an sozialistisch war und sich auf das gesamte Leben bezog, auf seine Bewegung in die Zukunft. Die Kunst stand also vor gewaltigen konstruktiven Aufgaben. Alles war von der Idee des Zwecks und des Nutzens durchdrungen.

Hier, in dieser Umstellung des Futurismus auf eine rational-utilitaristische Basis und Wirkung, machte sich nicht nur der Einfluß der Revolution und der Idee des Weltsozialismus bemerkbar, sondern im gleichen Maße ein typisch russischer Zug und eine bewährte russische Tradition. Und die Futuristen, die sämtliche Traditionen verneinten, hatten diese, ohne es selbst zu ahnen, aufgegriffen und, von der neuen revolutionären Idee beflügelt, ins Leben umgesetzt. Die russische Intelligenzija war bereits im vergangenen Jahrhundert von der Idee der sozialen Zweckmäßigkeit besessen. Und zwar nicht der individuellen egoistischen, sondern der allgemeinen, nationalen, sogar der allmenschlichen. Nicht wenige russische Intellektuelle lebten nicht für sich, sondern nur um einer Sache willen. Und jeder von ihnen fällte seine Urteile vom Gesichtspunkt des Nutzens für die Allgemeinheit. Das war es, was sie, meiner Meinung nach, in einem bestimmten historischen Moment zur Revolution und zum Sozialismus hinzog.

»Futuristische« Ansätze mit betont utilitaristischen Vorstellungen treten periodisch in der russischen Geschichte auf. Unabhängig von ihrem Träger, seiner sozialen Herkunft und seinem ideologischen, religiösen und historischen Standort. Das, was Majakowskij vorschwebte, als er um der nützlichen Agitation und Propaganda willen, um das Wort in die Tat umzusetzen bei »Okna ROSTa« mitarbeitete, hatte Gogol schon längst vorweggenommen, als er statt eines literarischen Kunstwerks das utilitaristisch-praktische Buch *Ausgewählte Stellen aus dem Briefwechsel mit Freunden* schrieb. Etwas Ähnliches bewegte auch Lew Tolstoj, als er die Ästhetik im Namen des moralischen Nutzens verdammte. Eine ähnliche, wenn auch leicht abgeschwächte Tendenz läßt sich in Pasternaks Spätwerk beobachten. Und – aus ganz anderen Beweggründen – bei dem heutigen Solschenizyn. Kurz, bei ganz verschiedenen Anlässen bricht periodisch ein Konflikt zwischen Kunst und Nutzen auf, zwischen der Idee des Selbstwerts einer Sache (einer beliebigen Sache) und ihrer Bestimmung oder dem übergeordneten Zweck. Und es entsteht das Dilemma, die ewige russische, sich durch Jahrhunderte hinziehende Frage: Was ist wichtiger, das »Schöne« oder das »allgemeine Wohl«, Apollo von Belvedere oder ein Kochtopf, der

Künstler oder der Schuster? Dieser Konflikt entsteht unvermeidlich, unabhängig von der Weltanschauung des Autors – mag er orthodoxer Christ oder Marxist, mag er Futurist oder Narodnik sein. Der allgemeine Trend geht in Richtung »Nutzen«, d. h. eines übergeordneten Zwecks auf Kosten der Ästhetik und der souveränen Persönlichkeit.

Im neunzehnten Jahrhundert äußerte sich diese Vorliebe für Ziel und Zweck besonders geradlinig und unverblümt in der geistigen und künstlerischen Bewegung der sogenannten »Schestidesjatniki«, der Nihilisten der sechziger Jahre mit Tschernyschewskij und Pissarew an der Spitze. Der Typus des Nihilisten-Schestidesjatnik hat seine Verkörperung in Turgenjews Roman *Väter und Söhne* in der Gestalt des Haupthelden Basarow gefunden. Basarow ist überzeugt, daß »ein Schuhmacher nützlich, ein Schneider nützlich, Rafael aber nicht einen roten Heller wert« und »ein ordentlicher Chemiker zwanzigmal nützlicher als jeder Dichter« sei, und ist bereit, die letzte Konsequenz zu ziehen und nötigenfalls die eigene Persönlichkeit zu opfern.

Dazu sagt er: »Hast du dich einmal entschlossen, alles niederzumähen – darfst du die eigenen Beine nicht schonen ...«

Etwas Ähnliches geschah auch mit den russischen Futuristen, die mit der Priorität und dem Selbstzweck der Form, mit l'art pour l'art begonnen hatten, und mit dem Aufruf zur Zerstörung der Ästhetik endeten. Völlig eigenständig wiederholten sie die Argumente des Schestidesjatnik Basarow. Ich verweise auf den Artikel von Ossip Brik, dem führenden Theoretiker des Futurismus auf der neuen revolutionären Plattform, dem Urheber der Parolen »Vom Bild zum Chintz« und »Kunst in die Produktionsbetriebe« und Majakowskijs nächstem Freund und Kampfgenossen. Er schrieb diesen Artikel 1919, als man auf dem Siedepunkt der Revolution angelangt war, und nannte ihn »Künstler und Kommune«. Ihm geht es darin um die neue Gesellschaft als ein Ganzes, und zwar nicht bloß in ihrer heutigen, sondern in einer künftigen utopischen Gestalt. Brik vergleicht den Künstler mit anderen Werktätigen, mit anderen Repräsentanten nützlicher Berufe:

»Der Schuhmacher macht Stiefel, der Tischler – Tische. Und was macht der Künstler? Er macht nichts – er ist ›schöpferisch‹. Das ist höchst unklar und suspekt ... Die Kommune kann weder Priester noch Schmarotzer gebrauchen. Nur der arbeitende Mensch findet in ihr Platz. Wenn die Künstler nicht das Schicksal parasitierender Elemente teilen wollen, müssen sie ihr Recht auf Dasein unter Beweis stellen.«

Im folgenden zitiert Ossip Brik verschiedene herkömmliche Bestimmungen der Kunst und ihrer Funktionen, um sie konsequent wegen ihrer Unbrauchbarkeit für die Revolution, das Proletariat und die Zukunft vom Tisch zu fegen. Die erste Definition entstammt dem Geist des alten Realismus:

»Der Künstler spiegelt das Leben.

Wer braucht das? Wozu braucht man das Spiegelbild, wenn das ganze Leben einem zur Verfügung steht? Wer würde eine Kopie dem Original vorziehen?

Der Künstler spiegelt das Leben auf seine eigene Art.

Um so schlimmer! Dann wird er es verzerren.

Der Künstler dient dem Schönen.

Hier liegt eine genaue Analogie zu den Mönchen vor. Irgendwo, in den Klöstern, dient man Gott. Für Mönche ist in der Kommune kein Platz.«

Folglich muß die Kunst, wie man sie früher verstand, nach Briks Meinung verschwinden, sie ist dem Untergang geweiht:

»Ihre bürgerliche Kunst wird untergehen. Auch die Künstler, die sich nur auf das ›Schaffen‹ und auf den ›Dienst am Schönen‹ verstehen, werden untergehen. Aber es gibt auch andere Künstler. Sie verrichten eine absolut konkrete, gesellschaftlich nützliche Arbeit. Solche Arbeit gibt dem Künstler das Recht, sich neben anderen Berufsgruppen der Kommune zu behaupten, gleich Schustern, Schreinern und Schneidern.«

Diese Argumente erinnern sehr an die rationalistische Logik Basarows. Ein Schuhmacher ist nützlicher und wichtiger als ein Künstler. Folglich muß der Künstler entweder untergehen oder zum Schuhmacher werden, das heißt, zu einem nützlichen Mitglied der Gesellschaft, und sich in einen Betrieb einordnen. Aber dieser extreme Utilitarismus und Rationalismus hätten in den futuristischen Kreisen niemals dominiert – wenn es nicht zur Revolution gekommen wäre. Die traditionelle russische Bereitschaft, die Kunst um des Lebens und um des Volkes willen zu opfern, das Schöne auf dem Altar des Nutzens darzubringen, bekam unter den neuen Bedingungen, angesichts des großen, die ganze Welt, das gesamte menschliche Tun und Denken bestimmenden revolutionären Ziels neuen Aufschwung. Von nun an war das Leben vom Geist harscher Zweckmäßigkeit erfüllt, die sich zur asketischen Intoleranz gegenüber allem, was im Augenblick nutzlos erschien, steigerte. Und der Futurismus sog diesen zielgerichteten Utilitarismus förmlich auf und war schließlich bereit, sich selbst um der Sache willen aufzugeben.

Kurz vor dem Tod, bei einem seiner letzten öffentlichen Auftritte, schrieb jemand im Saal an Majakowskij einen Zettel. Dieser Zettel enthielt die direkte Frage: »Majakowskij, wenn man von Ihnen verlangt, zum Nutzen der proletarischen Revolution Jamben zu schreiben – schreiben Sie Jamben?«

Und obwohl Majakowskij den Jambus als eine veraltete und sinnlose Form entschieden ablehnte, mußte er antworten: »Dann schreibe ich Jamben.« Selbstverständlich fühlte er sich nicht einfach durch einen von oben erlassenen Befehl der Partei dazu verpflichtet, sondern, entsprechend der Formulierung auf dem Zettel, weil es *zum Nutzen der proletarischen Revolution* war. Er konnte gar nicht anders antworten, denn den »Nutzen der Revolution« hielt er selbst für das höchste Kriterium moderner Kunst und für eine Forderung, der sich jeder Dichter, auch er, Majakowskij selbst, bedingungslos zu unterwerfen habe. Die bittere Ironie der Geschichte, die Ironie seines und vieler anderer Künstlerschicksale, bestand darin, daß sie eines Tages zum »Nutzen der Revolution« tatsächlich Jamben schreiben mußten ...

Aber die Idee des Nutzens und seiner Priorität war unvergleichlich wichtiger als jedes künstlerische Problem, sie umfaßte und durchdrang im Grunde genommen das ganze Leben der neuen Gesellschaft. Denn mit der Revolution brach für den Menschen die Epoche der härtesten Zweckmäßigkeit an, und seine sämtlichen Handlungen wurden von nun an nach Nutzen und Schaden vom Gesichtspunkt der höchsten, der kommunistischen Aufgabe aus beurteilt. Es war begreiflich, daß unter solchen Bedingungen die Hauptvertreter dieser Idee und dieser Praxis in erster Linie die Bolschewiki selber waren. Denn sie spielten die erste und führende Rolle bei der Realisierung der Utopie und der Umsetzung der Idee in die Tat, in den alles umfassenden Aufbau. Und das bis auf die Spitze getriebene utilitaristische Denken wurde zum wichtigsten Zug des psychologischen Typus »Bolschewik«. Ein hervorragendes Porträt dieses Typus, dieser ganz besonderen bolschewistischen Rasse, findet sich in dem Roman *Das nackte Jahr* von Boris Pilnjak. Dort sind es nicht die höheren, sondern die unteren Ränge der Partei, die die Revolution und den Sozialismus an Ort und Stelle, in der Provinz verwirklichen. Es sind alles Männer aus dem Volk, die noch gewisse demokratische Merkmale der sozialen und nationalen russischen Art bewahrt haben, gleichzeitig aber zu einer anderen, einer neuen Menschensorte gehören. In ihnen überwiegen die Tatkraft und der Wille, die allerdings den Gesetzen bedingungsloser Reglementierung und praktischer Zweckmäßigkeit unterworfen sind. Sie arbeiten ununterbrochen, vielmehr, sie »erfüllen ihren Auftrag«, denn arbeiten kann man auch in der Fabrik oder auf dem Feld. Ein Bolschewik aber hat den Auftrag der Partei zu erfüllen. Dieser militant-bürokratische Stil der Parteiorganisation spiegelt sich schon in Auftreten und Kleidung. Als besondere kommandierende Kaste tragen die Bolschewiki Lederjacken, die zum Symbol, zum Ordenshabit werden. Deshalb spricht Pilnjak einfach von »Lederjacken«. Die Lederjacken betonen ihre Vorrangstellung, aber auch ihre Charakterfestigkeit, Disziplin, Nüchternheit, Zielstrebigkeit und revolutionäre Askese. Unter ihnen, den »Lederjacken«, wirkt ein Held mit dem Namen Archip Archipow, der ihn sofort als einen einfachen bäuerlichen Menschen kennzeichnet.

»... Im Exekutiv oben versammelten sich Männer in Lederjacken, Bolschewiki. Alle in Lederjacken, einer wie der andere gut gewachsen, Prachtkerle, jeder kernig, bei jedem geringelte Locken unter der in den Nacken geschobenen Schirmmütze, bei jedem glatte Haut über kräftigen Backenknochen, Kerben in den Mundwinkeln, und bei jedem die gleiche stramme Haltung. Eine Auslese der russischen trägen, grobbehauenen Art. In der Lederjacke – da weicht man nicht auf. Das wissen wir, das wollen wir, das wird beschlossen – und basta. Archip Archipow saß tagsüber im Exekutivkomitee, schrieb Papiere, runzelte die Stirn ... die Feder hielt er wie eine Axt. Er trat bei Versammlungen auf, gebrauchte viele Fremdworte: Konstantieren, enegrisch, Litefonogramm (Telefonogramm), fuktionieren (funktionieren), Buttschett ... Archip Archipow stand im Morgengrauen auf und büffelte heimlich: Kisselew, *Algebra*, Kistjakowskij, *Wirtschaftsgeographie*, *Russische Geschichte des neunzehnten Jahrhunderts* (erschienen bei Granat), Marx, *Das Kapital*, Oserow, *Über das Geldwesen*, Weizman, *Buchführung*, *Deutsch für Autodidakten* und das Fremdwörter-Taschenbuch von Gawkin.«

Die aufgeführten Bücher, die Archip Archipow im Schweiße seines Angesichts durchackerte, sind höchst bemerkenswert. Die Liste klingt ein wenig wie eine Parodie, da sie nur populäre anspruchslose Titel anführt, aber dennoch ist diese karge Bibliothek dazu geeignet, in kürzester Zeit einen umfassenden Überblick zu vermitteln und dem Menschen in die wichtigsten Wissensgebiete Einblick zu verschaffen. Hier handelt es sich nicht um einen Kampf gegen den Analphabetismus und ebensowenig um eine Spezialisierung auf ein bestimmtes Fachgebiet, sondern um die Lehrmittel für das Studium der Parteiführung auf sämtlichen Gebieten des Lebens und der Wirtschaft. Sämtliche Kenntnisse haben angewandten und praktischen Charakter. Die Fremdworte, die Archip Archipow eilig auswendig lernt und falsch ausspricht, bestimmen die Fach- und Zeitungssprache der neuen Zivilisation, der neuen Utopie, die auf den Trümmern des alten Rußland entsteht. Unter all diesen Fremdwörtern ist für Archip Archipow und Pilnjaks Roman überhaupt die kompakte Formel »energisch funktionieren«, beziehungsweise »enegrisch fuktionieren« besonders bedeutsam. Das ist gleichsam das Credo des Bolschewismus – sein willensbetonter, tatkräftiger und utilitaristischer Zugriff. Gleichzeitig klingt es bei Pilnjak leicht komisch und sogar absurd, denn es »fuktioniert« inmitten von Zerstörung und Hunger, und eigentlich »fuktioniert« überhaupt nichts. Daran läßt sich gleichsam das Utopische des ganzen Unternehmens ablesen, dem allerdings eine klare praktische Zielsetzung und der eiserne Wille von Menschen eines neuen Typus zugrunde liegen.

In dem Roman heißt es:

»›Enegrisch fuktionieren!‹ Das sind die Bolschewiki. Und euch alle soll der Teufel holen – habt ihr das gehört, ihr süßsaure Limonade!«

»Süßsaure Limonade« – das ist selbstverständlich die alte liberale Intelligenzija, die sich auf nichts anderes versteht als auf Schwatzen, Seufzen, auf schöne Träume und verschrobene Sentimentalität. Wir, die Lederjacken, wir träumen und wir schwatzen nicht, sondern wir bauen die neue Gesellschaft!

Pilnjaks Formel »Enegrisch fuktionieren!« spiegelt, wie mir scheint, sehr genau den Geist und den Stil des Bolschewismus und auch den Stil der neuen Epoche in ihrer revolutionären Phase wider. In diesem Zusammenhang möchte ich noch ein in seiner Art historisches Dokument erwähnen, das Alexej Gastew verfaßt hat. Er war eine außerordentlich farbige und für jene Zeit charakteristische Figur, ein »proletarischer« Dichter, der Anlaß zu großen Hoffnungen gab. Er konnte auf eine beachtliche Erfahrung in der Revolutionsarbeit zurückblicken und war, wie man so sagt, ein glühender Bolschewik mit überdurchschnittlichen Fähigkeiten. Er wurde der »Eiserne Gastew« genannt. Plötzlich warf er die Dichtung über Bord und stellte sich auf eine praktische Arbeit um, das heißt, er verwirklichte buchstäblich den Sprung von der Kunst ins Leben, in den Aufbau, in das Umformen. Gastew wurde Direktor des ZIT (Zentralinstitut für Arbeit) und beschäftigte sich von nun an mit Fragen der wissenschaftlichen Organisation in der modernen Industrie, der Sozialpädagogik und, wie es damals hieß, dem »Kulturaufbau«

oder der »Kulturrevolution«. 1923 hielt er einen Vortrag zu diesem Thema, der später als Sonderdruck erschien. Der Vortrag trug den Titel »Ausrüstung der modernen Kultur« und wandte sich an die fortschrittliche sowjetische Jugend, die Gastew als »Kulturagenten« bezeichnete. Von einem Kulturagenten wird ziemlich viel verlangt, aber zunächst muß ein solcher Mensch rational, praktisch und utilitaristisch eingestellt sein, wobei letzteres stets den Zwecken der Revolution zu dienen hat. Sein psychischer und physischer Zustand ist durch und durch reglementiert:

»Ein echter Kulturagent muß stets gutgelaunt sein. Nur dies kann die Leistungsfähigkeit garantieren, die man braucht, um ein seit drei Jahrhunderten dahindämmerndes Volk aufzuwecken. Auch wenn dreihundert Menschen deshalb Selbstmord begehen – sobald die Fabriksirene ertönt, mußt du hingehen und deine Maschine in Gang setzen...

Man muß ein Virtuose des Schlags und des Drucks sein. Man muß die Beschaffenheit von Hammer und Messer hervorragend durchschauen, man muß sie selbstvergessen lieben... Und erst das Werkzeug, das eine Synthese dieser beiden Instrumente darstellt – das wunderschöne Beil? Es muß genauso gehandhabt werden wie ein Ball beim Spiel. Wir müssen es zur höchsten Vollendung bringen, um eine Wirkung zu erzielen, von der wir uns nicht hätten träumen lassen.

Wir müssen schlafen lernen ... Wenn wir uns erholen wollen, müssen wir aufs Bett sinken und in einem Augenblick die maximale Entspannung aller Muskeln erreichen, als würden wir in den Boden sinken ... Man muß alles einkalkulieren, was um uns ist. Wenn in der Schlucht, durch die wir gehen, ein morscher Baum steht, so muß er einkalkuliert werden, und wenn dort ein Stein liegt, so muß er ebenso einkalkuliert werden! Und schließlich, wenn wir nichts vor uns haben, so müssen wir unsere eigenen Hände einkalkulieren, die immer von dem Werkzeug träumen. Und das alles heißt – Revolution machen.

Und sollten wir uns eine andere Philosophie ausdenken, so wird sie uns töten, uns aber niemals lehren, wie man siegt.«

Natürlich fällt es schwer, dies alles Philosophie zu nennen, auch wenn es uns lehren will, wie man siegt. Und es fällt ebenso schwer, diese »Philosophie« eine Kultur zu nennen, so sehr rutscht sie in bloße Zweckmäßigkeit ab, wenn sie sich ein in dürftigen Verhältnissen lebendes, wenig gebildetes Volk vorstellt, von dem nur das eine verlangt wird – »enegrisches Fuktionieren«. Aber so ist eben die Sowjetzivilisation, der es letztlich nicht um Kultur, sondern um Technik, Sport, Kalkulation und Kontrolle geht. Kontrolle über einen morschen Baum, über den Hammer und über das eigene Befinden.

Sie ist in ihrer Art auch eine Utopie, obwohl sie jede Utopie verdammt und den Charakter eines rationalen und zweckmäßigen Verhaltens zur Schau trägt. Aber eine »realisierte Utopie« ist immer ambivalent. Einerseits bleibt sie, wenn sie realisiert werden soll, nicht länger Utopie und darf es auch nicht bleiben wollen, sondern muß zum praktischen nützlichen Handeln übergehen. Dabei bleibt es nicht aus, daß ihre Rationalität mit der eigenen utopischen Konzeption in Widerspruch gerät, sie in die Enge treibt und schließlich aufhebt. Aber auch der Rationalismus und der Utilitarismus bleiben nicht ungeschoren, sondern nehmen nach und nach utopischen Charakter an, wenn er auch häufig unter umgekehrtem Vorzeichen auftritt, z. B. als bösartige Parodie auf eine dem Menschen zuträgliche und vernünftige Weltordnung.

Um diese Verflechtungen und Übergänge anschaulich zu machen, führe ich noch ein Beispiel an, ein glücklicherweise nicht ausgeführtes, eindeutig törichtes Projekt. Es handelt sich um das Projekt einer Sprachreform, 1919 von einer Privatperson vorgelegt, die sich sowohl auf die Literatur als auch auf die Umgangssprache erstrecken sollte. Es zeigt, wie weit die Wirkung der Revolution in den Köpfen der Menschen fortgeschritten war und wie extremer Rationalismus und zweckgebundenes Denken sich in ihr Gegenteil verkehrten und die phantastischste utopische Form annahmen. Der Autor (ein gewisser Kissiljow) schlägt vor, die russische Sprache so schnell wie möglich entsprechend der revolutionären Wirklichkeit und der fortschrittlichen marxistischen Wissenschaft umzugestalten. Die Sprache enthalte eine Menge offener oder versteckter Metaphern, die unwissenschaftlich seien und Überbleibsel religiöser, mythologischer und anthropomorpher Vorstellungen darstellten. Es handle sich um Ausdrücke und Redewendungen wie »der Frühling kommt« oder »die Sonne versteckt sich hinter den kalten Wipfeln« und ähnliches. In einer solchen unwissenschaftlichen Bildersprache sind die Werke der modernen Schriftsteller und der Klassiker abgefaßt – Puschkin, Lermontow, Turgenjew, Lew Tolstoj –, und sie müßten daher korrigiert werden. Lew Tolstoj schreibe zum Beispiel in *Krieg und Frieden:* »... Wolken gleiten über den hohen, unendlichen Himmel.« Dabei müßte der Sachverhalt wissenschaftlich richtig folgendermaßen ausgedrückt werden: »Wolken bewegen sich durch die Atmosphäre unseres Planeten.« Seinen Reformvorschlag begründet der Autor auf folgende, durch und durch rationalistische und utilitaristische Weise:

»Rußland befindet sich gegenwärtig in einer Epoche radikaler, sozialer Umgestaltung sämtlicher gesellschaftlichen Beziehungen. Die Fundamente der kapitalistischen Ordnung sind zerstört, und auf ihren Ruinen wird eine neue aufgebaut – die sozialistische. Diese Ordnung kann und muß auf einer streng wissenschaftlichen Basis beruhen. Daraus ergibt sich, daß auch die Struktur der Sprache wissenschaftlichen Prinzipien zu folgen hat.

Ausgehend von der wissenschaftlichen Erkenntnis des Wechsels von Tag, Nacht und Jahresablauf, erkennen wir, daß Formulierungen wie ›anbrechen‹, ›kommen‹, ›näherrücken‹ unrichtig sind und gleichsam Flecken, Relikte, reaktionäre Phänomene darstellen. Dasselbe gilt für jene Ausdrücke, die das individuelle und gesellschaftliche Leben eines Einzelnen und der Masse bezeichnen, wie: ›Eine Hungersnot bricht aus‹, ›die Revolution ist gekommen‹, ›der Tod naht‹, ›der Tod tritt ein‹. Im Licht der wissenschaftlichen Erkenntnis des einzelnen Menschenlebens und des Lebens der menschlichen Gesellschaft – unter dem Sozialismus ist eine solche Erkenntnis absolute Pflicht – sind alle diese Erscheinungen nichts anderes als ... natürliche Prozesse ... und können als nichts anderes angesehen werden. Deshalb müssen alle angeführten Ausdrücke unbedingt durch andere ersetzt werden ...«

Es ist kaum vorstellbar, in welch monströser Anti-Utopie wir leben würden, wenn eine solche Reform durchgeführt worden wäre. Wir würden in einer Welt leben, in der die Menschheit sich einer toten, wissenschaftlich begradigten Sprache bedienen und sogar *Krieg und Frieden* und die gesamte Weltliteratur in einer neuen, korrigierten, rationalen Fassung vorliegen werde ...

In diesem Fall handelt es sich um ein besonders albernes Beispiel. Aber irgendwie entsprach es dem Geist der realisierten Utopie, die sich als eine wissenschaftlich definierte und zweckmäßig aufgebaute Gesellschaft verstand. Und so gesehen lagen den entsetzlichsten Erscheinungen und Geschehnissen, die das Gesicht der Sowjetzivilisation bestimmten, streng wissenschaftliche und utilitaristische Fundamente zugrunde – selbst dem Massenterror, der Entkulakisierung des Dorfes, den Straflagern oder der Zensur.

Der Gelehrtenstaat: Lenin

Lenin, der Intellektuelle und Wissenschaftler

Aber wenn die Parteifunktionäre an der Basis »enegrisch fuktionierten«, um die Utopie mit der utilitaristischen Praxis zu verbinden, so mußte es doch auch einen Oberbefehlshaber geben? Wem oblag es, alles zu beweisen, zu erklären und andere zu veranlassen, es in die Tat umzusetzen? An die Spitze von Sowjetrußland trat nach der Revolution der Gelehrte. Natürlich sind auch andere Aspekte für das Verständnis und die Beurteilung dieser Diktatur denkbar, aber für unser Thema ist gerade dieser Aspekt – »Gelehrtenstaat« – besonders interessant und aufschlußreich.

Schon der Marxismus versteht sich als eine Wissenschaft, noch dazu als die wissenschaftlichste Wissenschaft von der menschlichen Geschichte und der Gesellschaft. Und der Leninismus stützt sich auf die gleiche absolute wissenschaftliche Autorität, wobei er seine Rechtmäßigkeit durch eine Praxis untermauert, die wiederum zu einem wissenschaftlichen Argument wird und der Idee nach einer streng wissenschaftlichen Analyse der konkreten historischen Situation entspringt. Und wenn wir von dem Gelehrtenstaat der siegreichen bolschewistischen Partei sprechen, dürfen wir nicht an die liberalen Gelehrten der Vergangenheit und der Gegenwart denken, sondern an die früheren Regierungen Rußlands, an die zaristische absolute Monarchie oder an die Provisorische Regierung. Dieser Vergleich macht deutlich, daß nach dem Oktober 1917, vielleicht zum ersten Mal in der Geschichte, nicht Zaren und Feldherren, nicht Juristen und Helden an die Spitze des Staates traten, sondern hauptsächlich Denker, Akademiker, die ihr Regime zu einer Diktatur des Proletariats erklärten. Natürlich denke ich dabei an die zahlenmäßig kleine, aber geschlossene Intelligenzija-Gruppe der Bolschewiki, die sich um Lenin geschart hatte. Das waren alles keine Dilettanten, sondern Profis des politischen Kampfes und des sozialen Lebens, und diese wissenschaftliche Spezialisierung läßt sich am besten an der Gestalt Lenins beobachten.

Es gibt eine Menge völlig verschiedener und gelegentlich kontroverser Deutungen seiner Person. Mir geht es darum, die Aufmerksamkeit auf diesen einen charakteristischen Zug zu lenken. Schon seine psycho-physische Konstitution war durch den auffallend voluminösen Kopf gekennzeichnet, der wie eine riesige Rechenanlage arbeitete. Hat man das einmal erkannt, gewinnen plötzlich auch die unbedeutendsten biographischen Fakten und Details eine besondere Aussagekraft. Sogar die anekdotische Nebensächlichkeit, daß Lenin als Kind besonders oft gefallen ist und sich den Kopf angeschlagen hat, weil der Kopf mit seinem Übergewicht den kleinen Kerl immer nachzog. Und die Todesursache Lenins war eine unvorstellbare Gefäßverkalkung des Großhirns, fast als wäre die Sklerose eine Folge seiner kolossalen Gehirnarbeit gewesen. Trotz seines unauffälligen und kaum repräsentativen Äußeren bezauberte Lenin jeden in seiner Umgebung durch seinen Kopf, durch seine Logik, die seine Sprache und sein Weltgefühl deutlich prägten. Deswegen erscheint er bei vielen Memoirenschreibern, Forschern und Dichtern mit diesem hyperbolischen, die ganze Menschheit erdrückenden und gleichzeitig erlösenden Schädel. Majakowskij schreibt:

Dann wuchs über der Welt
Lenins riesiger Kopf empor.
Im Schädel bewegte er um und um
hunderte von Gouvernements,
Trug
Menschen,
fast anderthalb Milliarden,

Wog nachts
die Welt,
um am nächsten Morgen...

Um am nächsten Morgen, setzen wir fort, daraus die unumstößlich richtigen wissenschaftlichen Folgerungen zu ziehen. Wahrscheinlich ist das die einzige Möglichkeit der Realisierung einer Utopie – nicht bloß physische Gewalt, sondern auch unglaublich präziser intellektueller Kalkül.

Das Primat des Intellekts läßt Lenins Persönlichkeit irgendwie unmenschlich und widernatürlich erscheinen. Manchmal wirkt er wie ein auf der Erde gelandeter großköpfiger Marsmensch mit einem Gehirn, das unserem Entwicklungsstand um Jahrtausende voraus ist. Aber im Prinzip entsprach er dem wissenschaftlichen Geist des zwanzigsten Jahrhunderts. Sogar Stalin scheint mir trotz seiner Leidenschaftlichkeit, Grausamkeit und des von ihm geförderten religiösen Persönlichkeitskults begreiflicher als Lenin. Seine alles verschlingende Intellektualität – das ist das eigentlich Unfaßbare; der Umstand, daß aus seinen Kalkulationen, daß unter seiner Feder Ströme von Blut entsprangen, während er seiner Natur nach keineswegs böse war. Ganz im Gegenteil, er, Wladimir Iljitsch persönlich, war eher ein guter Mensch, und seine Grausamkeit ist durch die Wissenschaft und das Gesetz der Geschichte bestimmt, die keinen Widerspruch dulden. Dasselbe gilt für seinen Machthunger und für seine politische Intoleranz. Es heißt, Lenin sei herrschsüchtig gewesen. Möglich. Aber seine Herrschsucht (wenn es überhaupt Herrschsucht war) hat nichts von Machtrausch an sich, ebensowenig von Ehrgeiz, Stolz und Pose. Lenin strebte nach Macht als der wissenschaftlich geforderten Bedingung für ein Experiment, und zwar für ein sozialhistorisches Experiment. Als wäre das Regime auf einen fähigen Kopf angewiesen und als hätte Lenin einen anderen fähigen Kopf nicht gesehen und sich folglich keineswegs um seiner selbst, sondern um des optimalen wissenschaftlichen Effekts willen entschlossen, die Führung zu übernehmen. Und sogar seine berüchtigte Voreingenommenheit und Intoleranz in der Politik und Grundsatzdiskussionen vertrugen sich bei ihm mit Gelassenheit: er war weder rachsüchtig noch darauf aus, mit der Konkurrenz oder mit einem Rivalen persönlich abzurechnen. Möglicherweise lassen sich seine Intoleranz und Voreingenommenheit dadurch erklären, daß er als echter Gelehrter diese sämtlichen Menschewiki und Sozialrevolutionäre, konstitutionellen Demokraten und westlichen Sozialdemokraten in seinen Schubladen geordnet, streng wissenschaftlich klassifiziert und mit Termini versehen hatte, die er nun nicht mehr über den Haufen werfen oder fallen lassen konnte. Liest man Lenins Schriften, die oft eine eng begrenzte Parteipolemik enthalten, fühlt man sich häufig an Linné oder Darwin erinnert, nur eben auf die sozialhistorischen Bedingungen und den politischen Kampf jener Zeit angewandt. Wenn Lenin gegen seine Gegner wettert, so scheint es, als wollte er sie wie Schmetterlinge auf eine Stecknadel spießen und auf die Kästchen seiner marxistischen Tabelle verteilen. Ihm ging es um streng rationale Ordnung, um exakte Kontrolle, um das »Wer ist Wer«, und zwar nicht nach den landläufigen Maßstäben – »Schweinehund« und »Schurke« –, sondern nach Art, Familie und Klasse.

Jedoch macht dieses fast absolute Fehlen von menschlichen Schwächen, die üblicherweise zu einem Diktator gehören, ihn doppelt unheimlich. Denn darin zeigt sich gleichzeitig das Fehlen eines bestimmten natürlichen Organs, mag man dieses Organ Herz, Seele oder sonst irgendwie nennen. Lenin fehlte, meine ich, die jedem Menschen angeborene Irrationalität, und da in ihm nichts außer dem Gehirn vorhanden war, nahm sein Rationalismus irrationale Züge an.

Ich möchte das an einigen Beispielen erläutern, die dem Alltag entnommen sind. Kurz vor dem Oktoberaufstand hielt sich Lenin in Petrograd auf, in einer konspirativen Wohnung. Später berichtete die Wohnungsinhaberin, selbstverständlich Parteimitglied, aber eine einfache Seele, wie Lenin bei ihr gewohnt hatte, und ihre Erinnerungen sind, wie es sich gehört, schlicht und ergreifend. Lenin bewohnte ein Hinterzimmer, das keine Fenster zum Hof hatte, damit niemand ihn von außen sehen konnte. Er arbeitete wie gewohnt von morgens bis abends. Er schrieb. In diesem Hof tauchte gelegentlich eine Italienerin auf, die es während des Krieges zufällig in unser nördliches Palmyra verschlagen hatte und die seitdem dort lebte. Sie ging von Hof zu Hof, sang italienische Lieder und sammelte Almosen. Die Inhaberin der konspirativen Wohnung kannte die Italienerin und bedauerte sie außerordentlich, um so mehr, als die Straßensängerin an Tuberkulose litt. Sie erzählte dies alles Wladimir Iljitsch, und Wladimir Iljitsch hörte in seinem Hinterzimmer mit Vergnügen dem Gesang auf dem Hof zu und fühlte sich an Italien, an die Emigration erinnert. Aber er war außerordentlich erstaunt, als er eines Tages sah, wie seine Zimmerwirtin Kleingeld in ein Papier wickelte und das Päckchen an einem Bindfaden in den Hof hinunterließ – als Gabe für die italienische Sängerin. Er fragte: »Warum tun Sie das? Diese paar Kopeken werden ihr doch nicht helfen.« Die Wirtin erklärte ihm, so gut sie konnte, daß sie es aus Mitleid tue. Darauf empörte sich Wladimir Iljitsch aufrichtig über die Unlogik und die Nutzlosigkeit der Philanthropie, und erklärte ihr eingehend, daß solche unglücklichen Frauen und Bettler verschwinden würden, sobald die bevorstehende sozialistische Revolution zum Ausbruch komme. Der neue Staat würde jedem einen Arbeitsplatz bieten. Und die Elemente, die nicht arbeiten und weiter parasitieren wollten, sollten dazu gezwungen werden, eine nützliche Tätigkeit zu verrichten ...

Ich glaube, daß Lenins Verblüffung angesichts einer einfachen Geste des Mitleids nicht ein Zeichen seiner Grausamkeit, sondern seines Rationalismus und seiner Logik war, die von vornherein jede spontane oder unlogische Herzensregung ausschlossen.

Es war ein Gehirn, das ununterbrochen nur in eine einzige Richtung arbeitete – in die Richtung der wissenschaftlich realisierten Utopie.

Es gibt eine andere Erinnerung an Lenin, die Ähnliches aussagt. Sie stammt aus dem Jahr 1904, als Lenin in der Schweiz lebte und dort von seiner Parteigenossin, der Revolutionärin Maria Essen, besucht wurde. Sie erzählt, wie sie beide im Gebirge wanderten und eines Tages einen hohen Berg bestiegen, von dessen Gipfel man eine phantastische Aussicht genießen konnte. Dann folgt die Beschreibung dieser wunderbaren romantischen Landschaft. Und die Erzählerin schließt: »Ich schwelge und möchte am liebsten Shakespeare und Byron deklamieren. Dann werfe ich einen Blick auf Wladimir Iljitsch: er sitzt da, tief in Gedanken versunken und wettert plötzlich los: ›Aber die Menschewiki machen doch großen Mist!‹ ...«

Aus unserer Distanz fällt es schwer, den Anlaß für diesen Ausruf zu erkennen, der vor dem Hintergrund einer Schweizer Landschaft komisch wirkt. Vielleicht wollte Lenin die romantische Stimmung seiner Begleiterin dämpfen und sie in parteipolitisch sinnvolle Bahnen lenken. Aber man könnte sich auch noch eine andere, wahrscheinlich treffendere Version denken: Lenin konnte und wollte seine damals wichtigste intellektuelle Aufgabe auch nicht für einen Augenblick aus den Augen lassen – die Auseinandersetzung mit den Menschewiki. Und keine noch so herrliche Landschaft konnte ihn erschüttern oder ablenken. Das hat sogar etwas Rührendes, und die Verfasserin der Memoiren schildert die Episode mit sanftem Humor. Bedenkt man aber, wie ausschließlich und beherrschend dieser Zug in Lenins Charakter gegeben war, könnte man meinen, daß in seinem Organismus etwas atrophiert war, wodurch sein Intellekt die Möglichkeit erhielt, unkontrolliert und einseitig zu wuchern.

Irgendwann in den Revolutionsjahren trat Gorkij an Lenin heran und bat ihn, sich für eine verhaftete Familie einzusetzen. Alle Familienmitglieder waren Intelligenzler, Liberale, die früher, vor der Revolution, in ihrem Haus Bolschewiki versteckt hatten, um sie vor der Geheimpolizei zu retten. Gorkij hoffte, daß Lenin aus Dankbarkeit ihnen gegenüber Gnade walten lassen würde. Lenin aber lachte gutgelaunt, und sagte, daß gerade solche Intelligenzler die besondere Aufmerksamkeit der Tscheka verdienten. Denn solche Familien würden immer aus intelligenzlerischer Weichherzigkeit und Mitleid Verfolgten und Unglücklichen Unterschlupf gewähren. Früher hätten sie die Bolschewiki gerettet, und heute retteten sie die Sozialrevolutionäre. Folglich müßten sie streng kontrolliert und bestraft werden. Lenins Überlegung war schlüssig und absolut wissenschaftlich. Das Gefühl der Dankbarkeit hatte in den Strukturen seiner wissenschaftlichen Logik keinen Platz.

Indessen stammte Lenin selbst aus dem Intelligenzija-Milieu und hatte viele seiner Gewohnheiten bewahrt – unter anderem persönliche Uneigennützigkeit und Bescheidenheit im Umgang mit einfachen Menschen. Selbst die Nachlässigkeit in der Kleidung. Der echte russische Intelligenzler macht sich nicht allzuviel Gedanken über sein Aussehen. Inmitten seiner militanten Diktatur, umgeben von Lederjacken, blieb Lenin ausgesprochener Zivilist. Aber am ersten Tag nach der Machtübernahme entwarf dieser Zivilist eine ausführliche Dienstvorschrift über die »Pflichten der Wachen des Vorsitzenden des Rates der Volkskommissare«. Und später kümmerte er sich eingehend um sämtliche Einzelheiten von Organisation und Tätigkeit der Tscheka. Und nicht nur in Form von Instruktionen und dem Befehl, den geringsten Verstoß mit Erschießen zu bestrafen, sondern auch in Form detaillierter Hinweise, wer und auf welche Weise zu bespitzeln sei, wo und wie die Tschekisten sich zu verkleiden hätten, um unauffällig beschatten und überraschende Haussuchungen durchführen zu können. Er entwarf (ich zitiere aus seiner Instruktion von 1921) ein »System von zwei- und dreimaligen überraschenden Kontrollen nach allen Regeln der kriminalistischen Kunst«.

Liest man Lenins Sendschreiben an die Tscheka, die eine Vielzahl verschiedenartigster Instruktionen enthalten (sie wurden 1975 in Moskau veröffentlicht), kann man sich des Eindrucks nicht erwehren, daß Lenin nicht nur die Tscheka gegründet und inspiriert hatte, sondern daß er auch selbst die Neigungen und den Spürsinn eines Kriminalisten besaß. In Wirklichkeit stimmt das nicht. Er war nur bestrebt, den Polizei- und Strafvollzugsapparat auf den höchsten wissenschaftlichen und technischen Stand zu bringen. Mit gleichem Eifer vertiefte er sich in jede Aufgabe wirtschaftlicher oder militärischer Art, in die wichtigsten Fragen der internationalen Politik oder der Altmaterialverwertung, immer auf größte Rationalität bedacht und deshalb bemüht, überall nach Möglichkeit die Wissenschaft einzuschalten. Eine in diesem Zusammenhang bemerkenswerte Episode findet sich in seinem Briefwechsel mit Dserschinskij aus dem Jahr 1919. Einer von jenen Erfindern, die offenbar damals in Scharen auftraten, machte den Vorschlag, bei der Suche nach Waffen einen Magnet zu benutzen. Darauf verlangte Lenin von Dserschinskij, den Magnet als die neueste Errungenschaft der »kriminalistischen Kunst« beim Suchen nach Waffen einzusetzen. Worauf Dserschinskij antwortete, daß ein Magnet zu schwach wirke. Aber – ich zitiere Dserschinskij –: »Wir haben vor, den Magnet trotzdem einzusetzen, damit die Leute aus Angst, der Magnet würde alles finden, ihre Waffen freiwillig abliefern.«

Das entspricht durchaus Gastews Direktive, jeden morschen Baum aufzulisten und zu kontrollieren, und ebenso Pilnjaks Formel des »enegrischen Fuktionierens«, komme, was da wolle. Auch wenn der Magnet wirkungslos ist, muß man der Bevölkerung damit Angst einjagen – vielleicht wird das helfen. Doch in diesem Fall gilt unser Interesse Lenin, der nach dem Mißerfolg mit dem Magneten insistierte: »Die Allunions-Tscheka soll beauftragt werden, zwei Genossen auszuwählen, die intelligent und der Aufgabe gewachsen sind, magnetologische Apparate zur Feststellung versteckter Waffen zu bedienen, und eine bedeutende Prämie für die erfolgreiche Anwendung der oben erwähnten Apparatur auszusetzen.«

Soweit reichte Lenins Glaube an die Allmacht der Wissenschaft und Technik. Seine Wissenschaftlichkeit war von Anfang an die fundamentale Komponente seiner Persönlichkeit. In ihren Erinnerungen beschreibt Krupskaja das Jahr 1905 in Genf, wo Lenin fleißig die Theorie des politischen Aufstands studierte und wahre Bücherberge verschlang (darunter Militaria und Werke über Strategie und Taktik des bewaffneten Kampfes). Wer wäre auf die Idee gekommen, was dieser typisch intellektuelle Zivilist, der niemandem auch nur ein Härchen krümmen, geschweige denn jemanden töten konnte, im Sinn hatte: »Der Bibliothekar in der ›Société de Lecture‹«, schreibt Krupskaja, »sah, wie jeden

Morgen in der Frühe ein russischer Revolutionär in einer billigen Hose, die er auf Schweizer Manier hochkrempelte, um sie nicht zu beschmutzen, aber gewöhnlich wieder herunterzukrempeln vergaß, den Saal betrat, sich das gestern zurückgegebene Buch über Barrikadenkämpfe oder Angriffstechnik abholte, seinen Stammplatz am Fenster bezog, das dünne Haar auf dem kahlen Kopf mit der gewohnten Geste zurückstrich und sich in seine Lektüre vertiefte. Ab und zu stand er auf, um das große Wörterbuch aus dem Regal zu holen und die Erklärung eines unbekannten Ausdrucks nachzuschlagen, lief darauf eine Weile auf und ab und kehrte dann zu seinem Tisch zurück, um schnell und konzentriert etwas in winziger Schrift auf Quartblättern zu notieren.«

Das Musterbild eines Gelehrten, mag auch dieser Gelehrte auf seinen Quartblättern sich notieren, wie man vor einem Aufstand Polizisten und Kosaken überfällt, sie niederknallt, Bomben wirft und sich unempfindlich dagegen macht, daß dabei Außenstehende zu Schaden kommen: Das unschuldig vergossene Blut ist durch das große Ziel gesühnt, um dessentwillen wir die Theorie des bewaffneten Kampfes in die Praxis umsetzen und lernen, lernen und nochmals lernen müssen ...

Lenin, der Praktiker und Utopist

Lenin war ein großer Theoretiker des politischen Kampfes. Nicht umsonst sagte er, daß die konkrete wissenschaftliche Analyse einer konkreten historischen Situation die Seele des Marxismus ausmache. Das heißt – eine Verbindung von wissenschaftlicher Theorie und Lebenspraxis, die von dieser Theorie verarbeitet und danach in eine neue Realität umgesetzt wird. Man stellt sich die Frage: War Lenin überhaupt ein Utopist? Angesichts seiner zwanghaften Logik und Intellektualität, angesichts seiner Neigung, keine abstrakten, sondern konkrete, sich aus der Analyse einer konkreten Situation ergebende Aufgaben lösen zu wollen? Meine Antwort: ja und nein. Denn gerade diese Kombination hatte es ihm ermöglicht, die Utopie auf die Gleise der Praxis zu stellen und sie schließlich zu realisieren.

Das Wort »Utopie« hatte für ihn eine vorwiegend negative Bedeutung. Denn das Wort »Utopie« setzt eine Phantasie voraus, die mit einer mehr oder weniger weit entfernten Zukunft rechnet. »Utopia« ist der Ort, den es heute auf Erden nicht gibt und vielleicht niemals geben wird. Lenin dagegen ging es um ihre augenblickliche Realisierung. Deshalb konnte er Utopisten nicht ausstehen und belegte manches Mal mit dieser Bezeichnung Sozialrevolutionäre oder andere, vor Begeisterung überschäumende und schwärmerische Sozialisten, die damals sehr zahlreich waren. Lenins Kraft gründete keineswegs in abstrakter Theorie oder schöngeistigen Gedankenspielen, sondern in seinem Vermögen, die Lage zu erfassen, zu bewerten und aus den gegebenen Umständen rationale Schlüsse zu ziehen. Ich möchte hier auf vier seiner Resultate zu sprechen kommen – vielleicht die wichtigsten, diejenigen, die den Erfolg der Bolschewiki sicherten.

Da waren, erstens, der genaue Zeitpunkt und die politische Chance des Oktoberumsturzes, die Lenin vorauskalkuliert hatte. Die Mehrheit der Parteiführung zögerte bei diesem Schritt. Trotzkij schrieb später in seinem Tagebuch, daß die Oktoberrevolution überhaupt nicht stattgefunden hätte, wenn Lenin damals nicht in Petrograd gewesen wäre. Ein einziger Mann, Lenin, riß das Steuer der Geschichte herum, wobei er aufgrund einer exakten sachlichen Kalkulation den bewaffneten Aufstand zu diesem Zeitpunkt befürwortete, gegen die Meinung vieler seiner Parteigenossen.

Zweitens, die Parole des »sofortigen Friedens mit Deutschland« und der Friede von Brest-Litowsk, sobald Rußland (auch darin war Lenin die treibende Kraft) dem Schauplatz des Weltkrieges den Rücken gekehrt hatte. Dies brachte den Bolschewiki die Unterstützung von gewaltigen Soldatenmassen, denen sie letztendlich den Sieg zu verdanken hatten. Die Fortsetzung des Krieges mit Deutschland nach der Machtergreifung wäre nach

Lenin eine absolute Utopie gewesen und hätte zum Verlust sämtlicher erkämpften Positionen geführt.

Drittens, die NEP als Zugeständnis an die Bauern und eine scharfe Kursänderung nach dem Bürgerkrieg, die Sowjetrußland vor Hunger, Chaos und vor einer Woge von Bauernaufständen bewahrte. Es ist bemerkenswert, daß Lenin bei der Einführung der NEP 1921 die vorhergehende Periode des »Kriegskommunismus« als eine teilweise utopische betrachtete. Das Utopische bestand darin, daß die Bolschewiki unter den noch nicht stabilisierten Machtverhältnissen damit gerechnet hatten, den Kommunismus umgehend einführen zu können, sobald den Bauern das Getreide gewaltsam abgenommen und Brot an die Arbeiter verteilt sein würde. Darüber sprach Lenin selbst 1921 in einer Rede auf dem Zweiten Unionstag der politischen Bildungskommissare wie über einen zu behebenden Konstruktionsfehler: »Wir hatten gedacht«, sagte Lenin, wobei er den Standpunkt des Kriegskommunismus meinte, »daß die Bauern uns das nötige Kontingent Getreide abliefern und wir es an die Betriebe und Fabriken weiterleiten würden, und daß damit der Zustand der kommunistischen Produktion und Verteilung erreicht sein würde...«

Das bedeutete, daß Lenin sich zu dem Zugeständnis genötigt sah, diese Politik sei keine Zwangsmaßnahme des Kriegskommunismus gewesen, sondern ein utopischer Versuch, Rußland mit einem Schlag und für immer kommunistisch zu machen, indem der Privathandel abgeschafft und das Gesetz der zwangsweise zentralisierten Verwaltung der gesamten Produktion, auch der landwirtschaftlichen, eingeführt wurde. Im Anschluß wurde diese Utopie einer realistischen Korrektur durch die NEP unterzogen. Der Krieg gegen die Bauern wurde bis zur Kollektivierung unter Stalin vertagt.

Und schließlich, viertens, bestand die wissenschaftlich begründete und praktisch verwirklichte Entdeckung Lenins in einer entschiedenen Absage an jegliche Freiheit und Demokratie – außerhalb der Partei und innerhalb der Partei. Die Erhaltung der Demokratie wäre Utopie gewesen und hätte unverzüglich zum Sturz der Bolschewiki geführt. In diesem Zusammenhang liefert Lenin wie ein echter Gelehrter eine knappe und exakte Definition der Diktatur. Mit anderen Worten, eine wissenschaftliche Formel des Sowjetregimes. »Der wissenschaftliche Begriff einer Diktatur«, schreibt Lenin, »bedeutet nichts anderes als eine durch nichts begrenzte, durch keinerlei Gesetze, durch keinerlei Regeln beschränkte, unmittelbar auf Gewalt sich stützende Macht.«

Dieser Formulierung läßt sich weder wissenschaftliche Ehrlichkeit noch wissenschaftliche Fundierung absprechen. Etwas anderes ist es, daß sie für alle Liberalen, Demokraten und Humanisten, Sie und mich eingeschlossen, unheimlich klingt. Aber ebenso unheimlich klingt diese Formulierung für sämtliche Utopisten marxistischen und überhaupt sozialistischen Zuschnitts, da sie nicht der geringsten Hoffnung Raum gibt, der Sozialismus schließe Demokratie und Freiheit ein und die Revolution sei ein Sprung aus dem Reich der Notwendigkeit in das Reich der Freiheit, wie Marx es ausdrückt. Ganz im Gegenteil, Lenin sagt es und beweist es in der Praxis: Die Revolution bedeutet einen Sprung in das Reich einer absolut unbegrenzten und schrankenlosen Gewalt, die im Namen des Proletariats von dem Regime ausgeübt wird. Das Regime selbst ist diese Gewalt, der im Prinzip die ganze Bevölkerung unterworfen ist und die allein eine Verwirklichung der Utopie möglich macht.

Einige westliche Forscher, die Lenin idealisieren, Marxisten oder Euro-Kommunisten, behaupten heute, daß Lenins Auffassung von Diktatur und Regime als schrankenloser Gewalt nur eine vorübergehende, durch die erste revolutionäre Periode und den Bürgerkrieg bedingte Maßnahme gewesen sei, kurz, eine notwendige Begleiterscheinung des Kriegskommunismus. Später hätte diese Notwendigkeit nicht mehr bestanden, und den darauf folgenden Terror hätten Stalin und seine Nachfolger zu verantworten. Betrachten wir jedoch das Jahr 1922, die Zeit der NEP, die Zeit der größten Freiheit und der größten Demokratie in der ganzen sowjetischen Geschichte. Die Massenerschießungen ohne Verhandlung und Urteil, das Revolutionäre Tribunal, werden durch die sowjetische Gerichtsbarkeit abgelöst. Die sowjetische Gesetzgebung wird ausgearbeitet und präzisiert. Lenin trägt Sorge dafür, daß Gesetzgebung und Gerichtspraxis den Terror legalisieren und ihm den wissenschaftlich-juristischen Rahmen geben. Er schreibt darüber an den sowjetischen Volkskommissar für Justiz, Kurskij: »Das Gericht soll den Terror keineswegs bekämpfen, es wäre Selbstbetrug oder Betrug, das zu versprechen, das Gericht muß ihn vielmehr begründen oder legalisieren ...«

Das bedeutet keineswegs, daß Lenin persönlich ein grausamer Mensch war. Aber er sah voraus, daß der Sozialismus ohne totale Gewalt nicht auskommen würde. Deshalb legalisierte er den Terror als Voraussetzung der Sowjetzivilisation. Und wenn heute von Führern und Sprechern der Sowjetunion behauptet wird, daß wir nun, nach Stalin, endlich zu den von Lenin gesetzten Normen der sozialistischen Gerichtsbarkeit zurückkehren, bedeutet das nichts anderes, als daß wir zum legalisierten Terror zurückkehren.

Lenin war also kein Utopist, sondern er betrachtete den politischen Kampf von einem streng wissenschaftlichen, rationalen und sachlichen Standpunkt aus. Gleichzeitig aber waren diese exakt begründeten Entschlüsse von Utopien begleitet und hätten ohne diese Utopien nie realisiert werden können. Die Oktoberrevolution und der Friede von Brest-Litowsk zum Beispiel waren von Lenin historisch exakt und zutreffend vorauskalkuliert, aber immer mit dem Blick auf die Idee der Weltrevolution, die der Revolution in Rußland unter die Arme greifen und das Zentrum des Weltsozialismus nach Westeuropa verlagern sollte, in die Länder mit einem hochentwickelten bewußten Proletariat, fortschrittlichen volkswirtschaftlichen Verhältnissen und fortschrittlicher Technik. Wäre Lenin nicht von dieser Utopie besessen gewesen, hätte er sich möglicherweise niemals zu einem derart gewagten Experiment entschlossen. Und als der Traum von der unmittelbar bevorstehenden Weltrevolution nicht in Erfüllung ging und sich in Dunst auflöste, blieb Lenin nichts anderes übrig, als den spezifisch russischen Weg zum Sozialismus weiterzuverfolgen und Nägel mit Köpfen zu machen, das heißt, bei aller Hoffnung auf die Revolution in anderen hochentwickelten kapitalistischen Ländern, die Gewalt zur Grundlage des Sozialismus zu erklären.

Ein anderes Beispiel seines praxisbezogenen Denkens ist die NEP, ein zwangsläufiger und höchst vernünftiger Schritt, eine notwendige längere Atempause, in der Rußland sich einmal sattessen und das Regime die neue Ordnung und die neue Volkswirtschaft auf der Basis des Sozialismus in Gang bringen konnte. Etwas Utopisches, scheint es, ist daran nicht zu entdecken: Ganz im Gegenteil, die NEP ist ein Verzicht auf die Utopie. Und dennoch kommt man auch hier ohne Utopie nicht aus, denn – was ist Sozialismus in Lenins Interpretation? Konzentration der politischen Macht in der Hand der Partei und technischer Fortschritt. Lenin hat viel darüber nachgedacht und eine Art von mathematischen Formeln entwickelt: »Sozialismus ist Sowjetmacht plus Elektrifizierung des ganzen Landes.« Sie sind verschieden, laufen aber alle auf das »Plus« hinaus, auf eine Addition inkommensurabler Größen. Die Elektrifizierung ersetzte Lenin gelegentlich durch anderes. So sieht eine weitere Formel des Sozialismus wie eine komplizierte Rechenaufgabe aus: »Sowjetmacht plus preußische Eisenbahn plus amerikanische Technik und amerikanische Trusts plus amerikanisches Volksbildungssystem etc. etc. = Sozialismus.«

Man bemerkt unschwer, daß diese Formeln etwas gezwungen, etwas utopisch klingen. Denn Lenin holt sich im Westen alles, was ihm gefällt (er war von der deutschen Pünktlichkeit des Eisenbahnfahrplans und der amerikanischen Technik fasziniert), und überträgt es mechanisch auf Rußland.

Sogar unter den heutigen Umständen ist das ein Ding der Unmöglichkeit, aber damals, in einem völlig zerstörten Land, war es das erst recht. Man fühlt sich an das Wunschbild der wählerischen Braut in Gogols Komödie *Die Heirat* erinnert, auf die Lenin sich mit Vorliebe dann bezog, wenn er die Narodniki verspottete, die etwa so dachten: Man nehme die russische patriarchalische Bauerngemeinde, füge das englische Parlament und die eidgenössische Gleichberechtigung hinzu und backe daraus die ideale Staatsordnung. Oder mit den Worten Agafja Tichonownas in der *Heirat*: »Wenn man die Lippen von Nikanor Iwanowitsch zu der Nase von Iwan Kusmitsch hinzutäte, und wenn man ein bißchen von der Weltläufigkeit Baltasar Baltasarowitschs und zum Schluß noch Iwan Pawlowitschs Stattlichkeit hinzufügte – dann würde ich mich auf der Stelle entschließen.«

Und nun tritt Lenin selbst gewissermaßen in die Spuren dieser Braut, indem er in seinen Formeln gleichzeitig utilitaristisch und rationalistisch denkt. Rußland selbst ist darin nur durch die Sowjetmacht vertreten, die mit westlicher Ordnung und Technik ausgestattet wird. Aber die Sowjetmacht war bereits zu Lenins Zeiten nichts als eine Fiktion, denn nicht sie regierte das Land, sondern ein staatlicher Parteiapparat, der den Weg uneingeschränkter Gewalt eingeschlagen hatte.

Also lautet Lenins Formel eigentlich ganz anders: Diktatur plus Technik.

Gewalt als Basis der neuen Staatlichkeit

Wir wollen uns dem Eigentlichen, dem Problem der Gewalt zuwenden, dem Problem des Staates, wie Lenin es verstand, und zwar sehr nüchtern verstand, indem er von vornherein weder Freiheit noch Demokratie zuließ. Aber auch zu dieser Lesart war er durch Utopie und erst nach einer längeren Entwicklung gelangt. Und wäre am Anfang nicht diese Utopie gewesen, dann hätte die Revolution niemals gesiegt, da sie von der Masse der Arbeiter und Bauern nicht unterstützt worden wäre, und wahrscheinlich auch nicht von der Partei, hätte sie geahnt, was sie in der Zukunft erwartete. Aber die Partei wußte das nicht, und Lenin persönlich wußte ebensowenig, wie diese Diktatur aussehen würde.

Das Utopische zeigt sich in zwei Punkten, an die Lenin absolut aufrichtig glaubte und die er bei jeder Gelegenheit hervorhob, solange er noch nicht an der Macht war und aufgrund eigener staatspolitischer Erfahrungen dieser Utopie untreu wurde. Erstens wurde am Vorabend der Oktoberrevolution als selbstverständlich angenommen, daß man auf Gewaltanwendung nur in dem kurzen Abschnitt der Machtergreifung angewiesen sei. Gleich nach der Machtergreifung sollte der neue Staat absterben, denn, so schrieb Lenin, »in einer Gesellschaft ohne Klassengegensätze ist der Staat überflüssig und unmöglich«. Zweitens: das neue Regime, die neue Staatsordnung (d. h. die »Diktatur des Proletariats«) sollte das Werk der Massen sein und jeder Bürger, der Reihe nach und ohne den geringsten bürokratischen Aufwand, seine Leitung übernehmen, wobei amtierende Personen, vor allem die höchsten, keinerlei materielle Privilegien genießen dürften. Das Gehalt eines Spitzenbeamten würde den durchschnittlichen Lohn eines Arbeiters nicht übersteigen. Dieser letzte Punkt war für Lenin besonders wichtig, weil er ihn für ein fundamentales Gesetz des proletarischen Staates hielt, der diesen Staat von allen anderen gesellschaftlichen Ordnungen unterschied. Auf diese Weise sollte der Staat nach Lenins Vorstellungen der sparsamste und demokratischste Staat der Weltgeschichte werden, volksnah, ohne Kommandoton und bürokratische Unsitten. Er äußerte sich dazu 1917, am Vorabend des Oktober, in seinem berühmten Buch *Der Staat und die Revolution*.

Das ist wahrscheinlich Lenins eindrucksvollstes, ein in jeder Hinsicht bemerkenswertes Werk. Ein Lehrbuch der Machtergreifung für Kommunisten aller Länder, ein Musterbeispiel seiner unbestechlichen, geradlinigen Logik und gleichzeitig seiner Weltfremdheit. Lenin spricht hier unverhohlen von der Notwendigkeit einer gewaltsamen Machtergreifung, von dem bewaffneten Kampf um die Macht als dem einzigen Weg zum Sozialismus. Er spricht von der Zerstörung des alten Staatsapparates, selbst wenn es ein demokratisches Parlament wäre. Und im gleichen Atemzug entwirft er das Ideal eines Staates, und kündigt sogar dessen totale Abschaffung in der allernächsten Zukunft an. Schließlich ist dieses Buch bemerkenswert als Quelle der späteren Häresien Stalins und unserer Zeit. Es gibt kein besseres Beispiel für die Diskrepanz zwischen Theorie und Praxis des Kommunismus.

Das bedeutet aber keineswegs, daß Lenin selbst das bürokratische Monstrum, das er in die Welt gesetzt hatte, jemals bekämpft hätte. Er hat nach dem Oktober seine Ansichten über den Staat wohl revidiert, ohne jedoch die Öffentlichkeit je darüber aufzuklären. Die Lebenspraxis und der reale Kampf veranlaßten ihn einfach, anders zu denken, anders zu schreiben und anders zu handeln, als er es vor der Revolution geplant hatte. Und wenn er damals nicht auf seine ursprüngliche Utopie verzichtet hätte, so wäre die Revolution zusammengebrochen und die Sowjetzivilisation, wie sie die Welt heute kennt, existierte nicht.

Es sollte nicht übersehen werden, daß die erste Phase der Diktatur in allen utopischen Farben schillerte, die nicht auf einen Schlag, sondern erst allmählich verblaßten. Das heißt, daß die Utopie auch nach der Machtergreifung in den Reden und Taten des neuen Staates weiterwirkte. Wenn Lenin zu den härtesten und grausamsten Maßnahmen griff, erklärte er zunächst, daß es sich um zeitlich beschränkte, durch die Lage erzwungene Lösungen handelte, die aber keineswegs für das Wesen des neuen Staates charakteristisch seien. So wurde zum Beispiel am dritten Tag nach dem Oktoberumsturz ein von Lenin unterschriebenes Dekret über das sofortige Verbot der bürgerlichen Zeitungen veröffentlicht, weil sie, wie es hieß, kontrarevolutionäre Propaganda trieben. Dieses Dekret kam der Aufhebung der Presse- und Meinungsfreiheit gleich. Aber ein mildernder Nachsatz durfte dabei nicht fehlen (ich zitiere aus diesem Dekret des Sowjets der Volkskommissare): »...Die Einschränkung der Pressefreiheit ist selbst in kritischen Augenblicken nur in den Grenzen absoluter Notwendigkeit zulässig ... Diese Verordnung hat vorläufigen Charakter und wird nach Eintreten normaler Verhältnisse des gesellschaftlichen Lebens durch einen besonderen Erlaß außer Kraft gesetzt.«

Das bedeutete: In diesem Augenblick, mitten in der Revolution, stehen wir eine äußerst kritische Zeit durch, aber sogar jetzt schränken wir die Pressefreiheit nur minimal ein. Wenn der kritische Moment vorüber ist und das normale Leben beginnt, werden wir die Einschränkungen außer Kraft setzen. Muß man noch darauf hinweisen, daß ein entsprechender Erlaß über die Aufhebung der Einschränkungen ausblieb? Vielleicht hat sich das öffentliche Leben im Laufe der gesamten Geschichte der sowjetischen Gesellschaft nicht normalisiert. Vielleicht – und so wird es sein – bestand und besteht die Normalität der Sowjetzivilisation in dem entschiedenen Verzicht auf Pressefreiheit, als wäre der kritische Moment für eine solche Gesellschaft der Normalzustand.

Das gleiche gilt für die Todesstrafe, für die Gewaltanwendung, für den Terror. Anfang 1920 sagte Lenin: »Die Anwendung von Gewalt ergibt sich aus der Aufgabe, die Ausbeuter zu beseitigen, die Gutsbesitzer und die Kapitalisten zu beseitigen, und wenn sie gelöst ist, werden wir auf alle extremen Maßnahmen verzichten ...«

Aber dieser Verzicht auf extreme Maßnahmen wurde immer wieder hinausgeschoben. Anfangs – bis der kritische Augenblick vorüber sei, dann – bis der Bürgerkrieg beendet sei, und schließlich – bis zum Sieg der Weltrevolution. Unterdessen erstarkten Theorie und Praxis der offenen schrankenlosen Gewalt und erhielten eine direkte und strenge Begründung. Anfang 1918 sagte Lenin: »Die Diktatur setzt den Zustand eines ungünstig verlaufenden Krieges voraus und muß ihm entsprechen.« Und Anfang 1921, als der Krieg praktisch zu Ende war, formulierte Lenin dieselbe These exakter und schonungsloser: »Die Diktatur ist der Zustand eines verschärften Krieges (man beachte: zuerst ein »ungünstig verlaufender« und nun ein »verschärfter« Krieg, A. S.) ... Solange das abschließende, endgültige Resultat nicht vorliegt, hält der Zustand eines grausamen Krieges an. Wir sagen: ›Krieg ist eben Krieg: Wir versprechen keine Freiheit und keine Demokratie‹.«

Da nach dem Ende des Bürgerkrieges ein abschließendes, endgültiges Resultat nicht vorlag (denn die Bourgeoisie, der Weltimperialismus, die jeden Augenblick zum Angriff übergehen konnten, waren ja geblieben), läßt sich Lenins Leitsatz mit Recht für die gesamte Sowjetzivilisation in Anspruch nehmen. Die Geschichte der Sowjetzivilisation ist ein schrecklicher, in die Länge gezogener Krieg. Der Krieg wechselt Form und Farbe. Bald verläuft er ungünstig, bald wieder offensiv, bald nimmt er die Gestalt des legalisierten Terrors an, als welcher die sowjetische Gesetzgebung und die sowjetische Gerichtspraxis angesehen werden dürfen. Aber es bleibt immer ein Krieg. Deshalb stirbt der Staat als ein System der Gewalt keineswegs ab, sondern stabilisiert sich immer mehr, und zwar auf Kosten der Menschenrechte. Aus einem Hilfsmittel auf Zeit verwandelt sich der Staat in den Selbstzweck der kommunistischen Entwicklung.

Auch dies wird zu einer Utopie, zu einer realisierten und auf den Kopf gestellten – das heißt, zu einer »Anti-Utopie«, deren Ende nicht abzusehen ist. Lenin gibt selbst zu, daß dieser Kriegszustand entsetzlich ist. Aber gleichzeitig ist er der Gipfel der gesamten historischen Entwicklung. Und die Sowjetzivilisation strotzt von solchen Paradoxa: Gewalt ist Freiheit (Freiheit von den Ausbeutern, Kapitalisten und Gutsbesitzern). Und Anti-Demokratie ist die vollkommenste Demokratie. Ich habe soeben Lenin zitiert: »Wir versprechen keine Freiheit und keine Demokratie.« Gleichzeitig finden wir bei demselben Lenin in derselben Zeit die Behauptung, unsere Demokratie übertreffe alle anderen. 1919 zum Beispiel, vor dem VII. Obersten Sowjet, verkündete Lenin: »...Die Geschichte der zivilisierten Völker kennt kein anderes Land, in dem die proletarische Demokratie so weit verwirklicht ist, wie bei uns in Rußland.« Hier spricht Lenin die Sowjets als die höchste Form der Demokratie an. Theoretisch wurden die Sowjets als höchstes Organ der Legislative angesehen, und das gilt noch heute. Aber praktisch, und Lenin wußte das, schlugen die Sowjets keineswegs Gesetze vor, sondern ratifizierten lediglich Gesetze und Erlasse, die von der Parteielite diktiert wurden.

Nur die Klassenzusammensetzung der Sowjets war demokratisch, weil zur Anhörung und scheinbaren Debatte über die neuen Gesetze die unteren Schichten der Bevölkerung zugelassen waren, Vertreter der einfachen Arbeiter und Bauern. Aber auch diese Vertreter wurden von der Partei ausgewählt und reglementiert. Und Sowjets, die sich nicht botmäßig zeigten, galten als Feinde der Revolution und Handlanger des Kapitals. Als die politisch wachen Arbeiter begriffen, daß sie in dem proletarischen Staat, im Lande der Sowjets, von der Macht, von den realen Regierungsaufgaben eigentlich ausgeschlossen waren, tauchte mancherorts die populäre Parole auf: »Sowjets ohne Kommunisten!« Für das moderne sowjetische Ohr klingt das wie Nonsens und ist absurd, denn die Begriffe Sowjetmacht und kommunistische Macht werden schon längst synonym gebraucht. Aber ursprünglich waren die Räte als unabhängige, gewählte Regierungsorgane der Arbeiter und Bauern gedacht...

Die Demagogie bestand und besteht immer noch darin, daß die Kommunistische Partei sich eigenmächtig zur »progressiven Vorhut der Arbeiterklasse« erklärt, zum höchsten Träger der proletarischen Ideologie und des proletarischen Bewußtseins. Dieser Logik zufolge weiß die Partei besser als die Masse, besser als die Arbeiter und Bauern, worin ihre eigentlichen Interessen bestehen. Ausgerüstet mit der marxistisch-leninistischen Theorie, sieht die Partei weiter und tiefer als die Klasse, die sie vertritt und in deren Namen sie handelt. Es ist verständlich, daß aus dieser Sicht den Sowjets die Rolle einer nur nominell regierenden Macht bleibt. In Wirklichkeit liegt die Macht in den Händen der Partei. Die Sowjets leiten die Befehle von oben nach unten, sie bilden gleichsam eine Brücke zwischen Partei und Volk. Eine ähnliche Hilfsfunktion ohne jede Selbständigkeit kommt den Gewerkschaften zu. Alles ist auf Zentralisierung angelegt. Von einer Selbstverwaltung der Betriebe ist nicht die Rede. Sogar die Proletkult-Organisationen unterstehen dem staatlichen Organ, dem Volkskommissariat für Bildung und Erziehung. Und alles funktioniert nach derselben Logik: »Bei uns hat das Proletariat die Macht! Der beste und vollkommenste Sprecher des Proletariats ist die Partei! Also soll die Partei alle Fäden in der Hand halten!« Damit hat sie nicht nur die ideologischen, sondern auch die materiellen Fäden in der Hand: Wirtschaft, Transport, Presse, sämtliche gewaltigen Hebel der Macht. Auch die

Armee und die Tscheka tanzen nach ihrer Pfeife. Und dies alles zusammengenommen heißt Diktatur des Proletariats.

Lenin wies der Tscheka ihre Aufgabe zu und definierte die Organe der politischen Polizei wie folgt: »... Die Tscheka«, schreibt er, »verwirklicht unmittelbar die Diktatur des Proletariats.«

Die Monokratie

Auf diese Weise entsteht über dem Proletariat (und erst recht über der Bauernschaft) ein riesiger staatlicher Überbau, der keineswegs daran denkt, abzusterben, sondern immer weiter wächst und über ein unermeßliches Reservoir unbeschränkter Gewalt verfügt. Die allerhöchste Stelle ist der Partei vorbehalten. Sie ist eine regierende Kaste, deren Angehörige die verantwortlichen Positionen besetzen und durch strengste Disziplin aneinandergekettet sind. Für das Parteimitglied geht nichts über die Partei. Auf Befehl der Partei muß es alles und jedes auf sich nehmen. Die geringste Abweichung zieht den Ausschluß nach sich. Ein aus der Partei Ausgeschlossener ist minderwertiger als ein Parteiloser, denn von nun an ist er politisch verdächtig. Später, in Stalins Zeiten, war die beinahe automatische Folge des Ausschlusses die Verhaftung.

Aber die Partei ihrerseits ist nicht homogen und keineswegs ein kollektives Organ der Macht. Sie ist nach dem Prinzip strengster Subordination hierarchisch aufgebaut. Wenn es heißt »Auf Befehl der Partei«, ist darunter der Befehl höherer Partei-Natschalniks zu verstehen, die noch höheren unterstellt sind. Alles staffelt sich bis zum ZK und noch höher bis zum Politbüro und noch höher – bis zum höchsten Führer der Partei. In unserem Fall bis zu Lenin, der mit Unterstützung der Parteielite die sogenannte »Diktatur des Proletariats« in eigener Person verwirklichte. Das Wesen und der Weg dieser Diktatur können in der kurzen Formel zusammengefaßt werden: »Vom Massenaufstand zur Monokratie«, wobei die Macht seit dem ersten Tag oder vielmehr seit der ersten Nacht in Lenins Händen lag.

Lenin war nicht ehrgeizig. Aber er wußte, daß eine Revolution, die durch den Willen einer Minderheit in einem im Chaos versinkenden Land ausgerufen wird, nur durch optimale Zentralisierung der Macht gerettet werden kann. Er nahm das Heft in die Hand, weil er glaubte, dies sei unter den gegebenen Umständen der einzige Ausweg. Und er wandte Gewalt an, und zwar rücksichtslose Gewalt, weil nur Gewalt und Zentralisierung der Macht seinen Sozialismus, seine realisierte Utopie retten konnten. Und man muß zugeben, daß dies eine korrekte wissenschaftliche Folgerung aus der damaligen politischen Situation war. Lenin sah sich allerdings gezwungen, seine Utopie eines proletarischen Staates, der sofort nach der Machtergreifung absterben und in dem sämtliche Werktätigen der Reihe nach die Leitung übernehmen sollten, zu revidieren. Zwei Jahre nach *Der Staat und die Revolution*, 1919, verkündete er in einem Vortrag über den Staat etwas völlig anderes: »Er (der Staat, A. S.) war schon immer ein bestimmter Apparat, der sich aus der Gesellschaft herauskristallisierte und aus einer Gruppe von Menschen bestand, die sich ausschließlich oder vorwiegend auf das Regieren konzentrierten. Die Menschen teilen sich in die Geführten und in die Spezialisten des Führens, das heißt, Menschen, die sich über die Gesellschaft erheben und Regierende genannt werden.«

Das ist ein höchst vielsagendes Zitat, aus dem verschiedene Schlüsse gezogen werden können. Erstens: Es regieren nicht die Gesellschaft und nicht das Proletariat, sondern ein von ihnen beauftragter staatlicher oder bürokratischer Apparat, nach Lenins Worten »eine Gruppe von Menschen«. Von der ganzen Diktatur des Proletariats bleibt also eine Handvoll Menschen übrig, die mit dem Diktator Lenin an der Spitze Befehlsgewalt hat. Zweitens: Alle Menschen werden in Geführte und Führende eingeteilt, das heißt, es ersteht von neuem die alte Klassengesellschaft – die Kluft zwischen Sklaven und Herren. Und zwar eine weit tiefere und radikalere Kluft, denn alle anderen sozialen Bindungen sind ja abgeschafft. Es gibt Menschen, die befehlen, und Menschen, die gehorchen. So sieht die »klassenlose« Sowjetzivilisation aus, die durchgängig und mechanisch Lenins Prinzip folgt: Führende und Geführte. Und drittens: geführt wird von Fachleuten, die sich auf das Führen spezialisiert haben. In der Sprache Lenins heißen sie »wissenschaftliche Spezialisten«. Das heißt, der Staat wird von Wissenschaftlern neuester Machart regiert, die sich auf den Marxismus in seiner konkreten Anwendung innerhalb der zeitgenössischen Politik spezialisiert haben. Es versteht sich von selbst, daß das Haupt dieses Symposions, der Leiter dieses Teams, das die Führung der Gesellschaft übernommen hat, nur der wissenschaftlichste und exakteste Spezialist sein konnte – Lenin persönlich.

Deshalb nenne ich diese Formation, dieses erste Stadium des Sowjetstaates den »Gelehrtenstaat«.

Lenin hielt dieses staatliche, von Instanz zu Instanz sich nach oben steigernde Gebilde entsprechend seinen eigenen Vorstellungen für die »proletarische Demokratie«. Subjektiv war das keineswegs eine Täuschung, sondern entsprach in gewisser Weise seinem Weltbild und seiner Selbsteinschätzung. Wenn die Partei die Vernunft des Proletariats darstellt, und wenn die Vernunft der Partei sich in Lenin verkörpert, bedeutet das, daß in ihm und in seiner Diktatur sich die Demokratie des neuen Typs – die Diktatur des Proletariats konzentriert. Zumal da er als überzeugter Marxist voraussetzte, daß jede menschliche Persönlichkeit, ihn selbst eingeschlossen, nur ein Ausdruck von Klasseninteressen darstellt. Demnach war es selbstverständlich, daß seine eigene Persönlichkeit in diesem Kontext der Ausdruck der »Interessen des Proletariats« war. Während die Persönlichkeiten, die sich ihm in den Weg stellten, die »Interessen der Bourgeoisie« ausdrückten. Auf diese Weise regierte Lenin das Land nicht um seines persönlichen Ruhmes willen, sondern im Namen der vielgepriesenen »proletarischen Demokratie«, die er vertrat.

Mit gleichem Recht hätte man sagen können, daß der russische Zar (gleichgültig welcher) als Monarch die Interessen und den Willen des gesamten russischen Volkes verkörperte. Das ist ja auch gesagt worden, und man sagt es gelegentlich noch heute. In Lenins Augen jedoch war diese Einschätzung des Zaren reinster Nonsens, weil jede Gesellschaft und jede Persönlichkeit von Klasseninteressen bestimmt werden, wie die marxistische Wissenschaft beweist. Folglich war der Zar eine Funktion der Ausbeuter – der Gutsbesitzer und Kapitalisten. Er aber, Lenin, personifizierte die »Diktatur des Proletariats«. Deshalb ist seine Monarchie die Monarchie der arbeitenden Massen.

In der Tat, Lenin war ein ungewöhnlicher Zar. Ein Zar, der keinerlei persönliche Ansprüche stellte, der sechzehn Stunden am Tag arbeitete und sich um sämtliche Details und Nebensächlichkeiten des riesigen Staatsmechanismus, den er in Gang gesetzt hatte, kümmerte. Wenn man die letzten Bände seiner Gesammelten Werke liest, ist man verblüfft, daß er, gleich dem zentralen Nervensystem eines überdimensionalen Organismus, sich nichts, aber auch gar nichts entgehen ließ. Ohne seine persönlichen Weisungen schien damals in Sowjetrußland, das ja gleichzeitig den ersten Platz in der internationalen revolutionären Bewegung beanspruchte, nichts zu funktionieren. Die Leistung dieses Gehirns kann man nur bewundern.

Aber ebenso verblüfft ist man, wenn man alle diese Telegramme, Korrekturen und Richtlinien überfliegt (Lenin kümmerte sich sogar darum, wer verhaftet und wer aus der Haft entlassen werden sollte), von der Schwerfälligkeit und der Trägheit des Apparats, den er ins Leben gerufen hatte. Denn da das Ganze nun einmal so strikt zentralisiert und auf Lenin samt der Handvoll seiner Kampfgenossen konzentriert war, mußte es jederzeit darauf angewiesen sein, von oben angestoßen und gelenkt zu werden. Die Menschen waren nicht in der Lage zu entscheiden und vermieden dies auch, weil sie darauf warteten, was der höchste Spezialist Lenin zu dem Problem zu sagen hatte. Beim läppischsten Anlaß bedrängte man ihn um Instruktionen, und er selbst drängte sich mit seinen Instruktionen bei jeder Gelegenheit auf. Alles hängt an dem Zaren, aber der Zar muß ja auch alles durchschauen und in eigener Person befehlen. Und Lenin durchschaute und befahl auch dann noch, als er sich kaum mehr auf den Beinen halten konnte und sein Tod unmittelbar bevorstand.

Am Ende seines Lebens schien er einzusehen, daß der von ihm geschaffene Staat unbeweglich und bürokratisch war. Aber die Befreiung von der Bürokratie erforderte neue und abermals neue bürokratische Kommissionen, Komitees und Kontrollsysteme, die andere, schlecht funktionierende Bürokraten kontrollierten. Und da die Gesellschaft in einem unvorstellbaren Maße zentralisiert, demokratisch unmündig und ohne jede Transparenz war, erwiesen sich diese neuen Erfindungen als wenig wirksam. Der Schaden war irreparabel. Die Sowjetzivilisation war komplett, die Gesellschaft von Sklerose gezeichnet. Sklerotische Veränderungen am Großhirn traten ebenfalls bei Lenin auf.

Der Staat war da, er lebte, und er lebte auch nach dem Tod seines Führers weiter. Von Zeit zu Zeit ist er auf Gewalt als fundamentale dynamische Antriebskraft angewiesen, auf die Peitsche und auf den Zaren, der sie schwingt. Ein solcher Staat ist auf einen Stalin angewiesen. Das Phänomen Stalin ist die nächste Realisationsstufe der Leninschen Utopie. Diese Utopie beruhte auf dem Axiom, Diktatur sei Demokratie, die Monokratie der Partei oder des Diktators drücke den Willen des Volkes aus. Es ist nur zu verständlich, daß dies sich in eine neue, gesteigerte »Anti-Utopie« verkehren mußte – die Epoche Stalins.

Bevor wir uns jedoch dieser neuen Situation der Sowjetzivilisation zuwenden, möchte ich unsere Überlegungen zu dem von Lenin aufgebauten Staat und seiner Gesellschaft vorläufig zusammenfassen. Wir haben es im wesentlichen mit einem bereits sozialistischen, von allen anderen Formen sich radikal unterscheidenden Staat zu tun. Auch wenn in den Zeiten der NEP eine gewisse Belebung der Privatwirtschaft geduldet und den Bauern und der Kleinbourgeoisie einige Konzessionen gemacht wurden, änderte dies nichts an der Tatsache, daß sämtliche Produktionskräfte von Bedeutung in der Hand des Staates waren, der das ganze Leben des Landes bestimmte. Übrigens unterlag auch der Privatsektor strengster staatlicher Kontrolle und war von vornherein nur ein Zugeständnis auf Zeit. Der Sozialismus war da.

Einige Forscher und Kritiker meinen, in der Sowjetunion sei nicht der Sozialismus oder jedenfalls nicht der wahre Sozialismus errichtet worden. Die Zustände in der Sowjetunion werden dann als »Staatskapitalismus« bezeichnet. Aber dies ist ein Streit um Worte. Denn einen anderen, einen »wahren« Sozialismus, hat noch niemand gesehen. Und das, was jetzt in der Sowjetunion Wirklichkeit ist, ist eine sehr stabile und endgültige Wirklichkeit, der alle anderen sozialistischen Länder nachstreben, wenn auch mit geringfügigen Abweichungen. Demnach kann die Sowjetzivilisation als klassisches Muster des Sozialismus gelten – ob es uns gefällt oder nicht. Und seine knappste Charakteristik besagt, daß alles dem Staat gehört – Privateigentum, Grund und Boden, selbst das Leben und die Gedanken der Bürger. Der Staat definiert sich unverhohlen, wie wir es bereits von Lenin hörten, als uneingeschränkte Gewalt und legalisierter Terror, die in jedem Augenblick über den Menschen, den Einzelnen oder die Gesellschaft, restlos verfügen können, und erkennt keine Verantwortung an, es sei denn die Verantwortung sich selbst gegenüber. Heuchlerisch gibt sich derselbe Staat als gefügiges Instrument des Volkes aus, dem angeblich alles im Lande gehöre. Aber da dem Volk überhaupt nichts gehört und der Staat sich als Träger seines Willens versteht, ist er der einzige Herr und Meister.

Ich illustriere das an einem Beispiel aus dem Leben: In einem Dorf soll der Vorsitzende des Kolchos gewählt werden. Theoretisch wird er von den Bauern, den Kolchosniki, gewählt. Praktisch wird der Kandidat von oben, vom Gebietskomitee, das heißt vom Staat, ernannt. Aber einmal beschlossen die Bauern eines Kolchos, ihren eigenen Vorsitzenden zu wählen, ein Parteimitglied von makellosem Ruf, aber einer der ihren. Diese Geschichte erzählte mir ein ganz gewöhnlicher Kolchos-Bauer aus dem Dorf, übrigens selbst Parteimitglied. »Da kommt«, erzählte er, »der Instrukteur aus dem Gebietskomitee, und bei der allgemeinen Versammlung fragen wir ihn: ›Wen müssen wir denn wählen – den, den wir uns wünschen oder einen „nach dem Willen des Volkes“?‹ Der antwortet: ›Natürlich sollt ihr den wählen, den ihr euch wünscht.‹ Aber dann bestellt er die Kommunisten aus dem Dorf (es waren nur wenige) einzeln zu sich und sagt: ›Wenn ihr einen anderen Kandidaten aufstellt, seid ihr selber schuld. Wir jagen euch aus der Partei und werden gegen euren Kolchos ganz andere Saiten aufziehen.‹ Also mußten wir doch nach dem ›Willen des Volkes‹ und nicht nach unserm eigenen Willen wählen«, schloß der Erzähler ziemlich verbittert.

Das war es ja eben, daß die Massen nur in den ersten Tagen oder Wochen der Revolution »wie wir es uns wünschen« sagen durften, als Stimme der Elementargewalt, die diese Revolution ausgelöst und getragen hatte. Aber sobald das neue Regime sich stabilisiert hatte, begann es, im Namen des Volkes als seine Stellvertretung zur regieren, während alles, was eine eigene Meinung hatte, als Bourgeoisie abgestempelt und schließlich liquidiert wurde. Es versteht sich von selbst, daß zu den Feinden des Staates zuallererst die Intelligenzija gerechnet wurde, denn die Intelligenzija litt am meisten unter der Atemnot der verlorenen Meinungsfreiheit und neigte am ehesten dazu, an der Notwendigkeit einer derart totalen Diktatur zu zweifeln. Deshalb wurden die Intelligenzler, ungeachtet ihrer politischen Couleur, als erste beseitigt. Der eingeschüchterte Spießer war für die Machthaber weniger gefährlich als der revolutionär gesinnte Intelligenzler, der sich die Freiheit herausnahm, zu denken und zu kritisieren. Dies erklärt die unvorstellbare Kontrolle, der die Gedanken und Ideologien innerhalb der Sowjetzivilisation unterworfen sind. Wie es im langlebigen, allgemein bekannten Witz heißt: Ein Mann sei verhaftet (oder auch erschossen) worden, weil er »konterrevolutionär gelächelt« habe. Jeder Hauch von Skepsis, Zweifel, Ironie, Humor wurde über Nacht kriminalisiert. In den Augen der Intelligenzija kam dies dem Anbruch einer neuen Eiszeit gleich, deren unaufhaltsames Vorrücken imposant und unheimlich war.

Anfang der zwanziger Jahre schrieb Mandelstam, der die Probleme und die unabsehbare Dauer dieses neuen historischen Zyklus ahnte, in seinem Artikel »Das Neunzehnte Jahrhundert«: »Unser Jahrhundert beginnt unter dem Zeichen kolossaler Unduldsamkeit, Ausschließlichkeit und absichtlicher Verständnislosigkeit gegenüber anderen Welten. In den Adern unseres Säculums fließt das schwere Blut sehr weit zurückliegender monumentaler Kulturen, vielleicht der ägyptischen oder assyrischen.«

Zunächst klingt das seltsam. Wie soll es in Rußland (denn hier ist in erster Linie das postrevolutionäre Rußland gemeint) plötzlich zu einer Analogie zum alten Ägypten oder Assyrien gekommen sein? Aber hier handelt es sich um eine staatliche Macht mit einer solchen Reichweite, einer solchen despotischen Kraft, einer so extremen Unduldsamkeit gegenüber jedem Andersdenkenden, wie sie die europäische Zivilisation nicht kennt. Schon in der bloßen Existenz eines derart kolossalen Mechanismus glaubt man etwas Irrationales und Monströses zu spüren. Daher wohl Mandelstams Assoziation zu Assyrien und dem alten Ägypten.

Man betrachte nur einige Züge im Leben dieses Staates. Zum Beispiel den militärischen Stil, der sich bereits zu Lenins Zeiten abzuzeichnen begann, in der Epoche Stalins seinen Höhepunkt erreichte und bis heute herrscht. Als hätte der Staat, der im Gewehrfeuer eines bewaffneten Aufstandes geboren wurde und durch das Fegefeuer des Bürgerkrieges gegangen ist, für immer ein martialisches Aussehen behalten. Auch Lenin hatte, darauf möchte ich noch einmal hinweisen, seine Diktatur, seinen Staat als den Zustand eines permanenten totalen Krieges bezeichnet. Das soll keineswegs heißen, daß der Sowjetstaat pausenlos Krieg führe oder daß er eine besonders aggressive Macht sei, die nichts anderes beabsichtigt, als jemanden zu überfallen. Dennoch befindet sich und lebt dieses Land im Zustand einer ununterbrochenen Alarmbereitschaft. Selbst nachdem die Gefahr der kapitalistischen Umgebung oder die reale Bedrohung durch Hitler-Deutschland vorüber waren, hielt das Kriegsfieber an. Dafür lassen sich durchaus plausible Gründe, aber auch geheimnisvolle, irrationale, fast mystische Motive finden. Zu den plausiblen Gründen gehört zum Beispiel das Faktum, daß nach jedem aggressiven Schritt (z. B. nach der Einverleibung Osteuropas) die Sowjetunion vor der Notwendigkeit steht, die dazugewonnenen Gebiete zu behalten – sonst bröckelt sie auseinander. Deshalb verharrt sie in einem Zustand, ich möchte sagen, offensiver Verteidigung. Ohne einen Krieg zu wünschen, rüstet sie für den Krieg. Auch dann, wenn keine unmittelbare Kriegsgefahr besteht. Aber das Regime fürchtet immerzu, jemand würde es überfallen und ihm die besetzten Gebiete entreißen; der permanente Ausnahmezustand bietet zudem einen weiteren Grund für die Freiheitsbeschränkungen im ganzen Land ...

Ich möchte ein Gespräch erwähnen, das ich bereits in unserer Zeit, der verhältnismäßig liberalen Zeit nach Stalin, mit einem Kollegen aus dem Institut für Weltliteratur in Moskau führte. Der Mann war nicht in der Partei, anständig, sogar mit liberalen Neigungen. Deshalb sprach ich mit ihm ziemlich offen und klagte einmal darüber, daß es furchtbar schwer sei, unter den Bedingungen der Unfreiheit zu leben, und daß dies eine ungünstige Wirkung auf die russische, ja sogar auf die sowjetische Kultur haben müsse. Mein Gedankengang war folgender: Muß denn die Sowjetunion zusammenbrechen, wenn das Regime gewisse Lockerungen auf dem Gebiet der Kultur zuläßt? Wenn es, sagen wir, die abstrakte Malerei erlaubt, den unveröffentlichten Roman von Pasternak oder das *Requiem* von Achmatowa drucken läßt, kurz, wenn es auf dem Gebiet der Kunst und der Literatur ein leichtes Tauwetter duldet? Das würde der russischen Literatur und dem sowjetischen Staat nur nutzen! Mein Gesprächspartner antwortete etwa so: Natürlich, solche Kleinigkeiten würden den Staat nicht zum Einsturz bringen. Aber Sie vergessen das Echo in Polen. Ich war erstaunt und fragte, was hat Polen damit zu tun, wenn es darum geht, daß Pasternak in Moskau veröffentlicht wird? Er meinte, wenn wir hier im Zentrum eine gewisse Lockerung auf dem Gebiet der Kultur zulassen, so führt das in Polen, wo es viel mehr Freiheiten gibt als bei uns, zu weitergehenden und größeren Liberalisierungen. Sollte in Moskau Tauwetter eintreten, so wird Polen sich vom Ostblock und von der Sowjetunion lösen. Ich antwortete leichtfertig: Na, soll es doch! Soll es sich doch von allem lösen und nach eigenem Gusto selig werden! Gewiß, sagte er, aber die Tschechoslowakei wird Polens Beispiel folgen, und dann fällt der ganze Ostblock auseinander. Und wenn schon, beharrte ich, für Rußland kann das nur eine Erleichterung bedeuten. Mein Gesprächspartner sah weiter: Aber das ganze Baltikum, Lettland, Litauen und Estland, werden dem Beispiel des übrigen Osteuropa folgen! Und warum nicht? fragte ich hartnäckig. Wozu brauchen wir diese widerwilligen Trabanten? Aber nach dem Baltikum werden sich die Ukraine und der Kaukasus verselbständigen. Möchten Sie vielleicht, daß das ganze Russische Reich auseinanderfällt? Möchten Sie, daß Ihrem Pasternak zuliebe ganz Rußland untergeht, Rußland, gegenwärtig das größte Imperium der Welt? ...

So verlief unser Gespräch. Es hatte beileibe nichts Anekdotisches, nichts Kurioses, sondern darin zeigte sich eine bestimmte Logik, die eiserne Logik eines Imperiums und eines Staates, die rational durchaus nachvollziehbar ist.

Mühsamer, aber immer noch nachvollziehbar ist die Idee der globalen sozialistischen Herrschaft, um derentwillen diese ganze gewaltige militärische und ökonomische Staatsmacht aufgebaut wird. Wenn die Sowjetunion in Afrika, Asien und Amerika als Aggressor auftritt, so ist das gleichsam die etwas in die Länge gezogene »Weltrevolution«. An die Weltrevolution glaubt kein Mensch mehr. Dennoch wird an ihrer Verwirklichung weiter gearbeitet, langsam und allmählich, manchmal auf dem Weg einer bewaffneten Intervention an irgendeinem Punkt der Erde, jedenfalls mit den Mitteln des Terrors und der Überwältigung der Mehrheit durch eine Minderheit. Hier kann von einer großen Idee nicht mehr gesprochen werden, hier wirken nur noch die Tradition und die Gewohnheit, durch Gewalt die Macht an sich zu reißen. Selbst wenn es zu Konflikten von ganz neuer Art führt, Konflikten innerhalb des eigenen sozialistischen Lagers – wie etwa zwischen Rußland und China oder zwischen Vietnam und Kambodscha. Expansion ist oberstes Gebot. Denn die Welt soll eines Tages eine Einheit sein.

Gänzlich irrational ist eine andere Komponente in diesem System der fortgesetzten Rüstung: die Zwangsvorstellung eines Feindes. Gestern noch waren es die Kapitalisten und Gutsbesitzer, ein recht realer Feind, der als Klasse und auch physisch vernichtet und liquidiert wurde. Aber dann waren da die Menschewiki und die Sozialrevolutionäre, das heißt, gleichfalls Sozialisten, nur mit einer liberalen Nuance. Gut, auch dieser Feind wurde ausgemerzt. Und schon regte sich der nächste in Gestalt des Großbauern. Diesen liquidierte man im Zuge der Entkulakisierung und der totalen Kollektivierung des Dorfes. Im gleichen Aufwasch entledigte man sich des »Trotzkismus« als des wichtigsten Widersachers. Und schon ist man mit dem »Volksschädling« beschäftigt, das heißt, mit den Mißständen im eigenen Haus. Die »Schädlinge« werden an die Wand gestellt, aber nun machen sich die »Kosmopoliten« bemerkbar und so weiter...

In Wirklichkeit gibt es gar keinen Feind, aber man braucht ihn zur Rechtfertigung dieses Systems der Gewalt, das ohne Feind nicht existieren kann. Deshalb sind alle und jeder für die Rolle des Feindes geeignet – japanische Spione und westliche Sozialdemokraten. Die unterschiedlichsten Elemente werden in die Schablone »Volksfeind« gepreßt. In einem unaufhörlichen Hexensabbat werden die Feinde aufgespürt, Feinde in jeder Gestalt: Zuerst Trotzkisten, dann Zionisten, und es ist völlig sinnlos, beweisen zu wollen, daß Trotzkisten oder Zionisten im Vergleich zu dem Zig-Millionen-Staat mit seinen Panzern und Raketen eine verschwindende Minderheit darstellen.

Wenn uns hier, im Westen, dieses hysterische, gegenstandslose und ins Leere gerichtete Gezeter erreicht, halten wir es für einen Schwindel oder für eine Ausgeburt der Phantasie. Aber es ist keineswegs Phantasie, es ist Verfolgungswahn. Die Psychiatrie lehrt uns, daß Größenwahn gelegentlich zusammen mit Verfolgungswahn auftritt. Heute werden in der Sowjetunion Zionisten verfolgt, früher waren es Kulaken, Kapitalisten und

Großgrundbesitzer. Gleichzeitig bedrohten sie im Verlauf ihrer ganzen Geschichte »Kriegshetzer« und »Imperialisten«, auch wenn die Sowjetunion selbst zu den größten Imperialisten zählt. Und all das bestimmt ihre Vorstellungswelt. Manchmal hat man den Eindruck, der Sowjetstaat leide unter Paranoia und fühle sich deshalb von allen Seiten ununterbrochen bedroht. So etwas läßt sich kaum rational erklären. Eine Gefahr ist nicht in Sicht, aber in jeder Sekunde fühlt man sich gefährdet. Und so ist der schemenhafte »Feind« eine absolute Notwendigkeit innerhalb der paranoiden Wirklichkeit.

Alexandr Blok war der erste, der diese Manie diagnostizierte und sie in seinem Poem *Die Zwölf* beschrieb. Anfang 1918 marschieren zwölf Rotgardisten durch die Straßen Petrograds, um im Schneegestöber den Feind aufzuspüren.

> Vor den Augen flattert
> Das rote Banner.
> In die Ferne hallt
> Der gleichmäßige Tritt.
> Achtung – gleich erwacht
> Der grimme Feind.

Aber kein Feind erwacht. Und in Ermangelung eines Feindes feuern sie auf Christus, auf das eigene schlechte Gewissen.

Für Blok war das ein visionäres Erlebnis. Der »Unsichtbare Feind« realisierte sich in der sowjetischen Geschichte, die in ihrem gesamten Verlauf von Befehlen und Vollzugsmeldungen begleitet wird: Wer zu erschießen ist und wer erschossen worden ist. Die Erschießung gehörte zum Leben. Es war nur folgerichtig, daß über dem Leichenberg sich eines Tages Stalin erhob, der unzählige Lenin-Anhänger als Staatsfeinde an die Wand stellen ließ.

Der Feind ist überall und nirgends. Der »grimme Feind«, wie es bei Blok heißt, wird jeden Augenblick aufwachen, aber unsichtbar bleiben. Und der Kommunismus kann ohne diesen Feind unmöglich existieren. Das System der absoluten Gewalt ist auf den Unterdrückten angewiesen. Ohne den Feind ist dieses System sinnlos. Und sobald sämtliche Feinde vernichtet sind, muß sich das System neue erfinden.

Es ist kaum möglich, den Sowjetstaat rational zu begreifen, obwohl er durch und durch rational ist. Denn gleichzeitig lebt er in der Welt paranoider Bilder und Alpträume: der Jäger glaubt, er werde gejagt. Die zum Gesetz erhobene Gewalt bringt immer neue Chimären zur Welt. Denn sie lebt von ihren Opfern, die sie töten und von ihren Feinden, die sie bekämpfen muß.

Daher der Zustand der »offensiven Verteidigung« und das Rüstungspotential, das für das Sowjetregime die einzige Überlebenschance zu sein scheint. Daher auch die komische Komponente im Leben der sowjetischen Gesellschaft: »Kampf den Kartoffeln!«, »Heroischer Einsatz an der Zuckerrübenfront!«

Alles scheint in Alarmbereitschaft zu leben, aber das hängt natürlich auch damit zusammen, daß eine Gesellschaft, die keine persönliche Initiative kennt, nur auf Kommando und Befehl funktioniert. Daher auch dieser gigantische, nicht reduzierbare bürokratische Apparat. Sonst würde die Arbeit stocken oder die Leistungen extrem nachlassen. Sklaven sind an ihrer Arbeit nicht interessiert.

Und nun steigen wir hinab, zu der Gesellschaft und dem Volk, die von dem gigantischen Staatsapparat gelenkt werden. Sofort erhebt sich die Frage, ob diese Gesellschaft tatsächlich nur durch Waffengewalt, nur durch Angst im Zaum gehalten wird? Nein, diese Gesellschaft existiert, so seltsam das auch klingen mag, auf der Basis einer Demokratie, obwohl sie sämtlicher demokratischen Rechte und Freiheiten beraubt ist. Das ist ein weiteres Rätsel des Sowjetregimes: Einerseits nimmt es der Gesellschaft Freiheit und Demokratie. Andererseits schafft es eine gewisse demokratische Illusion, dank derer das Sowjetvolk seine Regierung unterstützt. Hier betreten wir abermals die Sphäre des Irrationalen, aber gleichzeitig auch den realen Boden der »sowjetischen Demokratie«.

Was heißt »sowjetische Demokratie«? Es heißt Gleichheit aller, und im Namen der Gleichheit Verzicht auf die Freiheit. Aber das Volk, wie sich herausstellt, dürstet nicht nach Freiheit, sondern nach Gleichheit, wobei »Freiheit« und »Gleichheit« gelegentlich Gegensätze bedeuten. In einer Gesellschaft, in der alle Menschen gleich sind, kann es keine Freiheit geben. Denn die Freiheit erhebt den einen über den anderen und lebt vom Unterschied. Die Gleichheit aber, die die Freiheit ausschließt, duldet keine Unterschiede.

Das Verlangen nach Gleichheit ist für den russischen Menschen charakteristisch, erst recht in einer Zeit, in der der Zustand der Ungleichheit sehr offenkundig und die Standesunterschiede sehr stabil waren. Man darf nicht vergessen, daß die Leibeigenschaft in Rußland erst 1861 aufgehoben wurde. Bis dahin waren die Bauern Sklaven, das heißt, die überwiegende Mehrzahl der russischen Bevölkerung lebte jahrhundertelang im Zustand der Ungleichheit, und der sogenannte »Klassenkampf« bestand darin, daß die Sklaven den Herren gleich sein wollten. Die Revolution hob diese Ungleichheit auf, ja, noch mehr, sie stellte die Sklaven auf den ersten Platz, über die Herren von gestern. Sämtliche höheren Stände – Adel, Bourgeoisie, Geistlichkeit, Intelligenzija – lagen im Staub. Das Vorrecht, das moralische Vorrecht hatten die »arbeitenden Massen«, das heißt Menschen, die körperliche Arbeit verrichteten. Es ist verständlich, daß sie unter den neuen Bedingungen ihre Gleichberechtigung, vielmehr ihren Vorrang, als den Zustand der Freiheit empfanden. Deshalb wurde die Revolution, die die individuelle Persönlichkeit sämtlicher Rechte beraubte, dennoch von den Massen positiv als Befreiung erlebt. Um diese eigentümliche Konstellation zu verdeutlichen, möchte ich den russischen Religionsphilosophen und Historiker Fedotow zitieren, einen Autor, den man auf keinen Fall irgendwelcher Sympathien für den Kommunismus bezichtigen kann: Er verließ das Land später als die meisten anderen Emigranten und kannte sowohl das Sowjetrußland der Revolution als auch das der zwanziger Jahre aus eigener Anschauung. Dem neuen Regime stand er ausgesprochen feindlich gegenüber. Nichtsdestoweniger schrieb er in *Sie ist und sie bleibt; Gedanken über Rußland und die Revolution*: »Eine erstaunliche Tatsache:

In dem hungrigen, zerstörten Rußland, unter einem Regime absoluter Rechtlosigkeit, fühlte sich nicht nur der Arbeiter, sondern auch der Bauer als Sieger und Bürger des fortschrittlichsten Landes der Welt. Nur in Rußland sind der Arbeiter und der Bauer Herren ihres von Parasiten und Ausbeutern gesäuberten Landes. Mögen sie bettelarm sein – aber sie sind frei (im sozialen Sinne – das heißt, sie sind alle gleich, vielmehr, sie sind die Ersten).«

Auf diese Weise erfuhren die unteren Bevölkerungsschichten die Gleichheit als Freiheit. In Wirklichkeit gab es gar keine Freiheit. Es gab die Gleichheit von »Geführten«, die alle von der übergeordneten Größe, dem Staat, geführt wurden. Dieser Staat übte ständig die schrecklichsten Repressionen aus. Aber seinen größten Teil stellte die Masse, und so entstand die Empfindung der sozialen Übereinstimmung mit dem Apparat, der einen führt und dabei sämtlicher Rechte beraubt. Darauf gründet die Sowjetdemokratie. Ich zitiere noch einmal Fedotow: »Dem hergereisten Kommissar kann man im Sowjet ohne weiteres eine Grobheit an den Kopf werfen, und auch in der Kreisstadt macht sich der Bauer aus dem Natschalnik nicht viel: ›Einer von uns.‹ Der Kommunistenhaß hat keinen Klassencharakter. Er wird durch das Bewußtsein gemildert, daß die neue regierende Schicht sich aus unseresgleichen zusammensetzt... Heute kann man sich kaum eine Familie auf dem Dorf vorstellen, die nicht einen Verwandten in der Stadt hat, der einen höheren Posten einnimmt: Kommandeur der Roten Armee, Richter, Mitarbeiter der GPU oder wenigstens Student.«

Außerdem steht der Weg nach oben jedem offen: Ein einwandfreier Fragebogen und demagogische Fähigkeiten genügen. Dies garantiert der sowjetischen Gesellschaft ihre Stabilität.

Der Kirchenstaat: Stalin

Lenin und Stalin. Ein Vergleich

Nach der ersten Periode der Sowjetzivilisation, nach der Epoche Lenins, wenden wir uns der nächsten – der Epoche Stalins – zu. Natürlich ist es nicht Stalin allein, der den Charakter der neuen Periode bestimmt. Aber Stalin ist für sie nicht weniger charakteristisch als Lenin für die ersten Jahre des Sowjetregimes, für den »Gelehrtenstaat«. Und wenn Lenin der Erste Gelehrte war, so wurde Stalin, bildlich gesprochen, zur Gottheit in einem Staat, der zusehends den Charakter eines Kirchenstaates annahm.

Wir beginnen mit den Fragen: Worin besteht der Unterschied zwischen Stalin und Lenin, und inwiefern hat Lenin den Boden für Stalin vorbereitet?

Selbstverständlich springt schon bei einer oberflächlichen Gegenüberstellung der immense Unterschied zwischen diesen beiden Führern ins Auge, die den Staat in seinen ersten Etappen repräsentieren. Lenin war ein Gelehrter, Stalin ein wenig gebildeter Mann. Milovan Djilas erzählt in seinen Erinnerungen, Stalin habe zum Beispiel nicht gewußt, daß Holland und die Niederlande dasselbe Land seien, und keiner in seiner Umgebung, einschließlich des Außenministers, habe gewagt, ihn zu korrigieren.

Lenin war seinem Charakter und auch seiner äußeren Erscheinung nach ein ausgesprochener Zivilist. Stalin ein Militär, jedenfalls spielte er die Rolle des Militärs. Seine Vorliebe für soldatische Haltung, Titel und Uniform trat während des Vaterländischen Krieges und in der Nachkriegszeit besonders deutlich zutage. Der prunkvolle Titel des Generalissimus, den er sich selbst verliehen hatte, war gleichsam die Krönung und letzte Steigerung dieser seiner Neigungen. Aber schon in den frühen Revolutionsjahren trug Stalin hohe Stiefel, Uniformmantel und den berühmten Schnurrbart – nicht nur als Zeichen seiner kaukasischen Abstammung, sondern als Hinweis auf seine Zugehörigkeit zur Militärkaste des russischen Bolschewismus. Zu Lenin gehört, wie bekannt, seine nicht weniger berühmte Weste – das für einen Zivilisten besonders typische Kleidungsstück. Beim Sprechen hatte er die Angewohnheit, beide Daumen in die Ärmelausschnitte dieser Weste zu stecken, eine Geste, die einer gewissen Komik nicht entbehrte. Darin zeigte sich die echt russische, intelligenzlerische Gleichgültigkeit gegenüber der eigenen Erscheinung, der Haltung, der Kleidung – sein Anzug blieb altmodisch dreiteilig.

Lenins Äußeres entsprach gleichsam seiner Gelehrsamkeit: ein kahlköpfiger, kleingewachsener Mann mit überhoher Stirn und Sprachfehler. Auch Stalin war nicht besonders stattlich. Aber seine Stirn war sehr niedrig. Auf den riesigen Standbildern, die er zur eigenen Ehre errichten ließ, fällt das nicht auf, wohl aber seine hohen Stiefel, der Uniformmantel und der Schnurrbart. Statt wissenschaftlicher Diskussionen und verbissener, spitzfindiger Parteiquerelen (zu denen Lenin besonders neigte) beginnt mit Stalin die endlose Militärparade.

Auf der Höhe der Macht schrieb Lenin immer beim Ausfüllen eines Fragebogens in die Spalte »Beruf«: »Literat«, Stalin dagegen war »Führer der gesamten fortschrittlichen Menschheit«, wie er tagtäglich genannt wurde. Sogar ihre Parteinamen klingen verschieden. »Lenin« – das ist etwas Unbestimmtes, ein von dem weiblichen Namen »Lena« abgeleitetes Adjektiv. Heute hat das Wort »Lenin« einen gewaltigen Klang, aber am Anfang weckte dieser Name keinerlei hohe oder feierliche Assoziationen. Auch nach der Machtergreifung unterschrieb Lenin immer noch als »Uljanow«, was in der Kombination mit dem Pseudonym

»Lenin« noch anspruchsloser wirkte. Stalin aber erinnerte sich nur ungern an seinen eigentlichen Namen Dschugaschwili und nahm schon am Anfang den klangvolleren »Stalin« an, in dem »Stahl« mitschwingt und auch das Verb *stal*, das, was der Mensch »wurde«. Und dieser Mensch wurde der »Stalin« und prägte durch seinen Namen die neue, die stählerne Zeit.

Die Flieger der Luftwaffe wurden »Stalinfalken« genannt, oder auch »Stahlfalken«. Der Beruf eines Stahlwerkers erfreute sich eines besonders hohen Ansehens – in Analogie zu Stalin. Zur gleichen Zeit entstand der Roman von Nikolaj Ostrowskij *Wie der Stahl gehärtet wurde*, ein Titel, der wie eine Stahlsaite den Namen Stalin anklingen ließ. Und an der Seite Stalins erhob sich plötzlich ein Barde, der ihn besang, der Aschug aus Dagestan, Sulejman Stalskij, den Gorkij den »Homer des zwanzigsten Jahrhunderts« nannte.

Der bloße Name Stalin ließ alles im Lande auf eine neue, auf die Stalin-Weise, erklingen und prägte einen Stil. Diesen Stil nannte Stalin den SOZIALISTISCHEN REALISMUS...

Es ist bekannt, daß Lenin im Alltag sehr bescheiden, anspruchslos, beinahe asketisch lebte. Er war noch aus demselben Stoff wie die alten russischen Revolutionäre und Intelligenzler. Nach den ungeschriebenen Gesetzen dieser Tradition sollte ein Mensch, der der Sache des Volkes und der Revolution verpflichtet war, sich äußerlich in keiner Weise von den einfachen Menschen unterscheiden oder sich über sie erheben. Er sollte uneigennützig kämpfen und leben, ohne nach eigenem Ruhm zu streben.

Deshalb spielte Lenin nicht den Demokraten, sondern noch als Diktator war er in seinen Gepflogenheiten wirklich demokratisch. Es gibt keinerlei Anzeichen dafür, daß Lenin sich von seiner unbegrenzten Macht irgendwann berauschen ließ. Oder daß er eine persönliche Rechnung beglich oder sich despotisch aufführte, wie es für einen Diktator charakteristisch ist. Freilich, Lenin handelte grausam, aber diese Grausamkeit entsprang nicht seinen Neigungen oder seinem Charakter, sondern seiner Theorie von Klassenkampf und Klassenpolitik. Persönlich war

Lenin eher ein guter Mensch. In seinen politischen Entscheidungen dagegen war er in bezug auf »Gut« und »Böse« völlig indifferent und hielt für das »Gute« nur das, was im Augenblick dem Proletariat und seiner, Lenins, Politik dienen konnte. Und das »Böse« war alles das, was diesen Interessen schaden oder ihnen entgegenwirken konnte. Deshalb legte Lenin auch als Alleinherrscher nicht den geringsten Wert auf Ruhm und Ehrungen, die ihm von allen Seiten dargebracht wurden.

Ein Beispiel: Es ist das Jahr 1920, sein fünfzigster Geburtstag steht bevor. In diesem Jahr wird der IX. Parteitag einberufen, der Lenins Jubiläum feiern will. Und wie reagiert Lenin auf diese Ovationen? Er verläßt den Saal, sobald die erste Laudatio beginnt, begibt sich in sein Arbeitszimmer, bleibt dort ganz allein, schickt immer wieder Zettel an das Präsidium und telefoniert mit dem Sitzungssaal, man möge die Feierlichkeiten endlich beenden und die laufende nützliche Arbeit aufnehmen. Und darin war er völlig ehrlich: So verhält sich eben ein Revolutionär, Intelligenzler und Demokrat.

Zum Vergleich erinnere man sich nur an die endlosen Ovationen, die die bloße Erwähnung des Namens »Stalin« auslösten, und die er selbst eindeutig guthieß, während er gelegentlich jene an die Wand stellte, die nur sparsam applaudierten. Stalin berauschte sich an der Macht und am Bösen, das ihr entspringt. Er bewies Rachsucht, Unversöhnlichkeit, Sadismus und sämtliche dunklen Leidenschaften, kümmerte sich überhaupt nicht um irgendwelche Klasseninteressen und handelte sogar dagegen, wenn er sich von extremer persönlicher Grausamkeit, persönlicher Heimtücke und persönlicher Machtgier leiten ließ.

Schließlich klang die Parole, die während seiner Regierungszeit zum Axiom erhoben wurde: »Stalin – das ist Lenin heute« wie ein Sakrileg für alle, die Lenin nahe gestanden waren. Das ist einer der vielen Gründe, weshalb Stalin die Lenin-Garde liquidierte. Die Zeugen zugunsten Lenins störten ihn. Es sollte eine neue, die Stalin-Ära beginnen, und indem er sich auf Lenins Platz stellte, haßte er jeden, der sich noch an diesen erinnern und beide – Lenin und Stalin – vergleichen konnte.

Aber diese Gegenüberstellung findet noch heute statt. Jeder überzeugte Kommunist, der Stalin kritisiert oder verurteilt, beruft sich in der Regel auf Lenin und sagt: Hätte Lenin gelebt, dann hätte sich alles anders entwickelt, und Stalin wäre überhaupt nicht zum Zuge gekommen. Schließlich erscheint Lenin als die Verkörperung des guten, des positiven Kommunismus, in dem ein Stalin undenkbar ist.

In der Tat, man kann sich nur schwer Lenin in der Rolle Stalins vorstellen. Überdies weiß man, daß Lenin kurz vor seinem Tod die Partei vor ihrem künftigen Führer gewarnt und ausdrücklich auf Stalins brutalen und launischen Charakter hingewiesen hatte. Aber er schlug keinen anderen Nachfolger vor und hatte auch niemanden darauf vorbereitet, weil er offenbar an eine kollektive Führung dachte.

Ohne es zu wollen, leistete Lenin Stalins Machtergreifung Vorschub. Und zwar dadurch, daß er jede Demokratie, darunter auch die Parteidemokratie, im Keim erstickte. Seiner Natur nach demokratischer Intelligenzler, unterband Lenin schon im Ansatz jegliche Diskussion innerhalb und außerhalb der Partei und konzentrierte die ganze Entscheidungsgewalt in seiner Hand, ohne sich darum zu kümmern, daß morgen auf seinem Platz ein anderer sitzen würde – zum Beispiel Stalin. Lenins Terror und Lenins Zentralisation der Macht führten ganz natürlich zu Stalin.

1921 schrieb Adolf Joffe, einer der führenden Männer der Partei, an Lenin einen Brief, in dem er bedauerte, daß das ZK der Partei eigentlich das alleinherrschende »Ich« Lenins sei. Lenin war außerordentlich erstaunt über die Gleichung »ZK = Lenin« und antwortete Joffe, diese Version sei ein Resultat nervlicher Überlastung und ein Hinweis darauf, daß Joffe in Kur gehen müsse. Er schrieb: »Wie kann man mit den Nerven so herunter sein, daß man den so *völlig unmöglichen* Satz hinschreibt, das ZK sei ›Ich‹? Das ist Übermüdung.«

In Wirklichkeit hätte Lenin 1921 nicht nur sagen können, »ZK = Lenin«, sondern auch »L'état, c'est moi!« Gemäß seiner eigenen Logik sollte die Partei die Alleinherrschaft im Staate haben und an ihrer Spitze eine alleinherrschende Persönlichkeit stehen, die alles überschaut und über alles verfügt. Die Formel: »L'état c'est moi!« ist von Lenin zwar nicht ausgesprochen, aber rational begründet und in die Tat umgesetzt worden, so daß Stalin nur das Schildchen auszuwechseln und die möglichen Konkurrenten zu beseitigen brauchte. Das tat er, ohne lange zu zögern, und nahm Lenins Platz als »Führer des Weltproletariats« ein. Dabei verfuhr er vorwiegend nach Lenins Rezept – das heißt, er ließ sich von der Idee der Gewalt und der Zentralisation der Staatsmacht leiten.

Demnach könnte man behaupten, Stalin habe Lenin in keiner Weise verfälscht, sondern sich, nachdem er seinen Posten übernommen hatte, von seiner eigenen Psychologie und seinem eigenen Verständnis von »Gut« und »Böse« leiten lassen. Dann wäre Stalin nicht als Usurpator, sondern als Lenins legitimer Erbe anzusehen, auch wenn er, nachdem er an die Macht gekommen war, Lenin und dessen »Kampfgenossen« den Daumen aufs Auge drückte. Aber das ist eigentlich nur Nebensache. Die Hauptsache ist, daß Stalin ein getreuer Nachfolger Lenins war, der dessen Idee der Diktatur allerdings auf seine eigene Weise verwirklichte.

Stalins Irrationalismus

Der Höhepunkt der Stalin-Ära ist das Jahr 1937, als Stalins vermeintliche oder wirkliche Gegner in der Partei liquidiert waren und die absolute Machtstellung erreicht war. Freilich beschränkte sich dieser Prozeß nicht allein auf das Jahr 1937, sondern hatte früher begonnen und dauerte länger. Aber das Jahr 1937 wird in der russischen Geschichte für immer ein mystisches Datum bleiben, etwa wie das ebenfalls heilige Jahr 1917. Das Jahr 1937 war gleichsam ein Echo des Jahres 1917, aber ein irrationales Echo. Man könnte sagen, daß Lenins Intellekt, seine extreme Rationalität, die das Revolutionsjahr geprägt hatten, zwanzig Jahre später durch Stalins Irrationalität kompensiert wurden. Stalins Irrationalität äußerte sich darin, daß die Revolutionshelden von gestern verhaftet und umgebracht wurden, die treuesten, verläßlichsten Parteimitglieder, die nicht selten mit einem Treueschwur auf den Lippen starben. Am Ende dieser Säuberungskampagne war fast das gesamte ZK verschwunden, die meisten führenden Persönlichkeiten aus dem Wirtschaftsleben und fast das gesamte Oberkommando der Roten Armee (und dies am Vorabend des Krieges gegen Hitler!). Darauf folgten Massenhinrichtungen auf der Ebene untergeordneter Organisationen, der Gebiets- und Kreiskomitees, der gesamten Bevölkerung, einschließlich des Tscheka- und Polizei-Apparats. Dies alles geschah unter der Parole, die sogenannten »Volksfeinde« hätten sämtliche Führungskader durchsetzt.

Das Ganze mutet wie Wahnsinn an. Und es existiert auch die Version, es sei ganz einfach ein Geisteskranker gewesen, der dies alles inszeniert und organisiert habe – gegen seine persönlichen und parteipolitischen Interessen. In Wirklichkeit war Stalin keineswegs ein Geisteskranker, sondern handelte absolut logisch – aus seiner Sicht sogar in einer gewissen Korrespondenz zu Lenins Politik. Wollte man behaupten, es sei ein Geisteskranker gewesen, der einige Dezennien unbehelligt und widerstandslos einen Staat regierte, so würde das bedeuten, daß die von Lenin geschaffene Staatsform eine solche Möglichkeit zuließ.

Wie bekannt, entledigte sich Lenin der Opposition, zunächst der anderen Parteien, auch der sozialistischen Parteien der Menschewiki und Sozialrevolutionäre. Stalin stieß zu Beginn seiner Regierungszeit mit der Opposition innerhalb der eigenen Partei zusammen, mit den Trotzkisten, die er ausmerzte, um danach mit der alten Lenin-Garde, die in seinen Augen eine potentielle Opposition darstellte, fast bis auf den letzten Mann genauso zu verfahren. Denn das waren Männer, die die Revolution gemacht hatten und ihm an Intelligenz, Erfahrung, Bildung und auch an Ansehen überlegen waren. Nach der Verfemung und physischen Vernichtung des Trotzkismus konnte natürlich von einer realen Opposition nicht mehr die Rede sein. Aber Stalin war außerordentlich empfindlich gegenüber dem leisesten Vorbehalt oder der geringsten Selbständigkeit seiner Umgebung. Und die alten Parteikader waren vor kurzem noch gleichberechtigt oder sogar ihrem Ansehen nach Stalin überlegen gewesen. Deshalb waren sie in seinen Augen verdächtig, unzuverlässig und mußten schleunigst ersetzt werden. Dies war aber nur auf dem Wege der Liquidierung der alten Kader möglich, nachdem man sie der ungeheuerlichsten Verbrechen und des Verrats an Volk und Heimat bezichtigt hatte. Dafür brauchte Stalin die Schauprozesse der dreißiger Jahre, in deren Verlauf die angesehensten Männer der Partei und des Staates sich öffentlich als Agenten ausländischer Geheimdienste bekannten, die angeblich ihr Leben lang von der Restauration des Kapitalismus in Rußland geträumt hätten.

Man muß zugeben, daß dieses Schauspiel hervorragend inszeniert und gespielt worden ist. Ich möchte mich hier nur auf einen einzigen Zeugen berufen, auf den deutschen Schriftsteller Lion Feuchtwanger, der als angesehener Ausländer und Freund der Sowjetunion zu einer Gerichtsverhandlung in Moskau 1937 zugelassen wurde. Darüber Feuchtwanger in seinem Buch *Moskau 1937*:

Die Männer, die da vor Gericht standen, waren keineswegs gemarterte, verzweifelte Menschen vor ihrem Henker. Überhaupt darf man sich nicht vorstellen, daß diese Gerichtsverhandlung etwas Gemachtes, Gekünsteltes oder auch nur etwas Feierliches, Pathetisches an sich gehabt hätte. Der Raum, in dem die Verhandlung stattfand, ist nicht groß, er faßt etwa dreihundertfünfzig Menschen. Richter, Staatsanwalt, Angeklagte, Verteidiger, Sachverständige saßen auf einer niedrigen Estrade, zu der Treppen hinaufführten, es war keine Schranke zwischen Gericht und Zuhörern. Auch war nichts da, was an eine Anklagebank erinnerte; die Barriere, welche die Angeklagten von den übrigen trennte, wirkte eher wie die Umrahmung einer Loge. Die Angeklagten selber waren gutgepflegte, gutgekleidete Herren von lässigen, natürlichen Gebärden, sie tranken Tee, hatten Zeitungen in den Taschen und schauten viel ins Publikum. Das Ganze glich weniger einem hochnotpeinlichen Prozeß als einer Diskussion, geführt im Konversationston, von gebildeten Männern, die sich bemühten, festzustellen, welches die Wahrheit war, und woran es lag, daß geschehen war, was geschehen war. Ja, es machte den Eindruck, als hätten Angeklagte, Staatsanwalt und Richter das gleiche, ich möchte fast sagen, sportliche Interesse, die Geschehnisse lückenlos aufzuklären. Wenn ein Regisseur diese Gerichtszenen hätte arrangieren müssen, dann hätte es jahrelanger Proben bedurft, um die Angeklagten so einzuspielen, daß sie einander eifrig in Kleinigkeiten korrigierten, und daß ihre Bewegtheit sich auf so unterdrückte Art äußerte.

Sie gestanden alle, aber es gestand ein jeder auf verschiedene Art: der eine mit einem zynischen Unterton, der zweite mit soldatischer Bravheit, der dritte mit innerem Widerstand, sich windend, der vierte wie ein Schüler, der bereut, der fünfte dozierend. Ein jeder aber mit dem Ton, der Miene, dem Gestus der Wahrheit.

Inzwischen ist bekannt, daß Stalin, der Regisseur, sich aufmerksam um sämtliche Details dieser Inszenierungen kümmerte. Man erzählt, daß er zu einem der Verantwortlichen sagte: »Du mußt es so organisieren, daß während der Verhandlungen allen Angeklagten Tee mit Zitrone und Gebäck gereicht wird.«

Letztlich ist Stalins Schicksal so undurchschaubar und rätselhaft, daß man sich über vieles den Kopf zerbricht, unfähig, es zu begreifen oder den wirklichen Sachverhalt zu erkennen. Lange war man über die wahren Gründe, weshalb die Angeklagten Geständnisse ablegten und die unglaubwürdigsten Sünden bekannten, völlig im dunkeln. Und man weiß heute noch nicht genau, auf welche Weise Kirow von Stalin ermordet wurde und welche Version über Gorkijs Tod den Vorzug verdient. Hatte Stalin noch zu Lenins Lebzeiten ihm nach dem Leben getrachtet, wie Trotzkij behauptet? Ist Stalin vielleicht selbst ermordet worden? (Diese Variante gibt es ja auch.) Es gibt auch zwei Versionen über den Tod seiner Frau.

Mit einem Wort, Stalins Gestalt ist in Dunkel gehüllt, weil seine Pläne und Ideen in keiner Weise nachvollziehbar sind. Indessen liegt ihnen die Leninsche Logik zugrunde, die Stalin lediglich fortgesetzt und ad absurdum geführt hat. In Lenins

Augen war jede Opposition gegen den Bolschewismus, jede Opposition gegen seine Macht und seinen eigenen Standpunkt ein Ausdruck der politischen und klassenbedingten Interessen der Bourgeoisie. Denn eine persönliche Ideologie war für Lenin, den konsequenten Marxisten, undenkbar. Alles unter der Sonne ist lediglich Ausdruck bestimmter Klasseninteressen. Deshalb rechnete Lenin seine politischen Gegner ausnahmslos zum Lager der Bourgeoisie, die seiner Vorstellung nach zum Kampf auf Leben und Tod gegen die bolschewistische Partei und später auch gegen die Sowjetmacht angetreten sei. Zu seiner typischen Terminologie in Artikeln und Reden gehören Ausdrücke, die er freigebig nach allen Seiten verteilte: »Agenten der Bourgeoisie«, »Agenten des internationalen Imperialismus«, »Sozialverräter«, »Verräter der Arbeiterklasse« etc. In seinen Augen ändern die subjektive Ehrlichkeit eines Menschen, seine subjektive Meinung oder das gute Gewissen, weder ein Agent der Bourgeoisie noch ein Verräter zu sein, nichts am Wesen der Sache. Denn die Bedeutung liegt nicht in den Gedanken, die ein Mensch sich macht, sondern in der Position, die er objektiv, unabhängig vom eigenen Willen, vertritt. Denn nur die objektiven Gesetze des Klassenkampfes sind in der Geschichte wirksam.

Und Stalin tat nichts anderes, als Lenins »Objektivität« im größten Maßstab und in neuen Zusammenhängen anzuwenden, unter anderem auch gegenüber Mitgliedern der Partei selbst, gegenüber den Veteranen der Revolution, die ihm aus irgendeinem Grund verdächtig vorkamen. Etwa nach folgender Logik: Wenn du mit mir nicht einverstanden bist oder nach einiger Zeit nicht einverstanden sein wirst, dann bist du ein Agent der Bourgeoisie, und wenn du ein Agent der Bourgeoisie bist, dann träumst du von nichts anderem, als mich im Auftrag eines ausländischen Geheimdienstes umzubringen, folglich bist du objektiv ein Mörder und wirst an die Wand gestellt.

Natürlich meinte es Lenin im übertragenen Sinne, metaphorisch, wenn er den Terminus »Agent der Bourgeoisie« auf die Menschewiki oder auf die westlichen Sozialdemokraten anwandte. Und wenn er sagte, sie »verkaufen« die Interessen der

Arbeiterklasse, so verstand und gebrauchte er das Wort »verkaufen« ebenfalls metaphorisch und glaubte nicht im entferntesten, die Menschewiki hätten bei der Weltbourgeoisie angeklopft und Geld für ihren Verrat in Empfang genommen. Oder die Menschewiki hätten sich von einem ausländischen Geheimdienst als Spitzel anwerben lassen. Stalin aber nahm das alles buchstäblich. Wenn schon »Agent der Bourgeoisie«, dann auch Spion in des Wortes eigentlicher Bedeutung. Kurz, Stalin realisierte Lenins Metaphern. In diesem Sinne stellen die Schauprozesse und Hinrichtungen der dreißiger Jahre nichts anderes dar als eine Realisierung von Metaphern. Damals begannen die Tscheka und die Untersuchungsrichter auf Stalins Wunsch, die Folter anzuwenden, damit ein Mensch, der als Agent der Bourgeoisie verhaftet worden war, sich auch selbst als Spion im Sold der japanischen, deutschen oder englischen Geheimdienste bekennen sollte. Das heißt, damit die Metapher bis zur letzten Konsequenz Realität würde.

Dabei entstand ein phantastisches und monströses Bild: Das ganze Land wimmelte von unsichtbaren »Spionen« und »Diversanten«. Sie wurden entlarvt und sichtbar, damit jedermann als ein ebensolcher verkappter Feind verdächtigt werden konnte. Aber so ist es eben, wenn man Metaphern beim Wort nimmt. Man braucht nur irgendeinen beliebigen, ganz unschuldigen Ausdruck buchstäblich auf die Wirklichkeit zu übertragen und es entsteht etwas Phantastisches. Stellen wir uns doch die landläufige Metapher »Die Zeit geht vorbei« vor: Die Zeit geht über den Asphalt, springt über Pfützen, beschleunigt den Schritt oder hüpft davon. Alles in allem eine lebende Groteske. Ähnliches geschah bei der Realisierung der Metaphern in den dreißiger Jahren.

Aber Lenin trägt nicht nur die Schuld an der Erfindung dieser Metaphern (»Agenten der Bourgeoisie«, »Lakaien des Kapitalismus«), die noch zu seinen Lebzeiten in die Amtssprache und den Alltag des Sowjetstaates Einzug hielten, sondern er sah die Höchststrafe für den Fall vor, daß ein Mensch *objektiv* ein »Agent der Bourgeoisie« war, nur, weil er den Kurs der Partei und die Staatspolitik nicht uneingeschränkt billigte. In einem Brief an den Volkskommissar Kurskij verlangt Lenin 1922 »Erschießungen verstärkt anzuwenden«, und zwar insbesondere im Fall von Agitation und Propaganda. Dafür sollte im Strafgesetzbuch »eine Formulierung gefunden werden, die diesen Tatbestand mit der internationalen Bourgeoisie in Verbindung bringt«. Man beachte: Die »Verbindung mit der internationalen Bourgeoisie« ist die Rechtsgrundlage für das höchste Strafmaß. Und diese »Verbindung« besteht keineswegs darin, daß ein Mensch tatsächlich von einem fremden Geheimdienst angeworben worden ist. Es genügt, daß er durch mündliche oder schriftliche Äußerungen der internationalen Bourgeoisie *objektiv* Vorschub leistet. Und in einem weiteren Brief an denselben Justizkommissar findet Lenin diese Formulierung und schlägt sie als Entwurf für den entsprechenden Paragraphen des Strafgesetzbuches vor: »Propaganda und Agitation, die objektiv ... die internationale Bourgeoisie unterstützen«, sollen mit »dem Tod durch Erschießen (oder Ausbürgerung) bestraft werden.«

Die Ausbürgerung wurde Anfang der zwanziger Jahre im Falle bedeutender Universitätsprofessoren, Gelehrter und Schriftsteller praktiziert, die man vor der europäischen Öffentlichkeit unmöglich an die Wand stellen oder für lange Zeit ins Gefängnis sperren konnte.

Und nun wollen wir Lenins Formulierung von der Propaganda und Agitation, die »objektiv die internationale Bourgeoisie unterstützen« und deshalb mit der Höchststrafe geahndet werden, auf die Epoche Stalins anwenden. Jede Äußerung, die auch nur einen Anflug von Kritik am Staat oder gar an Stalin enthielt, galt als eine solche Agitation und Propaganda im Dienste der Bourgeoisie. Man brauchte sich nicht einmal laut zu äußern. Es genügte der Verdacht, daß der Mensch irgendwie anders dachte. Es genügte ein bloßer Versprecher oder ein Druckfehler. Die Witwe Eduard Bagritzkijs, der in den dreißiger Jahren hochangesehen und offiziell als einer der besten Revolutionsdichter anerkannt war, kam ins Gefängnis und anschließend ins Lager, und zwar aus folgendem Grund: Sie sprach beim NKWD wegen eines Verwandten, ihres Schwagers Narbut, vor, ebenfalls eines Dichters, der damals verhaftet worden war und später im Lager umkam: »Warum holt ihr euch Menschen, ohne vorher zu überlegen?« fragte sie im Laufe des Gesprächs mit den Tschekisten. Und als man sie auslachte, wurde sie zornig und rief erregt aus: »Hol euch der Teufel!« Und für diesen Satz *»Hol euch der Teufel«* wurde sie verhaftet und der antisowjetischen Propaganda und Vorbereitung eines bewaffneten Aufstandes beschuldigt. Als Beweisstück für ihre terroristischen Absichten wurde bei der Haussuchung in ihrer Wohnung ein alter Säbel beschlagnahmt, den Bagritzkij seinerzeit von einem berühmten Kommandeur der Roten Armee als Geschenk erhalten und über seinem Sofa an die Wand gehängt hatte.

Oder ein anderes typisches Beispiel: Ein Beamter wurde in seinem Büro von einem guten Bekannten besucht, war aber nicht an seinem Arbeitsplatz. Der Beamte hatte seinem Freund irgendetwas versprochen und sein Versprechen nicht erfüllt. Der Freund wollte ihm eine Nachricht hinterlassen, und da er kein anderes Papier zur Hand hatte, schrieb er auf den Rand einer Zeitung, die auf dem Tisch lag, folgenden Satz: »Du hast es versprochen, du Schweinehund. Warum hast du es nicht getan?« Er beachtete nicht, daß dieser an seinen Freund gerichtete Satz neben eine abgedruckte Stalin-Rede zu stehen kam. Jemand anderem aber fiel dieser völlig zufällige Umstand auf, und er rief beim NKWD an. Der Ärmste wurde sofort verhaftet.

Die Massenverhaftungen der dreißiger Jahre richteten sich vorwiegend gegen die Schicht der Privilegierten. Die schwersten Repressionen trafen im Zusammenhang mit der Kollektivierung und Entkulakisierung des russischen Dorfes die Bauern. Aber grundsätzlich konnte es jeden Unschuldigen treffen. Eine Hausfrau ziemlich einfältigen Gemüts träumte eines Nachts, daß sie mit Woroschilow schlafe. Am nächsten Morgen ging sie in die Kommunalküche und erzählte diesen Traum ihrer Nachbarin. Die meldete den Traum sofort dem NKWD, und die Hausfrau verschwand im Lager. Für ihre Straftat fand man eine einfallsreiche Formulierung: »Unmoralische Träume von führenden Persönlichkeiten.« Es gibt unzählige solcher Geschichten, und sämtliche Varianten von Agitation zugunsten der Bourgeoisie lassen sich überhaupt nicht aufzählen.

Die Repressionen der dreißiger Jahre brachten Stalin gewaltige persönliche Vorteile:

Er hatte, erstens, die gesamte aktive Schicht innerhalb der Partei liquidiert, die in der Tradition der Revolution und Lenins persönlich stand und daher von ihm als Gefahrenquelle angesehen wurde. Stalin haßte diese Elite schon wegen ihrer Popularität, deren sie sich bereits in den Zeiten erfreute, da er selbst noch eine fast unbekannte Größe war. Das war der Neid und Haß des Bastards gegenüber den legitimen Kindern der Revolution. Deshalb hat er die Partei-Elite nicht einfach ausgemerzt, sondern auch noch in den Schmutz gezogen. Außerdem wußten sie viel zu viel. Sie wußten zum Beispiel, daß die Geschichte der Partei und des Sowjetstaates unter Lenin anders verlaufen war, als es nun von Stalin dargestellt und interpretiert wurde. Deshalb bedeutete es in diesen Jahren für ein angesehenes Parteimitglied oder einen alten Revolutionär eine akute Gefahr, Tagebuch zu führen oder Memoiren für die Schublade zu schreiben. Wenn das bekannt wurde, erhob sich sofort der Verdacht, er schreibe etwas, das mit den Ansichten Stalins divergiere oder divergieren könne. Und schon der bloße Verdacht bedeutete Vernichtung.

Nachdem Stalin die Elite, Menschen, die »zuviel wußten«, ausgemerzt hatte, formte er – zweitens – die Geschichte der noch gar nicht so weit zurückliegenden Vergangenheit nach eigenem Gutdünken und Geschmack um: Nun hatte Stalin stets unmittelbar neben Lenin gestanden, und seine Konkurrenten, Trotzkij, Bucharin, Kamenew, Sinowjew usw. hatten sich schon damals als Volksfeinde betätigt. Es ist kein Zufall, daß auf dem Höhepunkt dieser Säuberungskampagne und als ihre Krönung das wichtigste Lehrbuch zur Geschichte der Partei und des Marxismus-Leninismus, *Geschichte der KPdSU (B). Kurzer Lehrgang*, erschien – unter Stalins persönlicher Mitwirkung als Autor und Herausgeber. Zu seinen Zeiten war es für die gesamte lesefähige Bevölkerung der Sowjetunion absolute Pflicht, dieses Lehrbuch immer wieder zu studieren. Insbesondere für die Kämpfer an der sogenannten ideologischen Front, deren Aufgabe es war, die permanente bolschewistische Agitation und Propaganda durchzuführen. Dieses Lehrbuch war Altes und Neues Testament in einem.

Parallel zu Stalins »Kurzem Lehrgang« entstanden historische Romane und Filme, die ebenfalls an der Umgestaltung der Vergangenheit im Sinne Stalins mitwirkten. Zu den bekanntesten Romanen dieser Art gehört Alexej Tolstojs *Brot*, der die Verteidigung der Stadt Zarizyn während des Bürgerkrieges schildert. Mit Hilfe ungenierter Verzerrungen und Entstellungen von Tatsachen verherrlicht er Stalin als den großen Heer- und Revolutionsführer. Verständlich, daß der literarisch ziemlich schwache Alexej Tolstoj gerade diesem Roman seine herausragende Position verdankte.

Das Dritte, was Stalin durch seine Repressionen erreichen wollte – und auch erreichte –, war die Auflösung der führenden Kader und die Entstehung eines neuen Typus des Partei- und Administrationsfunktionärs. In der Partei traten dadurch schwerwiegende soziale und psychologische Verschiebungen ein. Die ausgemerzten Veteranen wurden in der Regel durch Menschen ohne Vergangenheit ersetzt, das heißt durch Arbeiter von der Basis und arrivierte Provinzler, die sich an der Revolution überhaupt nicht beteiligt, niemals im Untergrund gekämpft hatten und erst sehr viel später in die Partei eingetreten waren – meistens um ihrer Karriere willen. In der Regel waren es Menschen aus dem Volk, mit sehr engem Gesichtskreis und geringer Bildung. Sie waren es, die an die Stelle der Intelligenzija der Partei und der von Lenin geschulten Garde traten. Damit entstand endgültig die »Neue Klasse« (nach der bekannten Definition von Milovan Djilas).

Im Gegensatz zu der alten Garde war sie keineswegs von glühendem revolutionärem Enthusiasmus erfüllt, sondern dachte und handelte als stumpfsinnige Exekutive, ohne über das, was von oben befohlen wurde, zu reflektieren. Sie wurde die Stütze von Stalins Thron und des Sowjetregimes.

Mit ihrem Auftreten veränderte sich der gesamte Lebensstil. Das Heft in der Hand hielt der wenig gebildete, aber um so gefügigere Spießer und Beamte – keineswegs der Kämpfer oder Revolutionär. Ein Mensch mit revolutionären Ideen oder Verdiensten wurde nun gefährlich, denn er weckte sofort den Verdacht: Ist er nicht vielleicht in der Vergangenheit ein Trotzkist oder ein Bucharinist gewesen? Welche Verbindungen unterhielt er früher? ... Verdienste vor der Revolution bedeuteten zuweilen eine tödliche Gefahr. Viele Intelligenzler überstanden die dreißiger Jahre nur deshalb, weil sie niemals in der Partei gewesen waren und keine führenden Stellungen innegehabt hatten.

Das vierte Ziel, das Stalin erreichte, war die restlose Verwandlung des Landes in einen Sklavenstaat und der Menschen in Sklaven mit echter Sklavenmentalität. Durch die Kollektivierung war es ihm bereits gelungen, die Bauern zu Leibeigenen zu machen und einen riesigen Teil der Bevölkerung jeder, auch der elementarsten Selbständigkeit zu berauben. Und durch die Verhaftungen, Foltern, Lager und Erschießungen der dreißiger Jahre gelang es ihm nun, auch den restlichen Teil der Bevölkerung zu unterwerfen. Er zwang die Gesellschaft, einige Jahre hindurch im Zustand unvorstellbarer Angst zu verharren, mit deren Hilfe er den Sowjetmenschen endgültig formte und prägte. Bis dahin hatte der Begriff »Feind« Klassen- oder Standescharakter. Von nun an mußte jeder Sowjetbürger damit rechnen, als Feind entlarvt zu werden, ohne etwas von einer Schuld zu wissen und ohne jede Chance, seine Unschuld zu beweisen. Ein Witz aus jenen Tagen: Drei Männer treffen in einer Gefängniszelle zusammen und fragen einander nach dem Grund ihrer Verhaftung. Der erste sagt, er sitzt wegen einer negativen Äußerung über Karl Radek, den führenden sowjetischen Publizisten und Politiker. Der zweite sagt, er sitzt, weil er Karl Radek gelobt hat. Der dritte Häftling schweigt melancholisch. Als die beiden ihn fragen, antwortet er: »Und ich – ich bin Karl Radek ...«

Die Angstzustände nahmen immer wieder den Charakter einer Massenhysterie oder Massenpsychose an, da die Menschen überall nach Spionen und Schädlingen suchten, während jeder von ihnen am nächsten Morgen selbst als Spion oder Schädling verhaftet werden konnte. Jeder Verhaftete war sicher, daß er selbst kein Spion war und in seinem Fall den Organen ein Fehler unterlaufen sein mußte, hielt aber gelegentlich andere Verhaftete für echte Feinde. Olga Berggolz, eine bekannte russische Dichterin, wurde Ende der dreißiger Jahre verhaftet, aber ziemlich bald, dank eines glücklichen Zufalls, wieder entlassen, was damals äußerst selten war. Später berichtete sie von ihren ersten Eindrücken im Gefängnis. Es war zur Zeit des Spanischen Bürgerkriegs, und selbstverständlich standen die Massen der Sowjetmenschen auf seiten der sogenannten Republikaner, die gerade die ersten großen Niederlagen erlitten und den langsamen Rückzug angetreten hatten. Als diese junge, sehr patriotisch gestimmte und kommunistisch denkende Frau verhaftet wurde, stellte sie sich entsetzt vor, daß sie nun mit Faschisten, Mördern, Spionen, Saboteuren und allerlei Konterrevolutionären würde zusammenleben müssen. Dies war für sie das allerschlimmste. Um ihr eigenes Schicksal machte sie sich keine besonderen Sorgen, denn sie war sich keiner Schuld bewußt und rechnete damit, daß die Tschekisten nach kurzer Zeit ihren Fehler korrigieren und sie auf freien Fuß setzen würden. Damals glaubte man noch, daß die Tschekisten wie sonst niemand Gesetz und Wahrheit achteten. Trotzdem fürchtete Olga Berggolz, sie müsse eine Weile mit wirklichen Volksfeinden, vor denen sie einen unüberwindlichen Abscheu empfand, die Zelle teilen. Und nun wird sie in die Zelle hineingestoßen, für sie eine große, von unreinen, giftigen Vipern wimmelnde Höhle. Und diese »Vipern« stürzen auf sie zu, wie auf jeden, der von draußen kommt. Angeekelt weicht sie zurück, aber schon hört sie eine Frage, die erste Frage der »Volksfeinde«: »Sagen Sie, hält sich Madrid noch!?« Es stellt sich heraus, daß in der Gemeinschaftszelle fast nur Kommunistinnen saßen, die um Madrid bangten.

Die allgemeine panische Angst war der Nährboden für Ungereimtheiten und Absurditäten. Es gab zum Beispiel Menschen, die es im Gefängnis für ihre moralische Pflicht hielten, möglichst viele Freunde und Bekannte zu denunzieren, um sie ebenfalls ins

Gefängnis zu bringen, und auch andere politische Häftlinge dazu aufforderten, aufgrund der Theorie: Wenn sehr viele Menschen sitzen, wird man oben, an der Spitze begreifen, daß ein großer Fehler gemacht wurde, und eine Revision anordnen.

Und draußen blühten Denunziation und Lüge. Denn die Massenprozesse wurden von Vollversammlungen in sämtlichen Betrieben begleitet, wo die Menschen als Kollektiv und als einzelne die »Volksfeinde« verdammen und ihre Hinrichtung begrüßen mußten. Die Menschen wurden trainiert, sich über Erschießungen zu freuen und auf Todesurteile mit donnerndem Applaus zu reagieren. Und da das Lügen nicht immer leichtfällt, redeten die Menschen einander und auch sich selber ein, das alles sei richtig und wunderbar.

Bereits 1920 sagte Lenin: »Ein guter Kommunist ist gleichzeitig ein guter Tschekist.« Dieser Satz bedeutet für die Kommunisten eine Aufforderung, außer allen anderen Pflichten auch denen eines Geheimpolizisten nachzukommen. Stalin vollzog den nächsten Schritt: Jeder Sowjetmensch war grundsätzlich dazu verpflichtet, die Arbeit der Tscheka zu unterstützen, und diese Pflicht war heilig. Daß Ehefrauen gelegentlich ihre Männer und Kinder ihre Väter denunzierten, geschah nicht aus Niedertracht und Gemeinheit, sondern aus idealistischen Beweggründen.

Dies alles kam Stalin selbstverständlich sehr gelegen. So hatte er eine Menschenmasse vor sich, die dazu geschaffen war, beherrscht zu werden. Das heißt, die nicht die leiseste eigene Meinung hatte und jede Wendung seiner Politik gehorsam mitmachte, zum Beispiel den Pakt mit Hitler. Seine Ansicht, die Angst sei eine positive und notwendige Komponente der sowjetischen Gesellschaft und ihre Hauptantriebskraft, vertreten viele Stalinisten bis auf den heutigen Tag. Obwohl inzwischen allgemein bekannt ist, daß die »Volksfeinde« eine Fata Morgana waren, die Millionen Unschuldiger das Leben kostete. Ich hatte Gelegenheit, noch in Rußland, lange, aber erfolglose Diskussionen mit einem jungen Stalinisten zu führen, der immer noch beweisen wollte, Stalin habe richtig gehandelt, als er so viele Menschen tötete und zu Tode folterte. Selbst wenn sich später herausstellte, daß sie unschuldig waren. Damit habe er dem Volk eine solche Angst eingejagt, daß es keine Differenzen mit der Regierung gegeben habe und sie auch nicht habe geben können. Diesem Umstand, d. h. den blutigen Säuberungsprozessen der dreißiger Jahre, sei es zu verdanken, daß wir den Krieg gegen Deutschland gewonnen hätten. Die Angst habe das Sowjetvolk und das Sowjetregime zu einer moralisch-politischen Einheit zusammengeschweißt. Und nun sei die Sowjetunion der mächtigste Staat der Welt.

Stalins Logik und Position waren mit diesen Gedankengängen im wesentlichen identisch. Mögen auch Unschuldige zugrunde gehen, dafür wird kein Feind in unser Land eindringen und Andersdenkende werden gar nicht erst hochkommen.

Fünftens: Ein weiterer Gewinn, den ihm die Schauprozesse der dreißiger Jahre brachten, war die unvorstellbare Verherrlichung seiner Person, die zu dieser Zeit ihren Höhepunkt erreichte. Stalin hat gewissermaßen sämtliche hohen Bäume in seinem Umkreis gefällt und blieb allein zurück – erhaben und unfehlbar.

Stalin – der erste Held und Künstler seiner Epoche

Auf dem Ersten Schriftstellerkongreß (1934) trat unter anderen Parteiführern Jemeljan Jaroslawskij auf: »Was gab uns unsere Partei? Sie gab uns Gestalten von unvergleichlicher Schönheit, eisernem Willen, strahlender selbstloser Hingabe (usw ... den Rest der Superlative kann man sich schenken, A. S.), die unübertrefflichen Charaktere Lenins und Stalins (stürmischer Beifall). – Wo, in welchem Werk«, fuhr Jaroslawskij vorwurfsvoll fort, »haben Sie Stalin in seiner vollen Größe gezeigt? (Beifall)« Stalin war also der erste positive Held unter den Lebenden. Überhaupt richtet sich die Idee des positiven Helden in der sowjetischen Kunst nach der Gestalt des Führers. Insgesamt kann man sich die Epoche Stalins als eine Bühne vorstellen, auf der zwischen Kunst und Wirklichkeit schwer zu unterscheiden ist: Stalin, so erzählte Chruschtschow später, war von dem krankhaften Wunsch besessen, zwischen den eigenen Standbildern spazierenzugehen.

Eigentlich nahm er damit eine lästige, jedoch notwendige Pflicht auf sich, um der anbetenden Menge sein Bild zum Zweck ihrer moralischen und ästhetischen Erziehung vor Augen zu halten. Als kluger Mann mußte er wohl das Getue mit seinen Büsten, Porträts und anderen auf ihn bezogenen Kultgegenständen gelegentlich als lästig empfinden. Seine Tochter Swetlana erzählt, daß Stalin Ovationen nicht mochte und sich darüber ärgerte. Bekannt ist die Episode, wie er eines Abends unerwartet im Theater erschien und sich auf dem kürzesten Weg in die Regierungsloge begab. Da fiel dem erschrockenen Theaterdirektor plötzlich ein, daß im Foyer eine Stalinbüste fehlte und die einzige sich im Vestibül befand. Während des ersten Aktes schaffte man eine zweite Büste herbei und stellte sie mit Blumenschmuck im Foyer auf. Als Stalin in der Pause aus der Loge trat, deutete er auf seine eigene Büste und knurrte gereizt: »Wann ist denn der gekommen?«

Aber gleichzeitig tat er alles für das Weiterleben dieses Kults. Er selbst maßte sich göttliche Dimensionen an. Er sagte zu Jenukidse, als dieser Kamenew und Sinowjew in Schutz nehmen wollte: »Wer nicht mit mir ist, der ist wider mich. Merk' dir das, Awel.« Und er ermordete Jenukidse. Als ehemaliger Student eines Priesterseminars wußte Stalin sicherlich, wer diese Worte im Matthäus-Evangelium spricht.

Es bleibt die Frage: Glaubte Stalin den eigenen Phantasien über seine Person oder über die Massenrepressionen und Massenhinrichtungen? Es existiert die Version, daß er an die Gerechtigkeit dieser Verhaftungen und Prozesse, die er selbst inszenierte und in Gang gesetzt hatte, nicht glaubte. Gleichzeitig aber – Chruschtschow bezeugt das – lebte Stalin in einer imaginären Welt und bewegte sich am Gängelband seiner eigenen Einbildungskraft. Er hat vermutlich seinen Phantasien geglaubt und ihnen gleichzeitig mißtraut, wie es der wahre Künstler immer tut.

In den dreißiger Jahren erhob sich Stalin in eine unermeßliche Höhe, weit über die höchste Spitze seines Regierungsapparats. Eine solche Distanz und eine solche Überhöhung mußten, wenn nicht auf Widerspruch, so doch auf ein unterdrücktes Lächeln der alten Revolutionäre stoßen – und taten es auch. Denn vom Standpunkt des wahren Revolutionärs und Marxisten aus stand eine derart extreme Verherrlichung eines Parteiführers weder dem Führer noch der Partei zu. Und Stalin war scharfsichtig genug, um das zu bemerken. In seinem Dokumentarbericht aus Moskau erzählt Lion Feuchtwanger eine Episode aus seiner Begegnung mit Stalin. Die Episode ist überschrieben: »Hunderttausend Männer mit Schnurrbart«:

Ich mache ihn darauf aufmerksam, daß schließlich auch Männer von zweifellosem Geschmack Stalinbüsten und -bilder, und was für welche, aufstellen, an Orten, wo sie nicht hingehören, zum Beispiel in der Rembrandt-Ausstellung. Da wird er ernst. Er vermutet, daß hinter solchen Übertreibungen die Beflissenheit von Männern stecke, die sich erst spät zum Regime bekannt hätten und nun ihre Treue durch doppelte Intensität zu beweisen suchten. Ja, er hält es für möglich, daß die Absicht von Schädlingen dahinter stecke, welche ihn auf solche Art zu diskreditieren suchten. »Ein serviler Narr,« sagt er ärgerlich, »schadet mehr als hundert Feinde.« Wenn er das ganze Trara dulde, erklärt er, dann deshalb, weil er wisse, welch naive Freude der festliche Lärm denen bereite, die ihn veranstalteten, und daß er nicht ihm persönlich zugedacht sei, sondern dem Repräsentanten des Grundsatzes, der Aufbau der sozialistischen Wirtschaft in der Sowjet-Union sei wichtiger als die permanente Revolution.

Stalin heuchelte, zweifellos. Er konnte Lion Feuchtwanger nicht einschüchtern, wie er es mit seinen eigenen Untertanen tat, und er log, um auf einen ausländischen Schriftsteller einen guten Eindruck zu machen, was ihm ja auch bestens gelang. Feuchtwanger lobte Stalin in der westlichen Presse über den grünen Klee, besonders seine Bescheidenheit. Aber es ist interessant, welche Gründe Stalin ins Feld führt, um den Persönlichkeitskult zu erklären. Nicht umsonst erwähnt er am Schluß dieses Zitats die »permanente Revolution«, deren Theoretiker Trotzkij war. Stalin hatte sich diese Theorie auf seine Weise zu eigen gemacht und war gerade dabei, sie auf seine Weise in Wirklichkeit umzusetzen. Es ist durchaus möglich, sowohl die Kollektivierung als auch die Säuberungen der dreißiger Jahre und viele andere seiner Maßnahmen als permanente Revolution zu interpretieren. Hier liegt der Akzent woanders: Seine Porträts und die Ovationen waren für ihn Zeichen des Triumphs über Trotzkij, seinen früheren Hauptfeind und Konkurrenten. Dieser Triumph erfuhr seine Krönung in den Erschießungen der dreißiger Jahre und der bald darauf folgenden Ermordung Trotzkijs. Gleichzeitig gab sich Stalin alle Mühe, mit der ihm eigenen Verschlagenheit die Schuld an dem Persönlichkeitskult irgendwelchen mysteriösen »Schädlingen« in die Schuhe zu schieben, die nichts anderes beabsichtigten, als ihn zu diskreditieren. So bekam er freie Bahn für weitere Hinrichtungen – unter anderem seiner ergebensten Trabanten. Und schließlich entschuldigte Stalin diesen Kult, wie wir lesen, durch die Naivität seiner Bauern und Arbeiter. Dahinter verbirgt sich, wie mir scheint, der Gedanke, daß ein derart naives Volk – und überhaupt jedes Volk – so und nur so regiert werden kann. Und der Zusatz Stalins, daß ein serviler Narr mehr Schaden anrichte als hundert Feinde, ist nur ein leeres Wort. Stalin war ein sehr guter Beobachter, ihm entging nichts. Und obwohl ihm nichts entging, duldete er diese ganze Beweihräucherung, und er duldete sie nicht nur, sondern er badete förmlich im eigenen Ruhm.

Die Forscher sagen, daß Stalin über eine geniale Fähigkeit verfügte: eine exzeptionelle Menschenkenntnis. Er durchschaute jeden, und deshalb gelang es ihm, seine Kader aus geeigneten Menschen zu bilden. Alle Begabten und Selbständigen hatte er ausgemerzt und umgab sich mit Vollzugsbeamten, die sich mit ihm in keiner Weise messen konnten und es auch nicht wagten. Und außerdem wußte er sie so gut zu plazieren und gegeneinander auszuspielen, daß er in jedem Fall der Gewinner war: Er verbündete sich vorübergehend mit einem seiner vermeintlichen

Gegner, entledigte sich mit dessen Hilfe eines anderen, hetzte dann auf den Zurückgebliebenen einen Dritten und stellte diesen Dritten zu guter Letzt als den Mörder der ersten beiden an die Wand. So gelang es ihm seinerzeit, noch in der Mitte der zwanziger Jahre, mit Hilfe von Sinowjew und Bucharin Trotzkij zu stürzen und später beide als angebliche Teilnehmer einer trotzkistischen Verschwörung zu beseitigen. Jedes seiner Opfer zog das nächste nach sich, wie in einer Kette, nachdem es seine Schuldigkeit als Henker getan hatte. So unterzeichnete Marschall Blücher mit anderen Militärs Jakirs Todesurteil und wurde wenig später selbst erschossen. Laut W. Schalamow war »ein wichtiges Prinzip der Morde unter Stalin die Vernichtung einer Reihe von Parteifunktionären durch die nächste, und diese wurde ihrerseits Opfer neuer Mörder – aus der dritten Reihe«.

Stalin war wenig gebildet, aber ziemlich belesen. So bewunderte er zum Beispiel Joseph Fouché, der als Chef der französischen Polizei mehrere Regierungswechsel überlebt hatte und ein Großmeister der Intrige gewesen war. Nachdem er Stefan Zweigs *Fouché*, der Anfang der dreißiger Jahre in Rußland erschien, gelesen hatte, äußerte Stalin begeistert: »Das war ein Mann – der hat alle an der Nase herumgeführt und jeden zum Narren gemacht.«

Ein riesiges Interesse und eine wirkliche Hochachtung brachte er Machiavelli entgegen, diesem Virtuosen der politischen Kunst und der Staatstheorie. Wahrscheinlich war sein Grundsatz, daß jedes Mittel recht sei, um die Macht zu erlangen und zu festigen, für Stalin ganz besonders wertvoll.

Unter den Persönlichkeiten der russischen Geschichte schätzte er ganz besonders Iwan den Schrecklichen. Im Archiv Alexej Tolstojs, der ein zweiteiliges Drama über Iwan den Schrecklichen geschrieben hat, wird die Niederschrift eines Telefonats mit Stalin aufbewahrt. Er rief Tolstoj an, äußerte sich sehr lobend über sein Werk, meinte aber, daß Iwan der Schreckliche einen Fehler gehabt habe: Er ließ seine Bojaren zwar hinrichten, litt aber zwischen den Hinrichtungen an furchtbaren Gewissensbissen und bereute seine Grausamkeit.

Es war nicht nur Sadismus, wie mir scheint, sondern auch Hang zur Narretei und Schaustellung, die Stalin mit dem grausamen Zaren Iwan Wassiljewitsch gemeinsam hatte. Swetlana erzählt unter anderem, daß Stalin 1952 »das neu zusammengesetzte ZK zweimal um Entlastung gebeten habe«. Das ZK antwortete im Chor, das sei ausgeschlossen. Swetlanas Kommentar: »Hatte er wirklich von diesem harmonischen Chor eine andere Antwort erwartet? Oder argwöhnte er, daß jemand bereit wäre, an seine Stelle zu treten? Niemand hätte das gewagt. Keiner hatte den Mut, seine Worte ernstzunehmen. Und wünschte er überhaupt, entlastet zu werden? Dies alles erinnerte an Iwan den Schrecklichen, der sich von Zeit zu Zeit ins Kloster zurückzog, über Alter und Erschöpfung klagte und den Bojaren hinterlistig befahl, einen neuen Zaren zu wählen. Kniefällig flehten ihn die Bojaren an, sie nicht zu verlassen, aus lauter Angst, daß jeder von ihnen Gewählte auf der Stelle geköpft werden würde.«

Stalin spielte die Rolle Iwans. Der frühere Tschekist Orlow, der sich in den Westen abgesetzt hat, erzählt, daß bei besonders schwierigen Operationen im Ausland einigen Residenten der sowjetischen Spionage der neue Deckname Iossif Wissarionowitschs mitgeteilt wurde: »Iwan Wassiljewitsch.« »Dieses Pseudonym«, erläuterte Orlow, »war durchsichtig. So hieß der Zar, welcher am meisten nach Stalins Geschmack war, Zar Iwan der Schreckliche, der noch dazu dieselben Initialen hatte.«

Im Gegensatz zu Iwan Wassiljewitsch war Stalin allem Anschein nach kein reuiger Sünder. Aber bei aller Roheit seiner Natur war die Amplitude seiner seelischen Erlebnismöglichkeiten ziemlich weit, und er spielte nicht nur mit Menschenleben, sondern auch auf den feinen verborgenen Saiten der eigenen Seele. Swetlana erzählt: »Ich glaube, daß der Vater manches, was auf ihn zutraf, in seiner Lieblingsoper ›Boris Godunow‹ entdeckte, die er in den letzten Jahren häufig hörte, während er mutterseelenallein in seiner Loge saß. Einmal nahm er mich mit, und bei dem Monolog des Boris und den Rezitativen des Gottesnarren lief es mir kalt den Rücken herunter, und ich traute mich nicht, meinen Vater anzusehen ... Vielleicht standen ihm gerade ›blutüberströmte Knaben‹ vor Augen? Warum hörte er sich ausgerechnet diese Oper so oft an? ...«

Stalin war nicht nur ein begabter Regisseur, sondern auch ein großer Schauspieler. Über sein schauspielerisches Talent spricht Chruschtschow in seinen Erinnerungen. Auch andere Memoiren enthalten Beispiele für Stalins fabelhaftes schauspielerisches Talent. Etwa die Szene am Sarg Kirows, den Stalin zärtlich küßte, nachdem er ihn umbringen ließ. Oder der Abschied von Ordschonikidse, den er gleichfalls ermordet oder in den Tod getrieben hatte. Awtorchanow schreibt: »Ich war bei den Feierlichkeiten in der Nähe des Mausoleums, an einem schneereichen Februartag 1937. Und ich beobachtete Stalin – welch schneidender Schmerz, welche tiefe Trauer, welches Leiden drückte sein Gesicht aus! Ja, Genosse Stalin war ein großer Schauspieler!«

Gleichzeitig verstand er es, die Menschen durch ein umgängliches und entgegenkommendes Wesen zu bezaubern. Er verstand es, eine undurchdringliche Maske zu tragen, die Unvorhersehbares verhieß... Und er verstand es, nur durch seine gelassene Intonation eine Platitüde für tiefe Weisheit zu verkaufen. Und auch die wahren Absichten seiner Reden und seiner Entschlüsse durch Worte zu verhüllen.

Die Macht faszinierte ihn, nicht zuletzt als ein Spiel mit Menschenleben. Als guter Menschenkenner und unverbesserlicher Menschenverächter behandelte Stalin sie wie Rohmaterial, mit dem man nach Belieben verfahren kann, um der Geschichte den Stempel der eigenen Persönlichkeit und des eigenen Schicksals aufzuprägen. Er sah sich als Schauspieler und Regisseur, dem ganz Rußland – und die ganze Welt – als Bühne dient. In diesem Sinne war er eine künstlerische Natur, und darin ist auch der Grund für den Persönlichkeitskult zu suchen, der Stalin von Lenin unterscheidet. Und für seine launische Despotie und für die Inszenierung der Prozesse als komplizierte und spannende Kriminalstücke und farbenprächtige Schauspiele. Und für seine ruhige Maske in der Öffentlichkeit, die Maske des weisen Führers, der sich seines Rechts und seiner Unfehlbarkeit unerschütterlich sicher ist und daher in jeder Situation gelassen bleibt. Dabei kochten in seiner Seele die Leidenschaften, ohne Zweifel, aber er liebte es und verstand es virtuos, die Menge durch seine Ruhe zu hypnotisieren. Er spielte unentwegt mit seinen Opfern, und die Macht verschaffte ihm eine, sozusagen, ästhetische Lust.

Stalin lockte seine Opfer mit Vorliebe durch eine aufgesetzte Maske oder eine Gunstbezeugung auf eine falsche Fährte, jagte ihnen gleichzeitig Schrecken ein, brachte sie aus dem seelischen Gleichgewicht und spielte mit ihnen Katz und Maus.

So verfuhr er auch 1938 mit Kossarew, der damals eine führende Stellung innehatte und Stalin treu ergeben war. Auf einem Staatsbankett im Kreml brachte Molotow einen Trinkspruch nach dem anderen aus, darunter auch einen auf Kossarew. Alle so Geehrten gingen zu Stalin hin und stießen mit ihm an. Als Kossarew vor ihm stand, umarmte ihn Stalin und gab ihm einen festen Kuß. Aber nachdem er ihn geküßt hatte, flüsterte er ihm ins Ohr: »Wenn du mich verrätst, bring' ich dich um.« Kossarew lief rot an, kam völlig niedergeschlagen nach Hause, und erzählte seiner Frau von dem Vorfall, aus deren Mund wir diese Geschichte gehört haben. Wenige Monate später wurde Kossarew erschossen, obwohl er Stalin natürlich niemals verraten hatte. Das alles hat nicht den Anschein einer vorübergehenden Stimmung oder Laune, sondern eines wohldurchdachten Spiels. Stalin sah es gern, wenn seine Umgebung in atemloser Spannung lebte, wenn er zum Beispiel jemanden auf einem hohen Posten beließ, aber dessen Frau, Geschwister oder Sohn ins Gefängnis steckte. Statt einen Verurteilten vor der Hinrichtung zu degradieren, beförderte er ihn und gaukelte ihm vor, alles sei in bester Ordnung.

Eines Tages fragte Stalin den führenden Parteifunktionär Otto Kuusinen, warum er sich nicht für die Freilassung seines Sohnes einsetze. Dieser antwortete: »Offenbar gab es für seine Verhaftung schwerwiegende Gründe.« Stalin lächelte und befahl, den jungen Mann sofort auf freien Fuß zu setzen.

Er schien die magische Wirkung seiner Macht auf die Menschen zu prüfen, und wenn der Betreffende sich demütig ergab, zeigte sich Stalin hin und wieder gnädig. Aber die Regel war das nicht. Es gab Menschen, die vor ihm im Staub krochen, und Stalin hatte für sie nur einen Fußtritt übrig. Offenbar kam es ihm darauf an, im Spiel mit den Menschen den Schein des Unfaßbaren, Rätselhaften, absolut Irrationalen zu bewahren. Wahrscheinlich war sein Verhalten in der Tat irrational, aber Stalin stilisierte die eigene Irrationalität, schmückte sie aus und machte daraus ein Spektakel. Das entsprach sowohl seiner künstlerischen Ader, als auch der Absicht, seiner Macht einen religiösmystischen Akzent aufzusetzen, und nicht zuletzt wohl seinem verschlossenen und argwöhnischen Charakter.

Verglichen mit Stalin kommt Lenin uns wie ein ganz offener Mensch vor, soweit das bei einem Diktator überhaupt denkbar ist. Er war nicht darauf angewiesen, etwas Besonderes oder Geheimes in Seele und Persönlichkeit zu verbergen, weil er gänzlich oder doch fast gänzlich in seinen rationalen Kombinationen oder seiner rationalen Tätigkeit aufging. Stalin dagegen hatte etwas zu verbergen, er hatte vieles zu verbergen, vor allem die Tatsache, daß er sich hoch über alle anderen stellte. Seine Kabalen und seine dunklen Instinkte: In ihnen wird wohl der Grund zu suchen sein, weshalb sich um seinen Namen und seine Persönlichkeit alle möglichen Legenden gebildet haben, die manchmal mit den Tatsachen übereinstimmten, manchmal auch von ihnen abwichen, jedoch niemals so weit, daß sie nicht die Wirklichkeit durchschimmern ließen. Deshalb sind in diesen Text Geschichten über Stalin eingefügt, verbürgte oder auch nicht verbürgte, schriftlich oder mündlich überlieferte. Ohne sie wäre das Rätsel Stalin kaum zu verstehen.

Eigentlich müßte man solche Geschichten in einen Band »Historische Legenden und Anekdoten um Genosse Stalin« zusammenfassen. Einige Historiker der Vergangenheit, zum Beispiel Sueton, bauten ihre Werke auf einer Anekdotensammlung und der Darstellung besonderer Umstände im Leben des Helden auf. Und solche Halb-Folklore dient uns heute als historische

Quelle beim Studium weit zurückliegender Epochen. Uns kommt es nicht mehr so sehr darauf an, ob es sich dabei um Wahrheit, Phantasie oder Mutmaßungen handelt, da gelegentlich eine Erfindung realer als jede Tatsache ist. Dasselbe gilt für die Stalin-Legenden. Für ihre historische Authentizität darf man die Hand nicht ins Feuer legen, aber es ist wichtig, daß sie der Zeit und Stalins Gestalt in dieser Zeit, der Metaphysik seiner Persönlichkeit, entsprechen.

Übrigens bilden solche Anekdoten die Grundlage für bestimmte Passagen in Grossmans Roman *Leben und Schicksal.*

»Eines Nachts fährt Stalin in der Metro. Leicht angeheitert setzt er sich zu einer jungen Frau und fragt:
›Kann ich etwas für Sie tun?‹
Die Frau antwortet:
›Ich möchte mir wahnsinnig gern den Kreml ansehen.‹
Stalin überlegt eine Weile und antwortet schließlich:
›In diesem Fall könnte ich Ihnen vielleicht behilflich sein.‹«

Oder:

»Man erzählt, wie er bei der Redaktion einer Jugendzeitung anrief und der Stellvertretende Redakteur sich meldete:
›Bubekin am Apparat!‹
Stalin fragt:
›Und wer ist Bubekin?‹
Bubekin antwortet:
›Das weiß man!‹ und legt auf.
Stalin ruft noch einmal an und sagt:
›Genosse Bubekin, hier spricht Stalin. Erklären Sie bitte, wer Sie sind.‹
Es heißt, daß Bubekin nach diesem Anruf zwei Wochen im Krankenhaus verbrachte, um sich von dem Schock zu erholen.«

Diesen und unzähligen anderen Anekdoten läßt sich entnehmen, daß Stalin nicht nur gern seine Macht demonstrierte, sondern seine Position dazu benutzte, um allerlei verspielte »Kunststücke« auszuführen. Zu den sympathischsten gehört das Spiel mit der kleinen Swetlana, das ihr Briefwechsel dokumentarisch festhält. Sein Töchterchen Swetlana redete er liebevoll mit »Chefin« an und spielte ihren ergebenen »Sekretär« oder ihr armes »Sekretärchen«. Aber er unterschrieb mit dem tönenden Namen Stalin und bezeichnete die Mitglieder des Politbüros ebenfalls als »Sekretäre« oder »Sekretärchen« des kleinen Mädchens (*Zwanzig Briefe an einen Freund*). Es gefiel ihm, im Scherz vor dem Töchterchen zu untertreiben und dadurch zu demonstrieren, seine Macht sei so groß, daß er sich schon gar nichts mehr daraus mache.

Offensichtlich besaß er viel Sinn für Humor. Auch in diesem Punkt ist ein Vergleich mit Lenin aufschlußreich. Dieser gestand Gorkij betrübt, daß ihm jeder Sinn für Humor abgehe, was durchaus plausibel ist. Denn Lenin ist ein Intellektueller, und zwar von der abstrakten Sorte, und bei ihm kann von Humor keine Rede sein. Dagegen äußerte sich Stalins irrationale künstlerische Natur auch in seinem Humor. Freilich, ein vorwiegend schwarzer Humor, aber doch immerhin Humor. Und Stalin goutierte ihn, während er über Leben und Tod, Wohl und Wehe von Menschen verfügte. Er stand gleichsam jenseits von Wohl und Wehe, von Gut und Böse. Er wußte es, und sein schwarzer Humor hielt sich auf Messers Schneide, so daß Wehe jederzeit in Wohl und Gut in Böse umschlagen konnte: Er konnte Menschen freundlich, sogar liebevoll begegnen und ihnen gleichzeitig die Krallen zeigen und den Tod androhen. Aber eine solche Drohung brachte zuweilen auch eine Belohnung mit sich. In dieser schrankenlosen Möglichkeit, zwischen Gut und Böse zu pendeln, zeigte sich ein Rätsel oder ein schwarzes Geheimnis von Stalins Natur. Deshalb war das beste Sinnbild seines schwarzen Humors – der Leichnam. Nicht ein beliebiger Leichnam und auch nicht der Leichnam eines Feindes, sondern der Leichnam eines Freundes, der Stalin geliebt und dem Stalin dennoch aus einem unerklärlichen Grund mißtraut hatte ...

Stalins schwarzer Humor kennzeichnete auch seine große Politik. Es ist zum Beispiel bekannt, daß Stalin Kirow ermorden ließ, später diesen Mord seinen eigenen ideologischen Gegnern – Trotzkij, Sinowjew, Kamenew usw. – anlastete und damit das

Rad der Schau- und Musterprozesse in Gang setzte. Das war ein genialer taktischer und politischer Einfall. Aber man darf nicht übersehen, daß Stalin aus dem Ermordeten einen großen Führer machte. Bis dahin war Kirow nur in engeren Parteikreisen bekannt gewesen. Aber nach seinem Tod wurde er zu einer großen historischen Figur, die das ganze Land kannte, zu Stalins engstem Freund. Die Namen »Stalin« und »Kirow« wurden in einem Atemzug genannt. Auf Stalins Befehl wurden mehrere Städte nach ihm benannt: Kirowsk, Kirowograd, Kirowokan usw. Dieser Wunsch, Kirow zu verewigen und seinen Namen sogar zum Bestandteil der russischen Geographie zu machen, war nicht nur ein taktischer Zug, um die Spuren zu verwischen, sondern entsprang vor allem Stalins Sinn für schwarzen Humor: es war gleichsam der Preis für seinen Tod, von nun an gehörte er in die vorderste Reihe, zu den größten Helden der Sowjetgeschichte. Vielleicht war es ein Ausdruck heimlicher Dankbarkeit für Kirows gewaltsamen Tod.

Stalin liebte Kunst – Literatur, Film, Theater, alle möglichen Tanz- und Gesangs-Ensembles. Es scheint unglaublich, aber er hatte mehr für die Kunst übrig als Lenin, der sich kaum für sie interessierte. Stalins künstlerischer Geschmack stellte eigentlich eine seltsame Mischung aus plumpen und barbarischen Vorlieben und feinem Verständnis für das Schöpferische dar. Er war ein Plebejer und Despot mit einer irgendwie ungewöhnlichen künstlerischen Veranlagung. Bei Lenin findet sich keine Spur davon. Stalin war ein Wilder im Vergleich mit dem Intelligenzler Lenin. Aber dieser Wilde hatte viel mehr Belletristik gelesen als Lenin, dessen Lektüre sich im wesentlichen auf politische und Sachbücher beschränkte. Man weiß, daß Stalin die Entwicklung der Sowjetliteratur sehr aufmerksam verfolgte. Allerdings kam ihr diese Aufmerksamkeit teuer zu stehen. Aber die Tatsache an sich, ein Zeugnis für sein ästhetisches Engagement, ist bezeichnend und läßt sich nicht nur als Pflichtübung des Oberzensors erklären, sondern geht ebenso sehr auf ein inneres Bedürfnis und eine Neigung zurück. Dies ist der Grund, weshalb wir bei ihm völlig absurde Urteile, aber auch einzelne treffsichere Bemerkungen finden, die von einem tiefen Verständnis für Kunst zeugen. Als Beispiel eines unsinnigen Urteils kann sein berühmter Aphorismus über *Der Tod und das Mädchen*, ein Poem von Maxim Gorkij, gelten. Nachdem er dieses – recht schwache – Poem gehört hatte, notierte Stalin: »Das Ding ist stärker als Goethes Faust.« Das ist einfach lächerlich und ein Exzeß vulgärer Verständnislosigkeit. Gleichzeitig aber erkannte Stalin in Majakowskij den besten sowjetischen Dichter, und zwar nicht nur aus politischen Erwägungen. In der zeitgenössischen Literatur entdeckte Stalin die Erzählung »In den Schützengräben von Stalingrad« von Wiktor Nekrassow – sie gehört zu den besten Kriegserzählungen und enthält außerdem nicht die geringste Lobhudelei. Er hatte eine Schwäche für Michail Bulgakow, der ihm ideologisch völlig fern stand, und schenkte ihm das Leben. Es heißt, Stalin habe *Die Tage der Turbiny* siebzehnmal gesehen, allerdings verbot er, dieses Stück auf anderen Bühnen als dem Moskauer Künstlertheater zu spielen. Er war sich offensichtlich darüber im klaren, daß Bulgakow ein großer Schriftsteller war, obwohl die sowjetischen Literaturkreise ihn gern liquidiert hätten. Über Dostojewskij sagte Stalin einmal zu Swetlana, daß er ein »großer Psychologe« gewesen sei. »Wahrscheinlich«, vermutet Swetlana, »hat er in Dostojewskij etwas entdeckt, was ihn selber wesentlich betraf, wollte aber darüber nicht sprechen und nichts erklären.«

Gleichzeitig aber war Stalins Geschmack ausnehmend primitiv. Man weiß, daß er sehr gern die bunten Bilder aus der Illustrierten *Ogonjok* ausschnitt, rahmen ließ und an die Wand hängte. Aber selbst diese Leidenschaft für bunte Bildchen sagt etwas aus. Ähnlich war sein Verhältnis zu Theater und Film. Seine Lieblingsstreifen, zum Beispiel »Lustige Gesellen« oder »Wolga-Wolga«, hat er bis zu fünfzigmal gesehen. Das alles mag komisch sein, es bekundet trotzdem eine angeborene Affinität zur Kunst, eine bestimmte persönliche Betroffenheit.

Diese psychologisch komplizierte, dunkle, aber auf ihre Weise bei all seiner furchtbaren Grausamkeit und Grobheit poetische Natur beschäftigt Fasil Iskander in seinem Roman *Sandro aus*

Tschegem. In einer Episode – sie spielt in Abchasien um die Mitte der dreißiger Jahre – wird ein großes Fest zu Ehren Stalins gefeiert. Das Bankett wird von Liedern und Tänzen eines Folklore-Ensembles begleitet, aber aller Beifall gilt allein Stalin. Und nun erhebt er das Glas auf den Gastgeber, Nestor Lakoba, seinen ergebenen Freund, den er sehr bald vernichten wird. Und dann lauscht Stalin in düsterer Verzückung dem georgischen Lied »Flieg, schwarze Schwalbe, flieg«, fühlt sich selbst als schwarze Schwalbe und sinniert über das eigene Los, das Schicksal eines großen Menschenführers, der niemanden liebt, niemanden lieben kann und auch niemanden lieben darf – das ist seine tragische Bestimmung. Diese Seiten gehören zum Besten, was über Stalin in der modernen, nicht zensierten Prosa geschrieben wurde. Und zwar deshalb, weil sie das Irrationale an Stalin zum Ausdruck bringen.

Geheimnis und Magie von Stalins Macht

Stalin ist ein Mensch, den die Macht demoralisierte, aber es gibt wohl kaum einen zweiten, der das Wesen der Macht besser durchschaut hätte. Und eine der wichtigsten Federn seiner Macht war das Geheimnis, mit dem er sich umgab. Er war nicht einfach ein erbarmungsloser Diktator, sondern ein Hypnotiseur eigener Art, der sich an die Stelle Gottes gesetzt und es auch verstanden hatte, den ihn umgebenden Menschen ein entsprechendes Verhalten aufzuzwingen. Er wußte, daß die Macht immer vom Geheimnis umhüllt sein muß, und der Persönlichkeitskult bestand zum größten Teil aus dem Geheimnisvollen. Das Geheimnisvolle äußerte sich unter anderem in der Unvorhersehbarkeit seiner Entschlüsse, denn Stalin ließ nicht nur seine Feinde, sondern auch seine Freunde umbringen. Mit dem Geheimnisvollen hängt auch sein »schwarzer Humor« zusammen, und sogar seine Sprechweise hatte etwas Rätselhaftes – auch wenn es um die alltäglichsten Wörter und Bedeutungen ging. Man weiß, daß Stalin sehr wortkarg war und sehr langsam und mit langen Pausen sprach. So entstand der Eindruck, daß sich hinter den einfachen Sätzen etwas Besonderes verberge. Mit Hilfe dieser Pausen erweckte Stalin den Anschein einer übermenschlichen Weisheit, obwohl er nie etwas Weises gesagt oder geschrieben hat. Aber er verstand es, jedem seiner Worte und jeder seiner Handlungen den Anflug geheimnisvoller Unbegreiflichkeit zu verleihen, und das bedeutete eben – »Weisheit«. Daher der allgemeine Glaube, er sehe und wisse alles, das heißt, er verfüge über die göttliche Qualität der Allwissenheit. Es ist bekannt, welche ungeheure Ausdehnung der Apparat der Geheimpolizei unter Stalin erreichte und wie er sämtliche Poren der sowjetischen Gesellschaft durchdrang. Über den unmittelbaren Strafvollzug hinaus verkörperte er das Prinzip des höchsten Geheimnisses, das die allwissende Macht umgibt.

Damit hängt auch Stalins Anspruch zusammen, auf sämtlichen wissenschaftlichen Gebieten Koryphäe zu sein. Er war kein Gelehrter, aber er bemühte sich, den Eindruck der Universalität zu erwecken. Das erklärt zum Beispiel sein Interesse für Sprachwissenschaft, ein Gebiet, das ihm denkbar fern lag. Indem er seine Ansichten zu den Problemen der Sprachwissenschaft autoritativ verkündete, bewies Stalin, daß sein Geist allgegenwärtig sei und daß ihm nichts entgehen könne. Es kursieren Legenden, daß Stalin eine besondere, sozusagen fotografische Lesemethode gehabt habe: Er mußte nicht mit den Augen Zeile für Zeile entlang fahren, sondern nur einen Blick auf die Seite werfen, und im selben Moment bildete sich diese Seite in seinem Gedächtnis ab. Dies soll ihn in die Lage versetzt haben, tausend Seiten an einem Tag zu lesen.

Als Stalin starb, bedeutete das für viele den Weltuntergang. Sogar für Menschen, die politisch mit dem Regime keineswegs einverstanden und auch keine Stalin-Verehrer waren. Die Person Stalins wurde einfach zum Synonym für den ganzen Staat und sogar für das Leben schlechthin. »Der Name Stalin führt uns an, und Stalin ist das Leben« (Alexandr Twardowskij). Nicht umsonst zogen die Soldaten in den Krieg, nicht umsonst gingen sie in den Angriff mit dem Ruf: »Fürs Vaterland! Für Stalin!« Stalin und Heimat waren kongruente Begriffe. In der Umgangssprache wurde er ehrfurchtsvoll »Der Hausherr« genannt.

Man kennt Beispiele für Stalins Erscheinen nach seinem Tod. Selbstverständlich beschäftigt uns diese »Mystik« nur soweit, wie sie etwas über Stalins magische Macht über die Gemüter der Sowjetmenschen aussagt, die ihn nicht einmal liebten. Er erschien immer als Dämon. Der bekannte sowjetische Schriftsteller Leonid Leonow erzählte voll abergläubischen Entsetzens in einer privaten Unterhaltung folgende eigentümliche Geschichte: Nach den Enthüllungen von Chruschtschow, als man daranging, Stalins Namen überall zu tilgen, beschäftigten sich Leonow und seine Lektorin einen ganzen Abend damit, für die Neuauflage seiner Werke diesen Namen überall auszustreichen. Als die Lektorin sich verabschiedete und die Treppe herunterging, stürzte sie und brach sich den Arm. Leonow behauptete allen Ernstes, das sei Stalins Rache gewesen, er habe die ältliche Lektorin die Treppe hinuntergestoßen. Und ich, pflegte Leonow hinzuzufügen, ich fühle mich seitdem ebenfalls nicht besonders wohl. Mit anderen Worten, Stalin stellt, wie ein unreiner Geist, seinen Widersachern nach.

Ob das nun wirklich so war oder nicht – darüber wollen wir uns nicht den Kopf zerbrechen. Denn für uns sind nicht diese Gespenster interessant, sondern der Zauber, wenn es auch ein düsterer war, den Stalin im Leben ausübte, und den er nach seinem Tod immer noch ausübt. Er ist vor allem im tiefen Geheimnis begründet, mit dem Stalin seine Macht und auch die eigene Person umgab.

Die magische Wirkung Stalins hat zwei Komponenten – eine helle und eine dunkle. Ein Teil seiner Persönlichkeit steht im hellen Tageslicht. Zum Tag gehört der Jubel der Völker, der Aufbau im Land, Paraden auf dem Roten Platz, die florierende Kunst des sozialistischen Realismus. Aber der Hauptteil gehört der Nacht – Verhaftungen, Erschießungen, politische Intrigen, Konferenzen auf höchster Ebene, die mit Gelagen enden, voll von schwarzem Humor und unheildrohenden Possen. Dieses nächtliche Treiben entsprach dem Geheimnis, das Stalins Machtverständnis bestimmte. Deshalb ist es so spannend, über Stalin zu lesen. Das Geheimnis zieht an, und man versinkt darin. Das Buch von Alexandr Orlow heißt *Geheime Geschichte der Verbrechen Stalins*. Das klingt wie Musik, wie der Titel eines spannenden Romans: »Die Geheimnisse von Paris«, »Die geheimnisvolle Insel«, »Das Geheimnis der zwei Ozeane«. Stalin brachte es fertig, die Geschichte des Sowjetstaates in die geheime Geschichte interessanter Verbrechen zu verwandeln.

Blickt man auf Stalins Epoche zurück, so findet man keinen Künstler, der seiner würdig und seinem furchtbaren nächtlichen »irrationalen« Aspekt gewachsen gewesen wäre. Zu Stalins Lebzeiten konnte offensichtlich nur Stalin selbst ein solcher Künstler sein. Alle anderen, die mit ihm hätten rivalisieren können, sei es in der Kunst, sei es im Leben, wurden beseitigt. Und die Hauptmasse der Schriftsteller schickte er auf den lichten Weg des Sozrealismus, der nur der »Tagseite« seiner Natur und seines Wirkens entsprach. Aber es gibt ein rätselhaftes Buch, das er nicht in die Hände bekam und das uns viele Jahre später erreichte, ein zeitgenössisches Denkmal jener einzigartigen Epoche.

Es ist der Roman *Der Meister und Margarita* von Bulgakow, der zur selben Zeit geschrieben wurde, als das Irrationale mit ungeheuerer Intensität das Leben bestimmte. Er ist aufs engste mit den Problemen der Stalin-Zeit verflochten, ohne sich allerdings darauf zu beschränken. Voland, das heißt, Satan persönlich, der dem Meister zugetan ist, stellt gewissermaßen Stalin dar, der Bulgakow zugetan war – Stalin in seinem dunklen, schwarzen und dennoch idealisierten Aspekt.

Am 28. März 1930 schrieb Bulgakow einen Brief an die sowjetische Regierung, in dem er darlegte, wie er, von Kritik und Zensur verfolgt, aus Verzweiflung das Manuskript eines Romans über den Teufel in den Ofen geworfen habe, wahrscheinlich den Text, der *Meister und Margarita* vorausging. Bulgakow bat die Regierung, ihn entweder gehen, das heißt emigrieren zu lassen, oder ihm zu ermöglichen, seinen Beruf weiterhin auszuüben. In diesem Brief stellte er sich vor: »Ich bin ein mystischer Schriftsteller«, der »schwarze und mystische Farben« bevorzugt.

Zwanzig Tage später, am 18. April, rief ihn Stalin an, unterhielt sich mit ihm über seinen Brief und fragte unter anderem: »Wie ist es, haben wir Ihnen eigentlich arg zugesetzt?« Offensichtlich war Bulgakow durch diese Frage verblüfft, denn er behielt sie im Gedächtnis. In *Meister und Margarita* erkundigt sich Voland nach dem »Großen Ball« bei Margarita: »Nun, wie ist es, haben wir Sie sehr gequält? ...«

Dieser ganze »Große Ball beim Satan« ist eine Art Apotheose des Bösen, eine Quintessenz aller Verbrechen, die grenzenlos sind und sich in Stalin konzentrieren. Sämtliche Bösewichte der Welt sind hier versammelt – bei Voland, bei Stalin.

Im Roman finden sich eine Menge anderer Anspielungen, etwa, wenn Aphranius nach der Kreuzigung einen Trinkspruch auf Pilatus ausbringt: »Auf unser Wohl! Auf dein Wohl, Caesar, Vater aller Römer! Teuerster, bester aller Menschen! ...« Ebenfalls eine Anspielung auf Stalin. Aber das Wichtigste sind nicht einzelne Anspielungen, auch nicht die direkten Verweise auf die Zeit, sondern die Atmosphäre des Romans, die von Stalins dunklen Stromstößen durchzuckt ist. Die Atmosphäre einer Massenhypnose, einer Psychose, von der die ganze Gesellschaft ergriffen ist, eine Gesellschaft, die sich in Denunziationen und Entlarvungen überschlägt, wo selbst GPU, Gefängnis und Verhör als ein Schauspiel erscheinen, ein Nachbild der Stalininszenierungen von Verrat, Entlarvung und Strafe.

Die Nacht, in der dieser Roman geschrieben wurde, war so dunkel, daß nur der Teufel, wenn überhaupt jemand, den Schatten eines Vertrauens verdiente. Die Rolle des Teufels, des dunklen Genius, die Rolle Volands (russisch: *dja-wol*), der aus irgendwelchen unbegreiflichen, rätselhaften Gründen dem Schriftsteller, dem Meister, Bulgakow selbst wohlgesonnen ist, spielte Stalin. Er wußte von Bulgakow und befahl, nachdem man ihn in die Sackgasse getrieben hatte, ihn fortan in Ruhe zu lassen. Dabei hätte der Autor von *Meister und Margarita*, nach den damals üblichen Kriterien, unbedingt liquidiert werden müssen, und es kann durchaus sein, daß Bulgakow ermordet, sein Manuskript verbrannt und die Asche in alle Winde zerstreut worden wäre, wenn Stalin von dem Roman gewußt hätte. Einstweilen aber wurden Bulgakows Schriftsteller-Kollegen verhaftet und erschossen, darunter solche, die unübertroffen proletarisch und unübertroffen, impertinent linientreu waren, zum Beispiel Awerbach, und in *Meister und Margarita* ersteht vor unsern Augen das Sodom und Gomorrha der damaligen Literatur, die schon längst den Krieg gegen Bulgakow eröffnet und ihn in aller Öffentlichkeit als Weißgardisten gebrandmarkt hatte, um darauf selbst, noch radikaler als die Weiße Garde, ausgerottet zu werden. Bulgakow aber sollte nach der unergründlichen Laune des Schicksals überleben und im Roman seine eigentümliche Freundschaft mit Voland beschreiben, der zwar den ganzen Hexensabbat entfesselt hatte, aber wesentlich besser war als die von ihm geplagte Menschheit. Die Menschen wurden zu Dämonen, und der Dämonenfürst zum Mäzen. Die einzigen, denen Voland, der Meister des Bösen, half, waren der Meister und seine Margarita (sie ist es, die später das Romanmanuskript rettet und aufbewahrt), weil er wußte: *who is who.*

...Er glaubt, daß die zwei Prinzipien
Stets voneinander wissen –

schrieb Pasternak zur selben Zeit über das Thema »Poet und Herrscher« (konkret: Pasternak und Stalin).

Ja, Stalin vermochte nicht nur Entsetzen und Liebe zu wecken, sondern auch den Glauben an seine magischen Kräfte. So kursierte unter den Theosophen, die verfolgt wurden und keineswegs mit dem Regime sympathisierten, nichtsdestoweniger die Version, Stalin verfüge über geheimes Wissen und sei der reinkarnierte Große Vater und Lehrer der Menschen – Manu. Bulgakows Faszination durch Voland ist eher nachvollziehbar, denn bei ihm erscheint Stalin als bewundernswerter, einzigartiger professioneller Artist und Zauberkünstler (daher auch Stalins, d.h. Volands Sympathie für den professionellen Meister, d.h. Schriftsteller, d.h. Bulgakow), der die Menschen verwirrt, zum Narren hält, ihnen alles mögliche vorgaukelt und sie verhext. Offensichtlich hatte Bulgakow in Stalin, in seinen Schauprozessen und Hinrichtungen, in seiner Verschlagenheit und seinen Tricks, in der zur Schau getragenen, düsteren Vereinsamung des bösen, allwissenden und allmächtigen Geistes eine gewisse künstlerische Ader entdeckt und ließ sie in seinen Träumen bis zur Größe eines Voland anschwellen. Selbstverständlich sind weder Voland noch der ganze Roman nur auf Stalin bezogen, ebensowenig wie er nur als Autobiographie zu verstehen ist. Aber es hilft uns, das Besondere des sowjetischen historischen Prozesses zu begreifen, der in einem bestimmten Moment ganz und gar aus den Darbietungen eines Zauberkünstlers bestand, der einen längeren Geschichtsabschnitt in ein phantastisches Märchen, eine wahnwitzige Farce, einen Alptraum verwandelt. Aus gutem Grund steht im Mittelpunkt des Romans ein Irrenhaus, das eigentlich so groß ist wie ganz Moskau.

Ohne etwas von Bulgakow zu wissen und ohne die leiseste mystische Veranlagung zu besitzen, vergleicht auch Chruschtschow die Stalin-Ära mit einem Irrenhaus, in dem Chruschtschow selbst zufällig Glück hatte: Er zog, wie es in seinen Erinnerungen heißt, das »Große Los«, weil er nicht zum Volksfeind abgestempelt und hingerichtet wurde. Das Große Los in dieser Lotterie war, wie sich später herausstellte, darauf zurückzuführen, daß Chruschtschow in der Wirtschaftsakademie mit Stalins Frau zusammen studiert und seine Linie häufig verteidigt hatte. Sie hatte die Gewohnheit, ihrem Mann alles zu erzählen, und so prägte sich bei Stalin ein: Chruschtschow gehört zu uns, er ist ein Stalin-Mensch.

Übrigens entschlüpfte es auch Stalin einmal: »Wir leben in einer verrückten Zeit.«

1937 schrieb Trotzkij, daß die verbrecherischen Züge Stalins »wahrhaft apokalyptische Ausmaße« angenommen hätten, er bezeichnete seine Tricks als »Monströsitäten«, als »Alptraum« und »Wahn«. Diese Epitheta sind zwar zutreffend für Stalins geistiges Porträt, gehören jedoch nicht in das Vokabular eines Marxisten. Aber der »mystische Schriftsteller« Bulgakow erschaute eine Realität, die sämtlichen »Realisten« verborgen blieb: Er zeigte, daß die sowjetische Geschichte in das Wirkungsfeld dämonischer Kräfte geraten war und die Grenze zum Unfaßbaren überschritten hatte.

Vor einiger Zeit erschien in der *Literaturnaja gazeta* (18. Juni 1986) ein Artikel von Wenjamin Kawerin, »Mitten ins Gesicht«. Darin spricht er unter anderem über die Aktualität des Romans *Meister und Margarita*, sowohl zur Zeit seiner Entstehung als auch zu unserer Zeit. Nach Kawerins Worten ist dieser Roman, in dem eine »von moderner Schärfe durchsetzte Phantastik herrscht«, ein »Hauch frischer Luft, der endlich die Sowjet-Literatur gestreift hatte. (...) wir hatten doch jahrelang gelebt und so getan, als ginge die Literatur der Wahrheit nicht aus dem Weg. Und so wurde sie zunehmend zielbewußter, blieb aber hohl.« Und im Folgenden behauptet Kawerin, daß in den Jahren unter Stalin »jene gesellschaftliche Atmosphäre sich bildete, deren Folge wir heute immer noch nicht überwunden haben«. Das bedeutet, daß Stalins Geist immer noch unter uns ist...

Zweifellos stützte sich Stalin auf die bewährte russische absolutistische Tradition, wenn auch seine Macht größer war als die sämtlicher Zaren vor ihm. Ein Versprecher, der ihm bald nach Lenins Tod unterlief, ist außerordentlich aufschlußreich. Bei einem Bankett kam die Sprache auf das damals aktuelle Thema: Wie soll die Partei ohne Lenin geführt werden? Plötzlich sagte Stalin: »Vergessen Sie nicht, daß wir in Rußland leben, im Land der Zaren. Das russische Volk liebt es, wenn an der Spitze des Staates ein einziger Mann steht.« Damals fiel dieser Satz keinem auf, und keiner dachte, daß Stalin die Rolle des Imperators für sich in Anspruch nehmen würde. Aber dieser Satz sollte Wahrheit werden, und zwar in unvorstellbarem Ausmaß. Die Fundamente der Alleinherrschaft hatte noch Lenin gelegt, aber Stalin verstand es, ihr einen religiösen und sogar mystischen Nimbus zu verleihen. Die russischen Traditionen sagten ihm, daß ein Zar hart, sogar grausam sein und gleichzeitig das Volk mit seinem Lächeln wie mit der höchsten Gnade beschenken sollte. Möglicherweise spielte dabei auch Stalins östliche Herkunft eine Rolle, denn er übte seine Monarchie wie ein alter orientalischer Despot aus. Aber ebenso wichtig war sein Instinkt für den spezifisch russischen Nationalcharakter. In seiner russozentrischen Einstellung bediente er sich gelegentlich der Argumente aus alter, vorrevolutionärer Zeit. 1945 zum Beispiel, nach dem Sieg über Japan, sagte Stalin in seiner Rede an das Volk: »Die Niederlage der russischen Truppen im russisch-japanischen Krieg 1904 blieb im Bewußtsein des Volkes eine schwere Erinnerung. Sie war ein schwarzer Fleck auf unserm Land. Unser Volk glaubte und wartete auf den Tag, da Japan zerschlagen und der Fleck getilgt sein würde. Vierzig Jahre warteten wir, die alte Generation, auf diesen Tag. Und nun ist dieser Tag gekommen.«

Diese Worte sind erstaunlich, denn während des russisch-japanischen Krieges 1904 traten die Bolschewiki keineswegs als Patrioten auf, sondern begrüßten, wie gewöhnlich, jede russische Niederlage, weil sie die russische Revolution vorantrieb. Und natürlich fühlte das Volk nicht die leiseste Notwendigkeit, mit Japan abzurechnen, Stalin aber hatte, wie sich herausstellte, immer daran gedacht.

Stalins Monarchismus kam ebenso in der Wiederbelebung einiger alter vorrevolutionärer Regeln und Gebräuche zum Ausdruck. So wurden zum Beispiel in der Armee Schulterstücke und Dienstgrade wieder eingeführt, nachdem das Wort »Offizier« viele Jahre als Schimpfwort gegolten hatte. Einige greise Häupter der russischen Emigration fühlten sich dadurch gerührt und freudig bewegt. Aber die Menschen, die mit den sowjetischen Normen, das heißt, in der Leninschen Tradition, erzogen worden waren, fühlten sich wie vor den Kopf gestoßen. Das alles gehörte zu der neuen Logik der Ära Stalins und stellte einen Versuch dar, bestimmte Formen und Spielregeln der Monarchie wieder zum Leben zu erwecken – als ginge es Stalin um einen angemessenen zaristischen Rahmen. Er förderte die Alleinherrschaft überall, und sogar in der Literatur galt Anciennität. Das Haupt des sozialistischen Realismus – Gorkij. Das Haupt der Lyrik – Majakowskij. Das Haupt der Regisseure – Stanislawskij. Und es gab sogar einen Hauptjuden in der Regierung – Kaganowitsch.

Es läßt sich nicht übersehen, daß der Persönlichkeitskult nicht nur erzwungen war, sondern vom Volk unterstützt wurde. Ihm gefielen die Mystik und die Gewalt, die Stalin repräsentierte. Er imponierte durch seine Größe, Unerreichbarkeit und Rätselhaftigkeit. Hier zeigt sich meiner Ansicht nach nicht nur die Vorliebe des russischen Volkes für den Thron, sondern seine Vorliebe für eine Macht, die von einem irrationalen Geheimnis umgeben ist. Vielleicht äußert sich darin die spezifische russische Religiosität, die in der Vergottung Stalins abstruse Formen annahm; denn Stalin war der Zar, dessen Allmacht gottgleich war. Vielleicht bevorzugte daher der russische Mensch einen Diktator wie Stalin vor Parlament und Gesetz. Es ist verblüffend, mit welchem Gleichmut das Volk auf die Auflösung der Konstituierenden Versammlung reagierte, seines eigenen Parlaments, das die Bolschewiki geringschätzig »Konstitutka« nannten, und merkwürdigerweise blieb diese Bezeichnung im öffentlichen Gedächtnis hängen. Die Macht eines Parlaments entbehrt des Geheimnisses, das zu einem Zaren gehört, erst recht zu einem Zaren wie Stalin.

Bis heute glauben manche Russen, daß unter Stalin Ordnung geherrscht habe. Denn Stalin habe alles gewußt und alles gekonnt. Ich hatte Gelegenheit, mich lange und erfolglos mit einem Arbeiter zu unterhalten, der behauptete, daß der einfache Mann unter Stalin ein leichteres Leben gehabt habe, denn alle Chefs hätten sich vor Stalin gefürchtet, weil er sie im Abstand von zehn Jahren an die Wand stellte, und daß dies die einzige Methode sei, ein Land zu führen, denn nach zehn Jahren ließen die Leistungen der Chefs nach, man müsse sie erschießen und durch neue ersetzen, die noch keinen Speck angesetzt hätten, und wenn Stalin systematisch die führenden Kader an die Wand gestellt habe, so sei das nur aus Liebe zum einfachen Volk geschehen. Kurz: Alle Hinrichtungen zeugten von seiner Sorge für das einfache Volk. Als ich meinen Opponenten daran erinnerte, daß auch dem einfachen Volk der Tod durch Erschießen nicht erspart blieb, erwiderte er: »Das war die richtige Art, mit uns umzugehen. Deshalb herrschten unter Stalin Zucht und Ordnung.« Ein gutes Beispiel für die Magie der Macht.

Hier, im Ausland, begegnet man sogar der absurden Meinung, Stalin habe ein großes Werk vollbracht, indem er das Land von dem revolutionären Bazillus gereinigt habe. Demnach sind die Mitarbeiter des KGB bewundernswürdige Persönlichkeiten. Der Urheber dieser Version, Klimow, glaubt, daß an der Spitze des sowjetischen Geheimdienstes nicht gewöhnliche Menschen stünden, sondern Mönche, die über dem Büßerhemd eine Uniform trügen und voll inbrünstigen Glaubens der Heiligen Inquisition nacheiferten, um ihr Land von Dämonen aller Art zu befreien. Früher waren die Dämonen die Revolutionäre, heute sind es die Dissidenten. Bei Licht besehen ist auch dies eine Variante der von Stalin betriebenen Mythologisierung.

Es versteht sich von selbst, daß Stalin die Macht und die Magie der Macht teuer bezahlen mußte. Er war offensichtlich sehr einsam und hatte niemanden, dem er vertraute. Daher sein düsteres Wesen und sein Verfolgungswahn. Noch zu seinen Lebzeiten kursierte der Witz, in dem er (analog zu dem bekannten Kognak) »3-Sterne Maniak« genannt wurde, wobei man auf die drei goldenen Sterne des »Helden der Sowjetunion«, die er sich selbst verliehen hatte, anspielte.

Stalin war argwöhnisch – er hatte im Laufe seines Lebens zuviele Menschen umgebracht, um nicht Vergeltung fürchten zu müssen, und stand gleichsam unter dem Zwang, seine Freunde zu verdächtigen und zu ermorden.

Der Verfolgungswahn verstärkte sich im Alter und machte sein Leben nicht gerade angenehm. In den Datschen, die er bewohnte, sollen sich in der Regel mehrere Schlafzimmer befunden haben, zwischen denen er wechselte. Auf jedem Bett lag eine frische Garnitur Bettwäsche, und er pflegte seine Betten eigenhändig zu beziehen. Vor dem Schlafengehen vergewisserte er sich mit Hilfe einer speziell konstruierten Lampe, ob nicht jemand unter dem Bett lag. Es wird erzählt, daß er nur selten an seinem Schreibtisch arbeitete, sondern mit seinem Stuhl innerhalb des Zimmers herumzog, damit man nicht so leicht auf ihn zielen konnte. Es kursierten Gerüchte, daß er mehrere Doppelgänger zur Verfügung hatte, die immer wieder an seiner Stelle auftraten.

Die ständigen Sicherheitsmaßnahmen und die allgemeine Bespitzelung, einschließlich der Regierungs- und Politbüro-Mitglieder, brauchen nicht erst erwähnt zu werden. Es gibt die Version, Stalin sei dennoch ermordet worden. Ich halte sie für unbewiesen und unglaubhaft. Niemand aus seiner nächsten Umgebung hätte einen solchen Schritt auch nur in Gedanken gewagt, und alle, die den Mut dazu gehabt hätten, hatte Stalin längst vorsorglich liquidiert.

Die Vergeltung ereilte ihn erst nach seinem Tod. Zunächst in der Form unverhohlener Freude vieler. Der erste Freudenschrei, der Tyrann sei tot, kam aus dem Mund des ergebenen und furchtbaren Dieners Lawrentij Berija. Natürlich ist es durchaus möglich, daß es Berijas wohlüberlegte Absicht war, sich von den vielen Verbrechen seines Herrn zu distanzieren. Aber es gab auch viele einfache Menschen, die Stalins Tod nicht beweinten, sondern aufrichtig begrüßten.

Der Ausdruck »Persönlichkeitskult« ist im engeren Sinne falsch, solange man glaubt, das Wesen der Stalin-Epoche und des Stalin-Staates durch seine persönlichen Fehler und charakterlichen Mängel erklären zu können. Und dennoch enthält dieser Begriff etwas, was den Charakter dieser Zivilisation kennzeichnet. Das Wort »Kult« gehört in die Sphäre der Religion, religiöser Devotion und religiöser Zeremonie. Aber in diesem Fall handelt es sich um eine Religion ohne Gott, der durch den Staat und den konkreten Vertreter der Macht – Stalin – ersetzt wird. So ist die Vergottung Stalins eine Äußerung der theokratischen Natur des Sowjetstaates. Der Gelehrtenstaat Lenins wurde durch den Kirchenstaat Stalins abgelöst. Die Voraussetzungen für diesen Wechsel lassen sich natürlich schon früher erkennen, zum Beispiel in der Ergebenheit dem Regime gegenüber, das allmächtig ist und offene oder versteckte Gewalt legitimiert. Auch in der marxistischen Ideologie können wir religiöse Züge entdecken: der Kommunismus steht für das Himmlische Reich und die historische Notwendigkeit für die göttliche Vorsehung. Und dem russischen Sozialismus war ja schon vor dem Marxismus ein gewisser religiöser Anflug eigen.

Der Stalinkult war nur eine gleichsam natürliche Folge davon: Der frühe Sozialismus setzte den Menschen an die Stelle Gottes, und Stalin erklärte sich selbst als die Verkörperung der Staatsgewalt zur Gottheit.

Eine weitere Gemeinsamkeit des Sowjetstaates und der Kirche besteht in seinem totalen Anspruch auf den Menschen, vor allem auf seine Seele und sein Bewußtsein. Die leiseste Abweichung von der Parteidoktrin ist häretisch und kommt einem schweren Staatsverbrechen gleich. Den Anfang damit machte Lenin, der die sogenannte bourgeoise Propaganda mit dem Tod durch Erschießen bestrafte. Und Stalin führte die Uniformierung des Landes, der Stände, selbst der Gedanken der Menschen bis zur letzten Konsequenz. Mit Recht rühmten sowjetische Schriftsteller, daß wir in der Welt der Einmütigkeit lebten. Früher habe der Pluralismus geherrscht, deshalb hätten die Menschen gestritten und sich gegenseitig angefeindet, wir aber lebten in der Welt des großen Singularismus und seien deshalb so glücklich, dieser Singularismus werde nun ewig dauern und die ganze Menschheit schreite darauf zu.

In seiner Polemik gegen den Katholizismus erhob Dostojewskij den Vorwurf, daß er die Kirche in einen Staat verwandelt habe. Unser, der orthodoxe Weg sei ein anderer, meinte er: Unser Ideal bestehe darin, daß der Staat sich zu einer Kirche verkläre. Dostojewskijs Traum ist Wirklichkeit geworden – allerdings mit umgekehrtem Vorzeichen, denn ein gottloser Staat verwandelte sich in eine gottlose Kirche, die aber absoluten Anspruch auf das menschliche Gewissen erhebt. Deshalb wurde jedes Erscheinen von Stalin zelebriert, deshalb mußte jeder seiner Gegner, auch der vermeintliche, seine Sünden beichten und bereuen, bevor er sie mit dem Tod büßte.

Daher auch die starke Betonung des Singulären: *eine* Wissenschaft – der Marxismus, *eine* wissenschaftliche Koryphäe – Stalin, *eine* einzige, sogenannte schöpferische Methode in darstellender Kunst und Literatur – der »sozialistische Realismus«, *ein* Lehrbuch der Geschichte, usw ... Jede Originalität ist gefährlich und verdächtig. Selbst die leiseste stilistische Abweichung von dem geltenden Standard ist nicht zugelassen. Der ganze Kampf gegen den sogenannten Formalismus ist ein Kampf für den Standard der Partei, für die streng dogmatisierte Form in der Kunst. Und auch im Alltag herrscht dieselbe Tendenz. Bärte und lange Haare bei Männern galten als Zeichen des Nonkonformismus. Bekämpft wurden Röhrenhosen bei Männern, lange Hosen und Miniröcke bei Frauen...

Lenin verlangte vom Marxismus eine konkrete Analyse der historischen Situation, Stalin nur noch exakte, festgelegte Formulierungen. Deshalb gilt auch für jeden Redner eine strenge Regel von festgelegten Lenin- und Stalin-Zitaten, und gnade ihm Gott, wenn ein Zitat nicht stimmt. Die starre Form nimmt zusehends die absolute Bedeutung eines Kirchendogmas an. In den dreißiger Jahren und auch später noch waren Druckfehler in der Zeitung oder in einem Buch Anlaß für eine Verhaftung, weil sie als Sabotage galten. Letzteres hatte auch seine gute Seite: In den sowjetischen Ausgaben sind Druckfehler sehr selten. Die einmal gelernte Lektion sitzt immer noch.

Der Führerkult begann selbstverständlich noch zu Lenins Lebzeiten, der selbst eine unumschränkte Autorität genoß. Auch diese Autorität nahm kultische Formen an, sobald Lenin gestorben, einbalsamiert und im Mausoleum beigesetzt worden war. Dies ist vielleicht das auffälligste Beispiel für den Kirchencharakter des Sowjetstaates. Und zwar ein besonders schreckliches. Im Lenin-Mausoleum findet eigentlich eine Leichenanbetung statt. Am Anfang entfernte das neue Regime in seinem wütenden Kampf gegen die Orthodoxie Heiligenreliquien aus allen Kirchen, verhöhnte und vernichtete sie. Dann aber richtete es Lenin als künstliche Reliquie her. Die Reliquien der Heiligen setzen den Glauben an Gott, die Unsterblichkeit der Seele und die Auferstehung von den Toten voraus. Hier aber ist kein Glaube – nur konservierter Staub. Es wird erzählt, daß Krupskaja die Schaustellung Lenins im Mausoleum zu verhindern suchte, aber selbstverständlich hörte man nicht auf sie und mumifizierte Lenin im Interesse des Staates. Nach dem Muster der Mumien altägyptischer Pharaonen. Aber die Mumifizierung im alten Ägypten setzte den Glauben an eine Gottheit und das Leben nach dem Tod voraus. Zweitens war der Pharao in den Augen des Volkes und auch in seinen eigenen ein wirklicher Gottkönig und nicht bloß ein einfacher Diktator.

Das Leninmausoleum liegt im Zentrum des Roten Platzes, und der Rote Platz wird symbolisch als das Zentrum des Landes und der ganzen Welt angesehen.

So kommt dem Mausoleum die Bedeutung eines Kultbaus zu, die Tribüne dieses Kultbaus besteigen bei Paraden und Demonstrationen die jeweiligen Führer, um sich dem Volk zu zeigen. Der Tempel aber ist für eine Leiche erbaut, ohne Glauben an Gott, nur mit dem Glauben an die Idee und die Rechtmäßigkeit des eigenen Tuns, das heißt, an die eigene gottgleiche Macht.

Vor langer Zeit, noch während meines Studiums, erfuhr ich, daß in unserm Land politische Gefangene gefoltert werden, um ein Schuldbekenntnis zu erpressen. Ich hatte einen Freund, der wesentlich älter war als ich und bereits Parteimitglied. Eines Tages erzählte ich ihm von diesen Folterungen. Glücklicherweise war er kein Denunziant. Obwohl er völlig aufrichtig war und keine Angst hatte, antwortete er mir:

»Erzähl mir nichts über Folter. Selbst wenn das so ist, möchte ich nichts darüber wissen. Denn ich möchte glauben, ohne Glauben kann ich nämlich nicht leben.«

Damals war ich einfach verblüfft, daß ein Mensch um seines Glaubens willen die Augen gegenüber den Tatsachen bewußt verschließen kann.

Dies war der gültige Ausdruck der religiös-dogmatischen Prinzipien der Sowjetzivilisation. Seit damals ist manches im Lande anders geworden. Der Glaube an den Kommunismus hat sich beinahe gänzlich verflüchtigt. Aber der Staat bewahrt hartnäckig die äußeren Formen einer Kirche. Der Glaube ist dahin, aber die tote Hülle ist geblieben – und zwar eine sehr feste und stabile Hülle, ein versteinerter Panzer, der keine Veränderung duldet und sogar nostalgisch auf den Stalinismus zurückblickt. Denn damals herrschte Ordnung, und die Herrschaft war kein seelenloser Mechanismus, sondern ein Geheimnis.

Der neue Mensch

Der neue Mensch

Auf dem Banner der Revolution stand geschrieben: »Alles neu!« Aber für die Erschaffung des »neuen Menschen« reichte der revolutionäre Sprung nicht aus. Ein langer Prozeß der Überwindung des Alten, im Menschen und in der Menschheit, mußte in Gang gesetzt werden. Auf alle Fälle war es eine außerordentlich schwere Aufgabe. Denn der »alte Mensch« hatte sich in den Jahrhunderten der Sklaverei formiert, jedenfalls nach der marxistischen Interpretation der ganzen vorhergehenden Geschichte. Die Veränderung alter psychischer Normen ist nur durch Schaffung neuer sozialistischer Existenzbedingungen zu erreichen.

Aber andererseits kann und muß die Psychologie des »alten Menschen« umgehend durch Umerziehung, durch nachhaltige gesellschaftlich-moralische Beeinflussung verändert werden. Deshalb belehrt das Regime seine eigenen Untertanen, die Welt und die Menschheit und bewährt sich als ein ewig moralisierender Schulmeister. Der Staat erzieht, unterweist und belehrt seine Bürger, um sie zu verändern. Eine Kombination von Schule und Gefängnis, wobei es sich um eine Schule für Schwererziehbare oder geistig Zurückgebliebene handelt. Deshalb erfolgt die Erziehung durch Bestrafung und das Gefängnis wird als Erziehungsmaßnahme verstanden.

In diesem Sinne stellt das Lager die Welt der Sowjetzivilisation im Kleinformat dar. Aus gutem Grund wurden und werden die sowjetischen Lager »Umerziehungs- und Arbeitskolonien« genannt. Man geht davon aus, daß die Verbrecher hinter dem Stacheldraht nicht einfach eingesperrt, sondern zu besserer Einsicht geführt werden sollen. Die Besserung kann auf zweierlei Weise erzielt werden: Durch Arbeit, entsprechend der bekannten marxistischen These, die Arbeit habe aus dem Affen einen Menschen gemacht, und durch belehrenden ideologischen Druck, den die Lagerleitung (das heißt, die »neuen Menschen«) auf den Verbrecher ausübt.

Die Idee des »neuen Menschen« ist der Eckstein der Sowjetzivilisation. Ohne ihn ist der Aufbau des Sozialismus in einem rückständigen Land unmöglich. Von Anfang an war mit der Revolution die Idee einer tiefgreifenden inneren Veränderung und Umformung des Menschen verbunden.

Dazu Majakowskij 1918:

> Wir haben ein paar Tage mit Gewehren geknallt
> Und glauben –
> Dem Alten vorauszusein.
> Von wegen!
> Die Jacke zu wechseln
> Ist nicht genug.
> Euch selbst umkrempeln müßt ihr! Von Innen heraus!

Man denke an die Worte Bucharins, der 1922 bereits schrieb, daß die eigentliche Aufgabe der Revolution in der »Umformung der menschlichen Psyche selbst« besteht. »Aus der Arbeiterklasse«, so Bucharin, »muß der neue Menschentypus hervorgehen.« Später, 1928, erschien in der von ihm redigierten *Iswestija* sein programmatischer Artikel zum gleichen Thema. »An einer der ersten Stellen unseres Systems der wissenschaftlichen Planung steht das Problem der planmäßigen Vorbereitung von neuen Menschen – den Erbauern des Sozialismus.«

»Planmäßige Vorbereitung von neuen Menschen« bedeutet nichts anderes als das Herstellen des »neuen Menschen« in großem Maßstab. Und zwar nach dem Modell der kommunistischen Partei, weil vorausgesetzt wird, daß der Kommunist die reale Verkörperung des Ideals und die Norm für den »neuen Menschen« ist.

Ursprünglich umfaßte der Begriff »neuer Mensch« oder »Kommunist« einen breiten Inhalt. Er schloß die schönsten menschlichen Eigenschaften ein. Er bedeutete den Menschen im höchsten Sinne, einen Menschen von unerhörter Fülle, die sich endlich, dank der Revolution, frei entfalten konnte. Als Beispiel sei ein Gedicht des altehrwürdigen Proletariers F. Schkulew angeführt. Es entstand 1919, war als Verkündung des »neuen Menschen« gemeint und trägt den Titel: »Ich bin Kommunist.«

»Ich liebe Morgenröten, frische Luft,
Und strahlend blauen Himmel.
Das Murmeln eines Silberflusses.
Der Heimat Wald und Felder.
Ich liebe die ersehnte Freiheit,
Lautlose Stille und des Sturmes Tosen,
Den klaren Tag und Regenwetter ...
Ein Kommunist, ein Kommunist bin ich.
Des Volkes Arbeit singe ich.
Die Arbeit auf der Welt ist rein wie Sonnenlicht.
Den Reichtum und die Faulheit kann ich nur verachten.
Ein Kommunist, ein Kommunist bin ich!«

Aber um die Natur zu genießen, den strahlend blauen Himmel, die Morgenröte, die Luft und ähnliches zu lieben, muß man nicht unbedingt Kommunist sein. Der Kommunist (oder der »neue Mensch«) ist zweifellos ein engerer und exakterer Begriff. Um Kommunist zu sein, genügt es, wenige, aber optimal entwickelte Eigenschaften zu besitzen, die für die Psychologie des »neuen Menschen« bestimmend sind.

Erstens seine grenzenlose Hingabe an das höchste Ziel, das in der Schaffung der idealen Gesellschaft auf Erden besteht. Das heißt, sein fanatischer Glaube an die Idee des Kommunismus.

Zweitens der entschiedene Übergang von der Theorie zur Praxis. Der »neue Mensch« ist immerzu dabei, die Welt nach seinem Ideal umzugestalten. Er ist kein Träumer, sondern ein Praktiker und Macher.

Drittens tritt der »neue Mensch« in der Regel als Repräsentant der Masse oder der Klasse auf, die ihn braucht, um ihr Ideal zu realisieren. Er ist niemals ein Einzelgänger, und selbst wenn er unter außergewöhnlichen Umständen selbständig entscheiden und handeln muß, ist er sich dennoch der Verbindung mit dem Kollektiv bewußt, seinem unsichtbaren Hintergrund. Dieses Kollektiv kann »Partei«, »Klasse« oder sogar das »ganze sowjetische Volk« heißen, das idealiter aus »neuen Menschen« besteht. Deshalb handelt der »neue Mensch« nicht im Interesse der eigenen, sondern der übergeordneten, der allgemeinen Sache. Außer dieser allgemeinen Sache verfolgt er keinerlei private, separate, individuelle Absichten.

Das ist der Grund, weshalb die größte menschliche Sünde für den »neuen Menschen« im Egoismus oder Individualismus besteht, in dem Hang, für sich selbst und nicht für das allgemeine Glück zu leben. Aber da die Mehrzahl der Menschen praktisch nur für sich selbst lebt und jeder in erster Linie an sein eigenes Wohl denkt, sieht sich der »neue Mensch« vor die Aufgabe gestellt, die menschliche Natur radikal zu verändern und aus ihr die »Urschuld« des persönlichen Egoismus zu tilgen. Die »Urschuld« nimmt ihre deutlichste und anschaulichste Gestalt in dem Begriff »Bourgeoisie« an, weil ein »Bourgeois« (*burschuj*) ungeniert für sich selbst lebt, und dazu noch auf Kosten anderer, auf Kosten des Proletariats. Der kapitalistische Eigentumsbegriff spiegelt diese Verhältnisse überzeugend wider.

Aber ein »Bourgeois« ist für den »neuen Menschen« nicht bloß eine gesellschaftliche oder Klassenkategorie. Er ist vor allem eine psychische Erscheinung, und zwar eine allgemein verbreitete, universelle, naturbedingte. Deshalb bleiben im Bewußtsein der Menschen, auch nach der Liquidierung der Bourgeoisie und des Privateigentums, die sogenannten »bürgerlichen Relikte« zurück. Diese machen sich auf die verschiedenste Weise bemerkbar – als Individualismus, Trägheit, Sittenlosigkeit, als nicht-kommunistische Ideale und Anschauungen. Aber alle Relikte gehen auf eine einzige Wurzel zurück – auf persönliche Gewinnsucht, auf persönliches Interesse und auf die Persönlichkeit überhaupt, solange sie mit der Sache der Allgemeinheit noch nicht konform ist. Daraus entspringt die Notwendigkeit, alles Persönliche in anderen und in sich selbst zu unterdrücken. Daher das Mißtrauen und sogar der blanke Haß des »neuen Menschen« gegen den bloßen Begriff »Persönlichkeit«. Denn »Persönlichkeit« ist gleichsam der noch nicht endgültig totgeschlagene Bourgeois, der in jedem Menschen steckt.

Der »neue Mensch« ist stolz darauf, daß er nichts Eigenes hat, daß er sich zugunsten der Sache der Allgemeinheit restlos aufgibt und daß für ihn das Persönliche und das Allgemeine identisch sind. Alles, was »mein« ist, ist »unser«, und alles, was »unser« ist, ist »mein«. Darüber schreibt Majakowskij 1927 in dem Poem *Gut!*, in dem er einen Subbotnik zu Beginn der Revolution schildert:

In unseren Waggons
auf unseren Gleisen
verladen
wir
unser Brennholz.

Die Arbeit ist schwer,
die Arbeit ist mühsam.
Dafür gibt es
keine Kopeke.

Es ist bekannt, welche große Bedeutung Lenin diesen Subbotniks zumaß, weil sie für ihn den »praktischen Kommunismus« bedeuteten – die Menschen arbeiteten an diesen Tagen ohne Entgelt, selbstlos und freiwillig. Später wurde die Arbeit samstags und sonntags zur Pflicht. Lenin persönlich arbeitete bei einem Subbotnik mit, um den Kommunisten und dem ganzen Volk ein Beispiel zu geben. Der größte Nutzen dieser

Subbotniks lag ursprünglich in dem Erziehungseffekt. Sie waren ein geeigneter Weg zur Bildung des neuen Menschentypus, für den persönliches und öffentliches Interesse soweit miteinander verschmelzen, daß er zu einer unentgeltlichen Leistung im Namen des Kommunismus bereit ist.

Diese Art Menschen hatte tatsächlich einmal existiert. Ihr wichtigstes Merkmal war Heroismus. Der »neue Mensch« ist ohne Heroismus undenkbar. Denn in seinem Heroismus verbinden sich jene drei oben erwähnten Komponenten: fanatischer Glaube an ein übergeordnetes Ziel, Umsetzen dieses Glaubens oder Ideals in eine konkrete Tat, die ihn das Leben kosten kann, jedenfalls aber Opferbereitschaft voraussetzt, und schließlich das Vollbringen einer großen Tat nicht um des persönlichen Ruhms willen, sondern zum Wohl der Allgemeinheit.

Ein interessantes Beispiel findet sich in dem Dokumentarwerk Furmanows über Tschapajew. Furmanow erzählt, daß mehrere Soldaten und Kommandeure in verschiedenen Divisionen sich damals geweigert hätten, ihre Orden in Empfang zu nehmen, mit folgender Begründung: »Entweder jedem einen Orden oder keinem.« Selbstverständlich war soviel Idealismus nicht im Interesse des Regimes: Denn eine Ordensverleihung war auch ein Akt der Erziehung und der Züchtung der neuen Rasse. Mit der Zeit wurden immer mehr Orden eingeführt, und der Sowjetmensch war bald unvorstellbar stolz auf seine Auszeichnungen und ist es heute immer noch. Aber die ursprüngliche Weigerung, einen Orden in Empfang zu nehmen, bestätigt, wie stark das Gefühl für Gleichheit am Anfang der Revolution noch war. Der »neue Mensch«, wie er es damals war oder zu sein glaubte, wollte durch nichts auffallen und bekundete damit, daß er seine Heldentat nicht im eigenen Interesse, sondern für die Sache der Allgemeinheit und das höchste Ziel – den Kommunismus – vollbracht hatte.

Am besten erkennt man seine Züge in den Gedichten des sowjetischen Dichters Nikolaj Tichonow:

Mit Ruder und Gewehr,
Mit Sturmwind, mit knotigem Strick,
Der meine Schultern peitschte,
Brachte das Leben mir bei,
Ruhig zu sein und geschickt,
Wie Eisennägel so schlicht.

Es ist bezeichnend, wie der bekannte sowjetische Literaturwissenschaftler und Kritiker Alexandr Woronskij 1923 auf die ersten Veröffentlichungen Nikolaj Tichonows reagierte: Er faßte seine Gedichte als Zeugnis von der Geburt des »neuen Menschen« auf, den das alte Rußland nicht gekannt hatte. Woronskij schrieb: »Im schlaffen, ›dickarschigen‹ Oblomow-Rußland tauchte eine neue Menschenrasse auf – schlicht und hart wie Nägel.«

In der Sowjetzivilisation wird mit dem Heroismus ein wahrer Kult getrieben. Das ganze sowjetische Volk wird als das »heroische sowjetische Volk« angesprochen, das nicht einfach arbeitet, sondern »heldisch« arbeitet. Und jede Epoche sucht und findet ihre eigenen Helden, ideale Muster, nach denen die Masse abgerichtet wird. Zu solchen Erziehungsmustern gehörten der Flieger Tschkalow, Papanin und seine Männer, die auf einer Eisscholle überwinterten, der Kosmonaut Gagarin usw.

Es ist kein Zufall, daß die Sowjetliteratur so reich an Erziehungsromanen ist. Sie haben alle dasselbe Sujet: Der »alte« Mensch oder auch der »gewöhnliche« Mensch verwandelt sich nach und nach in den »neuen«. Diese Romane bringen dem Leser bei, worin das Ideal besteht und wie man ein idealer Mensch wird. Das erste einstimmig akzeptierte Musterbeispiel des sozialistischen Realismus ist der Roman *Die Mutter*, den Gorkij 1906 schrieb. Musterbeispiel eines Erziehungsromans: Eine nicht mehr junge, unwissende, unterdrückte Analphabetin verwandelt sich allmählich in eine bewußte, feurige Revolutionärin, in eine Kämpferin für die Sache der Arbeiterklasse.

Aber als ein aktuelleres Lehrbuch des Lebens für die Jugend gilt seit den dreißiger Jahren der Roman *Wie der Stahl gehärtet wurde* von Nikolaj Ostrowskij, dessen Erfolg um so größer war, als es sich um eine Autobiographie handelt, um einen realen Menschen mit heroischer Vergangenheit und heroischer Gegenwart. Auch weil das Niederschreiben des Romans in gewisser Weise eine Heldentat war. Der Verfasser, ein vorher völlig unbekannter, sehr kranker, ans Bett gefesselter Mann, war an den Folgen einer schweren Quetschung im Bürgerkrieg völlig erblindet. Die Niederschrift dieses Romans war gleichsam die Erfüllung der letzten Pflicht im Kampf für den Kommunismus, der allerletzte Dienst, den er der Allgemeinheit erweisen konnte.

Und dann, dreißig Jahre nach Ostrowskijs *Wie der Stahl gehärtet wurde,* erfolgte darauf eine Art Echo, es war Alexandr Solschenizyns Erzählung »Ein Zwischenfall auf dem Bahnhof Kotschetowka«. Die innere Polemik gegen Ostrowskijs Roman ist bereits im Titel der Erzählung angedeutet. Ostrowskijs Held Pawka Kortschagin begann seinen heroischen Weg auf der Bahnstation Schepetowka. Und bei Solschenizyn spielt sich die Handlung auf einem kleinen Bahnhof mit einem ähnlich klingenden Namen – Kotschetowka – ab, wo der junge Leutnant Sotow (noch ein Student) als stellvertretender Kommandant Dienst tut. Es ist Spätherbst 1941, der schreckliche, panikartige Rückzug der sowjetischen Truppen ist im vollen Gange. Militärtransporte Richtung Front und Richtung Heimat passieren diese Station, und der stellvertretende Kommandant Sotow hat alle Hände voll zu tun. Es drängt ihn an die Front, aber man läßt ihn nicht gehen – er wird hier, im Hinterland, gebraucht. Durch diese Bahnstation kommen auch Soldaten, die der deutschen Einkesselung entfliehen konnten, darunter der ehemalige Schauspieler Tweretinow, möglicherweise ein ehemaliger Häftling, jetzt Freiwilliger des Landsturms, der sein Regiment verloren hat, ein Mann ohne Papiere (sämtliche Dokumente wurden vernichtet, sobald der Truppenteil eingekesselt war). Er möchte auf irgendeine Weise nach Moskau zurück. Sotow fühlt sich zu diesem gebildeten Menschen hingezogen, möchte ihm um jeden Preis helfen, aber plötzlich regt sich in ihm der absurde Verdacht, er sei ein verkleideter deutscher Spion (Tweretinow wußte nicht, daß Zaryzin inzwischen Stalingrad hieß). Er verhaftet ihn. »›Was tun Sie, was tun Sie!‹ rief Tweretinow aus, und seine Stimme hallte wie eine Glocke. ›Das ist doch *irreparabel!*‹« Die Erzählung endet damit, daß Tweretinow in den Verliesen des NKWD spurlos verschwindet und Sotow sein ganzes Leben lang an ihn denken muß. Dabei ist Sotow – und das ist Solschenizyns neues Wort und sein Hauptverdienst – keineswegs ein grausamer, sondern ein fein empfindender Mensch, der seine Erziehung den Idealen der Revolution und den sowjetischen Romanen, zum Beispiel *Wie der Stahl gehärtet wurde,* verdankt. Man könnte Sotow durchaus zu den positiven Helden der Sowjet-Literatur rechnen. Es wird gesagt, daß er nichts besaß und Eigentum prinzipiell ablehnte, daß er noch als kleiner Junge davon geträumt hatte, nach Spanien auszureißen, um dort zu kämpfen, und daß er sich sein ganzes Leben lang nur für die gemeinsame Sache einsetzte. Und auch jetzt sehnt er sich danach, im Feld zu fallen. »Seit Ausbruch des Krieges hatte Sotow niemals den Wunsch gehabt, zu überleben. Sein kleines Leben war nur so viel wert, wie er für die Revolution tun konnte.« Kurz, wir haben es mit einer Variante des »neuen Menschen« zu tun, der seiner Veranlagung nach zum Idealismus, zur Romantik neigt und auch noch ein gütiges und weiches Herz hat. Und dieser opferbereite Träumer und Idealist schickt mir-nichts dir-nichts einen anderen Menschen in den Tod. Der Grund dazu ist in seiner ebenfalls romantischen Vorstellung von Wachsamkeit zu suchen.

Der »neue Mensch« also, der von dem sowjetischen Erziehungssystem geformt wurde, ist keineswegs so harmonisch, wie die Gedichte und die Romane aus den heroischen Tagen der Revolution und des Bürgerkriegs glauben machen wollen. Seine Anfälligkeit liegt auf dem Gebiet der Moral, dem man sich zuwenden muß, um sich diesen Typus deutlicher und exakter vorstellen zu können. Dies ist um so dringlicher, weil die Idee und sogar der Terminus »neuer Mensch« keineswegs die Schöpfung der Revolution, sondern die der Religion ist. Das Christentum fordert den Gläubigen auf, den »alten Adam« zu überwinden, das heißt, sich aus der Gewalt der Sünde zu befreien und mit Gottes Hilfe ein »neuer Mensch« zu werden. Aber diese Menschen schmücken sich niemals mit dem Beiwort »neu«, sondern halten sich vielmehr für Sünder und schreiben alle guten und heiligen Werke, die sie vollbringen, ihrem Schöpfer zu, dem es gefällt, durch Seine Knechte Seinen Willen kundzutun.

Die von der Revolution hervorgebrachten »neuen Menschen« gehören ebenfalls zum religiösen Typus. Dafür sprechen der fanatische Glaube an den Kommunismus, das Ideal der Selbstaufopferung und der Verzicht auf jeden persönlichen Vorteil, sogar auf das eigene Ich. Die Moral jedoch verwandelt sich dabei auf seltsame Weise: Sie wird nicht abgeschafft, aber sie rückt an die zweite, untergeordnete Stelle. Sie ist abhängig von den Klasseninteressen und von den Interessen der gemeinsamen Sache. Deshalb entsteht ein besonderer Begriff – die »kommunistische Moral«.

Als Lenin 1920 vor dem Kommunistischen Jugendbund auftrat und auf die Zukunft zu sprechen kam, sagte er:

»Unsere Ethik ist ganz und gar den Interessen des proletarischen Klassenkampfes unterworfen. Wir sagen: ethisch ist das, was der Zerstörung der alten ausbeuterischen Gesellschaft und der Vereinigung sämtlicher Werktätigen und dem Proletariat dient, welches die neue kommunistische Gesellschaft aufbaut... An eine ewige Ethik glauben wir nicht...«

Aus dieser grundlegenden Aussage folgt notwendig, daß der Mensch alles kann, alles darf und alles soll, soweit es den Interessen der Arbeiterklasse und der gemeinsamen Sache dient. Mord, Diebstahl und Lüge sind demnach ethische Handlungen...

So hat Lenin zum Beispiel den westlichen Kommunisten Weisungen erteilt, wie die Gewerkschaften unterwandert und schließlich in eigener Regie geführt werden müßten. Dazu sei erforderlich, dozierte Lenin, »nötigenfalls jeden Winkelzug, jede List, jede illegale Praxis, Verschweigen oder Entstellen der Wahrheit in Kauf zu nehmen, nur, um sich in die Gewerkschaften Eingang zu verschaffen«. *(Der Linksradikalismus als Kinderkrankheit des Kommunismus)*

Um so seltsamer klingen die Worte des sterbenden Lenin, Stalin habe »keine elementare Ehrlichkeit, ganz einfache menschliche Ehrlichkeit...« (Lew Trotzkij, *Portraits*)

Es ist ganz aufschlußreich, die Psychologie eines Kommunisten mit der Psychologie eines Terroristen-Sozialrevolutionärs zu vergleichen, die trotz seiner blutigen Aktivität wesentlich ethischer und traditioneller ist. Traditionell vom Standpunkt der hohen revolutionären ethischen Normen aus, die sich noch im letzten Jahrhundert unter den revolutionären Narodniki gebildet hatten.

1912 war eine interessante Novelle Ropschins erschienen: *Das, was nie geschah*. Es handelt sich um einen Bericht über den Terror und die Psychologie eines Terroristen-Sozialrevolutionärs. Sie basiert auf persönlichen Erfahrungen: Ropschin ist der Schriftstellername des bekannten Revolutionärs und Terroristen Boris Sawinkow. Und Ropschin-Sawinkow läßt seinen Helden eine Frage formulieren, die er später selbst beantwortet: Lassen sich die für die Revolution erforderlichen Morde und andere »Sünden« mit moralischen Kategorien vereinbaren? Und verwandelt sich der Revolutionär nicht in einen ganz gewöhnlichen Mörder, wenn er sich über diese Kategorien hinwegsetzt?

»Als ich in die Partei eintrat, glaubte ich, das sei alles geklärt. Fast alle glaubten das. Gewalt? Im Namen des Volkes ist auch Gewalt erlaubt. Lüge? Im Namen der Revolution ist Lüge erlaubt. Betrug? Im Namen der Partei ist Betrug erlaubt. Jetzt aber sehe ich, daß alles nicht ganz so einfach ist... Rechtfertigt das Ziel in der Tat alle Mittel? Ist in der Tat alles erlaubt...?«

Nein, nach der Meinung des Autors und Helden dieser Erzählung gibt es kein Ziel, das alle Mittel heiligt. Weder die Interessen des Volkes, noch die Interessen der Partei, noch die Interessen der Revolution können Mord und Gewalt moralisch verklären.

»Ja, es ist notwendig zu lügen, zu täuschen, zu morden, aber man darf nicht behaupten, das sei erlaubt, das sei gerechtfertigt, das sei gut, und man darf nicht denken, daß die Lüge ein Opfer, daß der Mord zum Heil der eigenen Seele sei. Nein, man muß den Mut besitzen und sagen: Das ist verderblich, grausam und entsetzlich, aber gleichwohl unvermeidlich ... Ja, unvermeidlich ... Terror bedeutet nicht nur Opfer, sondern auch Lüge, Blut und Schande.«

Kurz, der russische Revolutionär alten Typs war überzeugt, daß blutige Gewalt eine zwar notwendige, aber extreme Maßnahme und eine Sünde sei (ich glaube, daß hier »Sünde« im überlieferten christlichen Sinn zu verstehen ist), und hat deshalb niemals den Terror propagiert, ihn niemals zu einem Schlachtfest entarten lassen und stets ein eigenes ethisches Gesicht gewahrt. Diese Haltung ist für den »neuen Menschen« kommunistischen Typs fremd und kaum nachvollziehbar.

Aber nun wollen wir den Gedanken des Helden Sawinkows weiter nachgehen. Trotz des Bewußtseins schrecklicher moralischer Verfehlungen widmet sich der Held weiterhin seiner »Arbeit«, wie er den Terror nennt. Es heißt:

»Er konnte von ihr, von der ›Arbeit‹ nicht lassen, keineswegs, weil er nicht fahnenflüchtig werden wollte, oder weil seine Kameraden ihr Leben weiterhin aufs Spiel setzten und auch nicht, weil er sich in den Terror ›verliebt‹ hatte. Er konnte nicht von ihr lassen, weil er glaubte, daß nur der Tod dieses blutige Geschäft abschließen könne und weil er auf seinen eigenen Tod wie auf einen Lohn oder eine Erlösung wartete.«

Mit anderen Worten: Der Revolutionär alten Schlages glaubte, mit seinem eigenen Tod die Sünde zu kompensieren. Der Revolutionär des neuen Typs ist ebenfalls zur Selbstaufopferung bereit, aber diese hängt keineswegs mit der Vorstellung der Sünde zusammen und wird auch nicht als Sühne verstanden. Denn sein Verbrechen und seine Selbstaufopferung sind im voraus gerechtfertigt. Die Partei entscheidet über den kleinen Unterschied – morden oder sterben. Sawinkows Held wird vor der Hinrichtung eine noch herbere (in ethischer Hinsicht) Erkenntnis zuteil:

»Der Tod ist keine Sühne, das eigene Blut vermag den Mörder nicht zu rechtfertigen ... Man kann und darf nach keiner Rechtfertigung suchen, denn wehe dem, der getötet hat ... Und er verstand auch – und das war das Wichtigste –, daß das Töten schwerer ist, als das Sterben, und wußte nun freudig, daß der Tod ihm willkommen ist und nichts Schreckliches hat.«

Und dann durchzuckt ihn ein weiterer Gedanke, der in unserem Zusammenhang höchst interessant ist. Im Verlauf seiner illegalen Tätigkeit hatte er viel mit Hausmeistern und Droschkenkutschern zu tun, die ihn durch das Fehlen jeglicher Moral und jeglichen übergeordneten Lebenszieles immer wieder in Erstaunen versetzten. Und nun denkt er:

»Wir kämpfen, wir opfern unser Leben ... Aber dann werden diese Suprytkins (so heißt einer der Droschkenkutscher, A. S.) kommen und über uns triumphieren ... Sie werden über uns triumphieren dank ihres prächtigen Stumpfsinns, des satten Bauches, der idiotischen Selbstzufriedenheit, der protzigen Schaftstiefel und der hölzernen Selbstsicherheit ...«

Im Grunde haben sich seine Erwartungen erfüllt. Die Suprytkins triumphierten über die Revolutionäre-Intelligenzler. Die Bolschewiki der Lenin-Schule sind noch keine Suprytkins, obwohl sie bereits, im Unterschied zu den alten Revolutionären-Narodniki, über eine unerschütterliche hölzerne oder stählerne Selbstsicherheit verfügen, genau gesagt, nicht über eine persönliche Selbstsicherheit, sondern über die absolute moralische Sicherheit der Sache, der sie dienen. Deshalb leiden sie keineswegs unter dem Zwiespalt, der Sawinkows Helden solches Kopfzerbrechen bereitet hatte. Darin ist übrigens einer der Gründe zu suchen, weshalb die Bolschewiki über die Sozialrevolutionäre siegen konnten, obwohl sie zahlenmäßig unterlegen waren und obwohl die überwiegende Mehrheit der Bauern nach der Revolution die Sozialrevolutionäre unterstützte. Sie wurden als Feinde der Revolution liquidiert. Und Sawinkow sah das voraus. Sein Held muß sich von einem steinharten Opponenten belehren lassen: »Wissen Sie, Ihr Standpunkt ist ungünstig. Ja, ja, sehr ungünstig. Es ist der Standpunkt der Unterlegenen. Ich möchte sagen: Es ist der Standpunkt eines Romantikers.«

Das stimmt, obwohl es auch unter den Bolschewiki Romantiker gab. Nur keine Romantiker der Ethik, wie es die alten Revolutionäre-Narodniki gewesen waren. Bei allen Terroranschlägen blieben sie der altmodischen (und in diesem Sinne romantischen) Ansicht treu, daß der Mord etwas Böses, eine Sünde, ein Verbrechen sei, und haben deshalb niemals behauptet, daß der Zweck die Mittel heilige. Lenin dagegen war davon überzeugt – und das war eine der Voraussetzungen für seinen Sieg.

Es ist sehr interessant, daß die Erzählung von Ropschin-Sawinkow sofort ein Echo in der Zeitschrift *Sawjety* (»Das Vermächtnis«) fand: Im Artikel »Ethik und Politik« von Wiktor Tschernow, dem führenden Kopf der Sozialrevolutionäre. In diesem Artikel stellt er dieselbe Frage wie Sawinkow in seiner Novelle: Wie soll man die ethischen Normen mit den Pflichten eines Revolutionärs in Einklang bringen, der immer wieder, sobald er sich am realen revolutionären Kampf beteiligt, gezwungen ist, diese Normen zu verletzen? Ein Revolutionär kann auf keinen Fall, meint Tschernow, das gleiche ethische Maximum vertreten, wie es zum Beispiel Lew Tolstoj mit seiner Lehre, dem Bösen nicht zu widerstreben, vertritt. (Oder die Religion. Mit einem solchen ethischen Maximum kann man nicht töten.) Aber dafür ist der Revolutionär verpflichtet, ein ethisches oder moralisches Minimum wie sein eigenes Augenlicht zu hüten, denn dies allein setzt der revolutionären Gewalt Grenzen und garantiert, daß ein wahrer Revolutionär nicht zum Mörder oder Despoten wird.

Wir sehen also, daß der Revolutionär alten Schlages sich viele Gedanken und Sorgen um die Ethik macht und sich dadurch vom »neuen Menschen« kommunistischer Prägung wesentlich unterscheidet. In demselben Artikel bemüht sich Tschernow um eine Definition dieses moralischen Minimums oder ethischen Kodex eines Revolutionärs, dessen Gültigkeit bedingungslos sein soll. Es ist ein sehr bedeutungsvoller Kodex, der später von den Bolschewiki mißachtet wurde:

»Der revolutionäre Despotismus (vom Gesichtspunkt des ethischen Minimums aus, A. S.) steht auf derselben Stufe wie der konterrevolutionäre Despotismus. Der Instinkt der Rache wird von ihr (der revolutionären Ethik, A. S.) in jedem Fall abgelehnt, ganz gleich, ob ihm die Unterdrücker des Volkes oder die Kämpfer um seine Befreiung folgen. Die Ächtung einer Idee ist nach diesem Kodex unzulässig, gleichgültig, ob die Idee rückständig oder fortschrittlich ist.«

Sämtliche Überlegungen dieser Art pflegte Lenin als fauligen, bourgeoisen Liberalismus abzustempeln, den gefährlichsten aller gefährlichen Feinde. Und das hatte seine Berechtigung: Um zu siegen, mußte er sämtliche Normen der allgemeinen menschlichen Ethik über Bord werfen und eine Klassen- und Partei-Ethik aufstellen. Das brauchte keineswegs zu bedeuten, daß der »neue Mensch« ein unmoralisches Wesen war. In gewisser Weise war seine Moral höher als die des gewöhnlichen Durchschnitts. So lebte er zum Beispiel nicht für sich selbst, sondern für das Wohl der Allgemeinheit, für alle oder wenigstens doch »für uns«. Und dennoch war seine Moral deformiert durch die Überzeugung, daß der Mord an dem Feind nichts Böses, sondern etwas Gutes sei, und daß das Böse im Mitleid oder Mitgefühl mit dem Feind bestehe.

Ein wichtiges dichterisches Dokument der Revolutionsepoche stellt der Gedichtband des proletarischen Lyrikers Wassilij Knjasew, *Das rote Evangelium*, dar. Er ist ein mittelmäßiger und heute vergessener Dichter, der damals sehr bekannt wurde. *Das rote Evangelium*, 1918 geschrieben, erlebte im Erscheinungsjahr mehrere Auflagen, muß also als eine Art moralischer Kodex und Anleitung zur Erziehung des »neuen Menschen« betrachtet worden sein. Es war in der Tat als Kodex kommunistischer Moral in Versen und als Ersatz für das Evangelium gedacht. Der Autor verkündete die fundamentalen ethischen Gesetze als neuer Prophet oder, wie er sich selbst nannte, als Zweiter Christus. Man braucht nicht zu befürchten, der Lyriker Knjasew hätte nach der Rolle des wiedererschienenen Messias geschielt. Er redet hier nicht in seinem eigenen Namen, sondern als Sprachrohr der siegreichen Revolution:

Mein Volk, vernimm die Stimme des Propheten:
Halte dich fern von des Verrates Wegen!
Es gibt beim Kampf kein schlimmeres Übel,
Als des Erbarmens Laster!

Später, in den dreißiger Jahren, findet der berühmte Ausspruch Maxim Gorkijs – »Wenn der Feind sich nicht ergibt, dann wird er vernichtet« – den größten Anklang in der sowjetischen Presse und Gerichtspraxis. Gorkij macht wenigstens die formale Einschränkung: »Wenn der Feind sich nicht ergibt...«, das heißt, wenn er weiterkämpft. Knjasews Aufruf jedoch war präziser und grausamer: Man muß auch jene umbringen, die um Gnade flehen, Verwundete mit dem Bajonett erledigen und Gefangene niederschießen.

Gefangene werden keine gemacht –
Einen Kopfschuß für jeden!
Oder:
Selig, die kein Erbarmen kennen
Im Kampf mit ihrem Gegner!

So entstand das Gebot des Kommunismus: Barmherzigkeit grenzt an Verrat. Zur selben Zeit schrieb Lenin: »Sentimentalität ist kein geringeres Verbrechen als Profitlichkeit im Krieg.«

In diesem Zusammenhang soll auf die entgegengesetzte moralische Reaktion der russischen Intelligenzija hingewiesen werden, in Gestalt eines ihrer hervorragenden Repräsentanten, des alten Schriftstellers Wladimir Korolenko. Korolenko stand selbst in der Tradition der revolutionären Narodniki, hatte unter dem Zaren Gefängnis und Verbannung kennengelernt – aber er pflegte für alle Erniedrigten und Beleidigten einzutreten, ungeachtet ihrer Parteizugehörigkeit. Deshalb mußte dieser intelligenzlerische Gerechte zwangsläufig mit der Oktoberrevolution und mit der neuen kommunistischen Moral in Konflikt geraten. Dieser Konflikt hatte ausschließlich ethische Gründe. Das Sowjetregime konnte Korolenko nicht einfach beseitigen, da er eine enorme Autorität darstellte – nicht nur als bedeutender Schriftsteller, sondern als das »Gewissen« der russischen Intelligenzija. Deshalb nahm Lunatscharskij, der liberalste und gebildetste unter den Regierungsmitgliedern, persönlich die Diskussion mit Korolenko auf. Sie fand in einem Briefwechsel statt, der selbstverständlich zu keinen greifbaren Ergebnissen führte, sondern nur die kontroversen Positionen der streitenden Parteien fixierte – die allgemein gültige Ethik Korolenkos und die kommunistische Moral Lunatscharskijs. Ohne »Ethik« konnte nach Korolenkos Meinung keine Revolution auskommen.

Bald darauf starb Korolenko, und Lunatscharskij schrieb einen Nekrolog mit der Überschrift »Der Gerechte«, in dem er Korolenko allen Respekt zollte, ohne jedoch in der strittigen Frage nachzugeben – darf Blutvergießen unbeschränkt sein, und wie verhält es sich zur Moral? »Die Gerechten sind entsetzt, weil unsere Hände mit Blut besudelt sind. Die Gerechten sind verzweifelt über unsere Grausamkeit ... Der Gerechte kann niemals einsehen, daß die ›Liebe Opfer verlangt‹, aber nicht nur eigene (das wird der Gerechte sofort begreifen!), sondern ebenso das Opfer anderer ...«

Lunatscharskij drückt sich etwas hochtrabend aus, aber gemeint ist das konkrete Phänomen, das Recht, die Ethik der Revolution – die unbeschränkte Gewalt. Und in derselben Würdigung Korolenkos formuliert Lunatscharskij einen Satz, der mir für das Verständnis des kommunistischen Moralkodex und der Psychologie des »neuen Menschen« außerordentlich bedeutungsvoll zu sein scheint: »... gerechtes Leben, der Anspruch auf die weiße Weste sind Ausdruck einer Haltung, die für eine revolutionäre Epoche zutiefst unannehmbar ist.« Mit anderen Worten: Blutige Hände sind ein sicheres Merkmal des »neuen Menschen«, der, im Gegensatz zu dem Gerechten, reale Arbeit leistet.

Ich bin nicht sicher, ob Lunatscharskij wirklich wußte, was er sagte. Denn eigentlich sagt er, daß der »neue Mensch«, der Revolutionär, Blut an den Händen haben muß, fremdes Blut, zum Zeichen, daß er ein Gerechter ist. Somit verwandelt sich der moralische Kodex des revolutionären Gerechten in den moralischen

Kodex des Henkers und Denunzianten. Und das Übel bestand darin, daß dieser »neue Mensch« Henker und Denunziant werden mußte, um »neu« zu sein. Die »blutige Weste«, früher der Sonderfall, verwandelte sich in eine historische und darüber hinaus in eine psychologische Notwendigkeit.

Die neue Ethik fand ihre ideale Verkörperung oder ihr moralisches Vorbild in Dserschinskij, dem Vorsitzenden der Tscheka. Die Tscheka und die Tschekisten sollten sich dem Kampf gegen die innere Konterrevolution widmen. Das heißt, sie sollten die niedrigste und schmutzigste Arbeit verrichten – Verhaftungen, Verhöre, Erschießungen, Hausdurchsuchungen, Beschlagnahmungen, Bespitzelung, Anwerben von Denunzianten –, den Nachrichtendienst aufbauen und ein Netz von Gefängnissen und Lagern knüpfen. Die Tscheka war das geheimste und schrecklichste Instrument der Diktatur, das durch Massenterror ganz Rußland in Atem hielt. So wurde Felix Edmundowitsch Dserschinskij der erste und oberste Henker des neuen Staates und erwies sich als im höchsten Maß blutrünstig und erbarmungslos. Und plötzlich wird dem Oberhenker und Kerkermeister die Rolle des strahlenden Vorbilds in dem System neuer ethischer Werte zuteil. Das kann auf den ersten Blick wie eine Perversion, wie ein psychopathologisches Symptom der neuen Gesellschaft erscheinen, aber sobald man sich in den kommunistischen Moralkodex und in die Psychologie des »neuen Menschen« vertieft, entdeckt man darin kaum etwas Pathologisches oder Perverses. Denn die höchste Moral besteht gerade in der restlosen Selbstaufgabe zugunsten der Idee und der Gesellschaft, wobei alle denkbaren Grenzen individueller oder allgemein menschlicher Moral ausradiert werden. In diesem Sinne wurde Dserschinskij, nachdem er die Funktion des Oberhenkers übernommen hatte, zur Verkörperung der Tugend und zum Heiligen. Die Rolle des Henkers tut seinem moralischen Prestige keinen Abbruch, im Gegenteil, denn er opfert auf dem Altar der Revolution nicht nur sein Leben, sondern auch sein Gewissen und die Reinheit seiner Seele: Alles Blut, aller Schmutz sind in der Tscheka konzentriert; entsprechend der revolutionären Logik ist das die schwerste, kaum erträgliche Arbeit, besonders für einen Revolutionär.

Ein Revolutionär – wenn man das Wort und den Begriff im Licht der russischen Tradition betrachtet – ist jemand, der unter dem Zaren Repressionen und Gefängnisstrafen erlitten hat. Ein Revolutionär gehört zum neuen Adel. Er erreicht seine Vollkommenheit und Vornehmheit durch reiche Erfahrung und haßt mehr als alles andere auf der Welt Hinrichtung und Gefängnis, gegen die er sein ganzes Leben lang kämpft. Und nun wird diesem Adligen der Revolution eine neue Heldentat abverlangt – er muß selbst Henker und Kerkermeister werden. Damals glaubte man, dies sei eine vorübergehende und bedauerliche, wenn auch vordringliche Notwendigkeit. Alle mordeten alle, aber der Oberste Mörder, der Manager aller Hinrichtungen und Gefängnisse, mußte ein Mann mit einer kristallreinen Seele sein, damit er, wenn er seine Hände besudelte, in den Augen seiner Bewunderer zu einem wahrhaft großen Märtyrer werden konnte. Er sollte sich gleichsam der revolutionären Kosmogonie, der Erschaffung der »neuen Welt« und des »neuen Menschen« zum Opfer bringen.

Daher die überraschende Analogie Dserschinskij – Christus. Beide opfern sich, um die menschlichen Sünden aufzuheben. Aber Christus erlöst die Menschen durch seinen eigenen Tod und seine Auferstehung. Der neue Heilige jedoch, Dserschinskij, nimmt die Sünde von Massenmord und Massenfolter auf sich, die er im Namen des künftigen Himmlischen Reichs auf Erden veranstaltet. In der sowjetischen Ikonographie wird der Gekreuzigte durch den Heiligen Henker ersetzt.

Man muß zugeben, daß Dserschinskij auf diese Rolle durch sein Schicksal und seine Veranlagung bestens vorbereitet war. In der sowjetischen Geschichtsschreibung und Literatur wird seine Person selbstverständlich stets idealisiert und geschönt. Dennoch muß Dserschinskij, soweit man überhaupt objektiv urteilen kann, über eine ganze Reihe persönlicher Vorzüge verfügt haben. Offensichtlich war er keineswegs ein grausamer, sondern eher ein reiner und hochherziger Mensch. Mehr noch – er war ein ausgesprochen religiös veranlagter Charakter. Es ist bekannt, daß er bis zu seinem sechzehnten Lebensjahr tief gläubig war, ein praktizierender Katholik, und sogar den Wunsch hatte, Priester oder Mönch zu werden. Sein Bruder Kasimir, ein Atheist, soll ihn eines Tages gefragt haben, wie er sich Gott vorstelle, und der damals blutjunge Dserschinskij antwortete: »Gott ist im Herzen«, und deutete auf seine Brust. »Ja, ja, im Herzen! Und sollte ich je zu dem gleichen Schluß kommen wie du, daß es keinen Gott gibt, so würde ich mir eine Kugel in den Kopf jagen. Ohne Gott kann ich nicht leben.«

Es existiert die Legende, daß Dserschinskij auch als Vorsitzender der Tscheka in seinem Herzen Katholik geblieben sei und in Pausen zwischen Hinrichtungen oder nächtlichen Verhören heimlich zur Heiligen Jungfrau gebetet habe. Wahrscheinlich ist das eine Erfindung, aber wie so oft entspricht diese Erfindung der psychologischen Veranlagung des betreffenden Menschen. Der katholische Glaube seiner Jugend verwandelte sich nach und nach in den revolutionären, den heißen Glauben an Gott übertrug er auf den Kommunismus.

Darüber hinaus war Dserschinskij ein sehr feinsinniger Mensch: Er liebte die Natur, er liebte Blumen, er war das, was man eine poetische Natur nennt. Und er hatte eine leidenschaftliche Liebe zu Kindern – ein besonders interessanter und verblüffender Zug. In einem Brief an seine Schwester aus dem Jahr 1902 schreibt der fünfundzwanzigjährige, bereits überzeugte und erfahrene Revolutionär: »Ich weiß nicht, warum, aber Kinder liebe ich so, wie ich sonst niemanden liebe ... Ich werde niemals eine Frau so lieben, wie ich Kinder liebe. Und ich glaube nicht, daß ich eigene Kinder heißer lieben würde, als fremde. Oft, sehr oft habe ich das Gefühl, daß sogar eine Mutter sie nicht so innig lieben könnte, wie ich ...«

Ein weiterer scheinbarer Widerspruch. Ein Mann, der nichts auf der Welt so liebt wie Kinder, der sie mehr liebt als ihre eigene Mutter, wird zum Henker. Aber die ganze revolutionäre Ethik ist auf einem solchen Salto mortale aufgebaut. Der Reinste und der Liebevollste – Dserschinskij – muß am häufigsten töten. Für ihn ist das eben ein Opfer, das er den Kindern bringen muß. Denn die Kinder, unsere Zukunft – das ist der Kommunismus. Die Liebe zu den Kindern bewahrte Dserschinskij sein ganzes Leben lang. Und während er Erschießungsbefehle unterschrieb, gründete er Kinderheime und Kolonien für elternlose Kinder. Nach dem Bürgerkrieg bekleidete Dserschinskij mehrere andere Schlüsselpositionen, aber nach den Aussagen seiner Frau träumte er von einem bestimmten Posten: Er wünschte sich, irgendwann seine Polizei- und Wirtschaftsvollmachten gegen ein einziges Amt einzutauschen – er wünschte sich, Volkskommissar für Bildung zu werden und sich ganz der Erziehung der Kinder und Jugendlichen zu widmen. Eine phantastische Perspektive, ganz im Sinne der kommunistischen Ethik: Der oberste Henker in der Rolle des obersten Erziehers, in der Rolle des Schöpfers des »neuen Menschen«.

Und schließlich besaß Dserschinskij eine weitere seltene Eigenschaft, die ihn befähigte, das ethische Muster eines Revolutionärs zu werden: Er war eine ungewöhnlich dynamische, energische Natur, die sich von Jugend an nicht der Theorie, sondern dem praktischen Kampf verschrieben hatte. Deshalb wurde er schon in sehr jungen Jahren zum ersten Mal festgenommen, und die zwei Jahrzehnte vor der Revolution, 1897–1917, bestanden für ihn aus einer Kette von Verhaftungen, Fluchten, Konspirationen, Verbannungen und langen Gefängnisaufenthalten. Insgesamt hatte er elf Jahre in Haft und in Verbannung verbracht, gelegentlich unter verschärften Bedingungen – in Einzelhaft und im Zuchthaus. Und wie er am meisten auf der Welt die Kinder liebte, so haßte er am meisten auf der Welt das Gefängnis. Er hatte Gelegenheit gehabt, gründlicher als alle anderen Bolschewiki, das Gefängnis kennenzulernen und die konkretesten Erfahrungen zu machen. Für ihn bestand der revolutionäre Kampf in erster Linie in der Beseitigung der Gefängnisse, sowohl im wörtlichen als auch im umfassenden sozialen Sinn.

Und dieser Mann wurde aus Haß gegen das Gefängnis zum ersten Kerkermeister des Landes und Gründer eines Gefängnissystems, wie es die Geschichte bis dahin wohl noch nicht gekannt hat. Dabei war er seinem Ideal – dem Ideal der Freiheit – keineswegs untreu geworden, vielmehr entschied er sich für eine besondere Form des konkreten Kampfes um dieses Ideal. Der Posten des Vorsitzenden der Tscheka war somit von einem Mann mit der Aureole eines Märtyrers und dem Ruf eines Gerechten besetzt. Er konnte weder des Sadismus noch des Karrierismus, noch eines abartigen Hangs zum Gefängnis- und Polizeiwesen verdächtigt werden. Er betrieb sein blutiges Handwerk nicht aus Liebe zu dieser Kunst, sondern aus drückendster und aktuellster politischer Notwendigkeit und folgte dabei dem Befehl der Partei. Er erfüllte seine Aufgabe erbarmungslos und bewies dabei außerordentliche Energie und starken Willen. Sein Wille wurde in den vielen Jahren der Haft gehärtet. Seine Parteigenossen nannten ihn den »Eisernen Felix«, und das war sehr passend, denn ein Mann auf solch einem Posten brauchte eiserne Nerven. Außerdem wurde Dserschinskij als »Ritter der Revolution« gepriesen, und diese Bezeichnung gilt noch heute. Sie ist ebenfalls zutreffend, denn »Ritter« steht gleichsam für feurigen Glauben, Herzensreinheit, inneren Adel, Unbeugsamkeit und Tatendrang. Auch sein Äußeres hatte etwas Ritterliches und Asketisches: spitzes Bärtchen, schmales, abgezehrtes Gesicht, feine Züge. Seinen Alltag gestaltete er nach Möglichkeit asketisch, mönchisch, aber gleichzeitig soldatisch. Sein Zimmer in der Ljubjanka, dem Herzen der Tscheka, beschreibt sein Stellvertreter Jakow Peters folgendermaßen:

»In diesem Gebäude, in diesem bescheidenen kleinen Zimmer... spielte sich das Leben des Genossen Dserschinskij ab... In diesem Zimmer arbeitete er, schlief er und empfing seine Besucher. Ein einfacher Schreibtisch, ein alter Wandschirm, hinter dem Wandschirm ein schmales Eisenbett – das war der Raum für sein Privatleben. Seine Familie besuchte er nur an großen Feiertagen. Er arbeitete rund um die Uhr. Oft verhörte er die Verhafteten persönlich. Völlig übermüdet, in hohen Jägerstiefeln und altem, abgetragenem Uniformrock, aß er an demselben Tisch, an dem alle anderen Mitarbeiter der Tscheka aßen.«

Das asketische Ambiente, manchmal echt, manchmal aufgesetzt, war im allgemeinen für die ersten Revolutionäre charakteristisch. Es brachte zum Ausdruck, daß jemand, der sich der Revolution verschrieben hatte, nichts Eigenes besitzt, nichts Persönliches, oder doch fast nichts Persönliches. 1918, als er bereits Vorsitzender der Tscheka war, schrieb Dserschinskij in einem Brief an seine Frau, daß sein ganzes Leben aus »Kampf und Glut« bestehe.

»Es ist das Leben eines Soldaten, der keine Ruhepause kennt, weil ein brennendes Haus gerettet werden muß. Für einen Gedanken an seine Angehörigen oder an sich selber bleibt keine Zeit. Die Arbeit und der Kampf sind höllisch, aber mein Herz ist in diesem Kampf lebendig geblieben, dasselbe, das es früher war. Jeder Augenblick ist Handeln, damit ich die Stellung, solange es nötig ist, halten kann.«

Und er hielt tatsächlich die Stellung bis zum Schluß, er arbeitete bis in die letzten Stunden und starb verhältnismäßig früh, mit achtundvierzig Jahren, völlig unerwartet an einem Herzschlag. Das war im Jahr 1926. Seine Kameraden sahen in seinem Tod ein Symbol, und es hieß, sein ganzes Leben sei eine einzige Flamme gewesen, er habe sein Herz der Revolution hingegeben und sei verglüht.

Noch zu seinen Lebzeiten genoß er hohes Ansehen in der Partei. Er war vielleicht der einzige unter den Parteimitgliedern, der einen gewissen Einfluß auf Lenin hatte. Lenin vertraute ihm uneingeschränkt. Dserschinskij imponierte Lenin nicht allein durch seine Tüchtigkeit, sondern auch dadurch, daß er Lenins Theorie der Gewalt bis zum Letzten in die Praxis umsetzte, ohne die geringste Konzession, ohne vor Blutvergießen oder Terror zurückzuschrecken, wobei er diese kalte Grausamkeit mit einer hohen persönlichen Moral verband. Und so entstand in der Geschichte der sowjetischen Gesellschaft der Kult des Heiligen Henkers. Dieser Kult wurde außerordentlich bedeutsam, sowohl für den Staat als Ganzes als auch für die Entwicklung seiner Straf- und Vollzugsorgane, besonders des Tscheka-Apparats. Nicht weniger bedeutsam ist sein erzieherischer Aspekt. Dserschinskij wurde zum Prototyp des »neuen Menschen« stilisiert, dem man nachstreben sollte. Heute noch gilt er als Beispiel für die Jugend. Denn Lenin kann nicht nachgeahmt werden. Lenin ist die unvergleichliche Übergröße des kommunistischen Wertsystems. Er ist ein Genie, wie es die Weltgeschichte noch nie gesehen hat. Es können nicht alle Genies oder Führer und Politiker dieses Kalibers werden, aber solche »Ritter der Revolution« wie Felix Dserschinskij braucht man unbeschränkt viele, und deshalb darf und soll Dserschinskij imitiert werden. Deshalb läßt Majakowskij 1927 in seinem Poem *Gut!* den Schatten oder das Gespenst Dserschinskijs erscheinen und geht an seiner Seite nachts über den Roten Platz:

Im verknitterten Uniformmantel,
mit spitzem Bärtchen,
geht jemand vorbei,
eisern und sehnig.

Das ist niemand anders als der »Eiserne Felix«, dessen Gestalt und Lebensweg der sowjetischen Jugend künftig als Leitstern dienen sollen:

Wenn ein Jüngling
entwirft
seinen Lebensplan,
entscheidet
nach wessen Beispiel er leben soll,
rate ich ihm
ohne zu zögern:
– Mach' es so
wie Genosse Dserschinskij.

Wenn man sich die Empfehlung Majakowskijs genau ansieht, wird es einem unheimlich: Sie besagt, daß man niemand anderem als einem Henker nachzustreben habe. Das Beispiel Dserschinskij für die sowjetische Jugend bedeutet: im Namen der Revolution und des Kommunismus alles in Kauf nehmen und zu jedem Opfer bereit sein.

Vor allem muß sie ihr reines Gewissen opfern und, wenn es von ihr verlangt wird, Tschekist, Denunziant, Spion oder Henker werden. Denn in diesem Sich-Hinwegsetzen über die eigene Person, über den natürlichen Abscheu vor Blutvergießen, über das private Gewissen – in alledem besteht die höchste revolutionäre Moral. War doch auch Majakowskij ein Mann mit ausgeprägten ethischen Grundsätzen, der ein reines und empfindsames Herz besaß. Aber als wahrer Revolutionär wußte er, daß der Weg in die schöne Zukunft über Blut und Schmutz führt. Und damit die Gewalt in der Welt für immer verschwindet, muß die schlimmste Gewalt ausgeübt werden – gegen sich selbst und gegen andere. Um die Gefängnisse überall niederzureißen, muß erst ein neues großes Gefängnis, eine Besserungsanstalt für die Menschheit erbaut werden. Und dafür braucht man viele Dserschinskijs...

Majakowskij steht mit seiner Interpretation keineswegs allein, sondern er spricht für die gesamte Zivilisation neuen Typs und für ihren Moralkodex. Ich verweise auf das Gedicht eines anderen sowjetischen Dichters – Bagritzkijs, das ebenfalls Dserschinskij gewidmet ist. Dieses Gedicht, »Tbc«, entstand 1929. Es erzählt von einem Dichter, der an Tuberkulose erkrankt ist, von einem Menschen, der vor Müdigkeit zusammenbricht und die ganze Welt abstoßend findet, der arbeiten muß, aber dazu keine Kraft mehr hat. (Bagritzkij litt an schwerem Asthma, das Gedicht hat autobiographische Züge.) Und plötzlich erscheint Dserschinskijs Geist:

> Spitz und schmal das Gesicht,
> Spitz der Bart...

Er setzt sich zu dem Kranken auf den Bettrand und belehrt ihn, alles Persönliche sei zu überwinden und nur die Forderungen der Ära seien zu erfüllen. Der Hinweis auf die Ära ist äußerst charakteristisch. Denn sowohl in der Selbsterziehung als auch in der

Erziehung der Masse läßt sich der »neue Mensch« nicht von eigenen, subjektiven Motiven, sondern von historischen Gesetzen leiten. Das heißt, es liegt nicht an uns – unsere Ära, unser Jahrhundert, unsere Zeit, die Revolution machen ein grausames Verhalten erforderlich, wie schwer es uns auch fällt. Und durch Dserschinskij spricht die Stimme der Ära zu Bagritzkij:

> Einsamkeit ist ein Zeichen der Zeit.
> Du siehst dich um – ringsum Feinde;
> Du streckst die Hand aus – nirgends ein Freund;
> Aber wenn sie sagt: ›Lüge!‹ – so sollst du lügen,
> Und wenn sie sagt: ›Töte!‹ – so sollst du töten.

In der sowjetischen Literatur und im Privatleben der Schriftsteller der zwanziger und dreißiger Jahre beobachten wir eine seltene und in der Literaturgeschichte unübliche Erscheinung: die Freundschaft zwischen Schriftstellern und Tschekisten. Engen Umgang mit Tschekisten als Freunden und Kennern der Literatur pflegten Majakowskij, Bagritzkij, Swetlow, Lugowskoj, Babel und Maxim Gorkij. Über die Tschekisten als eine besondere, eine neue Menschenrasse schrieben viele Autoren: Hier spürt man ein inneres Streben der Literatur zu Menschen dieses Typus und dieser Profession, zu Menschen, die hohe und geheimnisvolle Vollmachten besitzen. Man könnte von einer seelischen Wahlverwandtschaft zwischen Menschen der sowjetischen Elite sprechen – von treuen Schriftstellern und Tschekisten in Spitzenstellungen. Sowohl die einen als auch die anderen haben es berufsmäßig mit Menschen zu tun, mit ihrer vielfältigen und komplizierten Psyche, die Feingefühl verlangt und die Fähigkeit, in menschlichen Herzen zu lesen.

Die einen und die anderen stehen vor der Aufgabe, die Menschheit einer Korrektur zu unterziehen, mit Hilfe des Wortes oder durch unmittelbare Einwirkung. Die Schriftsteller werden »Ingenieure der menschlichen Seele« genannt, die Tschekisten »Chirurgen der menschlichen Seele«. Die Tschekisten genießen den Vorzug, daß ihnen die schwerste und verantwortlichste Arbeit auferlegt wurde. Irgendwelche moralischen Hemmungen im Verkehr mit Tschekisten stellen sich bei einem Schriftsteller, wie bei dem Sowjetmenschen überhaupt, nicht ein. Denn es wird vorausgesetzt, daß die Tschekisten besonders moralisch seien, Ritter ohne Furcht und Tadel, die die Errungenschaften der Revolution hüten. Weniger als allen anderen eignet ihnen egoistisches Profitdenken. Der Tschekist muß, wie Dserschinskij seine Männer belehrte, über drei Haupteigenschaften verfügen: einen kühlen Kopf (überlegene Ruhe, präzises Kalkül), ein flammendes Herz (das heißt, Glaube und blinde Ergebenheit) und reine Hände (bei seiner Arbeit darf der Tschekist keinerlei private Zwecke verfolgen, d. h. Schmiergelder nehmen, sich fremdes Eigentum aneignen und ähnliches). Der Umstand, daß diese reinen Hände blutbefleckt waren, brachte keinen aus der Fassung, weil gegen moralische Grundsätze nur im Interesse der allgemeinen Sache verstoßen wurde und damit das Handeln in den Augen der Gesellschaft gerechtfertigt war: der Tschekist hat es schwerer als jeder andere. Ein Todesurteil zu verhängen und es auch noch zu vollziehen, ist nicht besonders angenehm und verlangt einen immensen Willen, Selbstbeherrschung und größte Selbstüberwindung. Bagritzkij sagt über Dserschinskij:

> O Mutter Revolution! Nicht einfach
> Ist die dreikantig geschliffene Aufrichtigkeit des Bajonetts.

1927 schrieb der Dichter Michail Swetlow »Das Festgelage«, das übrigens zu seinen besten Gedichten zählt. Er beschreibt eine durchzechte Nacht, aber eine sehr romantisch durchzechte Nacht. Der Dichter ist zu einem kleinen Fest in hohen Kreisen eingeladen, auf dem sich Kommandeure der Roten Armee und Tschekisten zusammengefunden haben. Alles Männer, die auf das Jahr 1917, auf den Bürgerkrieg und auch auf die künftigen Kämpfe und Märsche anstoßen. Der Autor und die übrige Runde sind in eine Atmosphäre von Melancholie, Begeisterung und Rührseligkeit eingehüllt, wie es in Männergesellschaften dieser Art ja häufig ist. Aber merkwürdigerweise beziehen sich diese Begeisterung und Melancholie meistens auf die Grausamkeiten und Gewaltakte, die diese roten Kommandeure hinter sich haben. Und deshalb klingt in der Gefühlsschwelgerei eine schmerzvolle Note an: Es ist doch eine beklagenswerte historische Notwendigkeit, Städte niederzubrennen, zu foltern und zu morden. Der Autor spricht einen der Anwesenden an:

Erzähl' mir doch bitte,
Mein lieber,
Mein schüchterner Freund,
Erzähl' mir doch,
Wie Poltawa in Flammen stand,
Wie Djankoj zitterte,
Wie Saratow das letzte,
Das allerletzte Kreuz schlug...

Offensichtlich hat dieser schüchterne Genosse manche russische Stadt auf dem Gewissen. Und dann wendet sich Swetlow an den nächsten Zechbruder und bittet ihn, zu erzählen.

Wie ohne einen Krumen Brot,
Wie ohne einen Tropfen Wasser
Das entwaffnete
Fahnenjunker-Regiment
Schmachtete.

Aber der erste, wichtigste und begeistertste Trinkspruch des Dichters gilt dem Tschekisten Orlow:

Auf dein Wohl, Genosse Orlow,
Vorsitzender der Tscheka!
Mag sich der Himmel bewölken
In geheimer Unruhe –
Das sind zersplitternde Sterne
Unter dem Stoß des Bajonetts,
Diese Nacht ist gnadenlos,

Wie deine Unterschrift.
Auf dein Wohl, Genosse Orlow,
Auf den neuen Feldzug!
Bald sprengen die Rosse
Tollkühner Tage daher,
Der Urteilsspruch verklingt,
Die Mandoline singt,
Und die Posaune beugt sich über sie
Wie ein Henker...

Diese Verbrüderung der Dichter mit den Henkern, die Poetisierung der schweren Tschekistenarbeit, der Mythos der Gewalt und die Verneinung moralischer Gesetze im Namen der höchsten kommunistischen Moral – das alles nahm ein schlechtes Ende für die Dichter, für das Volk und sogar für manchen Henker, der seinerseits als Volksfeind an die Wand gestellt wurde. Unter der Feder der Geschichte nahm der »neue Mensch« bestialische Züge an. 1936, kurz vor der Katastrophe, äußerte Bucharin bei einem Besuch in Paris in einem Privatgespräch ernste Bedenken über die allgemeine Richtung der sowjetischen Geschichte und der Parteipolitik. Offenbar ahnte er seine eigene Hinrichtung und wiegte sich nun in nostalgischen Gefühlen gegenüber der vergessenen allgemeingültigen menschlichen Ethik. Er war es ja, der Anfang der zwanziger Jahre eine radikale Umformung der menschlichen Psyche im Geiste des Kommunismus gefordert und darin die Hauptaufgabe der sowjetischen Gesellschaft gesehen hatte: die »planmäßige Vorbereitung des neuen Menschen«. Mitte der dreißiger Jahre war diese planmäßige Vorbereitung abgeschlossen, und plötzlich erinnerte sich Bucharin wieder an die Ethik. Sein Pariser Gesprächspartner (Nikolajewskij) war dermaßen verblüfft, daß er zurückfragte: »Nikolaj Iwanowitsch, Sie glauben doch nicht etwa an die Zehn Gebote?« Bucharin antwortete: »Sie sind keineswegs so verkehrt, diese Zehn Gebote.« Diese eine Antwort Bucharins enthält eigentlich das Zugeständnis, daß das gesamte Erziehungssystem der Sowjetmenschen, ja, der gesamte moralische kommunistische

Kodex unzureichend ist. Aber nun war der Augenblick verpaßt, sich an die biblischen Gebote zu erinnern. Und es wollte sich ja auch keiner an sie erinnern, ausgenommen diejenigen, die den Tod vor Augen hatten. Der »neue Mensch« aber war bereits da, und dieser »neue Mensch« plapperte wie ein Papagei ein anderes Gebot:

> Aber wenn sie sagt: ›Lüge!‹ – so sollst du lügen,
> Und wenn sie sagt: ›Töte!‹ – so sollst du töten . . .

Dabei ist diese gewichtige »sie«, die das Töten und Lügen befiehlt, im Lauf der Zeit merklich eindeutiger geworden, es ist nicht mehr das zwanzigste Jahrhundert, nicht mehr »die Ära«, nicht mehr die historische Notwendigkeit, sondern Genosse Stalin persönlich. Oder noch simpler: Es ist jeweils der Vorgesetzte, der am besten weiß, worin im gegebenen Augenblick die Pflicht des Sowjetmenschen besteht. Und schließlich verwandelte sich der moralische Imperativ der Revolution, der jede Manipulation mit dem eigenen Gewissen heiligt, in schlichten Konformismus und Untertänigkeit. Und der »neue Mensch« entpuppte sich als ganz gewöhnlicher Befehlsempfänger, als anpassungsfähiger Sklave, als mechanischer Vollstrecker eines fremden Beschlusses . . .

Die Rolle und Stellung der Intelligenzija

Wendet man sich dem konkreten Entstehungsprozeß des »neuen Menschen« zu, so stößt man auf eine interessante Gesetzmäßigkeit. Einer der gefährlichsten Gegner wurde auf einmal die Intelligenzija, oder, wie man sie in den zwanziger Jahren zu titulieren pflegte, die alte, die »bourgeoise« Intelligenzija. Auf den ersten Blick scheint das seltsam und unerklärlich, denn die Intelligenzija verfügte über keinerlei materielle oder physische Macht, sie hatte weder eine Stimme noch die Möglichkeit, sich zu äußern, und befand sich selbst in der schwersten inneren Krise. Sie litt unter einer Art Bewußtseinsspaltung und fühlte sich zwischen den Lagern hin- und hergerissen. Nichtsdestoweniger galt sie als der natürliche Feind der siegreichen Klasse und des »neuen Menschen«, als wäre sie von einer Urschuld gezeichnet. Die Bestätigung dafür findet sich in zahlreichen sowjetischen Romanen, die in den zwanziger und zu Beginn der dreißiger Jahre entstanden und der Intelligenzija gewidmet waren, genauer dem Thema: Intelligenzija und Revolution. Zum Beispiel *Städte und Jahre* von Konstantin Fedin, *Der Neid* von Jurij Olescha, *Das Leben des Klim Samgin* von Gorkij. Die Verfasser dieser Bücher gehörten meistens selber zur Intelligenzija. Aber sie hatten sich bereits der siegreichen Klasse angeschlossen, ihre Positionen übernommen, und traten deshalb mit Kritik und Entlarvung der Intelligenzija hervor. So entstand der Eindruck, daß nicht die von der Revolution überrannte und schließlich liquidierte Bourgeoisie, sondern ausgerechnet die Intelligenzija der minderwertigste Teil der Gesellschaft sei. Das Sündenregister ist riesig: Individualismus, Humanismus, Verweichlichung, Rückgratlosigkeit, Kompromißbereitschaft, Indifferenz, Parteilosigkeit, Reflexion, Skeptizismus, Liberalismus usw. ... Aber alle diese verschiedenen Sünden führen kraft historischer Notwendigkeit schließlich zum selben Ziel – dem Verrat. Dabei handelt es sich keineswegs um den reaktionären oder konservativen Teil der Intelligenzija, der an der alten Ordnung festhält oder sich der weißen Bewegung angeschlossen hat, sondern um den liberal oder sogar revolutionär gesinnten. Und gegen ihn vor allem richtet sich der Unwille des »neuen Menschen«. Seine Logik ist dabei ganz einfach – ein Liberaler oder ein Opportunist ist gefährlicher als der erklärte Feind. Denn aus Halbherzigkeit und ähnlichen intelligenzlerischen Lastern verrät er die Sache der Arbeiterklasse. So sympathisiert der Held in Fedins Roman *Städte und Jahre* mit der Revolution, aber charakterschwach und selbstbezogen wie er ist, unterliegt er dem Mitleid mit seinem Feind, verhilft ihm zur Flucht und wird dadurch zum Verräter, den die gerechte Strafe durch Erschießen ereilt. Eine Situation, die für die sowjetische Literatur jener Zeit typisch ist. Die sowjetische Literatur rechnet mit der Intelligenzija ab, indem sie ihr einen steinharten Proletarier, einen Revolutionär der Lenin-Schule, einen Bolschewik oder einen Tschekisten gegenüberstellt. Oder sogar einen einfachen Bauern, der ungehobelt, unwissend, zu anarchischen Ausfällen neigend, ein Säufer und Sittenstrolch ist, aber zugleich ein treuer Soldat der Revolution und daher reiner und aufrechter als ein intelligenzlerischer Leisetreter.

Man erkennt sofort, daß sich hinter dieser dauernden Herabsetzung der Intelligenzija eine erzieherische und sogar auch eine selbsterzieherische Aufgabe versteckte. Der »neue Mensch« sollte jeden, selbst den leisesten Anflug des intelligenzlerischen Idealismus in sich überwinden, unter anderem auch die allgemein menschliche Ethik, die von nun an pejorativ als »abstrakter Humanismus« bezeichnet wird. Ebenso jeden Zweifel an der Richtigkeit der Parteilinie, das heißt, eigenes Nachdenken, Prüfen, Kritisieren, das Pochen auf persönliche Freiheit und Unabhängigkeit. Es war nicht die Intelligenzija als solche, die als Bedrohung der menschlichen Gesellschaft angesehen wurde, sondern die intellektuellen, moralischen und geistigen Fragen, die sich in jedem Menschen regen. Sie waren es ja, die das Bild des wankelmütigen Intelligenzlers prägten, der nun das Hauptangriffsziel der sowjetischen Literatur darstellte. Genaugenommen richtete die Literatur den Angriff gegen den Menschen im allgemeinen und gegen sich selbst im besonderen, gegen die Relikte des intelligenzlerischen Charakters jeder literarischen Tätigkeit. In der Tat, wenn Dserschinskij zum moralischen Vorbild erhoben wird, muß jede Weigerung, seinem Beispiel zu folgen, als Verrat an der Revolution angesehen werden, und die Literatur ging daran, den Leser und auch sich selbst durch das Schreckgespenst der Verräterei einzuschüchtern: Ein Zeichen von Mitleid – und du bist ein Verräter; ein Abseits vom Klassenkampf – und du bist ein Verräter; ein Beharren auf persönlicher Unabhängigkeit oder Loyalität – und du bist ein Verräter.

Allerdings war die russische Intelligenzija vor der neuen Gesellschaft keineswegs schuldlos. In erster Linie bestand diese Schuld in ihrer bekannten Inkonsequenz. Denn vor der Revolution war sie im großen und ganzen sehr demokratisch gewesen, revolutionär gestimmt, von Mitleid und Liebe zum einfachen Volk erfüllt. Sie hatte an den schönen, wenn auch nebulösen Sozialismus geglaubt und von dem »neuen Menschen« geträumt, der plötzlich erscheinen und sie durch sein Erscheinen erlösen würde. Aber als dieser Mensch da war und die Erschießungen kein Ende nehmen wollten, floh sie entsetzt. Die neue Gesellschaft aber nahm ihr diese Inkonsequenz übel und erklärte den Mangel an Konsequenz für Verrat.

Schon 1909 nannte Lenin den soeben erschienenen Almanach *Wechi* eine »Enzyklopädie des liberalen Renegatentums«. Diese Formulierung gilt für die sowjetischen Historiker bis heute, obwohl die »Enzyklopädie« und das »Renegatentum« das Werk einer kleinen und gemäßigten Gruppe waren, die sich nach den blutigen Ereignissen von 1905 und 1907 zu einer Revision der intelligenzlerischen Tradition entschlossen hatten und nach einem dritten Weg zwischen den beiden Extremen, der zaristischen Reaktion einerseits und der Revolution andererseits, suchten. Die Autoren dieses kleinen und in seiner Art einzigartigen Almanachs riefen die Intelligenzler zu einer ruhigen schöpferischen Arbeit auf, zum Verzicht auf revolutionäre Besessenheit und Despotismus, zur Suche nach konstruktiven Lösungen an Stelle von nihilistischer Verneinung oder konservativem Festhalten am Überlieferten. Gleichzeitig aber erinnerte *Wechi* an die ewigen Werte der Religion, der Ethik und der menschlichen Persönlichkeit. Das genügte, um von Lenin des Verrats bezichtigt zu werden. Als wäre es selbstverständlich gewesen, daß die gesamte liberale Intelligenzija Lenin auf seinem Weg zur künftigen Diktatur blind folgen würde. Aber so ist eben die bolschewistische Logik: Wer nicht mit uns ist, der ist ein Renegat.

Das alles wiederholte sich nach 1917 in unvergleichlich größeren Maßstäben. Nachdem sie die Freiheit und die Demokratie verraten, die Pressefreiheit abgewürgt und den Massenterror eingeführt hatten, erwarteten die Bolschewiki, daß die Intelligenzija sie freudig begrüßte. Aber es gehörte ja gerade zu ihrer liberalen und humanen Natur, daß sie sich darüber nicht freuen konnte, sondern nur vor Angst zitterte, im stillen grollte und die eigenen Ideale beweinte, ohne sich zwischen Rot und Weiß endgültig zu entscheiden, womit sie den eigenen Wankelmut und mangelnde Standfestigkeit unter Beweis stellte. Aber das lag nicht nur an der Schwäche und Unentschlossenheit der Intelligenzija bei der Wahl zwischen zwei Übeln, sondern auch an ihrer hohen Prinzipientreue, ihrer Ethik und geistigen Stabilität. Bei dieser Gelegenheit möchte ich an den Dichter Maximilian Woloschin erinnern. Er wohnte auf der Krim, die in den Jahren des Bürgerkriegs bald den Roten, bald den Weißen in die Hände fiel. Und jeder Sieg wurde mit blutigen Exzessen gefeiert. Woloschin, der selbst weder rot noch weiß war, betrachtete diesen Bruderkrieg als Akt einer welthistorischen Tragödie. Aber die Position des »Beobachters«, des Denkers, des Weisen hinderte ihn nicht daran, jedem zu helfen, der gerade in Gefahr war. Unter Einsatz des eigenen Lebens rettete er die Roten vor den Weißen und die Weißen vor den Roten. Das heißt, er rettete den einzelnen, den konkreten Menschen ungeachtet seiner Partei- oder Klassenzugehörigkeit. Der weite historiosophische Blick und seine grundsätzliche Toleranz ermöglichten ihm die Erkenntnis, daß in diesem schrecklichen Krieg jeder auf seine Weise recht und unrecht hatte, die Roten wie die Weißen, und daß das Schrecklichste der unversöhnliche Haß gegen jeden Andersdenkenden war, der beide gleichermaßen beherrschte:

Und hier und dort, inmitten der Reihen
Erklingt derselbe Ruf:
»Wer nicht für uns ist – ist gegen uns!
Niemand darf gleichgültig bleiben! Die Wahrheit ist unser!«

Ich stehe unter ihnen allein,
Inmitten brüllender Flammen und Qualm,
Und bete aus aller Kraft
Für die Einen und für die Anderen.

Aber unter den Bedingungen der triumphierenden Revolution galt das Beten »für die Einen und für die Anderen« als Heuchelei und Verbrechen, als Verwischen der sozialen Gegensätze – die Lehre vom Klassenkampf, die wichtigste Waffe der Revolution, wurde damit außer Kraft gesetzt. In diesem Sinn ist ein weißer Offizier, der auf die Roten schießt, weniger schlimm als ein konformistischer Intelligenzler, der überhaupt nicht schießen will, und zwar aus verwaschenen humanistischen Erwägungen heraus. Denn der weiße Offizier bestätigt mit jedem Schuß die Theorie des Marxismus-Leninismus und rechtfertigt die Anwendung von Gewalt, während der Intelligenzler mit seiner politischen Indifferenz das ganze Spiel verdirbt und damit ein regelrechtes Sakrileg an der proletarischen Religion begeht.

Interessanterweise taucht das Problem der Intelligenzija innerhalb der Revolution immer wieder auf. Vierzig Jahre nach Woloschins Gedicht trat Pasternaks Roman *Doktor Schiwago* seinen Siegeszug um die Welt an. Und einige Jahre später wurde Pasternak durch diesen Roman zum geistigen Vater und Vorläufer der sogenannten Dissidenten. Und wieder hagelte es von der sowjetischen Tribüne Beschuldigungen und Beschimpfungen gegen ihn und andere Intelligenzler. Pasternaks »Verrat« bestand darin, daß sein Held, Jurij Andrejewitsch Schiwago, während des Bürgerkriegs weder auf die Weißen noch auf die Roten schießen wollte und, entsetzt über die beiderseitigen Grausamkeiten, für beide »betete«, um Woloschin zu zitieren. Als Dementi auf die Botschaft der sowjetischen Literatur, die so lange und mit solchem Nachdruck die Intelligenzija wegen ihrer Schlaffheit und Kompromißbereitschaft beschimpft und verhöhnt hatte, zeichnete Pasternak das Bild eines Intelligenzlers reinsten Wassers, sein trauriges Schicksal in der neuen Gesellschaft und sein besonderes Heldentum. Es war das Heldentum des Nicht-Tötens, der ethischen Resistenz gegenüber dem Gesetz des Klassenkampfes, demzufolge die Menschen aus parteipolitischen Differenzen aufeinander losgehen, sich gegenseitig umbringen und dies zur allgemeinen Pflicht erklären. Besondere Empörung rief in der sowjetischen Presse die bekannte Episode des Romans hervor, in der der Held als Arzt von Partisanen entführt und gezwungen wird, sich an einem Kampf zu beteiligen. Da schießt dieser Intelligenzler, der keinen töten will, absichtlich in die Luft. Ich erinnere mich an die grenzenlose Empörung des sowjetischen Schriftsteller-Offiziers Konstantin Simonow. Hinter seinem Wortschwall stand die übliche Auffassung: Es wäre besser gewesen, wenn er, Schiwago-Pasternak, auf seiten der Weißen gestanden und auf die Roten geschossen hätte, als diese völlig unbestimmte »verräterische« Position zu beziehen. Das Übel bestand darin, daß für den sowjetischen Staat und seine Gesellschaft schon lange nicht mehr die Weißen oder die Bourgeoisie oder der Weltimperialismus die schlimmsten Feinde waren. Sein Feind war jetzt die reine Menschlichkeit geworden, die mangelnde Bereitschaft zum Kampf. Daher die Angriffe gegen die alte Intelligenzija.

Zu dieser klassenbedingten Abwertung, die keinerlei Zwischentöne zuließ, kam die psychologisch begründete durch die Menschen der neuen Rasse. Diese Ablehnung hatte verschiedene Wurzeln. Eine von ihnen lag in der inneren Komplexität, Widersprüchlichkeit und Unüberschaubarkeit der eigentlichen Natur des Intelligenzlers. Ich spreche selbstverständlich von dem klassischen Typus, der uns aus der russischen Literatur des neunzehnten Jahrhunderts wohlvertraut ist. Seine Komplexität ergab sich aus seiner Position in dem weiten geistigen Raum zwischen dem einfachen Volk und der zaristischen Bürokratie, zwischen Ost und West, Rußland und Europa. Der Intelligenzler ließ schon immer mehrere Wahrheiten gelten, unterzog alles zwischen Himmel und Erde, einschließlich seiner eigenen Person, dem Zweifel und der Analyse und wurde mit Recht eine »kritisch denkende Persönlichkeit« genannt. Dieser psychologische Typ war von Anfang an in der Welt des Sozialismus, die auf eindeutigen und unmißverständlichen Fundamenten errichtet war, unerwünscht und suspekt. Was heißt Komplexität, wenn es eine Wahrheit gibt, die objektiv und in ihrer wissenschaftlichen Unfehlbarkeit absolut ist?

Außerdem waren intellektuelle Enge und Geradlinigkeit die Voraussetzungen für den Sieg des Bolschewismus. Bezeichnenderweise ist es der Begründer der neuen literarischen Dynastie des sozialistischen Realismus, Maxim Gorkij, der an der Schwelle des zwanzigsten Jahrhunderts einen neuen Helden, den proletarischen Revolutionär, geschaffen und ihn in dem Drama *Die Kleinbürger* (1901) begeistert gepriesen hat: »Nur diese Menschen, gerade und hart wie ein Schwert, nur diese Menschen werden gewinnen.« Und zur selben Zeit überschüttete Gorkij die Intelligenzija mit herber Kritik, weil sie zu kompliziert, innerlich verworren und nicht zu fassen sei.

Später freilich, während der Revolution und des Bürgerkriegs, angesichts des Terrors und der Hungersnot, wachte Gorkij auf und setzte sich für die Intelligenzija ein. Voll Schrecken verkündete er, das Wertvollste an Rußland sei seine Intelligenzija. Aber das war nur eine kurze, vorübergehende Sinnesverwirrung, oder nach der immer noch gültigen Meinung der sowjetischen Literaturgeschichte, ein »Irrtum« Gorkijs, den er bald eingesehen und korrigiert hat. Schon Mitte der zwanziger Jahre, nachdem er die Revolution und den Sozialismus in Rußland akzeptiert hatte, ruft Gorkij abermals zur Hetzjagd auf die Intelligenzija auf und führt sie sogar an. Diesem Thema widmet er seinen dickleibigen Roman *Das Leben des Klim Samgin*. Klim Samgin ist der Repräsentant des durchschnittlichen Intelligenzlers der vorrevolutionären Epoche. Ein Mensch, der sämtliche ideologischen und politischen Strömungen des ausgehenden neunzehnten und beginnenden zwanzigsten Jahrhunderts überschaut, in sich aufgenommen und zu einem grauen, farblosen Fleck vermischt hat. Eine Verkörperung der Intelligenzija, die keinen festen Standpunkt besitzt, die in die Irre läuft, in die Irre führt und zwischen liberalen und reaktionären Ansichten hin und her schwankt. Letzten Endes ist Klim Samgin ein potentieller Verräter und der Hauptfeind der Revolution, obwohl er gar nichts tut und niemals kämpft, sondern nur spekuliert und kluge Reden hält. Aber gerade darin besteht sein verräterisches Wesen.

Gorkijs Roman blieb unvollendet. Als er 1936 unter bis heute ungeklärten Umständen starb, setzte das Regime die offizielle Legende in Umlauf, er sei von den Volksfeinden ermordet worden. Dies war eine der Provokationen, die die Schauprozesse der Jahre 1937 und 1938 nach sich zogen. Aber Gorkij selbst war daran, ohne es zu wollen, nicht ganz unschuldig, da er während des letzten Jahrzehnts die Intelligenzija des Verrats und der Subversion bezichtigt hatte. Und nun sah es so aus, als hätten diese Feinde, die Klim Samgins, es ihm heimgezahlt. Konstantin Simonow kommentierte Gorkijs Tod und auch die Schauprozesse mit Gedichten im Geiste jener Epoche:

> Mit gnadenlosem Todesurteil
> Vollendeten wir Klim Samgin.

Damit war die Geschichte der Intelligenzija abgeschlossen. Sie wurde liquidiert, in erster Linie wegen ihrer intellektuellen und psychologischen Komplexität und gefährlichen Toleranz.

Natürlich konnte das Sowjetregime, besonders in den ersten Jahren, auf die alte Intelligenzija schlecht verzichten, am wenigsten auf dem Gebiet der Naturwissenschaften und Technik. Aber indem der Staat die Intelligenzija nutzbringend einsetzte, bemühte er sich, ihre intellektuellen Ambitionen einzuschränken, und veranlaßte sie, ihre philosophisch-weltanschaulichen Bedürfnisse ausschließlich mit Marxismus-Leninismus zu befriedigen. Kurz, der Staat setzte alles daran, die Intelligenzija umzuerziehen und sie nach dem Bild des »neuen Menschen« auszurichten. Bucharin äußerte sich 1925 zu diesem Thema ziemlich unverblümt, und zwar anläßlich einer Diskussion über das Schicksal der russischen Intelligenzija. Der angesehene Philologe Professor P. Sakulin erkühnte sich, zu behaupten, das neue Regime trachte nach »der Freiheit der wissenschaftlichen Forschung«, was die Entwicklung der russischen Wissenschaft ungünstig beeinflussen müsse. Bucharin, der markanteste Vertreter der Intelligenzija unter den revolutionären Führern (zwölf Jahre später sollte er dafür mit dem Leben bezahlen), antwortete persönlich auf diesen intelligenzlerischen Fauxpas. Der Revolutionär (ein Intelligenzler) sagte dem Wissenschaftler (einem Intelligenzler): »Sobald man von der Freiheit der Forschung spricht, erhebt sich bei uns die Frage nach der freien Propaganda für die Monarchie (die wissenschaftliche Intelligenzija hatte 1925 nicht die geringste Absicht, die Monarchie zu propagieren. Bucharin benutzte den üblichen demagogischen Trick, mit dem die armen Intelligenzler in Schach gehalten wurden: Ach so, ihr seid mit unserem Regime nicht einverstanden? Ihr wünscht die Freiheit der wissenschaftlichen Forschung? Das heißt, ihr wünscht euch den Zaren zurück? Das heißt, ihr seid Monarchisten? Das heißt, ihr möchtet ganz Rußland mit Galgen übersät sehen? Das heißt, ihr seid Volksfeinde! Später bediente sich Stalin derselben Dialektik gegen Bucharin, A. S.) oder auf dem Gebiet der Biologie für den Vitalismus oder auf dem Gebiet der Philosophie für den Idealismus Kantischen Zuschnitts. Bei soviel Freiheit würden die Absolventen unserer Hochschulen sowohl in Prag als auch in Moskau arbeiten können. Wir aber wünschen solche Akademiker, die nur in Moskau arbeiten können ... Für uns ist es unerläßlich, daß die Kader der Intelligenzija ideologisch auf bestimmte Weise trainiert sind, ja, wir werden die Intelligenzija stanzen, wir werden sie produzieren, wie eine Fabrik ...«

Aber ein gestanzter Intelligenzler ist kein Intelligenzler mehr, sondern ein gewöhnlicher sowjetischer mechanischer Befehlsempfänger mit engem Fachwissen. Und je enger, je simpler, desto besser. Bucharin macht sich nicht die geringsten Sorgen darüber, daß das Niveau der russischen Wissenschaft auf dem Weltmarkt sinken könnte. Wir brauchen eine Schablone.

Man muß zugeben, daß die Masse der Intelligenzija der Schablone nicht allzu lange Widerstand leisten konnte. Denn alle interessanten und sinnvollen Arbeitsbereiche, sämtliche Zugänge zu Wissenschaft, Kunst, Presse und Bildung befanden sich in den Händen des Staates. Es lief darauf hinaus: Entweder man stirbt oder man imitiert den »neuen« gestanzten Menschen. Aber diese Rolle war keineswegs einfach. Sie setzte voraus, daß man seiner eigenen Persönlichkeit, seiner Vergangenheit, seinem Milieu abschwor. Und nun beginnen der Calvarienweg und die fortgesetzte Selbstbezichtigung der Intelligenzler im Angesicht der siegreichen Klasse. Darin bestand und besteht noch heute die Umerziehung oder die Überwindung des »alten Adam« im Namen einer neuen Karriere. Dieser Prozeß durchzieht die gesamte sowjetische Geschichte.

Es wäre jedoch falsch zu glauben, daß die Umerziehung der Intelligenzija in jedem Fall erzwungen oder geheuchelt gewesen wäre. Viele waren aufrichtig von der Revolution mitgerissen und strebten freiwillig, sogar begeistert, nach echter Verwandlung. Außer den hohen und fesselnden kommunistischen Idealen wirkte dabei noch etwas Spezifisches mit, das schon immer die russische Intelligenzija charakterisiert hatte – das Schuldgefühl gegenüber dem Volk. Diese Schuld bestand darin, daß das Volk arbeiten, Not leiden und unwissend bleiben mußte, während die Intelligenzija sich sämtlicher Wohltaten der Bildung und Zivilisation erfreute. Dieses Gefühl wurde zu einer unerträglichen Last, die Verschuldung schien kaum rückzahlbar. Im neunzehnten Jahrhundert erfreute sich ein Begriff, der die Psyche der russischen Intelligenzija zum Ausdruck brachte, besonderer Beliebtheit – der »büßende Adel«. Zum »büßenden Adel« gehörte der beste Teil des gebildeten Rußland.

Eine Vielfalt von Erscheinungen und Tendenzen der Gesellschaft ist darauf zurückzuführen: Ins-Volk-Gehen, revolutionärer Radikalismus, Tolstojs »einfaches Leben« und Mitleid mit den »Armen Menschen«. Aber der größte Teil des »büßenden Adels« fand keinen Platz im Leben und verlor sich in Selbstzerknirschung, Selbstvorwürfen und qualvoller Selbstanalyse. So entstand in der russischen Literatur der Typus des »überflüssigen Menschen«, dem zentrale Bedeutung zukommt.

Während der Revolution hatten einige Intelligenzler, die zu dem psychologischen Typus des »überflüssigen Menschen« gehörten, plötzlich ein Wirkungsfeld für ihre Energie gefunden. Revolution und Sozialismus verführten sie durch die Möglichkeit, Nützliches zu tun.

Ein besonders interessantes Dokument zu diesem Thema finden wir bei Marietta Schaginjan, einer Dichterin aus dem Kreise der Dekadenten, später eine angesehene sowjetische Schriftstellerin, die sich auf die Parteilinie einstellte. Dieses Dokument entstand 1920 und trägt den etwas seltsamen Titel: »Über meine Arbeit als Textilinstrukteurin (Eine wahre Begebenheit).« Darin wird geschildert, wie Marietta Schaginjan unerwartet eine Verwendung für ihre Kräfte findet und mit welchem Glück sie dieser Umstand erfüllt. Dieses Glück bestand darin, daß sie – eine Intelligenzlerin und bourgeoise Lyrikerin – plötzlich eine reale Aufgabe, eine Arbeit fand. Es machte ihr überhaupt nichts aus, daß diese Arbeit mit ihrem Beruf nichts zu tun hatte. Nein, ganz im Gegenteil, für sie bestand gerade darin der Dienst am Volk:

»Der Absolutismus des Oktober bedeutete für uns die einzige wichtige Aufgabe auf Erden, vielleicht die erste und die letzte, die das Leben lebenswert macht. Etwas, wovon die Besten träumten, was ihnen als Vision erschien, was Inhalt ihrer Gebete war – die Sühne. Die Stunde der Buße schlug für jeden von uns, sie brach an und wurde Wirklichkeit. Sie mußte als Opfer verstanden werden und alles Folgende als von Glückseligkeit erfüllte Pflicht ... Wir erlebten die Oktoberrevolution als moralische Revolution. Diese forderte von uns ein ungewöhnliches Verhalten, jene totale, fanatische Selbstverleugnung, die auf verschiedene Weise bei verschiedenen Gelegenheiten eintritt, aber stets ein Wunder des Willens bezeugt: Der Lahme nimmt sein Bett und wandelt, der Reiche verschenkt seinen Besitz, der Mörder geht hin und gesteht seine Schuld ... Mit einem Wort, ohne moralische Wiedergeburt geht es nicht.«

Versuchen wir also, die moralische Verwandlung der Marietta Schaginjan und ihre neue Psychologie zu analysieren.

Erstens lebte in ihr die Schwermut des »überflüssigen Menschen«, der plötzlich eine Aufgabe findet, auch das Minderwertigkeitsgefühl des Intelligenzlers, der es nicht fassen kann, daß er zu einer realen Leistung fähig ist. Dies wäre auch ohne Revolution möglich gewesen. Jeder Mensch vollbringt in unerwarteten Lebenslagen, zum Beispiel in einer Notsituation oder im Krieg, wahre Wunder an Initiative, Kraft und Energie.

Zweitens hängt Marietta Schaginjans Freude nicht nur mit der Erfüllung einer Aufgabe zusammen, sondern mit der gemeinsamen Sache der Revolution, die welthistorische Bedeutung hat. Deshalb empfindet sie die Seligkeit der Selbstaufopferung: sie, Schriftstellerin von Beruf, opfert das Persönliche einer fremden, aber von allmenschlicher Bedeutung erfüllten Arbeit.

Und schließlich ist ihre Begeisterung dadurch verständlich, daß sie nur kurze Zeit die Rolle einer Instrukteurin spielen mußte. Wäre sie zeitlebens auf diesem Posten geblieben, so hätte sich ihr Enthusiasmus wahrscheinlich recht bald verflüchtigt. Millionen Menschen haben schon immer für die allgemeine Sache gearbeitet und tun es heute noch, ohne dabei in Verzückung zu verfallen. Gerade weil es sie nach der Feder drängte und sie zum Schreiben zurückkehrte, romantisierte sie diesen unspezifischen Abschnitt ihres Lebens.

Selbstverständlich fanden unter den neuen gesellschaftlichen Bedingungen viele Menschen eine Erfüllung in ihrer Arbeit. Aber die russische Intelligenzija, nicht als naturwissenschaftlich-technisch ausgebildete Kaste, sondern als weltoffen denkende Gesellschaftsschicht, ist beinahe völlig verschwunden. Denn man gab dem Menschen das Glück, etwas zu tun, aber man nahm ihm das charakteristische Bedürfnis, frei zu denken und zu sprechen.

Der Massenmensch

Wie scharf auch der Kampf gegen die Intelligenzija in den zwanziger Jahren geführt wurde, die Antwort auf die Frage nach dem »neuen Menschen« mußte anderswo gesucht werden. Denn es handelte sich nicht nur um eine geistige, sondern in erster Linie um eine soziale Auseinandersetzung. Es ging darum, ob das neue gesellschaftliche und staatliche System den speziellen psychologischen Typus des »neuen Menschen« hervorbringen könnte, von dem das weitere Schicksal des Sowjetstaates und auch das der Weltgeschichte abhing. In diesem Fall galt das Augenmerk nicht der Intelligenzija – das versteht sich. Und nicht einmal den Kommunisten, denn der Kommunist stellt gleichsam ein reifes, ideales Muster der neuen Menschenrasse dar. Aber die Kommunisten waren deutlich in der Minderheit und auf Unterstützung und Verstärkung angewiesen – durch die Masse. Deshalb wurde der Massenmensch zum Hauptobjekt des Interesses, der Erziehung und der Bemühungen, aber auch der höchsten Hoffnung und Zuversicht.

Die sowjetische, die sozialistische Gesellschaft entstand und errang ihren Sieg als Realisierung der marxistischen Lehre von den Klassen und dem Klassenkampf. Er wurde als lebendige Verkörperung des besonderen (klassenbedingten) Wesens des Proletariats, in beschränktem Maße auch des Bauerntums, aufgefaßt und ausgelegt. Und vor allem nicht als einzelnes Individuum, sondern als Vielzahl, als Masse.

Deshalb wurde die soziale oder Klassenherkunft eines Menschen zum entscheidenden Faktor bei der Auswahl der Kader, für den Lebenslauf und die Karriere des einzelnen. Bist du ein Proletarier, dann bist du von vornherein ein guter Mensch, dann verdienst du alle Beachtung, alles Vertrauen und jede soziale und materielle Förderung. Das ging soweit, daß in den ersten Jahren nach der Revolution die proletarische Herkunft einen Kriminellen vor dem Gefängnis und sogar vor dem Erschießen retten konnte. Einem Proletarier kam man aus zweierlei Überlegungen entgegen – in Würdigung seiner Vergangenheit, in der er noch unterdrückt, beleidigt und unwissend war, weshalb seine möglichen Verbrechen nicht ihm, sondern der Bourgeoisie angekreidet wurden, die ihn so lange ausgebeutet hatte, bis er kriminell werden mußte. Die zweite Überlegung galt seiner Zukunft, in der die proletarischen Komponenten unweigerlich erblühen und siegen würden. Seiner Veranlagung nach ist der Proletarier leicht positiv zu beeinflussen und zu erziehen, er entwickelt sich gleichsam von selbst, gemäß dem Ideal des »neuen Menschen«.

Dies erinnert an das feudal-aristokratische Prinzip: das reine Blut oder der aristokratische Stammbaum garantierten eine privilegierte gesellschaftliche Stellung und eine erfolgreiche Karriere. Nach der Revolution nehmen die Arbeiterklasse und die ärmsten Bauern diesen elitären Platz ein. Der Unterschied besteht darin, daß der Adel eine Minderheit war, jetzt aber die Mehrheit zur Elite wird. Selbstverständlich verfügte der Staat nicht über genügend Mittel, um diese Mehrheit mit Privilegien auszustatten, und der Arbeiter blieb meistens Arbeiter. Aber seine proletarische Herkunft schmückte ihn wie eine Adelskrone. Andererseits korrespondierte die Lehre von der »Klassenreinheit« mit der Idee des »homme de la nature«, die im achtzehnten Jahrhundert von Rousseau propagiert wurde. Für Rousseau ist der »homme de la nature et de la vérité« ohne Makel, und die ganze Schuld schreibt er der Zivilisation zu, die das Antlitz, das Wesen des »homme de la nature et de la vérité« entstellt. Der Proletarier wurde nach der Revolution zu einem solchen »homme de la nature«. Denn der Natur seiner Klasse nach ist er ohne Fehl, und alle seine Mängel kommen auf das Konto der Bourgeoisie. Deshalb ist die proletarische Psychologie der Ausgangspunkt für die Erschaffung des »neuen Menschen«, eine Tabula rasa, die heilige Unschuld, die leicht das Neue Wort, das seinem eigenen Wesen entspricht, aufnehmen kann – den Kommunismus.

In den ersten Jahren nach der Revolution gab es viele proletarische Ideologen, die ihr Erstgeburtsrecht eifersüchtig hüteten. Einige proletarische Lyriker und Schriftsteller blieben an ihren Arbeitsplätzen in den Fabriken, obwohl sie inzwischen als Schriftsteller hätten existieren können. Selbstverständlich stand die Fabrikarbeit ihrer literarischen Entwicklung im Wege, aber sie wollten sich um keinen Preis von ihrer Fabrik und ihrer Werkbank trennen, denn nur in diesem Zustand empfanden sie sich als wahre Proletarier, als Stifter einer künftigen, lupenreinen proletarischen Kultur.

Es dauerte nicht lange, bis die Idee der Geburt einer neuen Kultur der Werkbank oder des Pflugs bankrott war; denn ihre Dichter blieben trotz ihres überwältigenden »proletarischen Enthusiasmus« literarische Analphabeten. Aber die Bedeutung der sozialen Herkunft ist in der sowjetischen Gesellschaft bis auf den heutigen Tag ungebrochen. Mancher sowjetische Führer spielt seine Werktätigen-Genealogie wirkungsvoll aus. Sie dient als Garantie seiner ideologischen und politischen Reinheit und Treue zur Arbeiterklasse.

Das alles bleibt keineswegs abstrakt, sondern nimmt konkrete und harte Formen an. Zu den spezifischen Erscheinungen des sowjetischen Alltags gehört der Fragebogen. Jedem Sowjetmenschen obliegt es, den »Fragebogen«, vielmehr eine Vielzahl von Fragebögen, auszufüllen. Bei der Immatrikulation, bei der Einstellung, vor einer Reise ins Ausland usw...

Unmittelbar nach der Revolution war der Fragebogen ein unersetzliches Hilfsmittel, um die Klassenmerkmale festzustellen. Vor vielen Menschen mit minderwertigem, klassenfremdem Stammbaum – Adel, Beamte, Kaufleute, Geistliche – schlossen sich die Türen der neuen Gesellschaft. Sie erhielten weder einen Arbeitsplatz noch durften sie eine Hochschule besuchen. Ihnen wurden die Lebensmittelkarten und das Wahlrecht entzogen. Diese Kategorie wurde in den zwanziger und dreißiger Jahren *lischenzy* (»Entzöglinge«) genannt. Und manchmal entschied die bloße Klassenzugehörigkeit über Verhaftung und Tod.

Der Fragebogen entschied, wer über Bord geworfen, wer vernichtet wurde, wer ein karges Leben fristen durfte und wem die Teilnahme am Leben der neuen Gesellschaft und ein glückliches Gedeihen beim Studium oder am Arbeitsplatz sicher war.

Das Große Los hatten natürlich die Repräsentanten der arbeitenden Masse gezogen, die aus dem Arbeiter- oder Bauernmilieu stammten. Sie waren gleichsam die »reinrassigen« Proletarier, auf die der Staat all seine Hoffnungen setzte. Vor ihnen öffneten sich die weitesten Perspektiven, sie stellten gleichsam die Stützen des Regimes dar. Auf sie, das heißt, auf die Arbeiter- und Bauernmasse, richtete sich die wohlwollende Aufmerksamkeit der Partei – im Sinne der Verwirklichung oder Erschaffung des »neuen Menschen«. Denn zunächst mußte er sozial rein und klassenmäßig ohne Tadel sein. Dann erst konnte er in kommunistischem Geist erzogen und beruflich ausgebildet werden. Das

Netz der Aufklärungs- und Ausbildungseinrichtungen wurde nach der Revolution unvorstellbar dicht. Der Staat übernahm sämtliche Erziehungs- und Bildungsfunktionen. Sie realisierten sich in drei Richtungen: Erstens: Der Werktätige muß lesen und schreiben lernen. Kampf dem Analphabetismus im ganzen Land! Zweitens: Die Massen lernen Marxismus und Leninismus als einzig wahre Theorie und Anleitung zur Praxis. Drittens: Die heutigen Arbeiter- und Bauernjungen müssen praktisch und technisch ausgebildet werden, um aus ihnen die Mechaniker und Ingenieure von morgen zu machen und so möglichst bald die alte naturwissenschaftlich-technische Intelligenzija durch die neuen Kader abzulösen.

Die Massen reagierten auf dieses Bildungsangebot sehr dankbar. Alle wollten lernen. Fedotow charakterisiert die Epoche der zwanziger Jahre aus eigener Beobachtung: »Es ist der Hunger nach Wissen, der in den Massen ausgebrochen ist, insbesondere in der jüngeren Generation.« Aber er bemerkt bitter:

»Rußland wimmelt von Halbintelligenzija, von Halbgebildeten, aber man begegnet nur selten einem gebildeten Menschen im alten Sinne. Die neue Schule bringt ihn nicht mehr hervor ... Die Revolution zeichnet sich durch die Extensivität der Kultur aus, an die die Massen ›von der Werkbank und vom Pflug‹ herangeführt werden. Eine so scharfe Demokratisierung birgt manche Gefahr in sich: ein jäher Niveauverlust, das Austrocknen geistiger Reservoire ... Die alten Kader treten ab, sie werden von einem neuen Typus abgelöst: vom praxisorientierten Spezialisten und Barbaren, der der Kultur nur Verachtung entgegenbringt.«

Wir beobachten also einen widersprüchlichen Vorgang: den Prozeß einer unwahrscheinlichen Ausbreitung der Kultur, oder besser gesagt, der Bildungsmöglichkeiten, die den riesigen Massen der analphabetischen oder halb-analphabetischen Bevölkerung zur Verfügung stehen, und andererseits ein deutliches Sinken des Kulturniveaus. Die Bildung gewinnt an Fläche, verliert aber an Tiefe. Gewinn wie auch Verlust entsprechen den Intentionen des Staates, und sie entsprechen den Wünschen der Masse

– denn zum ersten Mal werden einfache Menschen einer, wie auch immer beschaffenen, Kultur teilhaftig.

Dazu ein Detail: Anfangs wurde in den sowjetischen Schulen, sowohl für Kinder als auch für Erwachsene, in der ersten Stunde ein Satz, manchmal auch zwei Sätze, an die Tafel geschrieben: »Wir sind nicht Sklaven. Sklaven sind wir nicht.«

Die Sklaven sollten mit Hilfe der Rechtschreibung die Sklaverei überwinden. Die ersten Stunden der russischen Grammatik korrespondierten mit den ersten Schritten des Sowjetregimes. Ursprünglich glaubte man, daß mit Hilfe der elementaren Schulbildung, die von einem reinen Klassenbewußtsein aufgenommen wurde, die Geburt des »neuen Menschen« beschleunigt werden könne. Und dieser »neue Mensch« wurde tatsächlich geboren, aber nicht als freier Mensch, sondern als selbstzufriedener Sklave. Seine Selbstzufriedenheit entspringt zwei Quellen: einmal seinem sozialen Stand und seinem sozialen Bewußtsein, zweitens seiner oberflächlichen Bildung. Seine Zugehörigkeit zu der siegreichen Klasse scheint ihm alle Türen zu öffnen. Aber dieses Hochgefühl war weitgehend eine Illusion. Der »neue Mensch« blieb Sklave des Staates und der Gesellschaft. Aber er war sich seiner Versklavung nicht mehr bewußt, denn Unterdrückung und Ausbeutung hatten unpersönliche Formen angenommen. Früher, vor der Revolution, als er in einer Fabrik arbeitete, schuftete er für einen »Bourgeois«, für einen konkreten Fabrikbesitzer. Jetzt war dieser Bourgeois verschwunden, und die Fabrik gehörte dem Staat, dem alles gehört und der alles unpersönlich verwaltet, im Namen des ganzen Volkes, im Namen der Arbeiterklasse. Und jeder Arbeiter bekam zu hören – du arbeitest für dich selbst, du bist der Herr über diese Fabrik, und nicht nur über diese Fabrik, sondern über das ganze Land. In der Praxis, in der Realität ist er alles andere als Herr. Er ist nicht einmal Herr seines eigenen Schicksals. Aber er wird überall als der Herr dargestellt. Außerdem werden ihm fortgesetzt die Empfindung und das Bewußtsein der Überlegenheit infiltriert, einer Überlegenheit über den Menschen bürgerlicher Abkunft, über die Intelligenzija und die restliche Welt außerhalb der Grenzen der Sowjetunion. Dem durchschnittlichen einfachen Arbeiter wird immer wieder vorgesagt: Du bist der Beste, du bist der Erste, du bist der Progressivste. Dabei hat man nicht die individuellen Eigenschaften oder Tugenden dieses konkreten Menschen im Auge, sondern einzig und allein seine Klassenzugehörigkeit. Nach und nach bekommt er eine hohe Meinung von sich selbst und verwandelt sich in einen selbstzufriedenen Sklaven. Er besingt sich selbst in dem bekannten sowjetischen Lied, das in den dreißiger Jahren von Lebedew-Kumatsch geschrieben wurde:

> Ich kenne kein anderes Land,
> Wo der Mensch so frei atmet.

Dieser Sklave hat nicht nur kein Empfinden für seinen Zustand, sondern hält sich für den freiesten Menschen auf der Welt und träumt davon, die Werktätigen der ganzen Welt, die in den Fesseln des Kapitalismus schmachten, ebenso zu beglücken.

Angenommen, dieser Sklave beginnt zu studieren. An der berufsbegleitenden Betriebsschule, an einem Technikum oder sogar an einer Technischen Hochschule. Nirgendwo stößt er auf besondere Schwierigkeiten. Bis heute werden Bewerber aus der Arbeiter- und Bauernklasse oder Personen, die direkt aus dem Betrieb kommen, an den Hochschulen bevorzugt behandelt. Das geschieht mit der Absicht, die höchste, d. h. die regierende Gesellschaftsschicht nicht aus der Intelligenzija, sondern aus den »eigenen Reihen« zu rekrutieren, die sozial, intellektuell und psychologisch der Parteiführung genehm sind. Ein solches Studium – gleichgültig welcher Art – Volksschule, Berufsschule oder Hochschule – macht den selbstzufriedenen Sklaven noch selbstzufriedener. Denn das Gefühl der Klassenpriorität wird durch die Selbstgefälligkeit des Halbgebildeten verstärkt. Das geschieht keineswegs deshalb, weil in der Sowjetunion die Ausbildung unzureichend wäre, sondern weil selbst an Hochschulen das Programm meist stark spezialisiert ist. Man kann das Studium an einer Technischen Hochschule abschließen und sich in der Konstruktion einer bestimmten Werkbank vorzüglich auskennen, bleibt aber dennoch, was den geistigen Horizont und allgemeinen Bildungsstand angeht, derselbe einfache Arbeiter, der man war.

Hinzu kommt, daß sämtliche geisteswissenschaftlichen Disziplinen vom Marxismus-Leninismus geprägt sind – der einzigen philosophischen Doktrin, die in der Sowjetunion Geltung hat. Der philosophische Gehalt der marxistisch-leninistischen Lehre ist ziemlich unbedeutend und von unglaublicher Selbstgenügsamkeit. Wenn ein selbstzufriedener Sklave die einzige Wahrheit des Marxismus-Leninismus in seine Seele aufgenommen hat, wächst er in seinen eigenen Augen und hört eines Tages überhaupt auf, nachzudenken. Er operiert ausschließlich mit marxistischen Schablonen und kennt keinerlei Zweifel. Er kann sehr viel lernen und sehr lange studieren und dabei herzlich wenig denken. Denn Denken heißt Suchen, Zweifeln, Fragen. Und in einer Welt, die so einfach zu erklären ist, wird das Denken überflüssig.

Dieser standardisierte Mensch – der Massenmensch – ist vielleicht das Schrecklichste, was die Sowjetzivilisation gebar und noch immer gebärt. Und er ist ihre wichtigste Stütze. Er ist der Hauptbestandteil der neuen Rasse, dieses Produkts des Sowjetstaates und seiner Gesellschaft. Seine geistige Welt, sein moralisches Antlitz und sogar sein Intellekt sind unvergleichlich weniger entwickelt als bei einem dunklen, unwissenden, ungebildeten Bauern. Denn er hat alle oder fast alle guten Eigenschaften eines einfachen Menschen eingebüßt und statt dessen Dreistigkeit, Hochmut und Angeberei erworben, nebst der Bereitschaft, über alles auf der Welt zu urteilen und alles zu erklären, wobei letzteres auf die allerprimitivste Art und Weise geschieht. In seinem Glauben, er wisse alles und sei der Nabel der Welt, ihr schönstes und vernünftigstes Geschöpf, gleicht er einem Wilden.

Die Herstellung eines solchen Menschen war weder besonders langwierig noch kompliziert. Denn in jedem von uns steckt der Egoismus, der sich als Neid, Bosheit, Hochmut und verschiedene andere Laster äußert. Gewöhnlich wird dieses egoistische »Ich« gezähmt und durch unser moralisches Empfinden oder durch die Erziehung gemäßigt. Und nun muß man sich vorstellen: Dieser individuelle Egoismus wird zum Qualitätsmerkmal einer Klasse. (Du bist die herrschende Klasse, du bist das große, siegreiche Volk!) Und auf der Ebene der Klasse nimmt der Egoismus unvorstellbare Formen an, weil er nie gemäßigt, sondern ausschließlich kultiviert und gefördert wird. Zudem rüstet man diesen Egoismus im Schnellverfahren mit einer elementaren Schulbildung aus – und schon ist der Massenmensch perfekt.

Um ihn in seiner reinsten Form vorzuführen, wenden wir uns einem Werk zu, das gänzlich diesem Problem, dem Problem des »neuen Menschen« gewidmet ist. Es ist das *Hundeherz* von Michail Bulgakow, eine Satire auf den »Sowjetmenschen«, auf den sowjetischen Alltag und das sowjetische Erziehungssystem.

In dieser nicht besonders umfangreichen Novelle wird von einer phantastischen Operation erzählt, die Professor Preobraschenskij, ein großer Gelehrter, Chirurg und Biologe, erfolgreich ausgeführt hat. Daher auch der Name Preobraschenskij (*preobraschenije:* Verwandlung, Verklärung) – der Professor verwandelt die Natur. Dabei ist er ein typischer Repräsentant der alten russischen Intelligenzija, der vom Sowjetregime nur wegen seines weltweiten Ruhms und seiner hervorragenden Fähigkeit als Chirurg geduldet wird, wohingegen er selbst dieses Regime kaum erträgt, und zwar nicht deshalb, weil er ein Reaktionär oder ein Verfechter des Kapitalismus wäre, sondern weil die Revolution alles auf den Kopf gestellt hat, den Alltag und die Begriffe. Der Professor – Filipp Filippowitsch – unterhält sich mittags bei Tisch mit seinem Assistenten und Freund Doktor Bormental. Aus der oberen Etage hört man auf- und abschwellenden Chorgesang – dort tagt die Vollversammlung der Mieter dieses Hauses unter der Leitung des »Domkom«, des Hauskomitees.

Und nun, bei einem neuerlichen Crescendo ruft Filipp Filippowitsch bekümmert aus:

»›Warum fällt der Strom, der, soweit ich mich erinnere, früher in zwanzig Jahren zweimal ausfiel, heutzutage zweimal monatlich aus?...‹

›Das ist eben die Destruktion, Filipp Filippowitsch.‹

›Nein‹ ... entgegnete Filipp Filippowitsch sehr bestimmt. ›Nein ... Was ist denn eigentlich Ihre Destruktion? Ein altes Weib mit Krückstock? Eine Hexe, die alle Fensterscheiben einschlägt und alle Lichter löscht? So etwas gibt es ja gar nicht ... Es ist etwas anderes: Wenn ich, statt jeden Abend zu operieren, jeden Abend zu Hause Chorsingen übe, so bricht hier Destruktion aus. Wenn ich im Klosett, pardon, an der Schüssel vorbeiuriniere und wenn Sina und Darja Petrowna dasselbe tun, dann haben wir im Klosett Destruktion. Es liegt also nicht an den Klosetts, sondern an den Köpfen ... Man kann nicht zwei Göttern dienen. Man kann unmöglich Straßenbahnschienen reinigen und sich gleichzeitig um das Los irgendwelcher spanischer Vagabunden kümmern! Das kann keinem gelingen, lieber Doktor, und am wenigsten Menschen, die zweihundert Jahre hinter der europäischen Entwicklung zurückgeblieben sind und heute noch kaum gelernt haben, ihren eigenen Hosenstall zuzuknöpfen!‹«

So hat die Revolution und die auf sie folgende Sowjetzivilisation die Welt auf den Kopf gestellt. Etwas Analoges geschieht, als Professor Preobraschenskij sein erstaunliches Experiment mit einem Hund durchführt, ohne die Folgen seines wissenschaftlichen Unternehmens vorauszusehen. Er findet auf der Straße einen streunenden, halbverhungerten Köter und nimmt ihn mit in seine Wohnung. Der Hund ist glücklich und dankbar und glaubt sich im Paradies. Später pflanzt ihm der Professor die Hypophyse eines Säufers ein, der bei einer Schlägerei umgekommen ist. Nach der Operation verwandelt sich der Hund Struppi allmählich in einen Menschen. Dabei bleiben ihm seine ursprünglichen Eigenschaften erhalten und werden durch die neuerworbenen ergänzt, die ihm der Proletarier, Säufer und Dieb, dessen Hypophyse er in sich trägt, vererbte. Nach der Operation verliert der Hund sein Fell, wächst, geht auf den Hinterbeinen, kurz, er verwandelt sich in einen Menschen mit niedriger Stirn und seltsamem Gebaren. Dazu einige Beobachtungen aus dem Tagebuch des Assistenten, Dr. Bormental:

»... heute ging er zum ersten Mal aufrecht durch die Wohnung. Sah im Korridor zu der elektrischen Birne empor und lachte. Anschließend begab er sich in Begleitung von Filipp Filippowitsch und mir ins Sprechzimmer. Er hält sich sicher auf den Hinterbeinen (durchgestrichen) ... auf den Beinen und sieht wie ein kleinwüchsiger, schlecht gebauter Mann aus.

Lachte im Sprechzimmer. Das Lachen ist unangenehm und wirkt künstlich. Dann kratzte er sich am Hinterkopf und sah sich um. Ich notierte ein weiteres deutlich ausgesprochenes Wort – ›Burschuj‹. Er fluchte. Sein Fluchen ist methodisch, kontinuierlich und offensichtlich völlig sinnlos.«

Das ist die Reaktion der Klassennatur, und deshalb ist es kein Zufall, daß zu den ersten Worten des »neuen Menschen« das Wort *burschuj* (Bourgeois, Schmarotzer) gehört, gerichtet an die Adresse des Hausherrn und an das gesamte professorale Interieur. Und als der Professor bei Tisch ermahnt: »Wirf die Reste nicht auf den Boden!« pariert der »neue Mensch« völlig überraschend: »Laß mich in Ruhe, du Nisse!« Und so sieht er aus:

»Vor der Portiere stand an den Türrahmen gelehnt, einen Fuß vor den anderen gestellt, ein kleingewachsener Mann von unsympathischem Äußeren. Seine Stirn war erstaunlich niedrig. Fast unmittelbar über den schwarzen, buschigen, weitauseinanderstehenden Brauen setzte dichtes, bürstenartiges Haar an.

Die Jacke mit einem Riß unter dem linken Ärmel war voller Strohhalme, die gestreifte Hose über dem rechten Knie zerrissen und über dem linken mit violetter Farbe beschmiert. Um den Hals trug der Mann eine giftig blaue Krawatte, in der eine Krawattennadel mit einem falschen Rubin steckte.«

Der Professor beginnt mit der Erziehung:

»›Ziehen Sie diesen scheußlichen Lappen aus. Sie ... Sehen Sie sich doch im Spiegel an. Sie sehen aus, als kämen Sie aus dem Zirkus. Ich habe Sie hundertmal gebeten, keine Zigarettenstummel auf den Boden zu werfen. Und ich möchte Sie in meiner Wohnung nicht ein einziges Mal fluchen hören! Sie sollen nicht auf den Boden spucken! Dort steht der Spucknapf. Passen Sie im Klosett auf! Keinerlei Unterhaltungen mit Sina! Sie beschwert sich, daß Sie ihr im Dunkeln auflauern. Nehmen Sie sich zusammen! Wer hat zu einem Patienten gesagt, „das kann kein Schwanz wissen“!? Sind Sie hier vielleicht in einer Kneipe? Wie?‹

›Sie lassen mir aber auch gar keine Freiheit, Väterchen!‹ brachte der Mann plötzlich weinerlich hervor.

Filipp Filippowitsch lief rot an, seine Brille funkelte. ›Was heißt Väterchen? Was sind das für Vertraulichkeiten? Ich will dieses Wort nie wieder hören. Sie haben mich mit Namen und Vatersnamen anzureden!‹«

Bald fordert das neue Wesen einen Personalausweis und eine Zuzugsgenehmigung und sucht sich dafür den ausgefallenen Namen und Vornamen Poligraf Poligrafowitsch (er hatte im Kalender den Verlag »Glawpoligraf«, das heißt »Hauptpolygraph«, entdeckt) – dies ist ein Seitenhieb Bulgakows auf die sowjetische Mode, neue Namen zu erfinden. Und er entscheidet sich für den ererbten Familiennamen Struppow. Es gab einst einen netten Köter: Struppi, und nun wurde daraus ein schrecklicher »Unter-Mensch«: Struppow. Hier ein Auszug aus einer Unterhaltung bei Tisch:

»›Na, was wollen wir denn heute abend unternehmen?‹ fragte er (Bormental, A. S.) Struppow.

Dieser blinzelte und antwortete:

›Am besten gehen wir in den Zirkus.‹

›Jeden Tag Zirkus‹, mischte sich Filipp Filippowitsch gutgelaunt ein, ›das ist meiner Meinung nach ziemlich langweilig. Ich würde an Ihrer Stelle wenigstens einmal ins Theater gehen.‹

›Ich will aber nicht ins Theater‹, knurrte Struppow feindselig und schlug ein Kreuz über dem Mund.

›Ein Schluckauf verdirbt den Tischgenossen den Appetit‹, kommentierte Bormental mechanisch, ›Entschuldigen Sie... aber was haben Sie eigentlich gegen das Theater?‹

Struppow starrte durch sein leeres Schnapsglas wie durch einen Feldstecher, überlegte und zog ein Gesicht.

›Sie reden und reden... Nichts wie Konterrevolution.‹

Filipp Filippowitsch ließ sich gegen die gotische Stuhllehne fallen und lachte dermaßen, daß man das goldene Gehege in seinem Mund blitzen sah. Bormental schüttelte nur den Kopf.

›Sie sollten etwas lesen‹, schlug er vor, ›sonst, wissen Sie ...‹

›Aber ich lese ja schon, ich lese immerzu ...‹, antwortete Struppow und goß sich mit einer raubtierhaft schnellen Bewegung ein halbes Wasserglas Wodka ein.

›Sina!‹ rief Filipp Filippowitsch beunruhigt, ›Du kannst den Wodka abräumen, mein Kind! Wir brauchen keinen mehr. – Was lesen Sie denn ...?‹

›Den ... wie heißt das noch? ... Den Briefwechsel von Engels mit ... wie heißt der noch? ... Hol' ihn der Teufel! ... mit Kautsky ...‹

Filipp Filippowitsch legte die Ellenbogen auf den Tisch, sah Struppow aufmerksam an und fragte:

›Darf ich erfahren, was Sie über das Gelesene zu sagen wissen?‹ Struppow zuckte die Achseln.

›Ich bin überhaupt nicht einverstanden.‹

›Mit wem? Mit Engels oder mit Kautsky?‹

›Mit beiden‹, antwortete Struppow ...

›Und was würden Sie Ihrerseits vorschlagen?‹

›Aber was soll man da vorschlagen ... Sie schreiben und schreiben ... Ein Kongreß, irgendwelche Deutschen ... Der Schädel brummt einem ... Man muß einfach alles verteilen und basta ...‹«

Struppows Hauptziel ist die soziale Gleichheit (»man muß einfach alles verteilen«). Seine Überlegungen bringt er, zum größten Erstaunen des Professors, autoritär, selbstsicher und kategorisch vor. Gleichzeitig bewahrt er einige, und zwar die niedrigsten Instinkte eines Hundes. Er jagt Katzen, wobei er alles, was ihm im Weg steht, zertrümmert, er beißt und rauft. Schließlich findet er einen Arbeitsplatz nach seinem Geschmack als Moskauer Katzenfänger. Und die neuerworbenen menschlichen Eigenschaften gebraucht er, um Frauen zu belästigen, den Professor zu bestehlen, Anspruch auf dessen Wohnraum zu erheben und ihn bei der Tscheka zu denunzieren.

Die Novelle hat ein Happy-End: Der Professor fühlt sich seinem Geschöpf nicht gewachsen, operiert es abermals, reimplantiert ihm seine eigene Hundehypophyse, und Struppow kehrt in den friedlichen und ruhigen Zustand des braven Köters Struppi zurück.

Welcher Schluß läßt sich aus dieser sehr komischen und sehr traurigen Novelle ziehen? Ein derart radikaler, revolutionärer Eingriff in die menschliche Natur geschieht nicht ungestraft. Es stellen sich tatsächlich Veränderungen ein, aber leider nicht nur zum Besseren, sondern auch zum Schlimmeren.

Ein besonderes Merkmal des Sowjetmenschen, das mit seiner Klassen- und Sozialnatur zusammenhängt, ist seine ausgesprochene Schlichtheit. Und die Verständigung mit ihm wird gelegentlich gerade durch seine außerordentliche Einfachheit erschwert. Auch diese Eigenschaft ist ambivalent und tritt bald als Tugend, bald als Mangel auf. Das Positive seiner Schlichtheit zeigt sich darin, daß dieser Mensch keine Konventionen gelten läßt und sie für Heuchelei, Schauspielerei und Lüge hält. Ehrlich sein heißt einfach sein. Es heißt zum Beispiel, keine Ausflüchte machen, keine Hintertürchen suchen, die Wahrheit unverblümt aussprechen usw... Jedoch kann diese Einfachheit ebensogut in Primitivität, Grobheit, Vulgarität, Dreistigkeit und falsche Vertraulichkeit umschlagen.

Fedotow schreibt, daß Rußland nach der Revolution einen erstaunlichen sozialpsychologischen Erneuerungsprozeß durchgemacht hat. Er führte dazu, daß an der Oberfläche und im Vordergrund das Einfache bestimmend wurde: im Alltag, in den Beziehungen der Menschen untereinander und in ihrer Psychologie. »Die Traditionen wurden in Rußland so radikal vom Tisch gefegt, wie es noch keine Revolution auf der ganzen Welt getan hatte. Die russische Revolution legte jene psychologische Schicht frei, in der das ›Einfache‹ das höchste Kriterium ist.«

Führt man Fedotows Gedanken weiter, so kann man behaupten, dies sei in erster Linie deshalb geschehen, weil das einfache Volk den Ehrenplatz in der Gesellschaft erhielt. Im allgemeinen ist Einfachheit für einen Arbeiter und Bauern charakteristisch. Nach der Revolution wurde die Einfachheit auffälliger und bestimmender, weil sie auf der Rangleiter höher geklettert und zum Hauptmerkmal menschlicher Vollwertigkeit geworden war.

Irgendwann, am Vorabend der Revolution, sprach Lenin im Hinblick auf die künftige kommunistische Gesellschaft seinen berühmten Satz: »... Jede Köchin muß den Staat regieren können.« Dieser Satz wurde häufig mit geringen Abweichungen wiederholt: »Wir werden auch eine Köchin lehren, den Staat zu regieren.« Im Lauf der Zeit bekam dieser Satz eine sakramentale Bedeutung, als die vollkommenste Umschreibung der neuen Gesellschaft und des »neuen Menschen«. Aus Lenins Mund (und bis auf den heutigen Tag) meint dieser Satz die höchste Form der Demokratie: Die sowjetische Demokratie ist so demokratisch, daß sogar eine Köchin an der Spitze des Staates denkbar ist. Aber Lenin hatte dabei noch zwei andere Nuancen im Sinn: Zunächst bedeutete der Satz, daß auch eine Köchin die Regierungsgeschäfte lernen, das heißt, ein gebildeter Mensch werden muß und sich auf diese Weise in einen Intelligenzler neuen Zuschnitts verwandelt, in einen Menschen, der sich in den kompliziertesten politischen Fragen orientieren kann. Und zweitens dachte Lenin damals, als er diesen berühmten Satz aussprach, noch utopisch und nahm an, die neue Gesellschaft werde ganz und gar auf dem Prinzip der Selbstverwaltung aufgebaut, das heißt, ohne besonderen Staatsapparat auskommen. Das hätte bedeutet, daß alle Menschen der Reihe nach, darunter auch die Köchin, zur Regierung herangezogen würden, ohne für ihre gesellschaftliche Tätigkeit irgendwelche Privilegien zu genießen. Sehr bald jedoch, unmittelbar nach der Machtergreifung, sah sich Lenin gezwungen, auf diese demokratische Idee zu verzichten.

Nichtsdestoweniger erfreute sich dieser Satz eines kolossalen Ansehens und wurde zum geflügelten Wort. Er ist zwar in einer bestimmten Weise Wirklichkeit geworden, aber unter umgekehrten Vorzeichen. Die Köchin übernahm tatsächlich die Regierungsgeschäfte, aber ohne vorher irgendwelche besonderen Kenntnisse erworben zu haben, ohne die Fähigkeiten und ohne das Talent, zu regieren. Sie setzte sich einfach auf den Thron, blieb aber nach ihrer psychologischen Struktur und ihrem kulturellen Niveau eine Köchin. Struppow bekam die Oberhand. Es sei hier nachdrücklich wiederholt: Weder der Hund Struppi noch eine Köchin sind niedrige oder abscheuliche Geschöpfe. Ihre Natur fällt erst dann unangenehm auf, wenn sie eine hohe Stellung erklommen und Befehlsgewalt erhalten haben. Das können wir am Ansehen, an den Manieren, an der Sprache, an den Methoden vieler sowjetischer Führer der Stalin- und Nach-Stalin-Zeit beobachten. Es sind keineswegs Bösewichter oder Unmenschen, nein, es sind einfach Köchinnen, die einen Staat regieren. Dabei sind sie ebensowenig selbst daran schuld, daß sie plötzlich auf dem falschen Platz sitzen, wie der Hund Struppi an seiner Menschwerdung. Schuld sind die sozialhistorischen Prozesse, die zu diesem Eingriff geführt haben. Jeder der heutigen Sowjetführer hätte einen ausgezeichneten Stallknecht, Hirten, Chauffeur oder Ingenieur abgegeben – mit anderen Worten eine prächtige, warmherzige »Köchin«.

So verwandelte sich ein berühmter Satz, indem er Wirklichkeit wurde, in eine tragische Farce. Sie ist die Verkörperung des Traums vom »neuen Menschen« – der *prima causa* der Sowjetzivilisation.

Die sowjetische Lebensweise

Ständige Unbeständigkeit

Nach der Betrachtung der Metaphysik der neuen Welt wollen wir uns mit ihrer Physik befassen, mit anderen Worten, von den ideologischen Höhen und den allgemeinen Begriffen zur Erde hinabsteigen und uns der Molekularstruktur dieses Organismus zuwenden.

Was bedeutet eigentlich sowjetische Lebensweise? Dieser Begriff (russisch *byt*) soll die unterste, einfache, erdennahe Schicht eines sozialen Ganzen bezeichnen und das alltägliche, durchschnittliche Dasein eines gewöhnlichen Menschen, des Volkes oder einer bestimmten gesellschaftlichen Schicht charakterisieren. Außerdem verbindet sich mit dem Begriff *byt* die Vorstellung von Dauer und Stabilität, von Gewohnheiten, Traditionen und elementaren Existenzformen – etwa dem Bedürfnis und der Notwendigkeit zu essen, zu arbeiten, zu wohnen, sich zu kleiden, seine Freizeit zu gestalten, sich fortzupflanzen und seine Angehörigen zu beerdigen. Aber als Phänomen der Sowjetzivilisation und sowjetischen Geschichte ist dieser Komplex einer besonderen Transformation unterzogen worden und stellt nun etwas Eigentümliches dar.

Dieses Phänomen wird zunächst von zwei entgegengesetzten polaren Kräften bestimmt – Zerstören und Aufbauen. Oder – Verneinen und Beharren. Entsprechend der Grundidee, übereinstimmend mit dem Modell der neuen Gesellschaft, wird das gesamte sogenannte »alte Leben« im Namen der »neuen sowjetischen Lebensweise« verneint und zerstört. Diese negative und zerstörende Tendenz ist so mächtig und aus dem Leben der Gesellschaft so schwer wegzudenken, daß schon die bloße Kombination von Worten wie »sowjetische Lebensweise« oder »das neue Leben« einen Nonsens darstellt oder ein Oxymoron, das heißt, eine Zusammenstellung zweier sich widersprechender Begriffe. Und in der Tat klingt »neue Lebensweise« genauso wie »neues Altes«, weil *byt* immer etwas Altes, Bewährtes meint.

Setzt man dieses philosophische Spiel fort, so kann die »sowjetische Lebensweise« eine »ständige Unbeständigkeit« heißen, ein labiles Gleichgewicht zwischen dem aufeinander bezogenen, eng ineinander verflochtenen »Ständigen« und »Unbeständigen«.

Ein einfaches Beispiel aus dem Alltag mag dies erläutern: Zu den alltäglichen, zu den normalen alltäglichen Erscheinungen in der Sowjetunion gehört das Schlangestehen. Man steht Schlange nach Brot, Fleisch, Kartoffeln, Strumpfhosen, nach einem Auto und nach einem Kühlschrank. Man steht Schlange vor den öffentlichen Badeanstalten und den Speiselokalen. Manchmal stehen die Menschen viele Stunden hintereinander Schlange, manchmal vom Morgen bis zum Abend und manchmal vom Abend bis zum Morgen. Es gibt Schlangen, die Straßen-lang, manche, die auch Jahre-lang sind. Man fragt sich, was bedeuten eigentlich diese Schlangen? Das uralte Bedürfnis des Menschen nach täglichem Brot, wenn es kein oder, genauer gesagt, nicht genug Brot zu kaufen gibt. Eine stabile Tendenz, die sich mit einer instabilen kreuzt. Eine Überschneidung von Altem und Neuem, und damit ist die lebendige, unendliche Schlange eine Verkörperung der sowjetischen Lebensweise.

Selbstverständlich hat sich das Bild im Laufe der siebzig Jahre verändert, wie sich alles auf der Welt verändert. Auf Zeiten extremer materieller Verschlechterung folgten Perioden verhältnismäßiger Besserung und umgekehrt. Aber fast immer und überall kann man im sowjetischen Alltag diese eigentümliche stabile Instabilität beobachten, die aus dem Widerspruch zwischen Alt und Neu oder aus der Wechselwirkung von Zerstörung und Aufbau erwächst. Selbstverständlich sind die Schlangen als ständiges Charakteristikum des Alltags vom Sowjetregime weder organisiert noch ins Leben gerufen worden – sie sind eine elementare Erscheinung, die als Folge allgemeiner Unterversorgung, Hunger und Armut entstand, das heißt im weitesten Sinne als Folge der Zerstörung.

Mehr noch, Realität und Begriff des *byt* nehmen im Bewußtsein und Leben der Sowjetbürger deshalb den ersten Platz ein, weil ein normales oder zivilisiertes Dasein unerreichbar ist. Das ist ein weiteres Rätsel der Sowjetgeschichte: Der *byt* hat höchsten Stellenwert, wird dauernd erwähnt, unterstrichen und gepriesen, gerade weil er unter das niedrigste Niveau gesunken oder gar vollends zusammengebrochen ist. Bezeichnenderweise hört man oft auf der Straße, zu Hause oder bei Freunden den Satz: »Wo haben Sie das bekommen?« Nicht gekauft, sondern »bekommen«. »Wo haben Sie diese Mütze bekommen?«, »Wo haben Sie das Fleisch bekommen?« und sogar »Wo haben Sie das Toilettenpapier bekommen?« Die elementaren Konsumgüter verwandeln sich in einen Maßstab für Leistung, für eine Vorzugsstellung, die es zu erkämpfen gilt. Mit anderen Worten, der *byt* rückt an die erste Stelle dann, wenn das Dasein karg und unerfreulich ist. Wenn das Dasein primitiv, kleinlich und unwürdig ist. Gleichzeitig aber nimmt der Alltag hyperbolische, überbetonte Züge an, denn unter diesen verhängnisvollen Umständen entscheiden die Dinge des Alltags über die ganze menschliche Existenz.

Der Alltag in der Revolutionsepoche

Die zerstörende Tendenz, die sich gegen die alten Lebensgewohnheiten richtete, trat gleich in den nachrevolutionären Jahren besonders deutlich und kraß zutage. Mit einem Schlag schien das Land verelendet. Selbstverständlich war das Folge des Krieges mit all seinen unheilvollen Auswirkungen – Hungersnot,

Destruktion, Kriminalität. Aber gleichzeitig stellte die Revolution sämtliche Lebensnormen auf den Kopf, die ökonomischen und die des täglichen Lebens, wodurch alle diese Wirkungen verstärkt wurden und dem Leben den unverkennbaren Stempel der eigentlichen »Sowjetexistenz« aufdrückten. Es ist unmöglich, alle diese Veränderungen aufzuzählen, aber es genügt, auf die endlosen Beschlagnahmungen, Zwangsräumungen, Zwangseinweisungen (von neuen Mietern), Enteignungen, auf die Ausrottung ganzer Städte und breiter Bevölkerungsschichten und das dadurch entstehende Chaos hinzuweisen. Selbstverständlich gab es auch Gewinner in diesem Spiel, und der, der nichts war, wurde manchmal »alles« – wenigstens auf dem Papier.

Der Preis für diesen Prozeß war ungeheuer. Korolenko, ein objektiver Zeuge, notierte in seinem Tagebuch 1919:

»›My home is my castle‹, sagen die Engländer. Aber für den Russen gilt das Gesetz der Unantastbarkeit des eigenen Herdes nicht mehr, vor allem dann, wenn er ein ›Bourgeois‹ ist. Nichts ist so abscheulich wie diese Orgie von Beschlagnahmungen. Auch darin sind wir, wie immer, maßlos. ›Behörden‹ beschlagnahmen immer wieder neue Wohnungen und ziehen immer wieder um. Wenn die eine Wohnung ruiniert ist, nehmen sie sich die nächste. Die ›Bewirtschaftung‹ des Wohnraums ist ebenfalls eine suspekte Angelegenheit: Häufig wird eine große Familie auf die Straße gesetzt, damit die kleine Familie eines sowjetischen Angestellten einziehen kann.«

Diese chaotischen Verhältnisse waren selbstverständlich für Menschen, die ihre gewohnte Umgebung und ihre vertrauten Lebensbahnen verlassen mußten, besonders schmerzlich. Dabei handelte es sich keineswegs um die ehemals Reichen oder um die Aristokratie, sondern um alle, die dem alltäglichen, dem allstündlichen Kampf ums Dasein nicht gewachsen waren. Selbst wenn sie durch ihren Arbeitsplatz, dank ihres Namens als Gelehrte oder Schriftsteller gewisse Privilegien genossen, gerieten sie immer wieder in für sie unerträgliche Situationen. Aus solchen Situationen setzt sich das Tableau des sowjetischen Lebens in jener Epoche zusammen.

Es ist ein auf den Kopf gestelltes Dasein, aber es ist ein Dasein. Marina Zwetajewa erinnert sich in *Meine Dienststellen*, wie sie bei einer Behörde arbeitete und wie ihre Amtskollegen eine der damals üblichen Expeditionen aufs Land organisierten, um Lebensmittel zu hamstern, wie sie zwei Monate unterwegs waren und nur gefrorene Kartoffeln nach Hause brachten:

»Drei Pud für jeden. Erster Gedanke: Wie schaffe ich sie nach Hause? Zweiter: Wie wollen wir sie aufessen? Drei Pud Fäulnis. Die Kartoffeln liegen im Keller, in einem tiefen, stockfinsteren Gewölbe. Die Kartoffeln sind verreckt, wurden eingescharrt, und wir, Schakale, scharren sie aus und essen sie. Es heißt, sie waren, als man sie hierher brachte, noch in Ordnung. Dann wurden sie ›verboten‹. Und bis das Verbot aufgehoben wurde, waren die Kartoffeln erfroren, wieder aufgetaut und verfault ... Die Kartoffeln liegen auf dem Boden: verteilt auf drei Korridore. Ganz am Ende, wo es etwas geschützter ist, die weniger faulen. Aber es führt zu ihnen kein anderer Weg als über sie selbst. Und nun: Mit Füßen, mit Stiefeln. Über einen Berg von Quallen. Und dann mit Händen verlesen: Drei Pud. Die nichtaufgetauten Kartoffeln bilden ungeheure Trauben. Ich habe kein Messer. Und schließlich, verzweifelt (meine Hände sind schon taub), nehme ich sie, wie sie kommen: Zerquetscht, gefroren, aufgetaut ... Der Sack ist schon voll. Die Hände, endgültig erstarrt, können ihn nicht mehr zubinden. Ich nütze die Dunkelheit aus und weine ... Ich schultere den Sack, ich schleppe. Schimpfen. Fußtritte. Von hinten wird nachgedrängt. Ich versperre den Durchgang ... Die schlecht geknotete Schnur löst sich, der Sack geht auf. Rumpeln. Klatschen. Geduldig, ohne Eile, sammle ich sie wieder auf.

Und dann der Rückweg, nach Hause mit den Kartoffeln auf einem zerbrochenen Kinderschlitten quer durch ganz Moskau. Das Gesicht ist von Tränen, Schweiß und Kartoffeln verschmiert. Ich bin nicht besser als mein Sack. Die Kartoffeln und ich sind jetzt ein und dasselbe.«

In dieser Episode sollte man die Züge beachten, die speziell für die sowjetische Lebensweise charakteristisch sind. Nicht einfach Hungersnot, sondern entsetzliche Mißwirtschaft – als eine der Ursachen für die Hungersnot. Man läßt Kartoffeln zuerst verderben, bevor man sie verteilt. Und um den Sack zu füllen, muß man mit den Schuhen auf diesen Kartoffeln herumtrampeln. Das alles geschieht, weil die gewöhnlichen Fäden von Kauf und Verkauf zerrissen sind. Die persönliche Initiative fällt aus, sie ist verboten, und den Beamten ist alles egal. Überall herrschen Dekret, Verbot, Mandat, Passierschein, Sonderregelung, aber überall fehlt der natürliche Warenaustausch. Und die große Dichterin Rußlands, Marina Zwetajewa, identifiziert sich voll bitterer Ironie mit gefrorenen Kartoffeln: »Die Kartoffeln und ich sind jetzt ein und dasselbe.« Das ist nicht bloß eine stilistische Figur und auch nicht nur Ironie. Hier geht es um eine Lebensweise, die den Menschen erdrückt und sein Bewußtsein okkupiert, die sich in den Vordergrund des Lebens drängt, wie jener quallenartige Berg aus ekelerregenden, erfrorenen und verfaulten Kartoffeln, die Zwetajewa beschreibt.

Natürlich verhielten sich die verschiedenen Menschen angesichts dieser Entbehrungen, Schwierigkeiten und Widrigkeiten ganz verschieden. Majakowskij sah in den asketischen Sitten der Revolution den höchsten Sinn der Sowjetgeschichte. Denn in dieser Not entstand seiner Meinung nach die wahre Einigung unter den Menschen, jene moralische und geistige Einheit, die er das »sozialistische Vaterland« nannte. Darüber spricht er in seinem Poem *Gut!*, in dem er ein ziemlich düsteres Bild des Moskauer Alltags in der Epoche des Bürgerkriegs zeichnet. Zum Beispiel: Es ist Winter, die Heizung funktioniert nicht, Wasserleitung und Kanalisation sind eingefroren. Majakowskijs Worte klingen vielleicht grob, scharf und ungewöhnlich direkt, aber in diesen kargen Worten ersteht eine ganze Epoche:

Aufgesetzt die Mütze,
den alten Fetzen,
und den Schlitten geholt.
»wohin gehst du?«
»aufs Klosett
gehe ich.
Zum Jaroslawskij.«

Wenn man auf die Toilette will – muß man weit gehen, bis zum Jaroslawskij-Bahnhof. Und wenn man sich auf diesen weiten Weg begibt, muß man einen Schlitten mitnehmen, um unterwegs ein paar Latten von einem demolierten Zaun aufzuladen. Aber ebensosehr drücken die Zeilen die Fürsorge für seinen Nächsten, sein eigenes Nest, seine Familie aus. Deshalb leuchtet über diesem Bild das Glück, das Glück, Zeitgenosse einer Epoche zu sein, in der plötzlich, auf dem Tiefpunkt des materiellen Wohlstands, völlig neue zwischenmenschliche Beziehungen entstehen.

Das Land,
in dem die Luft süß ist
wie frischer Beerensaft,
verläßt du
und ziehst durch die Welt,
aber das Land,
mit dem zusammen du frorst,
dem bleibst du treu
in alle Ewigkeit.

Schließlich werden beliebige Merkmale des armseligen revolutionären Alltags für Majakowskij zu Symbolen der Liebe:

Nicht nach Hause, nicht für die häusliche Suppe,
sondern zu meiner Geliebten, die ich besuche,
trage ich zwei Möhrchen
am grünen Schwänzchen.
Ich habe Vieles verschenkt . . .
Pralinen und Sträuße,
aber von allen teuren Gaben
behielt ich als beste
diese kostbaren Möhren
und ein halbes
Scheit
Birkenholz.

So ist der Alltag unter den Bedingungen der Revolution, eingefangen und festgehalten an der Grenze, wo jeder Alltag und menschliches Leben überhaupt verlischt. Deshalb sind diese armseligen Dinge von höchster Bedeutsamkeit erfüllt, nicht bloß von materieller, sondern ebenso sehr von ideeller, moralischer, und stehen für das Gute, die Liebe und die gegenseitige Hilfsbereitschaft. Gleichzeitig spiegeln sie für Majakowskij die humanistischen Ideale der Revolution, deren Ziel die allgemeine sozialistische Wohlfahrt ist. Denn für ihn handelt es sich dabei nicht um eine Lebensweise, um *byt*, sondern um die Geburt einer neuen Gesellschaft. Das ist der Grund für den tragischen, heroischen und patriotischen Grundton bei der Darstellung von Hungersnot, Kälte und Zerstörung.

Die schlimmste Not vermag, gerade dank der durch sie ausgelösten Leiden, ausgesprochen positive, erhabene Emotionen und seelische Regungen auszulösen und tut das auch. Viel später, in den Tagen der furchtbaren Blockade, schrieb Olga Berggolz:

In jenen Tagen verschwand das Dasein, es verebbte. Und das Sein
Trat kühn in seine Rechte.

Das »Dasein« und das »Sein« werden hier betont und gegenübergestellt – als Kleines und Großes, als niedrig und hoch. Selbstverständlich kann das »Dasein« nicht völlig verschwinden, aber es kann bis zum Minimum reduziert, die Sehnsucht nach dem Sein und auch die Fähigkeit, Seins-gemäß zu leben – das heißt, für das Große und das Allgemeine – hervorbringen und alles Persönliche, Kleinliche und Ordinäre hinter sich lassen. In einer solchen Situation wird dem Menschen unter Umständen das höchste Glücksgefühl zuteil, das Erlebnis unerhörter innerer Freiheit und geistigen Aufschwungs. Dazu weiter Berggolz, ebenfalls über die Leningrader Blockade:

Im Dreck, im Dunkel, hungrig und voll Schmerz,
Wo uns der Tod gleich einem Schatten folgte,

Waren wir so glücklich manchen Tag,
Wir atmeten so ungezähmte Freiheit,
Daß unsere Enkel uns beneiden könnten.

Natürlich, es ist die Eigenschaft des Menschen, und seiner geistigen Konstitution überhaupt, manchmal, im Augenblick höchster Gefahr, den Zustand einer letzten Befreiung, Erleuchtung, Inspiration und Gottesnähe zu erleben. Das Weniger an Materie begünstigt das Mehr an Idee. Die Not und der Hunger werden dann vergeistigt und idealisiert, und die Leiden des Krieges oder der Revolution reinigen und festigen den Menschen.

Aber die überwältigende Menge der Menschen erlebte die Schrecken des Alltags ganz anders und klammerte sich gierig an den letzten Krümel Nahrung und den letzten Hauch Wärme. Die erlebten Qualen weckten in ihren Köpfen und Herzen nichts Erhabenes, die Menschen gingen einfach unter oder lernten Durchhalten, Geduld, sie lernten den eigenen Bissen Brot zu verteidigen oder ihn dem anderen zu nehmen. Zur selben Zeit, da Majakowskij die »Wärme der Lieben, Freundschaften und Familien« pries, spielten sich andere, gegenläufige Prozesse ab. Die Feindseligkeit unter den hungrigen und frierenden Menschen nahm zu, ebenso das Mißtrauen, die Entfremdung und die Angst. Der Mensch wurde zunehmend brutal, stumpf und tierisch.

Zu diesem Thema liegen unzählige Dokumente vor. Ich möchte hier nur Jewegenij Samjatins kleine Erzählung »Die Höhle« von 1926 anführen, die einen grellen Kontrast und gleichzeitig eine Ergänzung zu dem revolutionären *byt* darstellt, wie ihn Majakowskij in seinem Poem besingt. Es handelt sich um dieselbe Lebensweise, aber in einem ganz anderen Licht und unter einem ganz anderen Blickwinkel. Samjatin zeigt uns eine winterlich vereiste Stadt, das ehemalige Petersburg. Die ersten Zeilen versetzen uns in das Steinzeitalter, in die Prähistorie, in die Eiszeit.

»Gletscher, Mammute, Wüsten, nächtliche, schwarze Felsen, die an Häuser erinnern; in den Felsen – Höhlen.« Höhlen – das sind die Wohnungen und Zimmer (daher der Titel der Erzählung). Es ist die letzte Zuflucht, in der sich die Menschen vor der Kälte und voreinander verstecken. Im Zentrum dieser Welt, im Mittelpunkt dieser Höhle, steht die »Gottheit, die kurzbeinige, rostrote, gefräßige Höhlengottheit: der gußeiserne Ofen ... Andächtig, schweigend, dankbar strecken die Menschen die Hände nach ihr aus. Für eine Stunde brach in der Höhle der Frühling an; für eine Stunde fielen die Tierhäute, die Krallen, die Stoßzähne ab, und durch die vereiste Hirnschale sprossen die grünen Spitzchen keimender Gedanken«.

Im Mittelpunkt der Erzählung stehen Martin Martinowitsch (Mart) und seine kranke Frau Mascha. Gebildete, feine, hochgesinnte Menschen, die für das Leben unter den neuen prähistorischen Bedingungen völlig ungeeignet sind. Mascha fällt ein, daß am folgenden Tag ihr Namenstag ist, und sie bittet, dem Fest zu Ehren den Ofen schon am Morgen anzuheizen. Sie ahnt nicht, daß das Brennholz und auch die Möbel bereits verbraucht sind. Und nun geht Martin Martinowitsch zu dem Nachbarn, der noch einen Vorrat an Holz hat, und stiehlt. Der Ofen brennt, Mascha schwelgt in Erinnerungen an die gemeinsame Jugend und die ersten Tage ihrer Liebe, und Martin Martinowitsch stimmt ihr ergeben zu. Aber der Diebstahl ist bereits entdeckt, er wird überführt und verpflichtet sich, die gestohlenen Scheite, die bereits verbrannt sind, zurückzugeben. Und so holt Martin Martinowitsch am späten Abend das Letzte, was ihm geblieben ist, hervor – das Päckchen mit den Briefen seiner Mascha und ein blaues Fläschchen mit Gift. Mit den Briefen macht er zum letzten Mal Feuer, das Gift will er nehmen, um diesem entsetzlichen Leben zu entfliehen. Aber Mascha bemerkt das blaue Fläschchen.

»›Mart, wenn du mich noch liebst ... Ach, Mart, denk' doch, Mart, Liebster, gib es mir!‹

Der kniende Martin Martinowitsch erhob sich langsam. Langsam ging er auf den Tisch zu, nahm das blaue Fläschchen und reichte es Mascha.

Sie warf die Decke zurück und setzte sich im Bett auf, rosig schnell und unsterblich, wie damals die Wellen beim Sonnenuntergang, griff nach dem Fläschchen und lachte. ›Zünd noch eine Lampe an! Die andere, dort auf dem Tisch! So. Und steck' noch etwas in den Ofen. Ich möchte, daß das Feuer ...‹

Martin Martinowitsch griff, ohne hinzusehen, in die Schreibtischschublade, zog irgendwelche Papiere hervor und warf sie in den Ofen.

›So, und jetzt ... jetzt geh', geh' einfach ein wenig spazieren ... Und vergiß den Schlüssel nicht. Wenn du die Tür zuschlägst, kommst du nicht wieder rein ...‹«

Man kann diese Szene bei Samjatin mit der zitierten Episode aus dem Poem *Gut!* vergleichen: Majakowskij schenkt seiner Geliebten das Beste und das Letzte, was er besitzt: zwei Möhrchen und ein Birkenscheit. Bei Samjatin ist die höchste, beseligendste Gabe des Menschen an seinen Nächsten – Gift. Aber es ist ebenso wie bei Majakowskij das letzte Aufflackern von Liebe und Wärme, die letzte Gabe der Menschlichkeit. Bei Majakowskij siegt allerdings in der Liebe das Leben, in Samjatins Erzählung der Tod. Beide haben recht, weil der sowjetische Alltag jener Zeit zwischen Leben und Tod pendelte, und bald das eine, bald das andere stärker war.

Gegen diese Überlegungen kann man einwenden: Das sind doch gewisse extreme Kapitel der sowjetischen Geschichte, sowohl die Revolution als auch der Krieg! Man kann doch nicht den normalen Sowjetalltag mit einer Ausnahmesituation vergleichen! Freilich, hier handelt es sich um Ausnahmen. Aber es gibt genügend Beispiele dafür, daß eine Ausnahme, übertrieben dargestellt, die Regel bestätigt, so daß man von der Ausnahme ausgehend, Schlüsse über die Norm, über den Durchschnitt, über den gewöhnlichen, friedlichen Alltag ziehen kann. Es sind nicht nur Krieg und Revolution – es sind periodisch eintretende Katastrophen: bald ist es die Kollektivierung, die Ende der zwanziger und Anfang der dreißiger Jahre nicht weniger zerstörte als die Revolution selbst, bald Massenverhaftungen, bald Mondflüge und Rüstungswettlauf, die die Bevölkerung zwingen, den Riemen enger zu schnallen, bald chronische Mißerfolge in der Landwirtschaft, wie wir sie heute erleben. Jedenfalls bewegte sich der sowjetische Alltag in jedem Abschnitt der Geschichte hart am Rande einer mehr oder weniger bitteren Armut.

Einfachheit, auf die Spitze getrieben

In einer frühen Erzählung von Michail Soschtschenko heißt es: »Ach, hochverehrte Herrschaften und liebe Genossen, es ist erstaunlich, wie sich unser Leben verändert, und wie einfach alles um uns herum wird!« In der Tat, nach dem Sieg des Sowjetregimes sind der Mensch, seine Lebensweise und die zwischenmenschlichen Beziehungen einfacher geworden. Diese Einfachheit zeigte sich in verschiedener Form, aber ihre beste Verkörperung gelang Soschtschenko – dem tiefmelancholischen Philosophen, der in seinen Erzählungen über das sowjetische und das allgemein menschliche Dasein meditiert. In seinen frühen Novellen lesen wir über das Schicksal des durchschnittlichen einzelnen: »Niemand hatte je erfahren, welche Katastrophe ihm zugestoßen war. Und war das überhaupt eine Katastrophe? Wahrscheinlich war es keine, sondern es war das Leben, das einfache, gewöhnliche Leben, in dem nur zwei unter tausend Menschen Boden unter die Füße bekommen, während alle anderen leben, um zu überleben.«

Wir wollen versuchen, diesen Satz zu dechiffrieren. Bei der »Katastrophe« handelt es sich ganz allgemein um die Revolution. Plötzlich stellt sich also heraus, daß sie die Massen überhaupt nicht berührt und daß das Leben weitergeht, wie es schon immer ging. Die »zwei unter tausend Menschen«, die »Boden unter die Füße bekommen«, sind die Helden, die Träger einer Idee. Und die anderen? Die anderen, sagt Soschtschenko, »leben, um zu überleben«. Das ist die treffende Formel für das Leben der durchschnittlichen Sowjetmenschen im durchschnittlichen Sowjetalltag. Der Mensch lebt, um zu leben. Aber in der sowjetischen Situation lebt der Mensch, um zu überleben. »Das Leben in der Stadt war anders geworden, aber im allgemeinen lebten die Menschen wie früher. Wie früher, und sogar mit größerem Einsatz, kämpften sie um ihr Recht, durchzukommen: Sie stahlen, logen und betrogen.«

Aber wenn das Leben einerseits sich ändert, andererseits aber unverändert bleibt und nur noch ausgeprägtere Züge des Kampfes ums Dasein annimmt, dann bedeutet das, daß die Revolution in ihrer höchsten Bedeutung gescheitert ist. Nachdem sie alles verändert und jeden einzelnen allen gleichgemacht hatte, entfesselte die sozialistische Revolution auf der Ebene der Existenz ein, verglichen mit der kapitalistischen Welt, noch schlimmeres Gerangel um das Recht auf ein Stück Brot, um das Recht auf ein Minimum.

Soschtschenko ist für das Studium des Sowjetdaseins der wichtigste Schriftsteller und Zeuge, denn seine Aufmerksamkeit ist nicht auf eine allgemeine Idee, sondern auf den konkreten Menschen gerichtet, und zwar nicht auf den herausragenden Helden oder Intellektuellen, sondern auf den Vertreter der Masse, auf den kleinen Mann in seinem alltäglichen, durchschnittlichen Dahinleben.

Die Reichen, wie man sie früher kannte, gab es nicht mehr. Aber unter den Bedingungen der allgemeinen Verarmung wird das Geringste, Unbedeutendste und sogar Nichtigste zu einem märchenhaften Schatz. Zum Beispiel – eine Ziege, wie in der frühen Erzählung Soschtschenkos »Die Ziege«, wo der kleine Angestellte Sabeschkin im Vorübergehen einen Zettel entdeckt:

»›Zimmer an Alleinstehenden zu vermieten‹, ... Sabeschkin machte erregt einige Schritte und warf einen Blick durch die Gartentür. Und trat zurück.

›Eine Ziege!‹ sagte Sabeschkin, ›Bei Gott, da steht eine Ziege ... Hoffentlich ist das ihre Ziege, ihre, der Vermieterin ... Eine Ziege! Aber wenn man einen solchen Wink bekommt, dann kann man ja auch heiraten. Bei Gott, ich werde sie heiraten ... Wenn sie tatsächlich eine Ziege hat, dann werde ich sie heiraten. Zehn Jahre habe ich gewartet, und endlich ... So ist eben das Schicksal ... Das ist ja toll! Das ist ja richtiges Eigentum. Eine Kuh oder eine Milchziege. Eine Ziege ist sogar besser, die frißt nicht so viel.‹

Sabeschkin stieß das Gartentörchen auf.

›Eine Ziege!‹ stieß er hervor und rang nach Luft, ›am Zaun steht eine Ziege! Aber wenn man eine Ziege hat, dann ist doch das Leben eine Kleinigkeit! Wenn man eine Ziege hat, dann wäre es ja sogar komisch, wenn ...‹«

Die ganze Welt kreist für unseren Helden um diese Ziege, denn die Ziege ist für ihn die reale Verkörperung eines satten und geruhsamen Lebens, das Fundament des materiellen Wohlergehens. Und er unternimmt übermenschliche Anstrengungen, er gibt sich völlig dieser Aufgabe, dieser *idée fixe* hin, die Neigung der Besitzerin zu wecken und Zugang zu ihrer Ziege zu erlangen.

In seiner Erzählung von der Ziege scheint Soschtschenko sagen zu wollen, daß sich in der Welt des kleinen Mannes trotz der sozialistischen Revolution nichts Wesentliches geändert hat. Mehr noch, in der Situation allgemeiner Verarmung wird eine erbärmliche Ziege zu einem Schatz, einem unerreichten Ideal. Und unter dem Strich beobachtet man nicht das Abnehmen, sondern das Zunehmen der Besitzinstinkte und -begierden, wobei sie unter den neuen Bedingungen unerwartete und gelegentlich monströse Formen annehmen.

Es geht nicht nur um die Verarmung, nicht nur um die erschwerten Existenzbedingungen. Das Sowjetregime hat zu wesentlichen Veränderungen der menschlichen Psyche geführt. Allgemeine menschliche Eigenschaften und Laster nehmen einen besonders scharfen Charakter an. Das Kleinkarierte des sowjetischen Alltags ist erstaunlich. Die Sphäre der großkalibrigen Unternehmungen, der gewaltigen Leidenschaften ist außerordentlich eingeschränkt und wird gelegentlich für ungesetzlich erklärt oder verboten. Folglich brodeln die Leidenschaften auf dem niedrigsten Niveau, dem des Alltags. Dabei ist zu bedenken, daß die untersten gesellschaftlichen Schichten den sozialen Druck kaum oder überhaupt nicht realisieren. Die Masse der Bevölkerung – insbesondere in den zwanziger und dreißiger Jahren – sieht sich als Herr der Lage, am Steuer der Geschichte, sie hat immer und unter allen Umständen recht und braucht sich der eigenen niedrigen Instinkte nicht zu schämen. Dies alles verleiht dem Phänomen, das wir das Sowjetdasein nennen, seine typischen übertriebenen Züge.

In Soschtschenkos Erzählungen löst jede Kleinigkeit einen Konflikt aus und nimmt überproportionale Dimensionen an. In der Erzählung »Zu Besuch« aus dem Jahr 1927 erscheint die Gastgeberin plötzlich totenbleich vor ihren Gästen: »›Das ist‹, sagt sie, ›nein, das ist einfach unglaublich! Jemand hat soeben im Klo unsere Fünfundzwanzig-Watt-Birne ausgeschraubt! Wenn das so weitergeht, müssen wir künftig vor unseren Gästen das Klo abschließen ...‹«

Zum Schluß stellt sich heraus, daß der Hausherr persönlich die Birne vorsorglich entfernt und in die Tasche gesteckt hatte, um seine Gäste nicht in Versuchung zu führen, dann aber auf dem Fensterbrett einnickte und die Birne zerdrückte.

Zwischenfälle dieser Art füllen den Sowjetalltag aus, der selbstverständlich keineswegs eine einzige Notlage in des Wortes engster Bedeutung ist. Aber Menschen, die die Not gewöhnt sind, benehmen sich gelegentlich – auch unter normalen Bedingungen oder mitten im Wohlstand – engherzig und kleinlich, und zwar weniger, weil sie ihrer Natur nach geizig wären, sondern aus der Gewohnheit, immer wieder Geringfügiges mühsam auftreiben zu müssen und deshalb bei geringfügigen Anlässen einander zu mißtrauen, selbst dann, wenn diese Geringfügigkeiten kein Problem mehr sind.

Die neue Lebensweise

In den zwanziger und zu Beginn der dreißiger Jahre wurden ernsthafte Versuche unternommen, eine grundsätzlich neue Lebensweise einzuführen, die sich ausschließlich und in jedem Detail an den Ideen und Forderungen des Sozialismus ausrichten sollte. Am Anfang stand das Planen und Errichten von Häusern und Wohnungen besonderen Typs, die ausschließlich auf das gemeinschaftliche Leben zugeschnitten waren. Denn nach Meinung der sozialistischen Ideologen muß der Mensch im Kollektiv erzogen werden und leben. Dementsprechend ist die alte Lebensweise schon allein deshalb unbrauchbar und schädlich, weil die Menschen separat leben – in Familien oder einzeln, aber immer in separaten Häusern oder separaten Wohnungen. Der bisherige Alltag förderte die Isolation des einzelnen und begünstigte die individualistischen Tendenzen und Besitzinstinkte. Es schien notwendig, diesen herkömmlichen Alltag abzuschaffen und durch einen anderen zu ersetzen, der nach kollektivistischen Prinzipien geordnet war. Wenn Kollektivarbeit und Kollektivwirtschaft das Fundament der neuen Gesellschaft bildeten, dann mußten auch die Sitten und Gebräuche kollektiv sein – kollektive Freizeit, kollektive Kindererziehung, kollektive Ernährung, nicht nur in der Fabrik, sondern auch zu Hause.

Lunatscharskij, damals Volkskommissar für Bildung, schrieb: »Die Revolution setzt sich das Ziel, alle Menschen zu Brüdern zu machen ... und sie wird große Häuser errichten mit Küchen, Speiseräumen, Wäschereien, Kinderhorten und Clubs, die nach den letzten Erkenntnissen der Wissenschaft eingerichtet sind und sämtlichen Bewohnern der Kommune zur Verfügung stehen, die in behaglichen, sauberen Zimmern mit fließendem Wasser und elektrischem Strom untergebracht sind.«

Solche Häuser und Projekte hatten verschiedene Namen: »Haus der Kommune«, »Wohnkombinat«, »Haus des neuen Lebens«, »Proletarierwohnstatt«. Die gigantischen Kantinen hießen »Küchenfabrik« und sollten den Familientisch ersetzen.

Dem Alleinstehenden oder dem Ehepaar wurde das Minimum an Wohnraum zugesprochen – nur zum Schlafen und Umkleiden, denn das individuelle Leben sollte zugunsten des Lebens im Kollektiv aufs Äußerste beschnitten werden. Die Kinder sollten von den Eltern getrennt in einem eigenen Kollektiv leben und dort erzogen werden. Dies garantierte ein möglichst reines sozialistisches Bewußtsein. Selbstverständlich wurde die größte Fläche für die gemeinsame Freizeitgestaltung verplant – Lesesäle, Sporthallen, Empfangs- und Diskussionsräume usw. Das neue

Dasein verfolgte außer den Erziehungsaufgaben im Geist des Kollektivismus auch noch andere, am Anfang recht verlockende Ziele. Zum Beispiel die Befreiung der Frau vom Küchenherd, vom Waschtrog und überhaupt vom aufreibenden Alltag, da alle Frauen künftig unter den gleichen Bedingungen wie die Männer im Kollektiv lernen und leben sollten. Das Wesentliche dieser Pläne bestand jedoch darin, daß die einzelne Persönlichkeit und die einzelne Familie zugunsten der gemeinsamen Sache und der proletarischen Gleichheit und Brüderlichkeit in den Hintergrund gedrängt werden sollte.

Aber diesem geplanten neuen Dasein war es nicht beschieden, Wirklichkeit zu werden. Solche Ameisenhaufen wurden zwar gebaut, aber sie erfüllten ihre Funktion nicht und wurden später wieder aufgegeben. Es gab viele Gründe, weshalb die neue Lebensweise keine Wurzeln schlagen konnte. Unter anderem weil der Staat diesem gigantischen Bauvorhaben nicht gewachsen und ebenso unfähig war, die überdimensionalen Dienstleistungen (gemeinschaftliche Ernährung, Wäsche etc.) zu übernehmen. Dies um so weniger, als der Konsum und das materielle Wohl seiner Bürger für den Sowjetstaat schon immer im Vergleich zur Schwerindustrie und Rüstung auf dem letzten Gleis rangierte. Aber diese Projekte mußten nicht zuletzt auch deshalb scheitern, weil sie durch und durch utopisch und wider die menschliche Natur waren. Auch der im Geist des Kollektivismus erzogene Mensch sehnt sich nach einer eigenen Ecke, einem eigenen Kochtopf und einer Mahlzeit im Kreis seiner Familie, und schließlich wünscht er, sich wenigstens dann und wann zurückzuziehen. Es ist bekannt, daß der Mensch unmöglich ohne Menschen leben kann, aber ununterbrochen in der Öffentlichkeit leben zu müssen – das ist auch ein bitteres Los.

Alles in allem – das Experiment des neuen Daseins in Reinkultur war mißlungen, ebenso mißlungen war der vollkommene neue Mensch. Aber im Sowjetalltag blieb mancher neue oder besondere Zug erhalten. Einer von ihnen besteht darin, daß der Sowjetmensch gezwungenermaßen stark in das gemeinschaftliche Leben eingebunden ist. Als Beispiel dieses »Kollektivismus«

kann die Kommunalwohnung dienen, eine dermaßen charakteristische Erscheinung, daß die Wortkombination »Sowjetdasein« sofort die Assoziation »Kommunalwohnung« nach sich zieht.

Die Kommunalwohnung blieb als unbeabsichtigte Parodie jener Kommunenhäuser zurück, von denen die frühen Ideologen des neuen sozialistischen Daseins geträumt hatten. Jede Familie wohnt in der Kommunalwohnung streng isoliert – so gut es geht und so gut sie es kann. Außerdem sind die Kommunalwohnungen eine Notlösung, die durch den anhaltenden und unvorstellbaren Wohnungsmangel im ganzen Land bedingt ist. Dieser Mangel findet seine Erklärung unter anderem darin, daß der Wohnungsbau hinter den Bedürfnissen der Bevölkerung hoffnungslos zurückbleibt, zumal in den Großstädten die Bevölkerung innerhalb kürzester Zeit um das Vielfache zugenommen hat, was seinerseits durch Industrialisierung, durch die Verelendung des Dorfes und alle möglichen anderen gesellschaftlichen Entwicklungen begründet ist. Jedenfalls drängen sich auf begrenztem Raum unverhältnismäßig viele Menschen zusammen: Eine Wohnung, die früher für eine Familie berechnet war, wird heute von fünf, von sechs oder noch mehr Familien bevölkert – entsprechend der Zahl der Zimmer. Und in den großen Zimmern werden Zwischenwände eingezogen, um mehrere Familien unterzubringen. In den Großstädten wurde die sogenannte »sanitäre Norm« eingeführt, derzufolge einer Person nicht mehr als neun Quadratmeter Wohnraum zustehen. Eine Familie hat Anspruch auf weitere vier Quadratmeter. Außerdem trat eine Reihe anderer Einschränkungen in Kraft. Und die akute Wohnraumnot wurde zum Nährboden für den kommunalen *byt* mit seinen typischen Gesetzen und seinem spezifischen Kolorit.

Diese Lebensweise ist gekennzeichnet durch eine außerordentliche Enge und durch die Unvermeidlichkeit dauernden Kontakts mit völlig fremden Menschen. Jede Familie wohnt in ihrem Zimmer, meistens in einem einzigen Zimmer, ungeachtet der Zahl ihrer Mitglieder. Die Menschen heiraten, gründen neue Familien, bekommen Nachwuchs, müssen aber trotzdem das Zimmer mit ihren Eltern, Geschwistern und Großeltern teilen.

Einer meiner Bekannten (ein Akademiker und materiell ausreichend gesichert) verbrachte sein ganzes Leben bis ins reifere Alter in einem einzigen kleinen Zimmer zusammen mit seinen Eltern und seiner Großmutter und schlief auf einem Feldbett, das tagsüber zusammengeklappt und nachts aufgestellt wurde, wobei aus Platzmangel der größere Teil dieser Bettstelle unter den Eßtisch geschoben werden mußte. Praktisch schlief mein Bekannter zur Hälfte unter dem Tisch.

Und das war das Leben innerhalb einer Familie. Aber in einer Kommunalwohnung wohnen immer mehrere Familien, und deshalb werden Korridor, Küche und Toilette gemeinsam benutzt. Sie heißen auch »Gemeinschaftsbenutzungsorte«. Und wenn es ein Badezimmer gibt, dann wird auch das Badezimmer gemeinsam benutzt, ebenso das Telefon, falls eines vorhanden ist. Diese Gemeinschaftsbenutzungsorte bilden den Lebensnerv und das Spezifikum einer Kommunalwohnung. Es handelt sich um einen reglementierten Raum, in dem sich völlig fremde Menschen gezwungenermaßen begegnen, miteinander auskommen, sich gegeneinander behaupten und den Kampf ums Dasein auf einer Fußbreit gemeinsamer Fläche bestehen müssen. Deshalb ist das Interieur stets überraschend und sogar exotisch. Im Korridor stehen beispielsweise eine Truhe und eine Garderobe, und oben an der Wand hängt ein Fahrrad – alles Anlässe zu unendlichen Dramen und Streitereien: Die Bewohner stolpern im dunklen Korridor über die Truhe und verlangen, sie zu entfernen oder wünschen ihre eigene Truhe an dieser Stelle zu sehen. Noch abenteuerlicher sieht es in der gemeinsamen Küche aus, die mit Tischchen und Schränkchen vollgepfropft ist – entsprechend der Zahl der Familien. Die Tische sind verschieden groß. Einem ist es gelungen, einen größeren Platz zu ergattern, und für einen anderen ist fast überhaupt nichts geblieben. Auch der Gasherd ist für alle da, aber die Zahl der Flammen ist begrenzt, und nicht alle können auf einmal kochen. Früher, als es noch kein Gas gab, stand auf jedem Tisch ein Petroleumofen oder ein Petroleumkocher, und die Küche war voller Ruß und Gestank. Außerdem wurde früher in dieser Küche die Wäsche gewaschen und auch getrocknet, auf Leinen, die sich quer durch den ganzen Raum zogen. Jeder hatte seine eigene Wäscheleine, aber es gab nur einen Wasserhahn. Unter diesem gemeinsamen Wasserhahn wuschen sich die Menschen, es wurde gespült, Teewasser geholt, und die Waschkessel wurden gefüllt. Viele Menschen und ein einziger Wasserhahn.

Unter den Bedingungen einer Kommunalwohnung sind Wort und Begriff »Nachbar« unheilverkündend und erläuterungsbedürftig. Gutnachbarliche Beziehungen knüpfen sich hier höchst selten, die Mitbewohner sind meistens ein feindseliges, gefährliches, bestenfalls fremdes und störendes Übel. Auf diesem Boden wächst eine beliebige Bagatelle zu einem Berg an, jede Kleinigkeit löst eine Katastrophe aus. Hier florieren Verleumdung, Klatsch, Denunziation und Haß, der sich gelegentlich in tätlichen Auseinandersetzungen entlädt. Die kommunistische Brüderlichkeit verwandelt sich in den schrecklichsten Bruderzwist, den Krieg aller gegen alle. Außer der Enge und dem ewigen Kampf um lebensnotwendigen Raum macht sich die Ungleichheit der Menschen verhängnisvoll bemerkbar – die Ungleichheit des Vermögens, der sozialen Stellung, des intellektuellen Standes, des Alters, der physischen Fähigkeiten und sogar des Geschmacks. Denn in einer Kommunalwohnung wohnen in erzwungener nächster Nachbarschaft Menschen verschiedenster Bedürfnisse und Neigungen nebeneinander. Der eine badet gerne abends, der andere aber möchte zur selben Zeit in der Wanne die Windeln spülen. Der eine ist Frühaufsteher und schaltet sofort das Radio auf volle Lautstärke, der andere ist eine Nachteule und hat bis spätabends Gäste. Wieder ein anderer besetzt allzu lange das WC. Diese Liste gegenseitiger Belästigungen kann beliebig fortgesetzt werden. Es versteht sich von selbst, daß ein Intelligenzler in einer solchen Kommunalwohnung den schlechtesten Stand hat. Denn Intelligenzler sind immer in der Minderheit und unterscheiden sich in Manieren und Gewohnheiten von den anderen, den einfachen Menschen.

Soschtschenko schrieb 1929 die Erzählung »Sommerliche Atempause«, in der wir einen der üblichen Kommunalwohnungskonflikte miterleben – wer wieviel für den Strom zu bezahlen hat. Denn in der Wohnung gibt es nur einen einzigen Zähler, und der Stromverbrauch der Nachbarn ist unterschiedlich. Diese Erzählung wirkt wie eine Verhöhnung der Ideologie der kommunistischen Lebensweise, denn mancher von ihnen hatte behauptet, in der Kommunalwohnung lernten die Menschen Freundschaft und Brüderlichkeit, sie sei die Keimzelle der künftigen sozialistischen Gesellschaft:

»Klar, in einer eigenen separaten kleinen Wohnung wohnen – das kann nur spießig sein. Man muß als kollektive, einmütige Familie leben und sich nicht hinter den Wohnungsmauern verschanzen.

Man muß in einer Kommunalwohnung leben. Dort geschieht alles vor einem Publikum. Es ist immer jemand da, mit dem man ein paar Worte wechselt. Ein persönliches Problem besprechen kann. Mit dem man sich auch mal prügeln kann. Natürlich sind gewisse Mängel nicht zu leugnen.

Dazu gehört zum Beispiel die Elektrizität, ein echter Zankapfel. Man weiß nicht, wie man abrechnen soll. Und wer was zu zahlen hat. Natürlich, später, wenn unsere Industrie so weit ist, und wenn Amerika vor uns strammstehen wird, dann wird jeder Mieter in jeder Ecke nach Lust und Laune auch zwei Zähler installieren können... Und dann wird das Leben in unseren Wohnungen selbstverständlich strahlen wie die Sonne.

Nun, aber vorläufig haben wir tatsächlich nichts als Ärger.

Also, bei uns wohnen zum Beispiel neun Familien. Eine Leitung. Ein Zähler. Am Monatsende müssen wir zur Abrechnung antreten. Und dann gibt es natürlich heftige Diskussionen und manchmal eins in die Fresse.

Na gut, Sie werden sagen: Man muß pro Birne rechnen. Na gut, also pro Birne. Der eine pflichtbewußte Mitbewohner macht das Licht vielleicht für fünf Minuten an, wenn er sich auskleidet oder um einen Floh zu fangen. Der andere aber kaut bis Mitternacht bei Festbeleuchtung an seinem Abendbrot herum. Und weigert sich, das Licht auszumachen...

Wir hatten mal einen Nachbarn – der war Auslader bei der Bahn, der ist davon richtig übergeschnappt. Er schlief nicht mehr und wollte immer wissen, wer von den Mietern nachts Algebra studiert oder sich das Essen auf die Gabel spießt und aufwärmt... Er hat prima Revisionen durchgeführt. Er – was ich sage, ist wahr – schlief buchstäblich keine Nacht und kontrollierte alle Augenblicke, bald bei diesem, bald bei jenem und drohte immer wieder, daß er jedem bei Überverbrauch mit der Axt den Schädel spaltet...«

Und dann beginnt ein wahrer Hexensabbat: Jeder Bewohner verdächtigt seinen Nachbarn des Betrugs und nimmt sich vor, mit dem allgemeinen Strom zu aasen. Die monatlichen Stromrechnungen wachsen daraufhin ins Unermeßliche: »Mit einem Wort, als der Zähler achtunddreißig Rubel anzeigte, sperrten sie den Strom. Alle weigerten sich zu zahlen. Ein Intelligenzler hat gebeten und gefleht und hat sich förmlich an die Leitung gehängt, aber auf den nahm man keine Rücksicht. Aus.«

Das alles ist keineswegs Phantasie oder künstlerische Übertreibung. Ich habe selbst vierzig Jahre in einer Kommunalwohnung gelebt und kann aus persönlicher Erfahrung bestätigen, daß eine elektrische Birne, ein Mülleimer oder der Platz für den Teekessel auf dem gemeinschaftlichen Herd ein wirkliches Problem darstellen. Und ich möchte Soschtschenkos Erzählung mit einem anschaulichen Beispiel aus eigener Erfahrung ergänzen. Ich und meine Familie waren die einzigen Intelligenzler in unserer Wohnung. Und natürlich knipste ich abends meine Tischlampe an, um lange zu lesen oder zu schreiben, manchmal bis tief in die Nacht. Und natürlich fiel das den Nachbarn auf, und sie schlugen mir vor, meine Lektüre einzuschränken, die Lampe zu löschen und früher ins Bett zu gehen. Daraufhin bezahlte ich für meine Schreibtischlampe doppelt – ohne Erfolg. Also ließ ich mir in meinem Zimmer einen besonderen Zähler installieren. Es half nichts: Manchmal benutzte ich den Korridor oder die Küche, oder ich führte meinen Hund spazieren. Auch das bedeutet Mehrverbrauch an Strom. Also ließ ich ein besonderes Lämpchen im Korridor, das in meinem Zimmer eingeschaltet wurde und an meinem Zwischenzähler hing. Prompt ein neues Problem: Der Hund! Freilich, der Hund bellte nie und verließ nie allein unser Zimmer. Der Hund verhielt sich immer ganz ruhig, um den Zorn der Nachbarn nicht zu wecken. Aber wenn ich ihn ausführte, zweimal am Tag, lief er über den gemeinsamen Korridor, das heißt, der Hund machte mehr Dreck als jeder einzelne Mitbewohner, woraus sich ergab, daß wir den Boden im Korridor häufiger als die anderen Wohnungsbewohner zu scheuern hätten. Ich erklärte mich auch damit einverstanden, aber nun kam der Einwand, der Hund sei ein Vierbeiner und kein Zweibeiner wie wir Menschen und hinterlasse doppelt so viele Spuren. Deshalb müsse der Boden im Korridor doppelt so oft geschrubbt werden. Da nahm ich ihn auf den Arm und trug ihn durch den Korridor, glücklicherweise war es ein kleiner Hund. Mit einem Wort, es tobte ein Krieg, in dem ein Sieg ebenso unmöglich war wie Friede oder Waffenstillstand. Denn je mehr Geld und Kräfte ich aufwandte, um den Forderungen der Nachbarn entgegenzukommen, desto glühender haßten sie mich. Tja, das ist mir ein feiner Herr! Mit eigenem Zähler und Hund, der für das Schrubben der Böden im Korridor und so weiter viel Geld ausgibt, andere Nachbarn schrubben die Korridorböden selbst und der läßt eine Putzfrau kommen, woher hat er bloß das Geld? Warum bleibt er so lange auf? Und warum brennt bei ihm immer Licht? Ich verdiente nicht schlecht und genoß als Wissenschaftler und Mitglied des Schriftstellerverbandes gewisse sowjetische Privilegien – aber hier konnte mir nichts helfen, denn meine Lebensgewohnheiten unterschieden sich von den durchschnittlichen Lebensgewohnheiten in einer Kommunalwohnung und erweckten Neid und Mißtrauen. Was treibt er eigentlich, muß er nicht ein amerikanischer Spion sein, wenn sein Fenster bis in die späte Nacht erleuchtet ist?

Der Zähler ist nur ein beiläufiges Detail. Manchmal geht es richtig unheimlich zu: Wenn in der Gemeinschaftsküche an jedem Topf ein Schloß angebracht ist und wenn die Hausfrau, um die Suppe umzurühren und den Braten zu prüfen, den Kochtopf jedesmal aufschließen und dann wieder abschließen muß; denn sie kann ja nicht die ganze Zeit, solange das Essen kocht, dabeisein, und während sie in ihrem Zimmer ist, könnte die Nachbarin das Fleisch herausnehmen – nicht, weil sie hungrig ist, nur aus Bosheit. Oder irgend etwas Ekelhaftes mit der Suppe anstellen: eine Handvoll Salz oder Kehricht hineinschmeißen oder einfach hineinspucken...

Daraus läßt sich erkennen, wie gespannt die Atmosphäre des kommunalen Daseins ist. Selbstverständlich hatten die Ideologen und Stifter des Sozialismus nicht im Traum daran gedacht, daß die menschliche Natur so resistent bleiben und das Zusammenleben von Menschen auf engem Wohnraum zu solchen Feindseligkeiten führen würde. Lange Zeit wurden Zwischenfälle dieser Art als Erbe der verfluchten kapitalistischen Vergangenheit erklärt, als bourgeoise Relikte im menschlichen Bewußtsein, die allmählich verschwinden würden. Aber sie verschwinden keineswegs, sondern zeigen immer ein neues Gesicht – es ist ein charakteristisches Merkmal des neuen sowjetischen Alltags.

Der Kampf gegen das Spießertum

Das ganze zweite Jahrzehnt unseres Jahrhunderts und ein Teil der dreißiger Jahre standen im Zeichen des Kampfes gegen bourgeoise Relikte im Alltag und im Bewußtsein der Menschen. In vielem entsprach dies der staatspolitischen Linie, die auf Liquidierung der letzten Überbleibsel von Privateigentum auf dem Land und in der Stadt ausgerichtet war, die Liquidierung der sogenannten »Kleinbourgeoisie«, das heißt kleiner Unternehmer, Händler, Handwerker, Heimarbeiter und schließlich der wohlhabenden Bauern oder, nach offizieller Terminologie, der Kulaken. Dabei handelte es sich nicht nur um Politik und sozialökonomische Revolution, es war ebenso der Kampf um eine neue Lebensform und eine neue Psychologie innerhalb der sozialistischen Gesellschaft. Denn als Quelle aller Übel und Laster – im Alltag und im menschlichen Bewußtsein – wurde das »Privateigentum« angesehen, das die Menschen für sich selbst und nicht für die anderen leben ließ und alle möglichen egoistischen Instinkte nährte. Daher wurde dieser Kampf in den Alltag verlegt und galt dem eigenen Haus, der eigenen kleinen Welt. Wenn es kein Eigentum mehr gibt, so wird es auch keine Eigentümer mehr geben, und dann ist alles gut! Dies ist natürlich eine charakteristische revolutionäre Ansicht. Aber im Augenblick interessiert uns ihre Spiegelung im Alltag. Zahlreiche Beispiele aus der sowjetischen Literatur bestätigen, daß schon die Begriffe »Alltag« und »Lebensweise« stets die Assoziation von »Privateigentum« auslösen, vor allem von Privateigentum, das dem Menschen ein noch so geringes Einkommen sichert und ein mehr oder weniger unabhängiges Leben garantiert. Darin laure, so hieß es, die schlimmste Gefahr. In diesem Zusammenhang möchte ich Eduard Bagritzkijs Gedicht »Der Mann aus dem Vorort« zitieren. Es entstand 1923, das heißt schon am Ende der Kollektivierung und Entkulakisierung des Dorfes und spiegelt den Geist seiner Zeit. Aber Bagritzkijs Held und Hauptfeind, den er geringschätzig den »Mann aus dem Vorort« nennt, ist kein Kulake und kein Bauer, sondern wohnt irgendwo am Rand der Stadt und gehört zu denjenigen, die man damals noch in Ruhe ließ. Übrigens wohnte Bagritzkij bei ihm zur Miete. Das heißt, der Mann aus dem Vorort ist der Besitzer eines kleinen Hauses mit einem bescheidenen Garten und zwei, drei Stück Vieh, ein ungeheuer fleißiger Mann, der nur von eigener Hände Arbeit lebt. Aber allein die Tatsache, daß dieser Mann ein Hauseigentümer ist, macht ihn dem Dichter äußerst unsympathisch, und er porträtiert ihn als eine Art Ur-Kapitalisten mit dem charakteristischen Zug: Alles nehmen und nichts geben.

Man lehrte dich mit Erfolg: Auf dem eigenen Buckel
Unter dem Hemd, auf der nackten Haut – schlepp alles heim
In den Pferch,
Ins Menschenhaus,
In die Kohlherrlichkeit der Borschtsch.
Und spähst du hinaus in die Welt, durch die Schlitze des
Speichers,

Aus seinem nach Ratten stinkenden Schoß,
Keine Handvoll Dreck, kein Wölkchen Dampf,
Kein Steinchen, kein Hölzchen – gib nie etwas her!

Kurz, Bagritzkij erhebt keine ernsthafte Anklage gegen den Mann aus der Vorstadt, und hat auch keinen Grund dazu. Das einzige Vergehen dieses Mannes besteht darin, daß er Eigentümer ist und für dieses Haus lebt. Deshalb ist er der Feind, eine Inkarnation des egoistischen Beharrens, dem sich die Menschen schon immer unterwarfen und das jetzt endlich, in der neuen Ära, überwunden werden soll. Und in seinen Träumen, in seiner Phantasie, beschwört Bagritzkij diese nahe Zukunft, beschwört, wie dieses Haus von der Zeit, das heißt konkret, von den Trägern dieser Zeit, den Siegern, heimgesucht wird:

Ihr, die ihr Wälder und Gewässer kämpfend durchstreiftet,
Allen Güssen Kopf und Gesicht entgegenhieltet,
Tschekisten, Mechaniker, Fischer,
Kommt die gehobelten Stufen hinauf!
Die Stunde hat geschlagen – wir sind von neuem vereint!
Und wieder Gefechtsrauch über dem Horizont!
Schau her, kleiner Mann aus dem Vorort:
Wir sind da! Wir feiern ein Fest in deinem Haus!

Das klingt pathetisch, aber bei Licht besehen ist die Vision, die Bagritzkij so begeistert beschreibt, etwas Unheimliches. Wir sehen einen abgehetzten, vom Staat an die Kandare genommenen Mann aus dem Vorort, das heißt einen kleinen gewöhnlichen, einfachen Menschen. Seinetwegen wurde die Revolution entfesselt, und dieselbe Revolution, nur in einem anderen historischen Abschnitt, vertreibt ihn aus seinem eigenen Haus und zerstört sein Leben. Und alles nur deshalb, weil er ein »Kleineigentümer« ist, der alles Böse dieser Welt verschuldet.

Aber wir wissen ja, daß, nachdem die Kleineigentümer ausgerottet und die Menschen in einer einzigen Kommunalwohnung zusammengepfercht waren, die neue Gesellschaft keineswegs von dem bösartigen Bazillus des menschlichen Egoismus und der

Selbstsucht befreit war. Früher schleppte der kleine Mann alles, was ihm in die Finger kam, in sein eigenes Haus und in seine Scheune. Jetzt liefert er seinem Nachbarn Gefechte, und es geht um Vorrechte in Küche und Toilette – obwohl er inzwischen durch und durch Sowjetmensch ist. Die neue Lebensweise bleibt also ständig von der alten durchsetzt. Aber in ihrer neuen Maske ist sie noch schrecklicher. Denn alle harten Maßnahmen, die das Sowjetregime verhängt hat und immer noch verhängt, retten den Menschen nicht, sondern fördern seinen kleinlichen Egoismus und leiten diesen Egoismus auf die Ebene unaufhörlicher gegenseitiger Alltagsfeindlichkeiten um.

Außer dem Begriff »Kleineigentümer« kannte das Vokabular der zwanziger und dreißiger Jahre einen anderen populären Begriff: »Kleinbürger« und »Spießer«. Er hängt aufs engste mit Lebensweise und Alltag zusammen, gelegentlich ist er mit dem Alltag identisch, insofern der *byt* die Couleur des Spießigen annimmt. Und der Spießer hat ja auch mit dem »Kleineigentümer« etwas gemeinsam, da er ebenso egoistisch ist, ebenso nur für sich selbst und das eigene Wohlergehen lebt, ein Wohlergehen, das seinen materiellen Ausdruck in Form der eigenen Wohnung, des eigenen Hausrats, eines gewissen Familienglücks findet. Aber verglichen mit dem Kleineigentümer ist der Begriff »Spießer« unbestimmter und in sozialer Hinsicht verwaschener. Jeder kann »Spießer« sein, ein Kleinunternehmer, ein Proletarier, ein Parteifunktionär oder ein ehemaliger Revolutionsheld. Sobald er einen bestimmten Wohlstand erreicht und sich mit dem erreichten Besitz zufriedengibt, sobald er den idealistischen und ideologischen Schwung verliert, läuft er Gefahr, ein Spießer zu werden. Gleichzeitig klingt in dem Begriff »Spießer« stets ein ästhetisches Urteil an, eine Verurteilung des schlechten Geschmacks, der ja auch so genannt wird – spießiger Geschmack. Der spießige Geschmack kann traditionell sein und sich an der Vergangenheit orientieren, aber er tauchte auch nach dem Sieg des Sowjetregimes wieder auf. Uns interessiert der »Spießer« als Phänomen der neuen Gesellschaft, als Sowjetmensch. Er liefert ein zusätzliches Charakteristikum des sowjetischen *byt* als Kombination von Altem und Neuem. In dem Gedicht »Vom Schund« schlägt Majakowskij die nächste Seite der sowjetischen Geschichte auf, es ist ein Entsetzensschrei angesichts der vorrükkenden Spießerkolonnen, die plötzlich aus allen Ritzen ans Tageslicht kommen:

Die Stürme revolutionärer Schöße haben sich gelegt.
Mit Entengrütze und Froschlaich überzog sich das sowjetische Vielerlei.
Und hinter dem Rücken der RSFSR
lugt die Fratze
des Spießers hervor.

Im gleichen Atemzug wird deutlich gemacht, daß es sich dabei nicht um den alten Spießer handelt, der im sicheren Versteck überwintert hat und sich nun wieder ans Licht hervorwagt. Es ist der Spießer neuer sozialistischer Machart, der sich nun als Herr der Lage fühlt. Und seine Frau, die er wie unter Parteimitgliedern üblich »Genossin Nadja« anredet, ist auf dem Weg zum Ball im Revolutionären Kriegsrat, der Großen Welt von heute. Ihr Abendkleid ist entsprechend dekoriert – mit dem sowjetischen Staatswappen samt Hammer und Sichel. Und der Hausherr ist gerade dabei, sich eine Reithose schneidern zu lassen, weit wie der Stille Ozean, nach dem letzten Schrei der kriegsrevolutionären Mode. Mit einem Wort, wir haben Repräsentanten der parteibürokratischen Elite und keineswegs Kleinbürger aus alten Zeiten vor uns. Und das ganze Tableau dieses kleinbürgerlichen häuslichen Glücks beruht auf dem für Majakowskij gotteslästerlichen Nebeneinander biedermeierlich-spießiger und moderner, sowjetischer Merkmale – unmittelbar neben einem Porträt von Karl Marx zwitschert in seinem Käfig ein Kanarienvogel.

Die Revolution liegt im Netz des Spießertums.
Gefährlicher als Wrangel ist der spießige Alltag.
So schnell wie möglich
dreht allen Kanarienvögeln die Köpfe ab –

damit die Kanarienvögel nicht
über den Kommunismus siegen!

In seinem Haß scheint Majakowskij mit Kanonen auf Kanarienvögel zu schießen: Man wundert sich, warum eigentlich? Wie kann der Kommunismus von Kanarienvögeln besiegt werden? Aber für Majakowskij ist das mehr als wahrscheinlich, weil für ihn der Kanarienvogel ein Symbol bürgerlicher Stabilität und menschlicher Trägheit ist, die auf alle Fälle gegenüber der Revolution und ihren hohen Idealen Oberwasser behalten. Es sind nicht einfach »Relikte der Vergangenheit«, die im Alltag eine bizarre Verbindung mit der sowjetischen Moderne eingehen. Die Gefahr, von der Majakowskij spricht und gegen die er zu kämpfen versucht, ist die drohende Entartung der Revolution in das eigene Gegenteil. Keineswegs Restauration der alten Ordnung oder Rückkehr zu den vorrevolutionären Sitten, sondern Verknöcherung, Versteinerung der revolutionären Energien und des revolutionären Willens, allmähliches Hinübergleiten in neue Gewohnheiten und Stagnation. Darin liegt die Erklärung für Majakowskijs Angst vor Kanarienvögeln, Schreibtischgarnituren, Bürokratenaktentaschen und anderen Symbolen der neuen Stabilität. Für ihn bedeutete dies das Ende der Revolution. Und sein Entsetzen und sein Zorn waren um so heftiger, als der neue Feind nicht zu greifen war. Es handelte sich nicht um eine soziale Zwischenschicht oder gar eine Klasse. Der Feind war überall, als Mikrobe des Ordinären und der Selbstsucht, der spießig-bürokratischen Macht, die man so schwer bekämpfen konnte, weil sie nicht etwas Fremdes war, sondern das siegreiche, an die Macht gelangte Sowjetregime selbst.

Es muß jedoch festgehalten werden, daß auch dieser *byt* diese spießige, träge Existenz, die sich allerorts breitmachte, ihre menschliche Berechtigung hatte. Der Mensch kann nicht ununterbrochen im Namen lichter Ideale ausschließlich dem revolutionären Enthusiasmus leben. Er ist mit absoluter Notwendigkeit auch auf das Leben hier und heute und nicht erst in dem strahlenden Morgen angewiesen, in den eigenen vier Wänden und nicht in kosmischen Dimensionen. Derselbe Majakowskij läßt einen jungen Arbeiter in der Komödie *Die Wanze* solche ketzerischen, kleinbürgerlichen Stimmungen aussprechen. Auf das ewige Reden über die Notwendigkeit, nicht das persönliche, sondern das Glück der Allgemeinheit anzustreben, das heißt, den Ideen der Revolution Treue zu bewahren, erwidert dieser Bursche: »Heut ist nicht mehr 1919. Die Menschen wollen für sich leben.«

Dieser verhängnisvolle Wunsch, »für sich zu leben« (mit anderen Worten, der gewöhnliche menschliche Egoismus), wurde zum ausgleichenden und stabilisierenden Faktor beim Aufbau der neuen Gesellschaft. Auch die Führer wollten plötzlich für sich leben. So verschwand in den dreißiger Jahren der abwertende Begriff »spießig«, der früher die sowjetische Presse durchsetzt hatte, nach und nach aus den Spalten der Zeitungen. Wahrscheinlich deshalb, weil das »Spießertum« gesiegt und keine Lust mehr hatte, sich mit überflüssigen Problemen herumzuschlagen. Aber es siegte in der Gestalt gewöhnlicher Sowjetmenschen, die überall anzutreffen sind, an der Spitze und an der Basis der hierarchischen Pyramide.

Der Großkombinator

Einen Weg, »für sich zu leben« findet man in der Sowjetunion selten, wenn überhaupt. Zugleich sieht er jedesmal verschieden aus, und manchmal ist er einfach verblüffend. Die menschliche Natur setzt sich durch und verfällt auf die listigsten und erstaunlichsten Tricks, um Hindernisse zu umgehen und sich wenigstens vorübergehend einen Vorteil zu verschaffen. Hier begegnen wir einer weiteren interessanten Erscheinung des sowjetischen Alltags und einem besonderen sozialpsychologischen Typus, den ich der Einfachheit halber *projdocha* nennen möchte. Diesem Typus begegnet man in unzähligen Situationen, und er ist so verbreitet, daß eigentlich jeder Sowjetmensch in irgendeinem Sinne ein *projdocha* ist. Einer ist Parteimitglied geworden und hat Karriere gemacht, ohne die geringste moralische oder fachliche Qualifikation: ein *projdocha.* Einer hat eine Wohnung vor all den Tölpeln ergattert, die brav dafür Schlange stehen: ein *projdocha.* Einer war im Laden, gerade in dem Augenblick, als eine ganz seltene Ware auf die Theke kam, Wurst oder ein Lammfellmantel: ein *projdocha.* Überhaupt, um durchzukommen, muß man ein *projdocha* sein.

Selbstverständlich gibt es unter jedem Regime und in jeder Gesellschaft solche *projdochas*, die die nötigen Schleichwege kennen und auch finden, um an das große Geld oder an die Macht zu gelangen. Aus gutem Grund gab es im alten, im ganz alten Rußland, ein Sprichwort aus der Welt des Kaufmannsstandes: »Willst du nicht betrügen, kannst du nicht verkaufen.« Trotzdem zeichnen sich die Sowjetmenschen durch ganz besondere Geschicklichkeit aus, und jeder von ihnen, ihre Psyche schlechthin, wird mehr oder weniger zu einem *projdocha.* Ich möchte das an einer keineswegs bösartigen und überdies für den Sowjetmenschen schmeichelhaften Anekdote erklären:

Ein junger amerikanischer Millionär möchte ein Mädchen mit gutem Charakter heiraten, kann aber keine passende Braut finden: Jede hat irgendeinen Fehler. Zum Beispiel findet er eine junge englische Lady, der er den Hof macht, eines Tages in Tränen aufgelöst. Es stellt sich heraus, daß die junge Dame ein Brillantenkollier verloren hat. Der Millionär denkt: Wenn sie wegen einer solchen Kleinigkeit in Tränen ausbricht – was wird erst geschehen, wenn wirklich ein Unglück geschieht? Nein, ich will sie nicht heiraten. Eines Tages reist er in die Sowjetunion, und zwar zur Zeit der Lebensmittelkarten. Plötzlich sieht er auf einer Straße in Moskau ein junges Mädchen gehen, das glücklich vor sich hin lacht. Der Millionär fragt sie, warum sie so lacht. Und das Mädchen antwortet: »Ach, wissen Sie, ich habe solches Glück gehabt, solches Glück! Man hat mir im Laden die Nudeln gegeben und die Märkchen nicht abgeschnitten.« Der Millionär denkt: Wenn ihr eine solche Kleinigkeit so viel Freude macht, dann muß sie einen ausgezeichneten Charakter haben!

Diese Anekdote erlaubt uns einen doppelten Schluß: Erstens sind die Sowjetmenschen nicht so unglücklich, wie es auf den ersten Blick scheint. Das Leben der Sowjetmenschen, die es fertigbringen, unter solchen beschwerlichen Umständen etwas »für sich« zu finden und zu tun, ist heiter und abwechslungsreich. Zweitens: Das sowjetische junge Mädchen verhält sich in diesem Fall wie eine *projdocha*, da sie ihre Märkchen behält und doch die Nudeln bekommt. Mit anderen Worten, es gelingt ihr, eine vom Staat errichtete Schranke irgendwie zu umgehen. Und dieses einfache sowjetische Mädchen findet das Leben schön und lacht...

Aber die Eigenschaften des *projdocha*, die in irgendeiner Weise in jedem Sowjetmenschen stecken, sind nicht immer so unschuldig. Deshalb ist es am besten, diesen sozialpsychologischen, in der sowjetischen Gesellschaft weit verbreiteten Typus in seiner reinsten Form zu betrachten, den professionellen *projdocha*. Ich wähle Ostap Bender, den berühmten Helden von Ilf und Petrow aus den Romanen *Die Zwölf Stühle* und *Das goldene Kalb*, die beide zu Beginn der zwanziger Jahre entstanden sind und als ein zusammenhängendes Werk gesehen werden können – ein in der Sowjetunion außerordentlich populäres Werk. Es ist so beliebt, daß bestimmte Redewendungen und Situationen in die Umgangssprache und in das Leben der Sowjetbevölkerung eingegangen sind. Das läßt sich nicht nur aufgrund des Talents seiner Verfasser erklären, ein abenteuerliches Sujet spannend aufzubauen, und ebensowenig aufgrund ihres Humors. Die große Entdeckung von Ilf und Petrow, die sie in der Atmosphäre des sowjetischen Lebens gemacht haben, das ist Ostap Bender. Er ist der Schlüssel zu dem mitreißenden Sujet und zu der Komik der Situationen, der Details und der Sprache.

Zwölf Stühle und *Das goldene Kalb* gehören zu der Gattung des Schelmenromans, dessen Blütezeit in Spanien, Frankreich, England und anderen europäischen Ländern in das sechzehnte und siebzehnte Jahrhundert fiel. Und plötzlich stellte sich heraus, daß der Schelmenroman seine Aktualität innerhalb der sowjetischen Moderne keineswegs verloren hatte. Das war jene

Goldader, auf die Ilf und Petrow stießen und aus der sie ihren Helden schufen – Ostap Bender, dessen Name zum Begriff wurde, so genau entsprach er der Lebensluft des sowjetischen Daseins und der in ihr, geheim oder offenkundig, wirkenden Strömungen.

Es ist das Bild eines perfekten *projdocha*, dem in einem bestimmten Maße Züge des rechtschaffenen positiven Helden eigen sind, obwohl es zweifellos nicht in der Absicht der Verfasser lag, seine selbstsüchtigen Gaunertricks zu verherrlichen. Ilf und Petrow waren absolut loyale sowjetische Schriftsteller, und sie bemühten sich sogar, ihren Ostap irgendwie zu verurteilen, indem sie die Aussichtslosigkeit seiner abenteuerlichen Prätentionen unter den Bedingungen des triumphierenden Sozialismus darstellten. Aber die künstlerische Logik und die Kraft der künstlerischen Aussage einerseits und der Realität des sowjetischen Alltags andererseits sind so beschaffen, daß der Gauner und Betrüger Ostap Bender die lichteste Gestalt des Romans ist, der klügste, interessanteste, kühnste und großzügigste Mensch. Dies hängt mit dem Hintergrund zusammen, vor dem er auftritt. Und dieser Hintergrund ist die Trägheit des sowjetischen Daseins, dem es trotz aller heldischen Spruchbänder und Ziele an Lebendigkeit fehlt, am Spiel, denn die Persönlichkeit ist bis in die letzte Faser dem Staat untertan.

Und hier erscheint nun Ostap Bender, dessen erste und treffendste Bezeichnung »Der Großkombinator« ist. Diese Wortschöpfung gibt zu verstehen, daß es große Kaiser gab, große Heerführer, große Schriftsteller, daß es den Großinquisitor gab, daß große Taten für große Ideen unter der Führung großer Führer vollbracht wurden und weiterhin vollbracht werden und daß im Land der große Aufbau des Sozialismus stattfindet. Aber nun taucht der Großkombinator auf und stellt sie alle in den Schatten. Und er ist ein Kombinator, weil er ununterbrochen neue Gedanken hat und sie kombiniert. Er sagt von sich selbst: »Mich füttern Ideen durch«, »Ich bin kein Einbrecher, ich bin ein Soldat der Idee«. Aber er ist ein ganz besonderer Soldat der Idee: »Ich bin der Soldat der Idee im Kampf um Geldwert«, das heißt, ein

Abenteurer, ein Gauner mit einer *idée fixe*, dem es nicht um bloße Bereicherung geht, sondern um die Erfindung von Umwegen und Manövern, von genialen Machenschaften, um die Gesellschaft, in der zu leben er gezwungen ist, zu hintergehen. Ein Genie auf der untersten Stufe des Daseins, da nur der Alltag den Erfindern seines Typs einen gewissen Spielraum läßt. Die Sphäre des *big business*, die Sphäre des politischen Kampfes und der politischen Intrige ist seinesgleichen verschlossen. So strömen seine gesamte Energie, sein Talent, sein Pathos in das einzig ihm zugängliche Gebiet – in den *byt*. Auf der Brust des Großkombinators befindet sich eine passende blaue Pulvertätowierung: »ein kurzarmiger Napoleon im Dreispitz mit einem Bierkrug in der Hand«.

Das ist das Symbol der neuen Ära. Eine Kombination von Napoleon und Bierseidel charakterisiert die neue Etappe, die Etappe der sowjetischen Geschichte auf der Alltagsebene. In der Tat, Ostap Bender führt sich wie Napoleon auf. Aber die Größe seiner Ideen und seine Genialität zeigen sich dort, wo alles kleinkariert, lächerlich und armselig ist, platt und gezwungen – in der »sozialistischen Gesellschaft«, sprich Kommunalwohnung. Indessen ist er keineswegs ein Feind des Sowjetregimes. Aber er sagt: »Es macht mir keinen Spaß, den Sozialismus aufzubauen.« Unabhängig von der Absicht der Verfasser erkennen auch wir, daß der Aufbau des Sozialismus eine vielleicht sehr große, aber außerordentlich langweilige Aufgabe ist. Denn er nimmt dem Menschen die persönliche Initiative und jede ausgeprägte Individualität. Ostap Bender jedoch bringt es fertig, auch inmitten dieser Öde persönliche Initiative zu entwickeln und inmitten des Sozialismus ein reiches Betätigungsfeld für seine Erfindungsgabe zu entdecken.

Obwohl es Ostap Bender keinen Spaß macht, den Sozialismus aufzubauen, handelt er wie ein Produkt des sowjetischen sozialistischen Systems. Er ist ein Kind der neuen Gesellschaft. Er tritt in dem Roman als der »moderne Mensch« auf, der sich in der neuen Welt wie ein Fisch im Wasser fühlt. Das ist der Grund für seine Überlegenheit, denn wir lernen in diesem Roman verschiedene andere Schlaufüchse kennen: Diebe, Gauner, Räuber, Raffer... Aber sie alle verblassen im Lichte seines Ruhms, allein deshalb, weil er ein Sowjetmensch ist, der sämtliche Ein- und Ausgänge der neuen Wirklichkeit genau kennt. Seine Philosophie ist weise und primitiv zugleich. Am eindrucksvollsten tritt sie in seiner Rede hervor, die er vor einem imaginären Gericht und zugleich vor der ganzen Menschheit hält: »Das Leben, meine Herren Geschworenen, ist eine komplizierte Sache, aber diese komplizierte Sache, meine hochverehrten Herren Geschworenen, läßt sich genau so einfach öffnen, wie ein Kasten. Man muß nur wissen, wie. Aber wer ihn nicht öffnen kann, der ist verloren...«

Ostap Bender versteht es, diesen komplizierten Kasten sehr einfach zu öffnen, denn er ist in diesem System geboren, aufgewachsen und kennt es wie seine eigenen fünf Finger. Und eine Feder des Systems, die sowjetische Demagogie, durchschaut er besonders gut. Deswegen fliegen ihm die für seine Gaunereien erforderlichen Ideen nur so zu. Zum Beispiel für ein Plakat »Mit Autorennen gegen schlechte Straßen« oder die Gründung eines Zentrums »Hörner und Hufe« oder sein eigener revolutionärer Stammbaum: »Der Sohn von Leutnant Schmidt, dem Helden der Revolution von 1905«. Interessant, was sich alles in dem Hebammenköfferchen des herumziehenden Musikanten und Zauberkünstlers, des sowjetischen Vagabunden und Gauners befindet: »Bender ging vor seinem Köfferchen in die Hocke, wie ein chinesischer Straßenzauberer vor seinem Zaubersack und schickte sich an, die verschiedensten Dinge herauszuholen: Zuerst kam eine rote Armbinde zum Vorschein, darauf war das Wort ›Saalordner‹ in Gold gestickt. Es folgten die Uniformmütze eines Milizionärs mit dem Stadtwappen von Kiew, vier Kartenspiele... und ein Bündel Formulare mit runden, blaßvioletten Stempeln.«

Lauter Insignien sowjetischer Macht, wobei die Zeichen eines privilegierten und vertrauenswürdigen gesellschaftlichen Status Seite an Seite mit gezinkten Spielkarten liegen. Aber die neuen, die sowjetischen Falsifikate haben eine sicherere Wirkung und eine größere Chance auf Erfolg: Angesichts eines Formulars mit Stadtwappen und der roten Armbinde »Saalordner« ersterben alle in Ehrfurcht.

Sehen wir zu, wie Ostap Bender die Rolle des Sohns von Leutnant Schmidt spielt! Prätendenten dieser Art sind immer wieder in Rußland aufgetaucht, angefangen mit dem falschen Demetrius bis zu Chlestakow. Gegenwärtig stehen angebliche Helden der Revolution und die angeblichen Nachkommen dieser angeblichen Helden hoch im Kurs, und es geht nicht bloß darum, daß Ostap Bender sich als Sohn von Leutnant Schmidt vorstellt, es kommt auf den Ton an, auf die Sprache, die er spricht, um mit Hilfe seines revolutionären Stammbaums Geld aufzutreiben. Er begibt sich in das städtische Exekutivkomitee der Partei und schlägt in der Unterhaltung mit dem Vorsitzenden sogleich politische Töne an, die in einer sozialistischen Gesellschaft mit Sicherheit Gehör finden.

»›Natürlich, ich hätte mich an eine Privatperson wenden können... Jeder würde mir gerne leihen, aber Sie verstehen, das geht gegen den politischen Takt. Der Sohn eines Revolutionärs – und plötzlich läßt er sich von einem Privatunternehmer, einem Neureichen, Geld geben...‹

›Es war sehr weitsichtig gehandelt, daß Sie sich nicht an einen Privatmann gewandt haben‹, sagte... der Vorsitzende.«

Und händigt ihm das Geld aus. Bei diesem Trick genügt die Formel »politischer Takt«, und eine Amtsperson, der Vorsitzende eines Exekutivkomitees, zappelt an der Angel eines Abenteurers, um »politische Wachsamkeit« zu beweisen.

Bei alledem läßt sich Ostap Bender niemals eine kriminelle Handlung zuschulden kommen. Er spricht von sich selbst mit Hochachtung: »Ich halte das Strafgesetzbuch in Ehren... Unter meinen vierhundert ehrenwerten Methoden der Geldbeschaffung hat der Raubüberfall keinen Platz: irgendwie paßt er nicht hinein.«

Warum eigentlich nicht? Wohl deshalb, weil ihm, wie jedem Sowjetmenschen, das System in Fleisch und Blut übergegangen ist. Er kennt die ganze Klaviatur, die Knöpfe, die man drücken muß, um ohne sonderliche Mühe und ohne das geringste Risiko zu Geld zu kommen. Am Anfang des Romans *Die zwölf Stühle* legt sich Bender, der sich ohne einen Pfennig in der Tasche in einer kleinen Provinzstadt befindet, einen Plan zurecht. Vor seinem geistigen Auge entrollt sich ein flinkes und einfaches Unternehmen:

»›... Oder man könnte morgen hingehen und den Vertrieb eines noch nicht gemalten, aber genial entworfenen Gemäldes übernehmen: ‹Die Bolschewiki schreiben einen Brief an Chamberlain›, nach dem bekannten Bild des Malers Repin ‹Die Saporoger Kosaken schreiben einen Brief an den Sultan›. Wenn es klappt, bringt diese Variante an die vierhundert Rubel.‹

... Diese Idee tauchte in Benders Kopf auf, als er die Ausstellung des Verbandes der Maler des revolutionären Rußlands besuchte ... Mit diesem Bild gab es spezifische Schwierigkeiten: vor allem rein technischer Art. Wird es passend sein, Genosse Kalinin in Papacha und weißer Burka zu malen und Genosse Tschitscherin (Tschitscherin war damals Volkskommissar des Äußeren, A.S.) mit entblößtem Oberkörper? Schlimmstenfalls könnte man alle Personen in Straßenanzügen malen, aber das würde nicht dasselbe sein – der ganze Effekt ginge verloren.«

Benders »Variante« ist eine parodistische Spiegelung der sowjetischen offiziellen Malerei: die Verbindung eines revolutionären Parteithemas mit dem alten, abgegriffenen Realismus der Wandermaler. Das ist die herrschende staatliche Ästhetik: eine Mischung aus Saporoger Kosaken und sowjetischen Führern. Und es ist gewiß kein Zufall, daß ihm dieser Einfall bei der Ausstellung des Verbandes der revolutionären Maler kommt – des rechten, konservativen Flügels der sowjetischen Malerei jener Zeit, der seinen endgültigen Triumph in den dreißiger Jahren unter dem Banner des sozialistischen Realismus feierte. So erwies sich Ostap Bender als ein recht weitsichtiger Planer und sah das Heute und Morgen der sowjetischen Kunst voraus.

Ein humoristisches historisches Detail, von dem Ilf und Petrow damals nichts wußten und auch nichts wissen konnten: Stalin bewunderte, wie seine Tochter Swetlana erzählt, Repins »Saporoger Kosaken« und zitierte gern den derben Text des Briefes, den die Saporoger einst wirklich geschrieben haben und den sie auf dem Bild, sich vor Lachen den Bauch haltend, immer noch schreiben. In Stalins letzten Lebensjahren hing eine Reproduktion dieses Bildes, gerahmt und unter Glas, in seiner Datscha, neben einem Lenin-Porträt.

Das alles zusammengenommen berechtigt uns zu der Behauptung, daß Ostap Bender die Verkörperung des klassischen sowjetischen *projdocha* ist, der immer weiß, wie man das Spiel, selbst unter den ungünstigsten Umständen, gewinnen kann. Schließlich und endlich hat er eine ganze Million, nachdem er den getarnten Millionär Korejko durch fortgesetzte Androhung seiner baldigen Verhaftung und Vernichtung erpreßt hat – d. h. er droht mit der GPU. Nur unter dem Schutz des Sowjetstaates und nur im sowjetischen Alltag konnten solche Typen entstehen, sich vermehren und Blüten treiben. Ostap Bender ist ihr verschönerter und veredelter Repräsentant. Veredelt deshalb, weil er diese Gesellschaft und seine eigene Mission humoristisch nimmt. Er belächelt den Umstand, daß nur ein *projdocha* in dieser Gesellschaft reüssieren kann, und daß man ein *projdocha* sein muß, um in dieser Gesellschaft nur zu überleben ...

Sehr aufschlußreich ist die Beziehung der sowjetischen Jugend zu Ostap Bender. Denn vom Standpunkt der offiziellen Literaturkritik ist er ein Fremdkörper in der sowjetischen Gesellschaft, ein negativer Held, der unbedingt entlarvt werden muß. Aber diese Einschätzung widerspricht sowohl dem Inhalt des Romans als auch seinem Einfluß und vor allem den Reaktionen des Lesers. Eine reale Episode aus Ostap Benders Nachleben mag dieses illustrieren.

In den fünfziger Jahren, bereits nach Stalins Tod, das heißt in einer verhältnismäßig liberalen Zeit, veranstalteten die Studenten der juristischen Fakultät der Moskauer Universität einen heiteren Abend, auf dem sie einen Schauprozeß gegen Ostap Bender inszenierten. Man kann sagen, was man will, immerhin war er ein Krimineller. Man muß hinzufügen, daß die Praxis solcher Schauprozesse in gewisser Weise dem Geist des sowjetischen Lebens und des sowjetischen Alltags entspricht. Denn viele große Schauprozesse in der Sowjetunion waren meistens von Belegschaftsversammlungen begleitet (in Fabriken und Werkhallen, aber auch in der Akademie der Wissenschaften), die demonstrieren sollten, daß das sowjetische Volk einmütig das Urteil im voraus bestätigt. Das war sozusagen die musikalische Umrahmung für das Hohe Gericht.

Also verhielten sich die Jura-Studenten, die den Gerichtsprozeß auf die Bühne brachten, entsprechend den Normen der sowjetischen Gesellschaft. Aber als Spezialisten brachten sie in diesem Prozeß eigene Details, eigene Materialkenntnisse ein. Einer der Studenten spielte den Staatsanwalt, einer den Richter, der dritte den Verteidiger und schließlich noch einer den Angeklagten. Der Prozeß gegen Ostap Bender endete mit einem kolossalen Skandal, weil das Gericht ihn praktisch freisprach. Einige Spieler wurden nach dieser Aufführung aus dem Kommunistischen Jugendbund ausgeschlossen, einer wurde relegiert. Am schlimmsten erging es dem Verteidiger, der sich im Eifer des Gefechts mit Ostap Bender identifizierte und unter anderem ausführte: »Ostap Bender ist der Lieblingsheld der sowjetischen Jugend!« Wegen dieses Satzes habe ich die Anekdote erzählt. Der Verteidiger sagte die Wahrheit. Der Satz ist nicht so zu verstehen, daß Ostap Bender buchstäblich das Idol der sowjetischen Jugend wäre oder auch nur ihr Vorbild. Nein, nur in dem Sinn, daß Ostap Bender sich einfach großer Sympathien erfreute. Ein *projdocha* stellte sich als angenehmer und populärer, als wärmer und interessanter heraus, als sämtliche Helden mit staatlich abgesegneten Tugenden. Ilf und Petrow hatten sich also nicht geirrt, als sie Ostap Bender zur Galionsfigur des sowjetischen Alltags wählten.

Selbstverständlich sieht das alles in der Realität weniger romantisch aus als in einem Buch. Der »Großkombinator« tritt nicht mehr als Individuum in Erscheinung, er ist vielmehr zur Tendenz geworden, die die sowjetische Gesellschaft von oben bis unten durchzieht. Die Formen, die diese Tendenz angenommen hat, sind so zahlreich und vielfältig, daß man sie kaum überblicken kann. Die verschiedensten Leistungen und Leistungsketten »links«, das heißt außerhalb der staatlichen Kontrolle, also Korruption, Spekulation, Vetternwirtschaft, illegale Produktion und illegaler Handel, Diebstahl in den Betrieben, sind zum Alltag des Arbeiters und Kolchosbauern geworden. Der Staat kämpft selbstverständlich dagegen an und droht mit den härtesten Maßnahmen. Die sowjetische Geschichte kennt Beispiele, daß der Diebstahl einer Rolle Garn mit zehn Jahren Haft bestraft wurde. Dabei wurden solche Gerichtsurteile im Stil der sowjetischen Demagogie begründet – die gestohlene Garnrolle wurde abgewickelt, gemessen und die Länge des Fadens angeführt: »Fünfzig, hundert, dreihundert Meter Nähmaterial.« Ein Arbeiter in einer Kleiderfabrik ließ eine Garnrolle mitgehen, und dies wurde so aufgebauscht, als hätte er ein paar hundert Ballen Leinen oder Seide gestohlen.

Bis heute ist die Sowjetunion der einzige Staat unter den zivilisierten europäischen Ländern, wo Diebstahl im größeren Maßstab nach wie vor mit dem Tod bestraft wird. Dabei braucht das keineswegs zu bedeuten, daß der Täter eine Staatsbank ausgeraubt oder einen schweren Einbruch verübt hat. Als schlimmste Verbrecher auf diesem Sektor gelten jene, die illegalen Geschäften nachgehen, zum Beispiel Waren »links« verkaufen und den Gewinn nicht in die Tasche des Staates, sondern in die Hand jener fließen lassen, die den Betrieb führen und darin arbeiten – in die Hände der Arbeiter, die Überstunden machen oder schließlich in die Hand des Direktors, der unter den Bedingungen des Sozialismus parallel zur Hauptproduktion seinen kleinen Privatkapitalismus betreibt. Sehr oft bedeuten derartige Manipulationen für den Staat keinen Schaden oder Verlust. Es ist eine Art »Übersoll«, das auf Umwegen, durch persönlichen Einsatz erzielt wird. Aber den Staat scheint die Eifersucht auf diese persönlichen unabhängigen Wege zum Wohlstand zu plagen. Deshalb müssen die Großkombinatoren das Schafott besteigen – falls sie versäumt haben, ihre Vorgesetzten rechtzeitig zu bestechen, das heißt, den Staat am Geschäft zu beteiligen.

In einer normalen Gesellschaft bei normal organisierter Leistung und Produktion können solche »Großkombinatoren«, solche Ostap Benders, nicht nur ihr eigenes Glück, sondern auch das des Staates machen. Aber die Paradoxie der sowjetischen Volkswirtschaft und der sowjetischen Lebensweise besteht gerade darin, daß das Prestige wichtiger ist als der Vorteil, und daß der Staat deshalb jede Äußerung von Privatinitiative verfolgt, selbst wenn diese Initiative zu seinem Nutzen ist. Dies ist die Metaphysik des Sowjetregimes, die in der Gegenüberstellung von Staat und Persönlichkeit gründet, folglich in der Unterdrükkung der Persönlichkeit durch den Staat.

Aber die menschliche Natur setzt sich durch, und der Geist des Großkombinators stirbt nicht aus. Der sowjetische Alltag ist von einer Unzahl von Detektivgeschichten durchsetzt, die unter der Hand erzählt und gewöhnlich nicht veröffentlicht werden, die aber alle um einen Ostap Bender kreisen. Da haben zum Beispiel die Arbeiter eines Straßenbahndepots das Risiko auf sich genommen und einen Straßenbahnwagen, der schon längst ausrangiert und als Altmetall abgeschrieben war, repariert und ins Leben zurückgerufen. Sie werkelten so lange, bis der Wagen wie funkelnagelneu war, und schickten ihn als ihren privaten Wagen auf die Strecke. Von außen sah er aus wie alle anderen, aber Führer und Schaffner waren eigene Leute, so daß das Fahrgeld, das sie von den nichtsahnenden Fahrgästen kassierten, nicht in der Staatskasse landete, sondern bei denen, die ihn repariert und ins Leben zurückgeholt hatten. Es war sozusagen ein Privatunternehmen innerhalb der sozialistischen Städtischen Verkehrsbetriebe. Und als die Sache schließlich aufflog und die Gauner im Gefängnis saßen, erzählten sich die einfachen sowjetischen Bürger, die Fahrgäste, lange voll geheimen Entzückens die Legende, wie durch die Moskauer Straßen eine private Straßenbahn gefahren sei.

Ein weiteres Beispiel für privates Unternehmertum, das sich durch besondere Pfiffigkeit auszeichnete: Auf dem Moskauer Markt gab es einen Stand mit allem möglichen Kleinkram, den ein Invalide betrieb. Für eine bestimmte Summe war er bereit, jedem jungen Menschen, der an die Universität wollte, für fast jedes Fach einen Studienplatz zu verschaffen. Es ist ja bekanntlich keineswegs einfach, in Moskau einen Studienplatz zu erhalten und immatrikuliert zu werden. Überall gibt es Aufnahmeprüfungen, und der Wettbewerb an den verschiedenen Hochschulen ist hart. Natürlich spielen auch hier Beziehungen, Protektion oder Schmiergelder eine große Rolle, und dieser Kriegsversehrte, der über magische Kräfte und die Fähigkeit verfügte, einen Studienplatz zu vermitteln, erfreute sich des enormen Zulaufs liebender Eltern, die ihm zitternd die zum Wohl ihres Kindes erforderliche Summe in die Hand drückten. Dabei folgte der Kriegsversehrte außerordentlich ehrenwerten geschäftlichen Grundsätzen und pflegte stets seine Kunden darauf aufmerksam zu machen, daß auch er nicht allmächtig sei, daß er selbstverständlich alles in seinen Kräften Liegende unternehmen werde, aber keinesfalls im voraus den Erfolg garantieren könne, und verpflichtete sich, falls Tochter oder Sohn keine Zulassung erhalten sollten, das Geld zu erstatten. Und in der Tat, bei Mißerfolg erhielten die Eltern ihr Geld zurück. Aber die Erfolge waren nicht selten, immer wieder klappte es mit dem Studienplatz, und auf diese Weise hatte er eine umfangreiche und zahlungswillige Klientel. Und was tat er für sie? Nichts! Er tat gar nichts, suchte keinen Menschen auf, sprach bei niemandem vor, er hatte überhaupt keine Beziehungen zu einem Lehrkörper oder zu einer Hochschulverwaltung. Aber er verdiente nicht schlecht. Er ging von folgenden Überlegungen aus: Erstens, wenn die Eltern es so heiß wünschen, daß das Kind studiert, werden sie sich nicht nur seiner Unterstützung vergewissern, sondern auch nach anderen Kanälen suchen, möglicherweise werden sie einen weiteren Helfer ganz oben durch ein angemessenes Geschenk für sich gewinnen. Und einer der Hebel wird schon greifen – welcher, das werden sie nie erfahren. Zweitens ist es durchaus denkbar, daß in dem jungen Menschen der Ehrgeiz erwacht, daß er sich gründlich auf das Examen vorbereitet und trotz aller Schwierigkeiten die Hürde nimmt. Und wenn alles schiefgeht, wird er das Geld ja zurückgeben.

Dieses Beispiel ist für uns besonders interessant, weil die ganze Gaunerei ausschließlich auf dem Kombinationsvermögen und der intimen Kenntnis der sowjetischen Lebensweise mit allen ihren Treibriemen und Schalthebeln beruht. Der Kriegsversehrte machte sein Geld buchstäblich aus Luft, aus Sowjetluft, ohne auch nur einen Finger zu krümmen und ohne jemanden zu schädigen. Er gehörte in die Kategorie der Großkombinatoren.

Besonders häufig sind in der Sowjetunion Verbrechen, die offiziell »Veruntreuung sozialistischen Eigentums« genannt werden. Für den Mißbrauch sozialistischen Eigentums sind wesentlich höhere Strafen festgesetzt als für Diebstahl an einem Privateigentümer. Sich selbst schützt der Staat ungleich strenger als seine Bürger. Zu Stalins Zeiten gab es sogar die Tendenz, Wirtschaftsdelikte als Verbrechen gegen den Staat zu politisieren. Es gibt Beispiele dafür, daß ein Bauer, der im Wald einen Baum abgesägt hatte, nicht wegen Diebstahls, sondern wegen vorsätzlicher Schädigung des Staates angeklagt wurde – er galt als politischer Verbrecher.

Millionen und Abermillionen vergreifen sich am »sozialistischen Eigentum«. Ich spreche hier vom systematischen Bagatelldiebstahl, den die Täter selbst nicht als Diebstahl empfinden. Geht man beispielsweise in den Wald und schneidet sich dort einen Sack voll Gras, um die eigene Kuh zu füttern, begeht man bereits einen Diebstahl. Das Gras gehört dem Staat, auch wenn der Staat es nicht benötigt. Solche Bagatelldiebstähle begleiten den Menschen von der Wiege bis zum Grab und werden zu einem Faktor des *byt*.

Aber es gibt ganze Zweige innerhalb des sozialistischen Wirtschaftssystems, in denen Veruntreuung und alle möglichen anderen Manipulationen sich häufen und zu einer fast legitimen Nebentätigkeit auswachsen. Dazu gehört in erster Linie das Handels- und Versorgungswesen. Der Umstand, daß Verkäufer, Geschäftsleiter und Buchhalter, daß Restaurantchefs und Versorgungsexperten früher oder später im Gefängnis landen, gehört zum Alltag und erregt kein Aufsehen. Gelegentlich ist es sogar unmöglich, auf einem bestimmten Posten nicht zu stehlen, auch wenn der Betreffende noch so gern ein reines Gewissen behalten möchte, denn er muß seinem Vorgesetzten regelmäßig Tribut entrichten, diese Vorgesetzten ihren Vorgesetzten, bis schließlich beinahe alle Angestellten eines Betriebs an dieser kriminellen Kette hängen und nicht einzeln, sondern als Kollektiv *in cumulo* verhaftet werden.

Korruption von unvorstellbaren Ausmaßen, die auf die Miliz und die Gerichte, auf die Kontrollorgane und die früheren Parteiinstanzen übergegriffen hat, vervollständigt das Bild. Da gewisse Bedarfsgegenstände oder Dienstleistungen sehr knapp sind und nur gegen besondere Zuwendungen (das heißt gegen Schmiergelder) zu erhalten sind, muß die darüber verfügende Person bestochen werden. Früher wurde und heute wird bestochen – sei es beim Kauf einer Eisenbahnfahrkarte oder eines guten Bratens. Es wurde mir erzählt, daß sogar im Präsidium des Obersten Sowjets unter Vorsitz von Michail Iwanowitsch Kalinin Bestechungsgelder angenommen worden seien, und zwar von einem Sekretär, der den Besucherstrom regelte. Für ein Gespräch mit Kalinin, bei dem eine Beschwerde oder ein Gesuch überreicht werden sollte, war die Zeit knapp bemessen und sie wurde strikt eingehalten. Denn die Bittsteller kamen in Scharen: man stand stundenlang Schlange. Die Menschen kamen nach Moskau und mußten bis zu eineinhalb Monate warten, um vorgelassen zu werden. Kalinin unterhielt sich wohlwollend mit ihnen, sah natürlich nicht auf die Uhr und zählte die festgesetzten Minuten nicht mit. Das besorgte sein Sekretär, der an die Tür anklopfte und sagte: »Die Besuchszeit ist abgelaufen.« Es lag in seiner Macht, dem Besucher keine fünf, sondern gar sieben oder zehn Minuten zu gewähren, damit dieser Kalinin sein Anliegen möglichst eindringlich und stichhaltig vortragen konnte. Und diese zusätzlichen Minuten ließ sich der Sekretär bezahlen. Selbstverständlich ging das Geld in die eigene Tasche. Wenn sogar im Vorzimmer des Präsidenten der Sekretär mit Minuten handelt, kann man sich vorstellen, welche bizarren Blüten die Korruption auf den niederen Ebenen des sowjetischen Alltags hervorbringt.

Wenn man ein bißchen übertreibt, könnte man behaupten, daß jeder Sowjetmensch ein Straftäter ist, zumindest ein potentieller oder noch nicht ertappter. Und dies aus dem einfachen Grund, weil das nackte »Überleben« in der sozialistischen Gesellschaft den Menschen immer hart an die Grenze der Legalität führt. Es sei denn, man gibt jeden Anstand auf und setzt zu einer steilen Karriere an, die in der sozialistischen Elite endet, wo überhaupt keine Gesetze existieren.

Deshalb gibt es in der Sowjetunion so hohe Strafgefangenenzahlen. Jeder hat Dreck am Stecken und wartet darauf, daß er erwischt wird. Dies ist ein allgemeines und alltägliches Phänomen, das nichts mit der gewöhnlichen Kriminalität zu tun hat – mit den Berufsdieben, Berufseinbrechern und -banditen, mit dem Untergrund und der Mafia.

Jedes Land, oder jedenfalls sehr viele Länder, haben ihre besondere Unterwelt, ihre besondere Kriminalität und ihre besondere Mafia. Es ist nicht unsere Aufgabe, diese Welt und ihre Gewohnheiten zu beschreiben, sondern wir versuchen, ihre typisch sowjetischen Wurzeln und Merkmale zu erkennen. Der Ursprung dieser Welt liegt weit zurück, sie wurde aus immer neuen Quellen gespeist – Revolution, Hungersnot, Krieg, Zerstörung. Aber außerdem gibt es auch eine Reihe konstanter sowjetischer Faktoren. Einer davon ist meiner Meinung nach die »Kriminalisierung« der sowjetischen Gesellschaft, nachdem das Volk als Ganzes und das einzelne Individuum deklassiert worden waren. Das vorrevolutionäre Rußland war durch ein streng gegliedertes Ständesystem gekennzeichnet: »Adel«, »Kaufleute«, »Geistlichkeit«, »Bauern«, »Kleinbürger«, »Arbeiter« – lauter in sich geschlossene Bevölkerungsgruppen und Einflußsphären mit eigenen Traditionen und moralischen Regeln. Plötzlich wurden sämtliche Standesbarrieren eingerissen: Alles vermischte sich und wechselte die Plätze. Dazu kam, daß die riesige Bauernmasse, die ursprünglich die Mehrheit der russischen Bevölkerung bildete, plötzlich entwurzelt wurde und sich in alle Winde zerstreute. Oder die Bauern wurden ganz mechanisch angebunden, aber nun nicht mehr auf ihrem Grund und Boden, sondern an ihrem Geburts- und Arbeitsplatz, indem man sie aus Bauern in staatliche Leibeigene umfunktionierte. Diese Entwurzelung, diese Vertreibung von der Scholle, um derentwillen sie jahrhundertelang gelebt und sogar in einem gewissen Maße mit der Revolution und dem Sowjetregime sympathisiert hatten, gerade weil es ihnen Land versprach, wirkte sich in verhängnisvoller Weise auf die sozialpsychologische Struktur des Volkes aus. Das Volk war nicht mehr Volk, sondern Masse, menschlicher Staub. Und das natürliche Produkt dieses Staubes waren die Kriminellen, Deklassierten, die den Platz an der Sonne und den Boden unter den Füßen verloren hatten. Die sozialistische Gesellschaft führte, so könnte man meinen, eine Desozialisierung des Menschen herbei. Ihm wurden die Wurzeln, die Bindungen und der Sinn des Lebens genommen, so daß er sich in einen nackten Menschen verwandelte, einen Kriminellen, ein Raubtier, das seine Freunde nur unter ebensolchen Raubtieren sucht und findet, in einer Welt mit umgekehrter Moral, die nach dem sogenannten »Ganovenkodex« lebt.

Nach diesem Kodex sind die einzigen Lebendigen in der amorphen menschlichen Masse – die Diebe. Deshalb heißt im Milieu der Dieb (russisch *wor*) »Mensch«. Dazu ein Beispiel aus der Stalin-Zeit. Ein riesiger Gefangenentransport mit einigen tausend Häftlingen trifft in einem Lager ein. Als die Menge mit ihren Bewachern vor den Toren steht und darauf wartet, daß sie eingelassen wird, ruft jemand aus der Zone ihnen zu: »Wie viele Menschen sind dabei?« Und aus der Menge der neuen Häftlinge kommt die bedächtige Antwort: »Fünf!« Das heißt, daß in dem ganzen Gefangenentransport unter einigen tausend Häftlingen sich nur fünf Diebe befinden, das heißt fünf »wirkliche Menschen«, für die es kein sowjetisches und kein allgemein menschliches Gesetz gibt, und die sich nur nach ihrem eigenen »Ganovenkodex« verhalten.

Der zweite Faktor der »Kriminalisierung« der sowjetischen Gesellschaft ist rein psychologischer Natur und hängt mit der allgemeinen Verelendung und der schlechten Versorgung zusammen. Hier sieht die Logik etwas anders aus: Wenn alle stehlen, warum soll ich nicht stehlen? Und wenn alle es heimlich tun und sich dabei als »Ehrenmänner« aufführen, so will ich lieber ein echter ehrlicher Dieb sein. Dann werde ich moralisch höher stehen als ein Restaurantchef oder ein Leiter eines Lebensmittelgeschäfts oder ein Parteibonze, die alle ebenfalls stehlen, aber dabei so tun, als bauten sie den Sozialismus auf. So entsteht der Zynismus, der die gesamte Sowjetgesellschaft durchdringt. Der Diebstahl ist zum Kavaliersdelikt geworden, und es sind nicht die Scham oder das Gewissen, die den Menschen davon abhalten, sondern die Angst vor der Strafe. Und wenn es einem gelingt, diese Angst zu überwinden, wenn man also wirklich ein »Mensch« ist, dann muß man ein Dieb werden.

Der dritte Faktor der »Kriminalisierung« ist der ambivalente Begriff des Eigentums, das allen und keinem gehört. Gehört es allen, dann gehört es auch mir, warum wird es mir dann vorenthalten? Und wenn es keinem gehört, dann muß man sich fragen, warum einige in der Gesellschaft so damit umgehen, als sei es ihr Privateigentum.

Hier stößt man auf ein neues Problem des sowjetischen Lebens, auf das Problem der Privilegien und Beschränkungen. Formal sind in der sozialistischen Gesellschaft alle Menschen gleich, alle sind Werktätige oder sollten es sein. Aber gleichzeitig wächst und gedeiht eine vielköpfige Kategorie von Menschen, die zur regierenden Klasse gehören und deren Privileg es ist, die Wohltaten und Segnungen des Sowjetdaseins zu genießen und nicht mehr, sondern weniger zu arbeiten als alle übrigen Werktätigen. Es findet eine neue Einteilung statt, und zwar in zwei Klassen – Arme und Reiche –, die sich besonders fatal auf dem Gebiet der Versorgung auswirkt. Und da dies nicht unter den Bedingungen einer kapitalistischen, sondern einer sozialistischen Gesellschaft geschieht, ist es doppelt absurd. Ein Bauer, der zwei Kühe im Stall stehen hatte, wurde als »Kulak« nach Sibirien geschickt. Und um die Ecke lebte der Vorsitzende der Gebietsexekutive oder des Gebietskomitees der Partei in Saus und Braus, der unvergleichlich mehr besaß als zwei Kühe. Nicht er war der Bourgeois, sondern der Bauer.

Aber dieses Paradoxon ist gar nicht paradox: Der Bauer versuchte mit Hilfe seiner zwei Kühe von seiner Hände Arbeit zu leben und seine privaten Interessen selbst zu vertreten. Der Vorsitzende dagegen lebte angeblich nicht für sich, sondern für den Staat, und man übergab ihm dafür, völlig legal, das ganze Gebiet, mitsamt allen Kühen und allen Bauern. Er residierte wie ein Fürst, aber es war nicht sein individuelles persönliches Eigentum, sondern Leihgabe des Staates, damit die Interessen der Öffentlichkeit gewahrt blieben. Kurz, die neue Einteilung in Arm und Reich ergab sich nicht als Folge eines natürlichen kapitalistischen Wettbewerbs, sondern auf dem Wege einer Verfügung von oben, nach der die treuen Diener mit Privilegien beschenkt und die Sklaven mit Beschränkungen bedacht wurden. Es gibt heute keine Kapitalisten, aber einen krassen Kontrast zwischen dem Lebensstandard der oberen und der unteren Klassen, zwischen Herren und Sklaven. Und dieser Kontrast zwischen Luxus und Armut ist unter dem Sozialismus noch grausamer als unter dem Kapitalismus. Der Sozialismus verkündet wider den Augenschein ununterbrochen die klassenlose Gesellschaft, das heißt, er verleugnet heuchlerisch seine eigene Struktur. Und da dies gar nicht so einfach ist, werden um die reichen Häuser Zäune gezogen, damit die Armen nicht sehen, wie die Reichen leben. Es werden überall Hürden errichtet, nicht nur soziale, sondern auch materielle, in der Form von Sonderläden, Sonderdatschen, Sonderbriefumschlägen, in denen leitende Persönlichkeiten zusätzlich zu ihrer offiziellen Vergütung bedeutende Summen erhalten. Es entsteht eine geschlossene Gesellschaft, abgeschirmt nicht nur von der Außenwelt, sondern auch im Inneren durchzogen von unüberwindbaren Barrieren.

Die Aufteilung in Klassen, eine regierende und eine regierte, begann sehr früh, gleich in den ersten Jahren des Sowjetregimes. Sie zeigte sich ausgerechnet in materiellen Unterschieden, gegen die vor allem die Kommunisten, bevor sie an die Macht kamen, gekämpft hatten. Plötzlich stellte sich heraus, daß die kommunistischen Führer eine Elite bildeten, die vom Staat besser versorgt werden mußte als die Proletarier. Diesen blitzschnellen Sinneswandel beschreibt Wladislaw Chodassewitsch in seiner Skizze »Der Weiße Korridor« aus dem Jahr 1937. Zeit der Handlung: Ende des Jahrs 1918, Anfang 1919; Ort der Handlung: der Kreml. Olga Dawydowna Kamenewa, Ehefrau von Lew Kamenew (dem bekannten Bolschewiken), lud Chodassewitsch zu sich nach Hause ein, in jenen Teil des Kreml, der der »Weiße Korridor« genannt wurde. Frau Kamenew war eine Schwester Trotzkijs und spielte als Dame von Welt die Rolle der Mäzenin.

»Damals war der Weiße Korridor von hohen Würdenträgern bewohnt. Dort lebten Kamenews, Lunatscharskij, Demjan Bednyj. Jedes Appartement bestand aus drei bis vier Zimmern. Im Weißen Korridor führte man ein ziemlich zurückgezogenes Leben, das einer gewissen Behaglichkeit und Originalität nicht entbehrte. Das Fußvolk war nicht zugelassen und deshalb brauchte man hier nicht zu heucheln ... Damals beeilten sich die Damen, die nur das Erfurter Programm gelesen hatten, sich einen gewissen Stil zuzulegen. Sie ließen ihre Kleider bei der Lamanowa nähen, förderten die Künste, zankten sich um Autos und gründeten Salons. Pflichtgemäß mußten sie proletarische Dichter protegieren, aber ›chez soi‹, unter ihresgleichen, hätten sie gern die ›Bourgeoisie‹ empfangen.«

Und nun betritt Chodassewitsch, ein ›bourgeoiser Dichter‹, einen dieser neuen Salons und beschreibt ihn wie folgt:

»Der Tisch im Eßzimmer war nicht einfach gedeckt – er war getarnt. Für jeden eine schmale hohe Tasse, die sich konisch nach oben verbreiterte. Bekanntlich wird aus solchen Tassen nicht Tee, sondern Schokolade getrunken. Aber vielleicht waren für die Kamenews beim Teilen der Beute nur diese Tassen übriggeblieben: Es waren Tassen vom Zarenhof, mit schmalem goldenem Rand und schwarzem Doppeladler. Auf den dazugehörigen Tellerchen lag in Scheiben geschnittenes Schwarzbrot, hauchdünn mit ausgelassener Butter bestrichen, die Zuckerdose war mit schmutzigem ›Spielzucker‹ gefüllt. Er wurde so genannt, weil er den Rotarmisten abgekauft wurde, nachdem sie ihn beim Kartenspiel statt Geld benutzt hatten. Das war die Tarnung: Die dürftige Bewirtung sollte uns glauben machen, daß sie im Kreml nicht besser zu essen hätten als wir alle.«

Selbstverständlich braucht man Chodassewitsch nicht aufs Wort zu glauben, der voll Schadenfreude jede Kleinigkeit, jeden Mißgriff in diesem neuen, auf seine Weise aristokratischen Kreis der »Neureichen« festhält. Trotzdem hat Chodassewitsch den Lebensstil der neuen sozialistischen Elite sicher und treffend eingefangen: Zarentassen in Verbindung mit Bescheidenheit und Heuchelei, die die Grenzen zwischen Hoch und Niedrig vertuschen sollten.

Besonders bedrückende Gedanken weckt im Kreis dieser »neuen Aristokratie« der kleine Sohn Kamenews, Ljutik, den Olga Dawydowna abgöttisch liebt: »Ihre Reden wirkten auf mich abstoßend, fast unheimlich. Genauso, im gleichen Matrosenanzug, sprang noch vor kurzem ein anderer Junge herum, ein Altersgenosse ihres Sohnes: Der Thronfolger, den die Bolschewiki ermordeten, ein Kind, dessen Blut an den Händen dieser glücklichen Eltern klebte ...«

Zehn Jahre später bildet dieser erbeutete Wohlstand den Rahmen von Swetlanas »goldener Kindheit«. Begeistert beschreibt sie das Ende der zwanziger Jahre, als ihre Mama noch lebte und Stalin noch nicht die neuen Häuser und Datschen gebaut hatte, in die er sich mit seinen Leibwächtern wie ein gehetzter Wolf zurückzog.

»Aber wir hatten auch noch ein anderes Haus. Ja, stell dir vor, mein Lieber, wir hatten damals ein ganz anderes Haus, heiter, sonnig, voll von Kinderstimmen, von fröhlicher Gastfreundschaft, voll von Leben. Meine Mama führte dieses Haus. Sie hatte dieses Haus geschaffen, es war von ihr erfüllt, und mein Vater war darin keine Gottheit, kein ›Kult‹, sondern ein ganz gewöhnlicher Familienvater. Dieses Haus hieß ›Subalowo‹, nach seinem alten Besitzer, noch vor der Revolution.«

Alles wunderbar, aber beim letzten Satz stolpert man ... Das Haus gehörte also gar nicht Stalin, es wurde nach der Revolution requiriert und dem neuen Herrn überlassen. Swetlana aber scheint das nicht zu begreifen und singt und zwitschert wie ein Vögelchen davon, wie schön das Leben in diesem alten Haus war, als die Mama noch lebte und alles in harmonischen traditionellen Bahnen lief, mit Kindermädchen, Gouvernanten und antikem Mobiliar.

»In Mikojans Datscha ist alles bis heute so geblieben, wie ihre Besitzer sie bei ihrer Emigration verlassen haben. Auf der Terrasse der Marmorhund, der Liebling des Hausherrn. Im Haus Marmorskulpturen, die seinerzeit aus Italien mitgebracht wurden. An den Wänden antike französische Gobelins. Im ersten Stock farbige Glasfenster. Der Park, der Garten, die Tennisplätze, die Gewächshäuser, die Frühbeete, die Reitställe – alles blieb, wie es war. Und wie wohl tat es mir immer, wenn ich dieses reizende Haus der guten alten Freunde und vor allem das alte Eßzimmer betrat mit der vertrauten geschnitzten Anrichte, dem vertrauten altmodischen Kronleuchter und der Kaminuhr. Und nun jagen bereits Anastas Iwanowitschs zehn Enkel auf denselben Rasenplätzen ums Haus und essen nachher am selben Tisch unter den Bäumen zu Mittag, an dem schon seine fünf Söhne großgeworden sind und an dem auch meine Mama häufig zu Gast war.«

Das ist alles sehr rührend und gleichzeitig ein wenig unheimlich. Unheimlich, weil es ein fremdes, ein gestohlenes Haus ist. Und weil ja schließlich nicht Mikojan diese italienischen Plastiken und diese französischen Gobelins gesammelt hat ...

Swetlana aber freut sich: »... Wir, die Kinder«, schreibt sie über die Kinder der Partei-Elite, »wuchsen eigentlich in der Atmosphäre eines kleinen Adelsgutes mit seinem ländlichen Leben auf ...«

Liest man diese Zeilen, so kann man sich einer Menge rhetorischer Fragen nicht erwehren. Zum Beispiel: Hat es sich wirklich gelohnt, die vorigen Gutsbesitzer gegen neue, von handfester proletarischer Herkunft auszutauschen? Und wie kann man von »goldener Kindheit« sprechen, wenn sie auf vergossenem Blut und fremdem Eigentum beruht? Dabei waren, zumindest in Swetlanas Augen, die zwanziger und dreißiger Jahre noch frei von spießiger Habsucht, von der Gier nach Besitz und dem Hang nach Luxus. So beschreibt sie, wie einfach Stalin sich kleidete: »Im Sommer ein Anzug militärischen Schnitts und seit fünfzehn Jahren denselben Mantel... Und den komischen kurzen Pelz, außen Rentier, innen Feh, hat er sich wohl gleich nach der Revolution ›bauen‹ lassen und mit der dazu passenden Ohrenklappenmütze bis in seine letzten Tage getragen.«

Daraus ist zu entnehmen, daß die alten Bolschewiki, zu denen auch Stalin zählte, noch an den revolutionären Traditionen und Gewohnheiten festhielten. Keiner von ihnen strebte danach, ein Bourgeois zu werden – das galt als Schmach und Schande. Aber nach und nach änderte sich alles, und der Drang nach Luxus und Wohlstand (selbstverständlich im sowjetischen Maßstab) wurde stärker. Man schämte sich seines Reichtums nicht mehr. Man wurde zynisch. Und dieser Zynismus besteht darin, daß Menschen, die sich in sozialistischer Phraseologie ergehen, bürgerlich leben – und bürgerlich leben wollen –, aber gezwungen sind, dies vor ihrem Volk zu verheimlichen. Und manchmal auch vor sich selbst.

Möglicherweise hängen die Schwierigkeiten und Widersprüche des sowjetischen *byt* damit zusammen, daß dieser *byt* auf den Kopf gestellt ist und gelegentlich kaum diese Bezeichnung verdient. An der Basis Zerstörung und Unterversorgung. An der Spitze ebenfalls nicht eigener, sondern fremder, gleichsam zusammengestohlener – *byt*. Ein seltsames Bild: man kämpft, wie eh und je, um sein persönliches Glück und tut es sogar verbissener als andere Zeitgenossen. Man betrügt, stiehlt und unterteilt den Sozialismus in der Hoffnung auf eine neue stabile Struktur in eine Vielzahl von Waben. Alles vergeblich. Einen *byt* in der eigentlichen Bedeutung dieses Wortes gibt es nicht. Ein Fluch scheint darauf zu liegen – es wird in einer öden Wüste gebaut, wo es weder die Persönlichkeit noch die Gesellschaft gibt, sondern einzig und allein – den Staat.

Die Sowjetsprache

Die umbenannte Welt

Die Sowjetsprache ist im Verhältnis zur Sprache des vorrevolutionären Rußlands keineswegs etwas absolut Neues und Gesondertes. Jedoch waren die Veränderungen und Verschiebungen so bedeutend und radikal, daß manche Forscher und Dichter sie als revolutionär bezeichneten. Und sie verglichen das Geschehene mit den tiefgreifenden Veränderungen, die sich Ende des siebzehnten Jahrhunderts unter Peter dem Großen auf dem Gebiet der russischen Sprache ereignet hatten.

Ich möchte mich auf einen Vortrag berufen, den der damals bekannte Literaturkritiker A. Gornfeld hielt, ein gebildeter Liberaler, der die Revolution begrüßte, ohne auf eine kritische Analyse der modernen russischen Sprache zu verzichten, und der sich von den extremen Modernisierungs- oder, umgekehrt, Konservierungstendenzen distanzierte. Gornfeld charakterisierte die Veränderungen, die in den ersten Jahren nach der Revolution stattfanden, folgendermaßen:

»Vor unseren Augen ereignete sich, man könnte sagen, ein Durchbruch an der lexikalen Front. Die Sprache, ein organisches Gebilde, riesenhaft und umfassend, lebt gewöhnlich ein ruhiges, gemächliches Leben. Sie entwickelt sich langsam und kontinuierlich, und ihre Bewegungen von Augenblick zu Augenblick sind nicht zu sehen, ebensowenig wie die Bewegungen des Stundenzeigers, obwohl er stetig vorrückt. Aber auch hier, wie überall auf der Welt, gibt es Eruptionen und stürmische Übergänge... Und neue Worte, neue

Wendungen, neue Ausdrücke überfluten die Sprache wie ein nicht aufzuhaltender Strom.«

Mit der Revolution gerät also auch die Sprache in stürmische Bewegung und beginnt sich in ihrem Bestand zu erneuern. Es ist bemerkenswert, daß Gornfeld sogar in einem akademischen Vortrag sich der neuen, früher undenkbaren Lexik bedient. Und wenn er von einem »Durchbruch an der lexikalen Front« spricht, so war dieser Ausdruck nur damals, in jener historischen Situation verständlich, als alles zur *Front* geworden war, als neben den Fronten des Bürgerkriegs von »Erntefront«, »Arbeitsfront«, »Bildungsfront«, »ideologischer Front«, »Literaturfront«, »Linker Kunstfront« usw. gesprochen wurde.

Wenden wir uns also der »Sprachfront« zu. Zunächst – welche Sprache förderte der neue Staat? Ihm ging es in erster Linie um die Veränderung des offiziellen und Verwaltungsvokabulars, der gesamten hergebrachten staatlich-juristischen Terminologie. Die Begriffe »Monarchie« und »Imperium« sollten durch »Diktatur des Proletariats«, »Sowjetregime« oder »Räte der Arbeiter- und Bauerndeputierten« ersetzt werden. »Minister« durften nicht länger Minister heißen, weil dieses Wort entweder mit den Ministern des Zaren oder mit den Ministern der Konstituierenden Versammlung oder überhaupt mit irgendwelchen bürgerlichen Vorstellungen der Republik alten Typs assoziiert wurde.

Ähnliche Änderungen wurden auch in der Armee vorgenommen. Begriffe wie »General«, »Admiral«, »Offizier« und »Soldat« waren über Nacht verpönt. Das Wort »Soldat« wurde durch das Wort *bojez* (»Kämpfer«) oder »Rotarmist« ersetzt, der »Offizier« verwandelte sich in den *komandir* und (entsprechend der Rangliste) der »Oberst« und »General« in den *kombrig* (»Brigadekommandeur«), den *komdiw* (»Divisionskommandeur«) und den *komandarm* (»Armeekommandeur«).

Alles Alte hatte zu verschwinden. Folglich mußte sich auch die Sprache der alten Welt von Grund auf erneuern.

An diesem Prozeß lassen sich zwei gegenläufige Tendenzen beobachten. Die erste: Die Sprache läuft dem Leben davon. In der Sprache, das heißt im Ideal, soll alles neu werden, aber in der Wirklichkeit existiert dieses Neue überhaupt noch nicht.

Deshalb strebt die Sprache danach, alles neu zu benennen, wobei die neuen Wörter höchstens potentiell ihrem Inhalt entsprechen, einem Inhalt, dessen Verwirklichung höchst fraglich bleibt. Die Devise – »*Alle Macht den Sowjets!*« –, der in den ersten Tagen der Revolution größte suggestive Bedeutung zukam und die bis auf die heutigen Tage eine magische Formel geblieben ist, bietet uns das beste Beispiel: Sie war von Anfang an eine reine Beschwörung: Die Räte haben nie die Funktion der höchsten Staatsorgane ausgeübt und tun das auch bis heute nicht. Die »Sowjets« als Regierungsorgane sind eine bloße sprachliche Fiktion, aber diese Fiktion ist nicht nur ein Bestandteil des *byt* und der Sprache, sondern auch Bestandteil des Staates selbst – »Sowjetmacht«, »Sowjetunion«, »Sowjetheimat«. Das Wort trat an die Stelle der Realität. Und hier beginnt die zweite Tendenz wirksam zu werden – es ist unmöglich, eine absolut neue, ideale Sprache zu schaffen. Daher die Versuche, eine Kunstsprache zu erstellen: Das heißt, bestimmte Schlüsselbegriffe durch Neologismen zu ersetzen, oder überlieferte Begriffe mit neuen Epitheta auszustatten. Letztere sind nicht besonders zahlreich. Aber sie dringen allerorts in die Sprache ein und prägen sie in spezifischer Weise. Zum Beispiel das Epitheton »sowjetisch«. Von nun an heißt es nicht einfach »Regime«, sondern »Sowjetregime«, nicht einfach »Republik«, sondern »Sowjetrepublik«, nicht einfach »Volk«, sondern »Sowjetvolk«, nicht einfach »Mensch«, sondern »Sowjetmensch«.

Eine ähnlich ergänzende und, man könnte sagen, korrigierende Funktion erfüllten die Epitheta: Arbeiter- und Bauern, Revolutions- (wie in Revolutionstribunal), sozialistisch, kommunistisch, staatlich … In der Sowjetunion gehört alles dem Staat, und deshalb sind sämtliche Behörden und Wirtschaftsunternehmen grundsätzlich staatlich. Und es ist völlig sinnlos, wenn man überall das Wörtchen »staatlich« vorstellt, aber es geschieht doch: Nicht »Kaufhaus«, sondern »Staatliches Kaufhaus«,

»Staatsbudget«, »Staatskontrolle«, ebenso bei sämtlichen Universitäten, obwohl es eine andere Art von Universität nicht gibt und nicht geben kann. Sogar der Zirkus ist ein »Staatszirkus«. 1923 reiste ein Zauberkünstler durch Sowjetrußland, der in jeder größeren Stadt auftrat (damals war ein solches Ein-Mann-Unternehmen noch möglich). Auf den Plakaten stellte er sich als Hellseher und Zauberer vor, zugleich aber als Mitglied einer staatlichen Künstlervereinigung »Staatsfortuna«. Das uralte, mysteriöse Wort »Fortuna« wird durch »Staatsfortuna« ersetzt – ein beredtes Beispiel für die Sowjetsprache, die sämtliche Lebenssphären durchdringt und allem und jedem den Stempel einer neuen Legalität aufzudrücken versucht.

Es fällt sofort auf, daß diese Sprache in erster Linie politisiert ist. Die Wörter sollen nicht einfach einen neuen Sinn ausdrükken, sondern eine deutliche politische Einstellung.

Die neuen Bezeichnungen für die staatlichen Einrichtungen waren und sind außerordentlich kompliziert. Auch diese Neologismen schlossen zusätzliche politische Epitheta ein, etwa »Volks-«, »sozialistisch«, »sowjetisch« oder »staatlich«. Es war zeitraubend und unbequem, sie auszusprechen, und daher ist es nur zu verständlich, daß die ellenlangen Wortkombinationen gebändigt werden mußten. Und damit begann die Herrschaft der Abkürzung.

Im zwanzigsten Jahrhundert zeichnet sich die Sprache vieler Völker durch ein ungewöhnlich häufiges Auftreten von Abkürzungen aus. Dieses Phänomen ist durch das beschleunigte Lebenstempo, durch den technischen Fortschritt und die zunehmende Simplifizierung der Sprache zu erklären. Die Sprache wird gleichsam von der Mathematik überschwemmt. Viele Bezeichnungen erinnern heutzutage nach Schriftbild und Klang an algebraische Formeln. Die Sowjetsprache hat auch in diesem Punkt die anderen Länder und Nationen von Anfang an weit hinter sich gelassen. Der neue Staat führte sofort eine neue, komplizierte Terminologie ein, die der Einfachheit halber abgekürzt wurde. Zum Beispiel treten statt »Rußland« als Landesname die Abkürzungen RSFSR oder UdSSR auf. Dabei verändern sich solche Abkürzungen gelegentlich. Aber jede Veränderung prägt sich der Sprache und dem Bewußtsein der Masse ein. Zum Beispiel hieß die politische Polizei ursprünglich »Tscheka« (»Außerordentliche Kommission«) oder »Gubtscheka« (»GouvernementsTscheka«) oder »Wetscheka« (»Allunions-Tscheka«); später »GPU« (»Staatliche politische Verwaltung«); dann »NKWD« (»Volkskommissariat für Innere Angelegenheiten«), dann »MGB« (»Ministerium für Staatssicherheit«); schließlich »KGB« (»Komitee für Staatssicherheit«). Und der Sowjetmensch hat alle diese Bezeichnungen im Kopf, obwohl er nicht einmal genau weiß, wofür diese Buchstaben oder Silben stehen. Ein anderes Beispiel sind die Abkürzungen der jeweils regierenden Parteien: »RSDRP/B« (Russische Sozialdemokratische Arbeiterpartei/Bolschewiki); »RKP/B« (Russische Kommunistische Partei/Bolschewiki); dann: »WKP/B« (Kommunistische Allunionspartei/Bolschewiki); und schließlich »KPSS« (Kommunistische Partei der Sowjetunion). Und daneben noch jede Menge Abrakadabra: RKKA, Rabkrin, ZK, ZIK, Sownarchos, ZPKO, MOPR, GUM, Mosselprom, Komsomol, Torgsin.

Am Anfang der Revolution klang das für den durchschnittlichen Russen wie eine Art »Übersprache«, sinnentleert und gleichzeitig unheilverkündend. Diese Laute waren doch nicht einfache Buchstaben, sondern stellten eine direkte Bedrohung oder zumindest die rätselhafte Grundlage der Wirklichkeit dar.

In einer Erzählung von Samjatin aus den ersten Jahren nach der Revolution begrüßt und verabschiedet sich eine der Figuren, ein Intelligenzler, immer mit demselben Wort – »Tschik« –, und alle Anwesenden zucken zusammen, denn gewöhnlich bedeutet diese Interjektion »Schluß, Ende, aus, mausetot«. Den Hals durchschneiden: Tschik-tschik. An die Wand stellen, liquidieren: Tschik-tschik. Und außerdem evoziert dieses Tschik »Tscheka« und »Tschekisten«, die von Berufs wegen auf das »Tschik« spezialisiert sind. Aber die Hauptperson, die sich mit einem bösartigen Lächeln und einem »Tschik« begrüßt und verabschiedet, erklärt schließlich, daß es nichts anderes sei als die Abkürzung der alten, förmlichen Redewendung: »Habe die

Ehre« (*tschest imeju klanjatsja*). Zweifellos handelt es sich hier nicht um eine Erfindung Samjatins, sondern um ein Detail aus dem revolutionären Alltag.

Die daraus resultierende Sprachverwirrung ist nicht zu übersehen. Die umbenannte Wirklichkeit erweist sich als unstet und unzuverlässig. Besonders deutlich macht sich das in den sowjetischen geographischen Bezeichnungen bemerkbar: Laufend werden Stadt- und Straßennamen geändert. Immer neue Namen erfreuen sich einer auffallenden Verbreitung und verteilen sich über das gesamte Territorium der Sowjetunion. Es blieb nicht dabei, daß Petersburg Leningrad und Zarizyn Stalingrad wurden. Es entstanden unzählige, fast gleichklingende Städte, unter denen man sich nur mühsam zurechtfindet. Zum Beispiel: Stalingrad, Stalinabad, Stalinogorsk, Stalino, Woroschilowgrad, Woroschilowsk, Kirow, Kirowsk, Kirowograd, Kirowokan usw. In dem Bestreben des Sowjetregimes, alles umzubenennen, liegt etwas Irrationales. Vielleicht eine Art Minderwertigkeitskomplex. Der Staat scheint darum bemüht, durch Umbenennungen eine Veränderung der Wirklichkeit vorzutäuschen.

Die Stadt Samara wurde Kujbyschew, Nischnij Nowgorod – Gorkij, Perm – Molotow, Jekaterinenburg – Swerdlowsk, Wernyj – Frunse etc. Gelegentlich verändern sich auch diese Namen wieder. Als Molotow in Ungnade gefallen war, kehrte die Stadt Molotow zu ihrem angestammten Namen Perm zurück. Stalingrad wurde Wolgograd, und es ist nicht vorauszusehen, welche Stadt sich morgen mit welchem Namen schmücken muß.

In sämtlichen, selbst den allerkleinsten Städten, wurden die meisten Straßen umbenannt, und zwar entsprechend dem System der neuen sowjetischen Nomenklatura. In der Regel heißt die Hauptstraße einer kleinen Provinzstadt Sowjetstraße oder Lenin-Prospekt, und das Zentrum entweder Lenin-Platz oder Platz der Freiheit (mit dem obligaten Lenindenkmal). Vor nicht allzu langer Zeit hätte er auch der Stalin-Platz (mit einem Stalindenkmal) sein können. Die übrigen, die Seitenstraßen, auch wenn sie noch so schmutzig und armselig sind, tragen ebenfalls heldische Namen: Wolodarskij-, Marx-, Lenin-, Kosmonauten-

Straße, oder die Sozialistische oder Kommunistische oder die Straße der Roten Garde ... Manchmal ist ein komischer Effekt nicht zu vermeiden: Früher hieß ein kleines Sträßchen Kuhgasse, Bockgasse (oder Sackgasse), und heute ist sie nun die Kommunistische Gasse oder die Sackgasse Marxismus oder Leninismus, und der bombastische Titel verwandelt sich unwillkürlich in eine Parodie.

So entstanden auch die ergänzenden Namensgebungen: Lenin-Werke, Puschkin-Museum für bildende Kunst – obwohl nichts in dem Museum mit Puschkin etwas zu tun hat –, Gorkij-Theater, Kirow-Theater. Und so entstand auch der Witz über ein »Gorkij-Puschkin-Denkmal«.

Diese neue Feierlichkeit, wie seltsam sie auch für das russische Ohr klingen mag, übt eine deutliche Wirkung auf die Gesellschaft und ihre Sprache aus. Am besten läßt sich das an den Eigennamen ablesen, die in Mode kamen. Die beliebtesten russischen Männernamen Iwan und Nikolaj gerieten nach den zwanziger Jahren in Vergessenheit und tauchten sehr selten auf. Weshalb? Der Eigenname Iwan war viel zu traditionell, viel zu volkstümlich, und das einfache Volk, das nach seiner eigenen Überzeugung an die Macht gelangt war, verspürte immer weniger Lust, seine Söhne Iwan zu nennen. Statt des ur-russischen Iwan entschied man sich für andere, angeblich feinere Namen aus den ehemaligen höheren Gesellschaftsschichten: Anatolij, Wiktor, Alexandr. Großer Beliebtheit erfreute sich in den dreißiger Jahren der Name Walerij (dem Flieger Walerij Tschkalow zu Ehren). Der Name Nikolaj war in Mißkredit geraten, weil er an den letzten russischen Zaren erinnerte. Dafür waren die Wladimirs nicht zu zählen, die man nach dem Vorbild Lenin benannt hatte. Plötzlich erfreute sich der bis dahin in Rußland seltene Name Felix besonderer Beliebtheit – als Reverenz vor Felix Dserschinskij. Und nachdem Stalin seine Tochter »Swetlana« genannt hatte, gab es viele kleine Swetlanas.

Aber nach der Revolution entstanden auch viele völlig neue Namen, die früher undenkbar gewesen wären, Kunstgebilde gegen die Tradition und zum Ruhme der neuen Gesellschaft: der

Frauenname »Lenina« und »Wladlena«, oder »Stalina« und »Stalnira«, ebenfalls »Marxina« und »Engelsina«. Als junger Mensch hörte ich, wie ein junges Mädchen »Elektrifikazija« gerufen wurde. Damals klang der Name »Elektrifikazija« ebenso erhaben wie das altgriechische »Elektra«. Bei den Jungen war es nicht anders, sogar eher schlimmer, denn die größten Hoffnungen der Eltern sind immer die Söhne. Daher die Fülle neuer Männernamen, zum Beispiel »Jaurès« (der Familienname Jaurès wurde zum Vornamen) oder, ebenfalls ein französisches Lehnwort, »Revolt«. Es gab auch eine Menge bescheidener Namensbildungen: etwa »Mir« oder »Revdit« (»Friede« und »Kind der Revolution«). Und auf dem Höhepunkt der Industrialisierung und Politisierung wurde mancher Junge schlicht »Traktor« genannt.

Im zwanzigsten Jahrhundert sind sämtliche Sprachen der Welt von einer wissenschaftlich-technischen Terminologie überschwemmt worden. Die Sowjetsprache bildet da keine Ausnahme. Mit dem Unterschied, daß die wissenschaftlich-technische Terminologie im Russischen gelegentlich politisch-symbolisch eingesetzt wird. Die Termini bezeichnen nicht nur eine neue Sache, die in den Alltag und in die Produktionsprozesse eindringt, sondern manifestieren darüber hinaus den Übergang der Gesellschaft und des einzelnen in das Stadium des Sozialismus. In diesem Sinn ist der Jungenname »Traktor« nicht nur die Bezeichnung der landwirtschaftlichen Maschine, sondern ebensosehr ein Symbol des Sieges des Sozialismus über den Kapitalismus und der Teilnahme des Menschen am Erhabenen und Lichten. Deshalb wird er mit Pathos ausgesprochen, im Brustton der Überzeugung. Ein Terminus verwandelt sich in eine Fahne, in einen Orden, in ein feierliches Emblem. Deshalb ist das Alltagsgerede von prunkvollen, großartigen und schönen Worten durchsetzt, wie Mechanisierung, Industrialisierung, Elektrifizierung, Melioration, Aviation, Radio, Antenne, Akkumulator, Kommutator, Automatisierung, Kader usw. Diese gesamte Terminologie wird gleichsam mit Ausrufezeichen gebraucht, die auf Größeres und Höheres hindeuten, als der einzelne Terminus für sich genommen darstellt. Hinter dem Wort »Kader« zum Beispiel hört man Stalins bekannten Ausspruch: »Die Kader entscheiden alles.« Und das Wort »Elektrifizierung« evoziert die Leninsche Formel: »Sozialismus ist Sowjetmacht plus Elektrifizierung des ganzen Landes.«

Letztlich bemühen sich die Menschen bei jeder passenden und unpassenden Gelegenheit, sich der »hohen« Sprache zu bedienen, manchmal ohne den Sinn der einzelnen Worte zu verstehen und ohne sie richtig auszusprechen. Aber sie ist die Sakralsprache des Sowjetstaates, die sich von oben herabsenkt – durch die Zeitungen und die offiziellen Reden – und nach der sich die Masse zu richten hat. Wörter verdrängen die Bedeutung. Man braucht sich nur eines bestimmten Wortschatzes zu bedienen, um sich als Herr der Lage zu fühlen.

Darin begegnen wir einer weiteren Tendenz der Sowjetsprache: dem zwanghaften Bedürfnis nach wissenschaftlicher Ausdrucksweise. In Wirklichkeit ist sie pseudo-wissenschaftlich, und lediglich von einer Vielzahl von Termini aus der politischen, ökonomischen und wissenschaftlichen Sphäre durchsetzt. Dies ist zweifellos durch die der Sowjetzivilisation zugrundeliegenden Wissenschaftsutopie bedingt. Daher rühren auch unter anderem die ungezählten »-ismen« der Sowjetsprache: Sozialismus, Kapitalismus, Imperialismus, Trotzkismus, Revisionismus, Idealismus, Materialismus usw. Neben diesen Abstraktionen werden neue pseudo-wissenschaftliche Termini aus dem umgangssprachlichen und gelegentlich sogar vulgären Wortschatz gebildet, so entstand zum Beispiel aus *mne naplewat* (»ich spucke drauf«) – »Naplewismus«, und alle Sowjetbürger werden aufgerufen, gegen den »Naplewismus« ins Feld zu ziehen, das heißt gegen die Gleichgültigkeit der Menschen gegenüber den Worten und Taten des Staates.

So kristallisiert sich innerhalb der Sowjetsprache wie eine Art Kern ein besonderer Jargon heraus, dessen sich die Regierenden im Umgang untereinander und mit dem Volk bedienen. Sie verständigen sich nicht durch Worte, sondern durch Wortsignale, hinter denen man sehr Bedeutsames vermutet – aber keiner, die Sprechenden eingeschlossen, kann dieses Bedeutsame auflösen.

So entsteht eine ganze Industrie, die leeres Stroh drischt und abstrakte Begriffe produziert, die praktisch nichts bedeuten, aber dennoch mit Nachdruck ausgesprochen werden. Das ist die obere, die Chefetage der Sowjetsprache, ihr metaphysischer Kern und ihre Basis.

Der sprachliche Urstoff

Die andere, die entgegengesetzte Seite des modernen Russisch ist die lebendige Sprache des Volkes. Auch sie hat von den ersten Tagen der Revolution an wesentliche Veränderungen erfahren. Diese bestehen in erster Linie darin, daß die Sprache des Volkes sämtliche Bürgerrechte erhielt und die russische Literatursprache überschwemmte und zermahlte. Die Straße drang in die Sprache ein. Selbstverständlich hatten diese Straßen und diese Straßensprache auch früher, und zwar als die umfassende großrussische Umgangssprache existiert. Aber früher war der sprachliche Urstoff vom lexikalen Fundus durch hohe Schranken abgetrennt – die Schranken der Kultur, der Sprache der gebildeten Gesellschaft, die sozialen und Standesbarrieren und schließlich auch die geographischen Grenzen. Die Sprache des Dorfes unterschied sich deutlich von der Sprache der Städte. Die Sprache der Ukraine, der Randgebiete überhaupt, die Sprache der Provinz, gelangte nie über die Schlagbäume in die Metropole hinein. Und die Sprache des einfachen Volkes vermischte sich nie mit der formalisierten Ausdrucksweise des Intelligenzlers. Aber nun waren sämtliche Barrieren und Schlagbäume weggeräumt. Bauern und Frontsoldaten überfluteten die Hauptstadt und brachten Dialekte und Jargons aus sämtlichen Richtungen mit, wobei diese Masse sich als Herr des Landes, der Straße und der Sprache empfand. Unter dem Einfluß der neuen Bedingungen und der neuen Begriffe nahm der sprachschöpferische Prozeß ungewöhnliche, eruptive Formen an und geriet in Konflikt mit der begradigten

Literatursprache. Denn die regelgetreue oder die gewählte Sprache deutete auf die Zugehörigkeit des Sprechers zu den ehemals herrschenden Kreisen. Die alten Sprachnormen wurden auf einmal suspekt und sozial anrüchig, und auch quantitativ begräbt die volkstümliche Umgangssprache alles unter sich, einschließlich der russischen Literatur. Diese sprachliche Revolution begrüßt Majakowskij pathetisch in dem Aufsatz »Wie macht man Gedichte?« aus dem Jahre 1926. Seiner Ansicht nach ist die neue, elementare Flut der Umgangssprache das Leben selbst und wird jedem schöpferischen, literarischen Prozeß einen starken Impuls geben:

»... die Revolution schickte das knorrige Reden der Millionen auf die Straße, der Jargon der Vorstädte wogte über die Prospekte; das schwächliche intelligenzlerische Sprächlein mit seinen kastrierten Worten ›Ideal‹, ›Kriterien der Gerechtigkeit‹, ›göttliches Prinzip‹, ›Christi transzendentes Antlitz‹, all diese Phrasen, die man sich im Restaurant zuraunte, sind weggefegt. Es ist ein neuer Ausbruch sprachlicher Elementargewalt. Wie kann man ihn poetisch machen? Die alten Regeln ›Herz auf Schmerz‹, der alte Alexandriner sind nicht mehr zu gebrauchen. Wie kann man die Umgangssprache in die Poesie überleiten, und wie kann man die Poesie aus diesem Reden ableiten? ... Die neue Sprache muß sofort sämtliche Bürgerrechte erhalten: Aufschrei statt Melodie, Trommelwirbel statt Wiegenlied ...«

Dieser Begrüßung Majakowskijs kann man die puristischen, abweisenden Verse von Sinaida Gippius entgegenhalten, der Dichterin aus dem Kreis der Symbolisten, die bereits am Vorabend der Revolution entsetzt feststellte, daß die Poesie von der Umgangssprache unterlaufen wurde, daß sich zeitgenössische Literatursprache und poetischer Stil radikal änderten:

So manches Wort mit Schmutz am Rocksaum
Blieb zaghaft vor der Schwelle stehen ... Doch jetzt
In monotonen Wellen schwappen sie
Durch eingeschlagene Türen herein!
Sie fluten, tosen, stäuben ...
Der Straßenpöbel grölt ...

Die Bewertungen von Sinaida Gippius und Majakowskij sind entgegengesetzt. Aber das ändert nichts an der historischen Tatsache: Die Sprache der Straße trug den Sieg davon, wobei die Literatursprache dadurch nicht einfach verunreinigt wurde, sondern neue Formen entstanden. Keine Barriere und keine Mauer vermochte diesen Prozeß aufzuhalten. Im Gegenteil, viele interessante, bedeutende Werke der russischen Literatur entstanden aus der Integration dieser neuen Sprache. Zum Beispiel das Poem *Die Zwölf* von Blok, die Erzählungen von Soschtschenko und Babels Prosa. Das einzelne Wort ist abscheulich, dreckig, falsch, aber innerhalb eines literarischen Prozesses fällt ihm eine große, formbildende Bedeutung zu. Es konfrontiert die Literatur mit dem Faktum der lebendigen, vielgestaltigen Sprache und versetzt sie in die Lage, diese Sprache stilistisch zu bewältigen. Und die Erfolge der sowjetischen Literatur im ersten Jahrzehnt nach der Revolution sind auf den Zusammenprall mit dem Regelwidrigen, auf die Beleidigung des Schriftstellerohrs durch eine sehr dichte und ungewohnte Sprache zurückzuführen. Deshalb machte die Literatur nach dem Oktober in gewissem Sinne einen Sprung – im Vergleich mit der Literatur vorher, während jene Schriftsteller und Dichter, die sich von der neuen Sprache distanzierten, zwar auch manches Beachtliche schufen, aber von vornherein Lebloses, Rückwärtsgewandtes, Museales.

Wir interessieren uns jedoch nicht für literaturhistorische Probleme, sondern für den Urstoff der Volkssprache. Und die Sprache der Massen ist in erster Linie grob.

In der Erzählung »Der Oktober im Eisenbahnwaggon« schildert Marina Zwetajewa, wie sie in den Tagen der Oktoberrevolution mit der Eisenbahn nach Moskau reiste. Neben ihr, im selben Abteil, saß ein Matrose, einer von jenen, die das Winterpalais gestürmt und später in den wildesten, schlagkräftigsten Trupps des Bürgerkriegs gekämpft hatten. Aber Zwetajewa sah und hörte einen *solchen* Matrosen zum ersten Mal in ihrem Leben.

»Der Matrose. Ununterbrochen schmutzige Flüche. Alle anderen schweigen (ein Bolschewik!). Schließlich frage ich ganz sanft: ›Warum fluchen Sie eigentlich so? Macht Ihnen das wirklich Spaß?‹

Der Matrose: ›Aber ich fluche ja gar nicht, Genossin, das ist eben meine besondere Art zu reden.‹

Die Soldaten brüllten vor Lachen...

Derselbe Matrose, vor dem offenen Fenster in Orel, mit der innigsten Stimme: ›Das ist aber ein Lüftchen!‹«

Die beiden Pole – Grobheit und Zärtlichkeit – liegen im Russischen dicht beieinander. Der Matrose empfand das Fluchen keineswegs als Fluchen, sondern als gewohnte Begleiterscheinung des Redens. Selbstverständlich hatte er das Fluchen nicht gerade erst gelernt, es hatte schon immer zu seinem sprachlichen Milieu gehört. Das Neue dabei, das Ergebnis der Revolution war das Überschreiten der Grenze, die Entdeckung der Sprache als Angriffswaffe. Früher schimpfte dieser Matrose ebenso unflätig im Kreis seiner Kameraden oder jedenfalls unter seinesgleichen. Jetzt aber, am Tag der Revolution, fluchte er lauthals, ohne sich um das adelige Fräulein – Marina Zwetajewa war damals unverkennbar eines – im geringsten zu kümmern. Früher hätte er es nicht gewagt, in ihrer Gegenwart auch nur ein einziges Wort zuviel zu sagen, hätte während der ganzen Fahrt geschwiegen. Jetzt aber nimmt er eine Imponierhaltung an, er triumphiert – denn jetzt liegt es in seiner Macht, alles und jedes so zu sagen, wie es ihm gefällt. Und das ist die Sprache des zu seinen bürgerlichen Rechten gekommenen Volkes. In erster Linie besteht sie aus Unflätigkeiten und Flüchen. Damit beginnt die Vergröberung der Umgangssprache in der Sowjetgesellschaft, die sich bis zum heutigen Tag fortsetzt.

Als die Kritiker Soschtschenko vorhielten, er sei übermäßig grob, erwiderte er in seinem Band *Briefe an den Leser*:

»Gewöhnlich wird behauptet, ich entstelle die ›wunderbare russische Sprache‹, ich gebrauche um eines komischen Effekts willen die Worte in einer anderen Bedeutung, als der, die ihnen das Leben zugewiesen hat, ich verdrehe die Sprache mit Absicht, um das verehrte

Publikum zum Lachen zu bringen. Das stimmt nicht. Ich entstelle fast nie. Ich schreibe die Sprache, in der die Straße denkt und die sie heute spricht.«

Natürlich sprach die Straße ein unreines Russisch. Und diese Grobheit und Irregularität begünstigte die Entstehung unzähliger neuer Worte, die noch von keinem Wörterbuch erfaßt waren. In der Regel handfeste Ausdrücke, die dem Geist der Straße entsprachen; teils waren es sehr gelungene, treffsichere, genaue Bezeichnungen, teils Mißgeburten.

Bei der Vermengung der Sprache der Intelligenzija mit dem landläufigen Russisch spielte (und spielt immer noch) die entscheidende Rolle der sowjetische *byt*, die vergröberte und vereinfachte Lebensweise, die den Menschen vor die Notwendigkeit stellte, sich der neuen Sprache anzupassen. Zu Beginn der dreißiger Jahre veröffentlichte Soschtschenko den Brief einer Leserin, die zur Intelligenzija gehörte und sich zu Hause der einen, unter ihren Kameraden in der Werkschule einer anderen Sprache bediente. In der Familie sprach sie von den »Mädchen«, in der Schule von den »Mädels«. Fühlte sie sich zu Hause belästigt, sagte sie: »Schäm dich!« Und im gleichen Fall in der Schule: »Hau ab, sonst schmier ich dir eine!« Dieses gebildete junge Mädchen fühlte sich zwischen zwei Sprachen hin- und hergerissen. Selbstverständlich zwang sie das Leben, die Sprache und der *byt* zur Vergröberung und Vereinfachung des sprachlichen Ausdrucks. Ohne sich dessen bewußt zu sein, reden heute junge und auch nicht mehr ganz junge Intelligenzler sich untereinander so an wie in alten Zeiten das einfache Volk: Maschka! Lenka! Juljka! Andruschka! Und diese Anreden drücken nicht Geringschätzung aus, sondern Zuneigung und Vertraulichkeit.

Aber man darf nicht glauben, dies sei eine Folge äußeren, fremden Drucks. Nein, das innere Bedürfnis, sich primitiver und deftiger auszudrücken, als man in Wirklichkeit ist, läßt sich nicht übersehen. Die Intelligenzija öffnete sich dem Volk und setzte alles daran, schlichter zu werden. Man kennt Beispiele, daß eine gebildete Frau einen einfachen Mann heiratete und plötzlich, fast unbewußt, das Sprachniveau wechselte. Bildlich gesprochen heiratete die russische Intelligenzija einen Bauern.

Wenden wir uns nun dem Bauern zu, der nun die Herrschaft ausüben soll, das heißt der Sprache der regierenden Elite. Einerseits ist sein Kopf vollgestopft mit der Kunstsprache der Partei, von der wir oben sprachen. Anderseits kennt er seit seiner Kindheit nichts als die ungezwungene, grobe, ungeschliffene Sprache, die immer wieder an die Oberfläche drängt – der elementare Urgrund der Umgangssprache. Wie sieht nun die Wirklichkeit aus?

Betrachten wir Chruschtschows Erinnerungen, die sprachlich aufschlußreich sind, zum Beispiel, wenn er über die Annexion des Baltikums im Jahr 1940 spricht, nach der Absprache mit Hitler:

»Litauen, Lettland, Estland. Das war schon wesentlich später. Da waren die entsprechenden Maßnahmen bereits durchgeführt. Und ich, sozusagen, mit den Einzelheiten außer den in der Zeitung, und, sozusagen, aufgrund der Unterhaltungen, die ich hatte, also, wenn ich nach Moskau kam, mit Stalin, also. Nun, diese Unterhaltungen waren ... von ebensolchem Charakter ... getragen, sozusagen, von der Freude, daß wir also die Möglichkeit hatten, daß diese Litauer, Letten und Esten wieder, also, zum Sowjetstaat gehören sollen, also. Nun, erstens, erweitert man dadurch das Territorium und ... vergrößert die Bevölkerung der Sowjetunion. Also geht es um die Erstarkung des Staates der Sowjetunion, also ...«

Was bedeutet das – nicht inhaltlich, sondern stilistisch? Das bedeutet, daß viele führende sowjetische Staatsmänner kaum in der Lage sind, ihre Gedanken zu verbalisieren, falls sie als halbe Analphabeten überhaupt denken. Jeder gebildete Mensch in der Sowjetunion bekommt Ohrenschmerzen, wenn solche Führer sich über Funk und Fernsehen an das Volk wenden. Die Reaktion auf das plumpe, ungehobelte und ignorante Wesen der Elite drückt am besten ein nicht ganz stubenreiner Chruschtschow-Witz aus: Letzterer hat eine Rede, die er vor dem Kongreß in den USA halten soll, aufgesetzt und gibt sie seinen Referenten zur Korrektur. Diese lesen und sagen: »Nikita Sergejewitsch, alles okay. Nur zwei winzige stilistische Korrekturen: ›vollscheißen‹ schreibt man in einem Wort und ›im Arsch‹ in zwei.«

Die Bürokratisierung der Sprache

Die bürokratische Sprache ist nicht nur das Privileg der Parteibürokratie, sondern ein ziemlich bestimmendes Element in der Sprache des ganzen Volkes, auch wenn ihre Quellen in der Gipfelregion liegen. Das ganze Dasein der Sowjetmenschen ist so weit bürokratisiert, so durchgehend koordiniert und im Sinne des Staates und seiner Ideologie geregelt, daß die Schablonen und stehenden Redensarten die Gesellschaft von oben bis unten durchdringen. Darauf hat bereits Alexandr Blok in seinem Poem *Die Zwölf* hingewiesen, das zwei Monate nach dem Oktoberumsturz entstand. Wie bekannt, ist dieses Poem in der Sprache der Straße geschrieben; es benutzt den Wortschatz der mündlichen volkstümlichen Rede. Aber sogar in diesem (dem vulgärsten) Sprachfluß tauchen bereits die geflügelten Worte aus einer anderen Sphäre auf. Früher wären solche Ausdrücke, die der Kanzlei und dem Amtsstuben-Alltag, den Reden politischer Versammlungen oder Zeitungsartikeln entstammen, in diesem jeder Bildung fernstehenden Milieu unvorstellbar gewesen. Jetzt aber klingen sie wie natürliche Bestandteile der zeitgenössischen Sowjetsprache.

Einer der Helden, Petka, wird aus Versehen zum Mörder. Er tötet seine Geliebte Katka, hat Gewissensbisse und sucht Trost bei seinen Kameraden. Und seine Kameraden trösten ihn – zunächst ganz handfest, wie es unter dem einfachen Volk üblich ist, mit einem deftigen Männerwitz. Dann aber unter Anwendung der neuen politischen Agitationsschablone:

»He, du Lump, was soll die Leier?
Petka, bist du denn ein Weib?
– Hältst du wohl 'ne Seelenfeier?
Flennst du? Paß' ja auf!

– Haltung mußt du jetzt beweisen!
Wachsam sein, Kontrolle halten!...«

Die letzte Zeile entstammt selbstverständlich den zahllosen partei- und staatspolitischen Erklärungen, die Arbeiterklasse habe die Kontrolle über die Gesellschaft, über die Betriebe und Fabriken übernommen. In diesem Fall wird eine Vokabel aus der Sphäre der Volkswirtschaft und Politik in eine psychologische Situation übernommen.

In demselben Poem belauschen wir eine Unterhaltung von Straßendirnen, denen die Politik recht wenig zu sagen hat, die aber ebenfalls der neuen, von der Revolution gebrachten Sprache verfallen. Als glorreiches Beispiel weht über ihnen im Wind der Spruch auf rotem Tuch: »Alle Macht der Konstituierenden Versammlung.« Die Straße wimmelt von Spruchbändern, die Straße eignet sich alle diese neuen, bürokratischen Vokabeln an, ohne zu verstehen, was sie eigentlich bedeuten, aber mit offenem Ohr für diesen besonderen Jargon. Die Dirnen in Bloks Poem sprechen von »Versammlungen«, »Tagesordnung«, »beraten«, »Beschluß« und fassen dabei ihre eigene »politische Resolution«: wieviel man dem Kunden entsprechend dem Arbeitsaufwand abknöpfen kann, gemäß den Prinzipien von Gleichheit und Demokratie – und dem neuen Wortschatz.

»Der Recke Wind
Ist böse und ist froh,
Wirbelt die Röcke,
Mäht nieder die Leute,
Beißt, knautscht und zerrt
An dem großen Plakat:
›Alle Macht der Konstituierenden Versammlung...‹
Und trägt die Worte herüber:
...Auch wir hatten eine Versammlung...
...In diesem Gebäude hier...
...Haben besprochen –
beschlossen:

Einmal – für zehn, fünfundzwanzig pro Nacht...
...Billiger wird's für keinen gemacht.
...Gehen wir schlafen...«

Und das sind doch bloß die ersten Sprossen auf dem Weg zur Bürokratisierung der Sprache: »beraten – beschlossen – Kontrolle halten...« In dem Maße, wie sich die Sowjetzivilisation entwickelt und festigt, stabilisiert sich auch ihre Sprache. Dabei nimmt die Bürokratisierung zu, da die Bürokratie in der neuen Gesellschaft immer einflußreicher wird.

Zwei Eigenschaften sind für diese Sprache charakteristisch: Erstens ist es eine Ausdrucksweise, die der normalen menschlichen Sprache entfremdet ist. Es handelt sich um Wörter, die von ihrer ursprünglichen, gegenständlichen Bedeutung nichts mehr bewahrt haben. Es ist eine kastrierte Sprache, in der die Wörter sich auf gewisse Symbole oder Konventionen beziehen, die für den Staat zweckmäßig sind, aber keinerlei Beziehung zur Realität haben.

Zweitens ist es eine reglementierte Sprache, deren Grundlage und Muster einige wenige feste Wörter und Redewendungen bilden, die sich in Propaganda und Politagitation besonderer Verbreitung erfreuen. Es ist ein sehr starres und eng begrenztes lexikales Gebiet, das sich nicht verändern oder durch irgendwelche Synonyme ersetzen läßt. Die genormte Sprache der Sowjetgesellschaft ist die Sprache der Partei- und Presseschablonen. Zum Beispiel der Aufruf: »Das Sowjetvolk unterstützt einmütig die Beschlüsse des XXV. Parteitages!« Niemand weiß und niemand kann sich erinnern, was die Beschlüsse des XXV. Parteitages im einzelnen sagen, doch darin besteht gerade das Wesen einer genormten Sprache, die nicht viel mehr als die Versatzstücke »Parteitag«, »sowjetisch«, »einmütig«, »Volk« und »unterstützt« kennt...

Aber wie armselig, lächerlich und lebensfern diese bürokratische Sprache auch sein mag, sie erfreut sich dennoch in der sowjetischen Gesellschaft eines hohen Ansehens und weitester Verbreitung. Denn es ist die vom Staat sanktionierte Prestige-

Sprache. In Majakowskijs Lustspiel *Die Wanze* verkündet nicht ein Parteibürokrat, sondern der noch vor kurzem einfache Arbeiter Prisypkin vor seiner eigenen Hochzeit: »Ich wünsche organisiert und vorschriftsmäßig zu heiraten!« Und etwas später: »Ich erkläre die Hochzeit für eröffnet...!« Das ist schon ganz so wie bei einer Parteiversammlung.

Die Bürokratisierung der Sprache findet auf allen Ebenen statt, auch, wenn ganz verschiedene und manchmal konträre Ziele verfolgt werden. Hier sind zwei verschiedene Beispiele dafür, wie die bürokratische Sprache benutzt wird.

Das erste ist eine Art Denunziation, die ein ganz gewöhnlicher, ungeschliffener sowjetischer Spießer der Miliz unterbreitet. Die Erzählung Soschtschenkos »Der ehrliche Bürger« hat die Form eines solchen Berichts:

»Indem ich selbstverständlich auf der richtigen Plattform stehe, möchte ich mitteilen, daß die Wohnung Nr. 10 verdächtig ist, wegen selbstgebranntem Wodka, den wahrscheinlich die Bürgerin Gussjewa brennt und dazu den Werktätigen das letzte Hemd auszieht.

Außerdem bringe ich als ehrlicher Bürger zur Meldung, daß das ledige Fräulein Warka Petrowa eine Verdächtige und Herumtreiberin ist. Wenn ich aber dieser Warka näherkommen möchte, dann rümpft sie die Nase und will nicht. Es steht Ihnen frei, die obengenannten Personen, wie sie sind, zu verhaften oder etwas anderes. Zum Schluß möchte ich bestätigen, daß meine Eingaben kontrolliert sind, da ich auf der richtigen Plattform stehe und gegen Opium fürs Volk bin, trotzdem ich wegen Wahrheitsliebe meinen Arbeitsplatz verlor...«

Noch in den deftigsten Wildwuchs der Sprache dringen die offiziellen Sprachschablonen ein: »Plattform«, »ehrlicher Bürger«, »die obengenannten«, »Opium fürs Volk«. Und wozu werden sie benutzt? Einzig und allein, um die Obrigkeit zu überzeugen und der Denunziation Nachdruck zu verleihen.

Aber dieselbe sprachliche Demagogie kann auch für einen positiven Zweck oder im Sinne einer humanen Absicht eingesetzt werden. Das zweite Beispiel ist eine Erzählung von Alla Ktorowa, einer zeitgenössischen Autorin aus der dritten Emigration.

Im Zentrum der Erzählung steht eine Hausangestellte, die als Kinderfrau in Moskau arbeitet und sich an ihr Leben auf dem Dorf erinnert –, wie sie dort einmal für ein Waisenkind gekämpft hat. Ihren Angriff gegen die Parteiobrigkeit schildert sie wie folgt:

»Du glaubst also, daß ich von nichts eine Ahnung habe, nur weil ich nicht lesen und schreiben kann? Von wegen, Genosse Kommandir, ich weiß alles, nicht schlechter als du! Denkst du vielleicht, daß Lenin gestorben ist und keiner für uns eintreten wird, nur weil wir nicht lesen und schreiben können? Lenin ist gestorben, klar, aber Leninisma, die lebt noch! Ich muß ja ehrlich sagen, daß ich damals gedacht habe, daß Leninisma Lenins Frau ist, aber der Natschalnik ist beinahe vom Stuhl gefallen und wollte mir einfach nicht glauben, daß ich nicht lesen kann!«

Wichtig ist nicht die reale Bedeutung dieser Worte, sondern der formale Aspekt der Sprache. Selbst ohne die Worte zu verstehen, weiß das Volk, welche Sprache bei der Unterhaltung mit der Obrigkeit anzuwenden ist, und macht ungeniert von ihr Gebrauch. Denn die bürokratische Lexik und Phraseologie sind in der neuen Gesellschaft allmächtig.

Hier kann ich eine eigene einschlägige Erfahrung mit der orthodoxen Sowjetsprache anführen. Es war Anfang der fünfziger Jahre an der Moskauer Universität. Einer meiner Kollegen, ein guter Freund, bat mich, das Koreferat bei einer Dissertation, die er betreute, zu übernehmen. Der Doktorand war ein Vietnamese, das Thema – Majakowskij. Es war eine gute Arbeit, aber der Vietnamese, der im Westen studiert hatte, nahm sich Freiheiten heraus, die in der Sowjetunion unmöglich waren. Er stützte sich auf Hegel, zitierte ihn ausgiebig und bewertete den russischen Futurismus ausgesprochen positiv. Beides war aus dem Gesichtspunkt der Sowjetideologie so gut wie ein schweres Verbrechen. Selbstverständlich war meine Beurteilung positiv, aber die Fakultät, die das letzte Wort hatte, äußerte ihre Zweifel – wegen der Hegel-Zitate und der Bewertung des Futurismus. Da blieb mir nichts anderes übrig als Demagogie, und zwar ausschließlich mit den Mitteln der Sprache. Ich sagte also: »Genossen! Wir haben die erste Dissertation vor uns, deren Verfasser ein Vietnamese ist (es war zur Zeit des Vietnam-Krieges), und das Thema ist kein anderes als der erste Dichter der Revolution, Wladimir Majakowskij! Wäre es nicht ein politischer Fehler, wenn die Fakultät sie nicht annähme?« Diese wenigen Worte übten eine magische Wirkung aus. Die Dissertation wurde trotz ihrer kriminellen Entgleisungen einstimmig gutgeheißen. Das war keineswegs die Wirkung der Logik, sondern die Suggestion der offiziellen Sprache.

Am besten reguliert und am gründlichsten standardisiert ist die sowjetische Zeitungssprache. Die sowjetische Presse vermittelt den Lesern nicht einfach Informationen, sondern sie agitiert im Geiste der Parteipolitik und der Parteiparolen, die den Massen unaufhörlich eingehämmert werden. Die Wiederholung immer derselben Worte ist die *conditio sine qua non* der Pressearbeit, und die geringste Abweichung von der festgelegten Schablone wird als politischer Fehler oder gar als Verbrechen bewertet. 1937 veröffentlichte der Verlag der Kommunistischen Partei, der führende politische Verlag des Landes, einen Sammelband, der der Enttarnung von Volksfeinden, Schädlingen und Spionen gewidmet war. Ein Artikel beschäftigte sich ausschließlich mit der Wühlarbeit des Feindes in der Presse. Und was wurde inkriminiert? Ein Korrespondent hatte sich erlaubt, Deutschland »ein hochentwickeltes Industrieland« zu nennen. Der Satz genügte, um den Autor als Handlanger der Nazis und Söldner des deutschen Geheimdienstes abzustempeln. Ein anderer Autor, der Hitler zwar richtig einstufte und mit den schlimmsten Schimpfwörtern belegte, erlaubte sich trotzdem, einen Ausschnitt aus einer Hitlerrede anzuführen. Dieses Zitat wurde als Vorstoß des Feindes und als hitlerfreundliche Agitation ausgelegt. Die Entlarvung Hitlers durch den Autor wurde kurzerhand als Maskerade abgetan. Überhaupt ist es in der Sowjetpresse nicht üblich, den Gegner zu zitieren, selbst wenn dieses Zitat im gleichen Atemzug kritisch kommentiert wird. Für dieses Verbrechen existiert sogar ein spezieller Terminus: »Dem Feind durch

Zitieren die Plattform überlassen.« Auch das Thema Druckfehler wurde in einem besonderen Abschnitt behandelt:

»Die Zahl der Druckfehler ist in den letzten zwei, drei Jahren rapide angestiegen. Dabei unterscheiden sich die meisten dieser Druckfehler von den üblichen früheren dadurch, daß sie den Satz im antisowjetischen Sinn entstellen ...

Die Druckfehlerstrategie ist sehr eintönig: Es werden ein oder zwei Buchstaben in einem Wort ausgetauscht oder ein Buchstabe überhaupt weggelassen, und der Satz als Ganzer wird zu einer konterrevolutionären Aussage. Oder die verneinenden Partikel ›nicht‹ oder ›un-‹ werden auf die unschuldigste Weise vergessen, oder ein Komma wird an eine falsche Stelle gesetzt. Alles mit dem Vorsatz plumper Sinnentstellung.

Der Feind ist erfinderisch und läßt nichts unversucht, sobald die Wachsamkeit nachläßt. Es gibt Beispiele, daß ganze Wörter in einem Zeitungs- oder Buchtext ausgetauscht werden oder neue Wörter oder Sätze unbekannter Herkunft auftauchen. Statt ›Sozialismus‹ steht plötzlich ›Kapitalismus‹, das ›spanische Volk‹ verwandelt sich in das ›faschistische Volk‹, die ›Feinde des Volkes‹ in die ›Freunde des Volkes‹, das ›theoretische Niveau‹ in das ›terroristische Niveau‹.«

Eine solche Überwachsamkeit zieht unaufhaltsam eine unglaubliche Standardisierung der Sprache – insbesondere der Zeitungssprache – nach sich. Die Schablone triumphiert. Und durch Schablonen dieser Art sickert nichts mehr durch ...

Dazu kommt der offizielle Bombast. In dem Maße, wie der Sowjetstaat sich konsolidierte, griff auch der feierliche, hohe Stil immer weiter um sich. Früher hieß der Bauer eben Bauer, später, in den dreißiger Jahren – Kolchosbauer. Und seit dem Krieg und bis heute werden sie in der Presse, im Radio und sogar in Gedichten »Ackerbauern« genannt. Das Wort »Ackerbauer« klingt feierlich, vielleicht sogar sakral und irgendwie altkirchenslawisch.

Der hochtrabende Stil der sowjetischen Presse ist zweifellos auch durch den Umstand bedingt, daß der Sowjetmensch von Amts wegen (manchmal auch in seinen eigenen Augen) der wichtigste und großartigste Mensch auf Erden ist. Er hat noch dazu das Glück, in dem wunderbarsten und mächtigsten aller Länder zu leben. Deshalb darf von ihm zum Beispiel nie gesagt werden, er reite ein Kamel – denn »Kamel« klingt plump und komisch: Er muß ein »Wüstenschiff« besteigen, und wenn er eine Schiffsreise unternimmt, so muß es ein »Liner« sein. Umgeben von solchen hohen und aufgeblasenen Worten schwebt der Mensch in einer artifiziellen Welt oder doch in einer Welt, die der Wirklichkeit entrückt ist. Die Sprache spiegelt also keineswegs die Wirklichkeit, sondern ihre Verfälschung.

Dieselbe Rolle – nur unter anderem Vorzeichen – spielt die Schmähsprache der sowjetischen Presse. Diese Sprache hat die Aufgabe, den Feind oder überhaupt jeden Menschen mit anderen Lebensvorstellungen und anderen Ideen in den schwärzesten Farben zu malen. Den Anfang damit machte, lange vor der Revolution, Lenin persönlich, der mit großer Meisterschaft seinen ideologischen Feinden Etiketten verpaßte, die jeweils einer scharfen politischen Verurteilung gleichkamen. Ein früher Mitstreiter Lenins, Nikolaj Walentinow, der sich später von ihm distanzierte, erzählt:

»Lenin hatte die Gabe, seine Umgebung zu hypnotisieren, und zwar durch das leicht hingeworfene Wort; es wirkte wie ein Keulenschlag auf die Köpfe seiner Genossen und sollte ihnen vor dieser oder jener Idee einen Schrecken einjagen. Statt langer Erklärungen löste ein einziges kurzes Wort den ›bedingten Reflex‹ aus, ganz so wie in den Experimenten von Professor Pawlow. 1903 bis Mitte 1904 war es das Wörtchen ›Akimowschtschina‹, und in den folgenden Jahren tauchten andere, viele andere auf: ›Liquidator‹, ›Otsowist‹, ›Machist‹, ›Sozialpatriot‹ und so weiter. Wollte man sich von der Suggestion dieser Wörter befreien, mußte man die Beziehung zu Lenin abbrechen und das Weite suchen.«

Solche Brandmale, solche Abstempelungen, sind in der Sowjetsprache zahlreich. Die westlichen Parteiführer und Staatsmänner sind »kapitalistische Haie«, »Agenten des Imperialismus«, »Faschisten« (auch wenn es sich nicht um Faschisten, sondern lediglich um Menschen handelt, die die sowjetische Politik ablehnen), »Erzreaktionäre«, »Verräter der Arbeiterklasse«. Großbauern sind »Kulaken«, und die ärmere Landbevölkerung, die sich geweigert hatte, in die Kolchosen einzutreten, »Klein-Kulaken«. Wenn die Intelligenzija irgendwelche Vorbehalte anmeldete oder Mitleid zeigte, hieß sie (das gilt heute noch) morsch, schwammig oder spießbürgerlich. Der Name Trotzkijs wurde nur mit dem stehenden Epitheton »Judas« gebraucht: »Judas Trotzkij.« Alle politischen Angeklagten waren »Volksfeinde«, alle Andersdenkenden »ideologische Saboteure«. Jedes unliebsame Wort, jeder Protestbrief und jedes unerwünschte künstlerische Werk hieß »ideologische Sabotage« ...

Diese ganze spezifisch sowjetische Terminologie hat die Aufgabe, im Volk gegenüber allem und jedem, was dem Regime nicht paßt, Angst und Abscheu zu schüren. Die Schmähetiketten üben ebenso wie die bombastische Sprache der Bürokratie, sobald sie von sich selbst spricht, eine unübersehbare Wirkung auf den einzelnen und die Gesellschaft aus. Es bilden sich tatsächlich die gewünschten Reflexe heraus, und der Sowjetmensch entwikkelt manchmal die abstrusesten Vorstellungen von der Welt und von sich selbst.

Ich erinnere mich an einen Zwischenfall in einem Moskauer Bäckerladen. Es war 1949 oder 1950, pro Käufer durften nicht mehr als zwei Kilo Brot verkauft werden. Ein Mann, vielleicht kam er vom Land, wollte drei Kilo haben, aber die Verkäuferin blieb unerbittlich. Darauf schimpfte der Kunde lauthals und völlig überzeugt: »Wie ist das eigentlich, sind wir vielleicht in Amerika?! Nur in Amerika wird nicht mehr als zwei Kilo Brot pro Kopf ausgegeben!« Und niemand – das fand ich besonders erstaunlich – niemand von den Großstädtern lächelte. Alle nahmen die Reden über Amerika für bare Münze oder taten wenigstens so. Natürlich bedeutet das nicht, daß man einen solchen Satz wortwörtlich in einer sowjetischen Zeitung finden würde. Hier geht es in erster Linie nicht um eine ideologische Reaktion, sondern um einen sprachlichen Automatismus, demzufolge das Wort »Amerika« zwangsläufig mit »Arbeitslosigkeit«, »Armut«, »Sklaverei« assoziiert wird.

Und nun eine zweite Episode, die mir ein Dozent für Geschichte an einer Moskauer Schule für Erwachsenenbildung erzählte. Einmal, Anfang der sechziger Jahre, prüfte er einen jungen Mann, der etwas über die »Koalition der Großmächte während des Zweiten Weltkrieges« erzählen sollte. Dem jungen Mann fiel zu diesem Thema nichts ein, schließlich glaubte der Prüfer, daß er vielleicht Schwierigkeiten mit dem Fremdwort »Koalition« habe und sagte: »Zählen Sie doch auf, welche Staaten unsere Verbündeten waren.« Der junge Mann schwieg. Darauf der Dozent: »Sie wissen doch, auf welcher Seite Amerika gekämpft hat, auf unserer oder auf Hitlers Seite?« Und der junge Mann antwortete seelenruhig: »Es kämpfte auf Hitlers Seite.«

Was war los mit diesem jungen Mann, der den Krieg nicht erlebt hatte und nichts von ihm wußte? Er war einfach gewohnt, in den Zeitungen und im Radio immer wieder dieselben Wortkombinationen zu lesen und zu hören: »Amerikanische Faschisten«, »Amerikanische Kriegshetzer«, und er zog daraus den Schluß, daß Amerika Hitlers Verbündeter gewesen sein mußte.

Aber alle Schmähungen des Gegners bedeuten keineswegs, daß die sowjetische Zeitungssprache eine deftige Volkssprache wäre. Ganz im Gegenteil, es ist eine gereinigte Sprache, keimfrei in jeder Beziehung. Selbst die schärfsten politischen Ausfälle laufen nach strengen Regeln ab. Daraus resultiert eine eigentümliche Spaltung: Im Alltag ist der Umgangston sehr grob, und auch die Männer an der Spitze, die sowjetische Führung, drückt sich im Privatleben, im intimen Kreis, überhaupt außerhalb des offiziellen Rahmens, grob und primitiv aus. Aber diese natürliche Sprache berührt sich kaum mit der offiziellen. Ganz im Gegenteil, dort gilt ein sorgsam gepflegter, perfekter Purismus. Diese Tendenz war unter Stalin besonders spürbar. Es war kein Zufall, daß sehr viele fähige und anerkannte sowjetische Schriftsteller seit den frühen dreißiger Jahren immer wieder angegriffen wurden, weil ihre Sprache angeblich durch grobe oder vulgäre Ausdrücke verunreinigt sei, weil sie volkstümliche Redewendungen, Jargon oder Dialekte in ihre Prosa aufnähmen. Ihnen wurde vorgeworfen, sie verdürben die »große russische Sprache«, obwohl gerade diese Autoren nichts anderes taten, als die Sprache des lebendigen Lebens zu schreiben. Es ist charakteristisch, daß die ersten Angriffe auf Solschenyzin und seine berühmte Erzählung »Ein Tag aus dem Leben des Iwan Denissowitsch« mit einer Kritik seiner Sprache einsetzten: die Sprache dieser Erzählung sei zu grob. Dabei wußte jeder, welche Sprache das Lager spricht. Der Kampf um die Reinheit der Sprache hängt zweifellos damit zusammen, daß die Presse sich vor der echten Sprache scheut und sich bewußt oder unbewußt an der streng reglementierten, offiziellen Ausdrucksweise der Bürokratie orientiert. Letztere aber ist steril, in ihr herrscht die Reinheit der absoluten Lüge. Ihre Hauptaufgabe ist das Verhüllen und Verdrängen der Wahrheit.

Daher die Fülle der Euphemismen. Wie im Salon des neunzehnten Jahrhunderts der Ausdruck »sie ist schwanger« als unschicklich galt und man sich statt dessen zuraunte »die Gnädige ist in anderen Umständen«, so nennt die sowjetische Politsprache das Gefängnis »Isolator«, das KZ »Umerziehungs- und Arbeitskolonie«, und die Strafgefangenen dürfen sich selbst nicht als »Häftlinge«, sondern müssen sich als »Verurteilte« bezeichnen. Warum? Worin besteht der Unterschied? Früher wurden dieselben Menschen ganz offiziell »Strafgefangene« genannt, aber nachdem die Wahrheit über die Stalin-Lager an den Tag gekommen war, bekam das Wort »Strafgefangener« etwas Anrüchiges, außerdem gab es zu viele davon. Und um die vielen Häftlinge loszuwerden, wurden sie in »Verurteilte« umgetauft – mit dem Nebeneffekt, daß ein Mensch, der sich selber als »Verurteilten« anerkennt, indirekt bestätigt, daß er seine Strafe verdient hat.

Es läßt sich nie voraussagen, welches Wort morgen durch einen Euphemismus verdrängt werden wird. So verschwand nach der Revolution in der Öffentlichkeit das Wort »Geistlicher«. Im Alltag und in der Literatur wurde es durch das pejorative alte Wort »Pope« ersetzt. Wie sollte ein Pope in den Akten geführt werden: als »Geistlicher«? Unmöglich, denn der Geistliche setzt Geistigkeit oder Geist voraus. Also wurde eine offizielle Bezeichnung für diese seltsame Berufssparte konstruiert: »Kultdiener.«

Als Ende der vierziger Jahre die breite antiwestliche und antisemitische Kampagne anrollte, die bald die Ausmaße einer Staatsangelegenheit annahm, wurden Juden, die als »Kulturschaffende« arbeiteten, in der Presse als »Kosmopoliten« bezeichnet. Oder, geringschätziger, als »wurzellose Kosmopoliten«. Alle wußten, wer gemeint war, aber das Wort »Jude« tauchte nicht auf. Und gegenwärtig bekämpft die Sowjetunion keineswegs die »Juden«, sondern den »weltweiten Zionismus«, wobei die Wortverbindung »weltweiter Zionismus« zu etwas Unbestimmtem, Verschwommenem und irgendwie Unheimlichem anschwillt. Der »weltweite Zionismus« ist sozusagen der leibliche Bruder des »weltweiten Imperialismus«.

Überhaupt liebt die offizielle Sprache in ihren Erklärungen das Nebulöse und Unbestimmte. Besonders bevorzugt wird die Wendung »gewisse«. »Gewisse Kreise im Westen«, »gewisse Agenten«, »gewisse Geheimdienste«, »gewisse Mängel sind noch nicht behoben«, »gewisse Kolchosen, die mit dem Plansoll in Verzug sind«, »gewisse Schriftsteller«, »gewisse Kritiker«. Wer eigentlich unter diesen »Gewissen« zu verstehen ist, wird nie gesagt. In der Presse klingt das Wort sowohl verschwommen als auch bedrohlich, wie etwas, was vielleicht nur verschwindend gering (»gewisse Mängel«), aber vielleicht auch ungeheuer groß oder sogar allgemein ist. Jeder kann ein »Gewisser« sein. Das Wort ist wie eine Wolke, in die eine dem Regime unliebsame Erscheinung gehüllt wird.

Hinzu kommt, daß viele internationale Begriffe auf den Kopf gestellt werden, zum Beispiel »Demokratie«, »Humanismus«, »Menschenrechte« oder »Verfassung«. »Die ganze Welt weiß ja, daß die wahre Demokratie einzig und allein in der Sowjetunion existiert...« »Der echte Humanismus ist der proletarische Humanismus, im Unterschied zum bürgerlichen, abstrakten Humanismus...« In dieser Auslegung äußert sich der wahre Humanismus in Massenerschießungen und die wahre Demokratie in der Diktatur... »Imperialisten« sind alle, die wir angreifen, und »Faschisten« alle Liberalen, die nach Gerechtigkeit rufen... Nicht nur die Wirklichkeit wird durch die Sprache ersetzt, sondern auch Sprache durch Sprache ... Aus einem Mittel der Kommunikation verwandelt sich die Sprache in ein System von Beschwörungsformeln, mit deren Hilfe die Welt verändert werden soll. Darin liegt der Grund für die Schwierigkeiten des Westens im Dialog mit der sowjetischen Presse und den sowjetischen Repräsentanten. Es bleibt ein Reden in verschiedenen Sprachen – allen Bemühungen der Übersetzer zum Trotz.

Die Menschen in der Sowjetunion haben ähnliche Sprachschwierigkeiten, wenn sie etwas erfahren oder durchschauen wollen. Freilich verfügen sie über langjährige Erfahrung im Umgang mit ihrem Staat, mit der Presse und schließlich mit der eigenen Muttersprache. Sie wissen, daß die Wörter etwas ganz anderes bedeuten als das, was sie unmittelbar sagen, sogar nicht nur etwas anderes, sondern gelegentlich genau das Entgegengesetzte. Aber was eigentlich hinter den Wörtern steckt, welche Tatsachen gemeint sind, das zu erraten ist nicht immer leicht.

Was die sowjetische Presse ist und in welcher Sprache sie mit ihrem Volk redet, davon erzählt sehr anschaulich der amerikanische Journalist Hedrick Smith, der lange in der Sowjetunion gelebt hat, in seinem Buch *Die Russen*. Hier der Tod Chruschtschows im Spiegel der sowjetischen Zeitungen:

»Als der Mann, der Rußland fast ein Jahrzehnt lang beherrscht hatte, starb, war die sowjetische Presse sprachlos. Wir warteten 36 Stunden lang auf eine Meldung. Schließlich erschien eine winzige Mitteilung in der untersten rechten Ecke der Titelseiten von *Prawda* und *Iswestija* (andere Zeitungen brachten sie gar nicht) – ein einziger Satz, mit dem der Tod des ›Rentners Nikita Sergejewitsch Chruschtschow‹ bekanntgegeben wurde, und dieser Satz wurde von Siegesmeldungen aus der Ernteschlacht und der Vorstellung des Moskau besuchenden Königs von Afghanistan erdrückt.«

Dabei zeichnet sich die Haltung der sowjetischen Presseleute, insbesondere an der Spitze, durch ein ungewöhnliches Selbstbewußtsein aus: »›Wir fürchten keine Kritik‹, polterte Tschakowski (Chefredakteur der *Literaturnaja Gaseta*) eines Nachmittags vor mehreren amerikanischen Journalisten in seinem Büro. Tschakowski ist ein großer, rundlicher Mann, dessen Selbstbewußtsein seiner Bundweite zu entsprechen scheint. Über die sowjetische Wirklichkeit äußert er sich mit gespielter Spontaneität, wobei er bei jedem dritten Wort wiederholt: »Offen gestanden« und »Ich erlaube mir, Ihnen erschöpfend darauf zu antworten ...«

Eine meiner Bekannten reiste nach Stalins Tod zur Kur in den Kaukasus. Plötzlich erhält sie ein Telegramm der Mutter: »Sofort kommen.« Sie fährt nach Moskau zurück und findet dort Neuigkeiten vor: Berija ist erschossen worden, und man rechnet damit, daß im Kaukasus Unruhen ausbrechen. Ausgerechnet in diesen Tagen war ein großer Artikel erschienen, in dem von »Völkerfreundschaft« die Rede war. Die Mutter war zu dem Schluß gekommen, daß im Kaukasus die Messer bereits gezückt waren, wenn in der Zeitung von Völkerfreundschaft geredet wurde. Ein Leitartikel mit der Überschrift »Völkerfreundschaft« weckt durch sein bloßes Erscheinen den Verdacht, daß es um diese Freundschaft schlecht bestellt sein muß.

Diese Art des Lesens zwischen den Zeilen führt manchmal zu richtigen Schlüssen, gelegentlich aber auch zu reinen Phantastereien. Wenn in der Zeitung steht, in Amerika nehme die Arbeitslosigkeit zu, dann glauben die meisten Leser, daß in Amerika Arbeitslosigkeit unbekannt sei. Das ist der Umkehrungseffekt der offiziellen Sprache. Der eine Leser erliegt dieser Sprache und glaubt, in Amerika herrsche Hungersnot (wie das Beispiel des enttäuschten Käufers in der Moskauer Bäckerei zeigt), die anderen aber glauben, Amerika sei für alle Menschen das Schlaraffenland. Das wiederum führt zu menschlichen Dramen oder gar Tragödien, wenn die Auswanderer in den Westen annehmen, hier erwarte sie das Paradies auf Erden. Während andere aus Angst vor dem im Westen herrschenden Hunger, vor dem Mord und Totschlag an jeder Straßenecke, vor der Emigration zurückschrecken.

Alles dies ist auf die Unzuverlässigkeit der offiziellen Sprache zurückzuführen, die jede Orientierung erschwert und statt dessen Mythen und phantastische Gerüchte aus dem Boden schießen läßt. Ich selbst habe sagen hören, daß die Sowjetunion niemals Raketen zum Mond oder Sputniks in den Weltraum geschossen habe und daß es sich um pure Propaganda handle. Die glatte Leugnung verbürgter und offenkundiger Tatsachen hat ihre Ursache im Mißtrauen gegenüber der Sprache. Und je großartiger eine Erfolgsmeldung klingt, desto größer sind die Zweifel an ihrer Wahrheit.

Die sprachschöpferische Kraft des Volkes

Wie tief auch die offizielle Sowjetsprache in die Sprache des Volkes eindringt, sie kann sie weder verdecken, noch für sich einspannen. In ihrer Nachbarschaft, parallel zu ihr, lebt eine lebendige Umgangssprache, die unvergleichlich interessanter und reicher ist. Freilich nicht nur für sich, sondern in ständigem Kontakt und Überschneidungen, sowohl mit der offiziellen Sprache wie überhaupt mit sämtlichen Elementen des Russischen. Unter dem Begriff »sprachschöpferisch« oder »Sprachschöpfung« verstehe ich nicht nur die Fähigkeit des Volkes, neue Wörter zu bilden. Nein, viele Wörter gerieten plötzlich in Bewegung, verließen ihre angestammten Plätze und wurden auf einmal »verkehrt« gebraucht, in neuen Wendungen, mit einer anderen Betonung oder einer unerwarteten emotional-inhaltlichen Nuance. Dazu gehören ganz alte Wörter, die zwischenzeitlich außer Gebrauch gekommen waren und plötzlich wieder auferstanden, aber auch die gewöhnlichen der alltäglichen Umgangssprache, die nun auf einmal anders klingen.

Als Beleg mag ein Beispiel dienen, das ich selbst aus der Erfahrung viele Jahre kenne: Die verbreitetsten Anredeformen in der Sowjetunion sind die förmlichen »Genosse« und »Bürger«. Beide haben seinerzeit das vorrevolutionäre »Herr« abgelöst und sollten die Idee der demokratischen, später auch der sozialistischen Gleichheit hervorheben. Das Wort »Herr« wurde aller

Höflichkeit oder Ehrerbietung entkleidet und höchstens mit drohendem oder ironischem Unterton gebraucht. Es verschwand für lange Zeit sowohl aus dem Vokabular der Sowjetmenschen wie auch als Anrede eines Sowjetbürgers durch Außenstehende. Jemanden mit »Herr« ansprechen, hieß ihm mißtrauen, ihn einer Beziehung zu der alten gesellschaftlichen Ordnung bezichtigen, ihn bewußt beleidigen, so daß ich in den zwanziger, dreißiger, vierziger und fünfziger Jahren niemals dieses Wort in positivem Kontext gehört habe. Nur negativ: Entweder die »Herren Kapitalisten« oder »die früheren Herren Gutsbesitzer und Generäle« oder »... die Volksfeinde, diese Herren vom linken oder rechten Flügel«, die das Sowjetregime stürzen wollten, aber diese »Herren hatten sich verrechnet«.

Natürlich wurde ich, als ich heranwuchs, bei offiziellen Gelegenheiten meistens mit »Bürger« oder »Genosse« angeredet. Aber diese Worte sind ihrer Bedeutung nach keinesfalls identisch. »Bürger« klingt strenger und abweisender, und das ist eine sehr wichtige Nuance. Es ist denkbar, daß man einen Unbekannten auf der Straße sowohl mit »Bürger« als auch mit »Genosse«, und zwar mit derselben höflichen Gleichgültigkeit ansprechen kann, da beide Wörter sich im Alltag weitgehend angeglichen haben. Wenn man einen Passanten fragt: »Bitte, Genosse, wie komme ich zur ... Straße?« oder »Bitte, Bürger, wie komme ich zur ... Straße?«, so sind die Bedeutungen von Bürger und Genosse ungefähr identisch. Wenn man aber auf der Straße von einem Milizionär angehalten wird, weil man regelwidrig die Fahrbahn überquert oder sonst etwas angestellt hat, oder wenn er einfach wünscht, meine Papiere zu kontrollieren, so wird der Milizionär unweigerlich sagen: »Einen Augenblick, Bürger!« oder »Ihren Paß, Bürger!« Es ist ausgeschlossen, daß er mich bei einer solchen Gelegenheit mit »Genosse« anredet. Ich aber werde immer »Genosse Milizionär« und niemals »Bürger Milizionär« sagen, denn wenn ich ihn mit »Bürger Milizionär« anredete, könnte er annehmen, daß ich soeben aus dem Gefängnis oder aus dem Lager entlassen wurde. Und dieses Verhältnis meines »Genossen Milizionär« zu seinem »Bürger« spiegelt die Beziehung des durchschnittlichen Sowjetmenschen zum Regime: Auch wenn das Regime dich hart anpackt und dich mit »Bürger« anredet, mußt du ihm gegenüber menschliche Wärme empfinden und bei dem freundschaftlichen »Genosse« bleiben – »Genosse Milizionär«, »Genosse Natschalnik« (Chef). Folglich muß ich am Arbeitsplatz, bei einer Betriebsversammlung, auf einer wissenschaftlichen Tagung oder bei der Begrüßung der Kollegen »Genossen« sagen. Eine andere Anrede wäre ein stilistischer Fauxpas. Nur eine offizielle Person darf sich erlauben zu sagen: »Auseinandergehen! Nun wird's langsam Zeit, Bürger!« Als Angeklagter oder in Untersuchungshaft hingegen muß ich sagen »Bürger Richter« oder »Bürger Untersuchungsrichter«, das heißt, ich bin nicht länger der Genosse aller gewöhnlichen Sowjetmenschen. Und das bedeutet ebenfalls, daß zwischen den scheinbar gleichbedeutenden Wörtern in Wirklichkeit sehr komplizierte und sensible hierarchische Unterschiede bestehen, die von einem Sowjetmenschen unbewußt wahrgenommen werden.

Im Umgang mit Frauen wird die Sache noch komplizierter. Im Betrieb oder bei einer Versammlung kann ich durchaus sagen: »Genossin Timofejowa meint, der sozialistische Realismus sei dies und dies. Aber Genossin Trifonowa und Genossin Semjonowa stimmen Genossin Timofejewa nicht zu.« Aber schon auf der Straße stehe ich Schwierigkeiten gegenüber, wenn ich eine Unbekannte ansprechen möchte. Frage ich sie: »Genossin, wie komme ich zur soundso Straße?«, so klingt das einigermaßen albern: entweder zu stark nach Parteijargon oder irgendwie familiär oder sogar neckisch. Wieso ist sie für mich »Genossin«? (Im Russischen ist das Substantiv »Genosse« nur männlich und kann eigentlich nicht mit einem weiblichen Personennamen kombiniert werden.) Freilich gibt es ja noch das andere offizielle Wort – »Bürgerin« –, aber das Wort »Bürgerin« klingt im Russischen (durch die weibliche Endung – ka) weniger achtungsvoll als »Bürger«, und man kann wohl in bestimmten Situationen sagen »Bürgerin, drängen Sie nicht so!«, aber wenn man fragt »Bürgerin, wo ist die ... Straße?«, so ist das formal zwar richtig, aber irgendwie unfreundlich und kalt. Also, wenn ich eine Frau höflich, aber nicht eben vertraulich ansprechen will, dann sage ich einfach »Gradschdanotschka!« – »Bürgerinchen, wie komme ich zur ... Straße?« Die Verkleinerungs- und Kosesuffixe, ein urrussisches Phänomen, verleihen der offiziellen Anrede eine freundlichere und höflichere Nuance.

Indessen war ursprünglich sowohl das Wort »Bürger« als auch das Wort »Genosse« mit Pathos, Glut und einem höheren allmenschlichen Sinn erfüllt. Aber sie sind unterschiedlichen historischen Ursprungs und haben deshalb auch unterschiedliche Schicksale. Das Wort »Bürger« wurde nach der Februar-Revolution 1917 als allgemeine Anrede eingeführt, unmittelbar nach dem Sturz der Monarchie. Es hatte seine Wurzeln in den Ereignissen und dem Sprachgebrauch der Französischen Revolution und stand für »Republik« (»Freiheit, Gleichheit, Brüderlichkeit«). Und nicht nur die Dokumente, sondern auch die historischen Romane, die zur Zeit der Französischen Revolution spielen, zum Beispiel *Quatre-vingt-treize* von Victor Hugo oder *Die Götter dürsten* von Anatol France, verraten uns, wie pathetisch einst dieses wiedererstandene Wort »Bürger« und sein Plural, »die Bürger«, geklungen haben. Über hundert Jahre später wurde es nicht weniger pathetisch auf den Straßen Petrograds ausgerufen. Das bezeugt zum Beispiel das erste poetische Echo der Februarrevolution bei Majakowskij.

> Bürger!
> Heute stürzt das tausendjährige »Früher« zusammen.
> Heute wird geprüft der Welten Grund.
> Heute
> bis zum letzten Hemdenknopf
> soll das Leben verändert werden.
> Bürger! ...

Das Wort »Bürger« klingt hier wie eine neue Offenbarung der Sprache oder der menschlichen Beziehungen. Und man kann sich gut vorstellen, wie nach dem Februar Menschen verschiedenster Stände auf den Straßen Petrograds sich vor Freude weinend um den Hals fielen und den Umstehenden »Bürger!« zuriefen: Endlich sind wir Bürger und nicht länger treue Untertanen Seiner Majestät des Zaren! Aber die Begeisterung währte nicht lange. Die Oktoberrevolution zog die Konturen der Republik kräftig nach und machte sie zu einer »demokratischen Diktatur«. Mit anderen Worten, sie führte einen Zustand ohne Freiheit und ohne Demokratie unter dem Vorzeichen noch größerer Gleichheit und Brüderlichkeit herbei. Deshalb wurde die Anrede »Bürger« von dem Sowjetregime zwar übernommen und legalisiert, sie zeigte aber sogleich einen Anflug von Kälte und Förmlichkeit. Und zur Ergänzung, als ein neues historisches Ereignis, als Ausdruck eines neuen sozialistischen Gemeingeistes, wurde die Anrede »Genosse« eingeführt.

Das geschah aus zweierlei Gründen. Erstens redete sich der harte Kern der Partei schon längst mit »Genosse« an – mit einem Wort, das dem Gefühl der Zusammengehörigkeit und dem gegenseitigen Vertrauen entsprach. Und zweitens verstand die russische Volkssprache seit eh und je unter der Bezeichnung »Genosse« so etwas wie »Freund«, »Altersgenosse«, »Helfer«, »Kamerad«, »Gefährte«. Daher die alten russischen Sprüche und Sprichwörter, wie beispielsweise »Die Gans ist dem Schwein kein *towarischtsch*« (kein Kamerad); »Der Diener ist dem Herrn kein *towarischtsch*« (kein gleichberechtigter Gefährte); »Iwan ist Marja kein *towarischtsch*« (der Mann ist grundsätzlich ein anderes Wesen als eine Frau); »Der Pope ist dem Teufel kein *towarischtsch*« (»kein Freund und kein Helfer«) usw. Das heißt, das Wort *towarischtsch* drückte besonders enge und herzliche Beziehungen, freundschaftliche Nähe oder soziale Gleichheit aus. Es wurde sehr häufig verwendet, bezog sich aber niemals auf eine größere Menschengruppe: *towarischtschi* (Genossen) waren zwei Menschen oder einige wenige, die durch gemeinsame Interessen eng verbunden waren. Nach der Oktoberrevolution aber galt es für alle und jeden, im Sinne von »Mitbürger«, »Mitbrüder«, »Freunde«, und für viele war es das »wunderbare« Wort, wie Blok es nannte. Es war ein vielversprechendes Wort und dazu noch tief in der russischen Sprache verwurzelt.

Blok schrieb darüber 1918 in dem Gedicht »Die Skythen« als über das Signum der neuen kosmischen Brüderschaft, in der die Menschen aufhörten, einander fremd zu sein. Und er rief den Westen auf:

»Kommt zu uns! Von des Krieges Schrecken
Kommt in unsere friedlichen Arme!
Solange es nicht zu spät ist – das alte Schwert in die Scheide,
Genossen! Wir wollen – Brüder werden!«

Die Vokabel »Genosse« gedieh gerade deshalb so organisch und schnell in dem neuen *byt* der Revolution, weil es intimer war als »Bürger« und eine freundschaftliche, brüderliche Beziehung ausdrückte. Dieses Wort entsprach gleichsam dem Ideal, daß das ganze Sowjetvolk, und in der Zukunft die Menschheit insgesamt, eine einzige große Familie bilden werde. Und deshalb klang es als Anrede anfangs so begeisternd und erhebend, aber gleichzeitig schlicht und vertraut, deshalb fand es in der Volkssprache ganz selbstverständlichen Eingang als etwas prinzipiell Neues und dennoch seit alters her der russischen Sprache und den Menschen überhaupt Eigenes, die dem Feindseligen das Wort »towarischtsch« entgegenhalten. Ich möchte behaupten, daß das Wort »Genosse« in der Sprache des Sozialismus dem Wort »Bruder« in der Sprache des Christentums gleichkommt.

Aber die Zeit verging, und die Anrede »Genosse« und »Genossen« verholzte, sie verlor ihren ursprünglichen Sinn und emotionalen Gehalt. Mehr noch, plötzlich klang sie verlogen und lästerlich, weil in der Gesellschaft, so wie sie sich darstellte, von einer »Genossenschaft« keine Rede mehr sein konnte. Und nur die neuen Herren wünschten noch, von ihren Sklaven »Genossen« genannt zu werden. Weil der »Natschalnik« nun »Genosse Natschalnik« und der Kommandeur »Genosse Kommandeur« geworden waren, ohne im mindesten Genosse zu sein, nahm dieses Wort im Sprachbewußtsein des Volkes den Charakter eines Falsifikats an, und in einem bestimmten Entwicklungsstadium der Gesellschaft und der Sprache läßt sich tatsächlich eine Ablehnung des Wortes *towarischtsch* beobachten. Genauer gesagt, es bleibt im allgemeinen Gebrauch, aber es wird zunehmend entwertet, und bestimmte Menschen und gesellschaftliche Gruppen versuchen, es zu vermeiden oder ihm eine negative Konnotation zu geben.

Eine solche Verurteilung des Wortes *towarischtsch* hörte ich von einem tief religiösen Menschen – einem Angehörigen einer Sekte –, der während eines öffentlichen Vortrags das Wort »Genosse« dem Wort »Bruder« vergleichend gegenüberstellte: »In Christus sind wir Brüder, alle Menschen sind in Christus Brüder. Und was sind wir im Antichrist? Im Antichrist sind wir alle Genossen!...«

Glücklicherweise ist die russische Sprache zu reich und erfinderisch, um sich auf die beiden Anreden »Bürger« und »Genosse« fixieren zu lassen. So existiert noch ein anderes System von Anredeformen, die sich aus dem familiären Bereich ableiten. Das russische Volk und seine Sprache ist vielleicht stärker als andere Völker und deren Sprachen vom Bewußtsein der patriarchalischen Familie geprägt. Deshalb spricht der Mann auf der Straße Unbekannte oftmals wie Verwandte an, und das klingt unvergleichlich wärmer und freundschaftlicher als »Bürger« oder »Genosse«: Einen älteren Mann nennt man »Vater« oder »Väterchen«, einen Altersgenossen »Bruder«, »Brüderchen« oder »Brüderlein« und im Plural »Brüderchen«, zu einem Jüngeren sagt man »Söhnchen« oder »Enkelchen«, und zu einem Greis »Großväterchen« oder strenger »Großvater«. Entsprechend redet man unbekannte Frauen an: »Mutter« oder »Mütterchen«, »Schwester«, »Schwesterchen« oder »kleine Schwester« und die Greisinnen sind »Großmütterchen« oder etwas herablassend *babka*.

Diese Anreden finden einen kürzeren Weg zum menschlichen Herzen als die offiziellen. Als zu Beginn des Krieges mit Deutschland unsere Truppen fortlaufend Niederlagen erlitten, redete Stalin in seiner ersten Radioansprache das Sowjetvolk mit »Brüder und Schwestern« an, was aus dem Mund des Parteiführers ziemlich überraschend klang. Er wußte, daß er in dieser prekären Lage an den Familieninstinkt appellieren mußte, und daß die Rettung weder von »Bürgern«, noch von »Genossen«, sondern nur von den »Brüdern und Schwestern« zu erwarten war.

Im modernen, lebendigen, sowjetischen Russisch hat diese Beziehung zwischen Sprache und Familie nicht nachgelassen, im Gegenteil – sie hat sich mit den Jahren sogar gefestigt und ausgedehnt. Als wollte das Volk, des formalisierten menschlichen Umgangs müde, in seiner Sprache wieder die Bedeutung der verwandtschaftlichen Beziehungen hervorheben. Deshalb hat sich das entsprechende Vokabular nicht einfach erhalten, sondern sich belebt: es schillert in neuen Farben und erklingt mit gesteigerter Emotionalität. Ich persönlich habe das sehr oft erlebt, und zwar als Angesprochener, da ich zu der gebildeten Gesellschaftsschicht gehörte und im wesentlichen in Moskau lebte, in der Metropole, wo alles im höchsten Maß uniformiert und standardisiert ist. Wenn man unter solchen Umständen auf der Straße als »Väterchen« oder »Brüderchen« oder »Großväterchen« oder »Söhnchen« angesprochen wird, so empfindet man das besonders intensiv. Derartige Anreden regneten nur so auf mich herab – dank eines besonderen Merkmals: Ich ließ mir ziemlich früh einen Bart wachsen. Damals trugen junge Männer keine Bärte, deshalb wurde ich auf der Straße immer wieder als »Söhnchen« oder »Väterchen« angesprochen. Den Menschen ging es dabei keineswegs um eine Hierarchie des Lebensalters, sondern um den sprachlichen Ausdruck von Wärme, Vertraulichkeit, Intimität.

In die Reihe der familiären Anreden gehört auch das Wort »Landsmann« (*semljak*), in der Koseform *semljatschok*. Früher bezeichnete es eine Art großfamiliärer Beziehung durch den gemeinsamen Wohnort. Heute ist der lokale Aspekt des Wortes »Landsmann« völlig verlorengegangen. Ich hörte gelegentlich, wie ein russischer Bauer einen Kirgisen als »Landsmann« anredete, obwohl von einer »Landsmannschaft« wahrhaftig keine Rede sein konnte. Aber auch hier spielt es nicht die geringste Rolle, ob die Anrede formal richtig angewendet wird. Sie soll lediglich eine freundschaftliche, ja, innige Neigung des einen

Menschen zum anderen, meist einem Unbekannten, ausdrükken. Ebensogut könnte man auf der Straße jemanden als »Freund« (mit den entsprechenden Verkleinerungen) ansprechen.

Wir beobachten ein interessantes Paradox. Vereinfachend könnte man sagen, daß die Wörter »Bürger« und »Genosse«, ursprünglich dazu berufen, die Menschen zu vereinen, sie in Wirklichkeit isoliert haben, und daß die Sprache selbst die festgesetzten Normen unterläuft, um das entstandene Vakuum auszufüllen. Kälte und Entfremdung werden dadurch überwunden, daß man sich neue Formen des menschlichen und sprachlichen Kontakts sucht.

Ich erinnere mich, wie während des Krieges – ich war damals sehr jung und steckte in einer Soldatenuniform – ein unbekannter, älterer Soldat sich mit den Worten »Tag, Krieg!« an mich wandte. Das Wort »Krieg« (*wojna*) war gleichsam mein neuer Rufname und das Zeichen meiner Verwandtschaft mit einer Unzahl von Menschen, die dasselbe Schicksal teilten. Diese Anrede »Krieg« klang außerordentlich warm und menschlich und sagte ungefähr Folgendes: »Wir sind unter uns«, »wir sind eine große Familie«, »wir sind Kinder ein und desselben Schicksals und verstehen uns mit einem halben Wort: Ich bin ›Krieg‹ und du bist ›Krieg‹.« Aber gleichzeitig klang es unheimlich und war voll bitterer Ironie: »Du bist ein grüner Junge, und du bist schon ›Krieg‹, und ich bin ein alter Mann und bin auch ›Krieg‹, und um uns herum ist nichts als Krieg, und ein Ausweg ist nicht zu sehen ...« Aber gleichzeitig sollte dasselbe Wort mich erheitern und aufmuntern: »Beiß die Zähne zusammen! Du bist doch ›Krieg‹! Und ich bin schon lange dabei und bin immer durchgekommen. Kopf hoch, *wojna*!«

Und jetzt machen wir einen Sprung in eine andere Epoche – mitten hinein in meine lyrischen Memoiren. Es ist um das Jahr 1967, und ich bin nicht mehr »Genosse Sinjawskij«, sondern »Bürger Angeklagter« und »Bürger Strafgefangener«. Und ich befinde mich in dem für mich völlig neuen und erstaunlichen Milieu des modernen sowjetischen Lagers. Erstaunlich ist dieses

Milieu, abgesehen von allem anderen, in bezug auf seine Sprache, weil hier auf engem Raum die ganze Sowjetunion versammelt ist. Das heißt, Menschen unterschiedlichster Stände, Glaubensbekenntnisse und Nationalitäten, Repräsentanten verschiedener Generationen und verschiedener menschlicher und historischer Schicksale. Und der Georgier spricht mich mit *kaze* (»Freund«) an, der frühere Geistliche fragt mich: »Woher kommst du, Knecht Gottes?«, und der frühere Kriminelle spöttelt: »Na, Kleiner, wie geht das Geschäft?« oder, mit einem Anflug von Anerkennung: »Na, das war nicht schlecht! Du bist ja echt einer von uns!« Ich möchte diese Anreden nicht einzeln interpretieren, ich wollte nur darauf hinweisen, auf welche Art die Anreden »Bürger« und »Genosse« ersetzt werden.

Für mich war dies das Verblüffendste: Da kommt ein junger Russe auf mich zu und sagt: »Gospodin Sinjawskij...« Dann kommt ein Ukrainer: »Pan Sinjawskij...« Dann kommt ein Lette: »Mister Sinjawskij...« (Jeweils – »Herr Sinjawskij«.) Ich glaubte anfangs, sie machten sich über mich lustig oder wollten mich hereinlegen. Nein, das waren die üblichen Formen der höflichen Anrede, denn »Genosse« oder »Bürger« wären in diesem Milieu einfach unmöglich gewesen, weil es offizielle, von den Lagerinsassen zutiefst verachtete Wörter waren.

Einige Jahre später stand ich mit einigen anderen Häftlingen zusammen, als plötzlich der Diensthabende aus dem Stab angelaufen kam, ein früherer *polizaj*, das heißt jemand, der während des Krieges für die Deutschen gearbeitet hatte und jetzt als Häftling für die Tscheka tätig war. Als er nun vor unserer Gruppe stand, rief er: »Genosse Sinjawskij, der Chef will Sie sprechen!« Diese Anrede – »Genosse Sinjawskij« – war so absurd und komisch, daß ich auflachte und die übrigen Häftlinge vor Lachen nur so brüllten. Darauf wollte der arme Diensthabende sich korrigieren: »Bürger Sinjawskij, der Chef will Sie sprechen!« Das Lachen wurde noch lauter, denn mit »Bürger« wird ein Strafgefangener von der Lagerleitung angesprochen oder umgekehrt, nicht aber die Häftlinge untereinander. Und das Wort »Genosse« war doppelt verpönt: Seit Stalins Zeiten war uns, den

Lagerinsassen, verboten, freie Sowjetmenschen mit »Genossen« anzusprechen, weil wir, die Volksfeinde, nie und nimmer ihre »Genossen« sein konnten. Wenn ein Neuling aus Unwissenheit oder Routine den Gefängnisarzt mit »Genosse Doktor« anredete, so ließ die scharfe Korrektur des Arztes nicht lange auf sich warten: »Ich bin nicht Ihr Genosse.« Und die Häftlinge untereinander lehnten diese Anrede grundsätzlich ab, weil sie sie mit der kommunistischen Partei und mit dem Sowjetregime assoziierten.

Auf diese Weise feiert die Anrede »Herr« und »meine Herren« im Lager und in den Dissidenten- und Intelligenzlerkreisen fröhliche Urständ. Aber nicht nur als Neubelebung der alten, vorrevolutionären Höflichkeit, sondern um eine neue Brüderlichkeit und das stolze Bewußtsein menschlicher Würde zu unterstreichen, die die tote Sprache der sowjetischen Öffentlichkeit ausschließt. Und wenn man sich die Geschichte der sowjetischen Gesellschaft von den Ursprüngen der Revolution bis heute vergegenwärtigt, stellt man fest, daß diese Anrede, »Herr ...«, eine erstaunliche Kurve beschrieben hat. Anfangs abgewertet und mit Füßen getreten, erlangte sie ihre frühere Würde wieder und feiert nun ihren Triumph über »Bürger« und »Genosse«. Aber es ist die Wiederkehr auf einer gehobenen Ebene, die Kurve ist eine Spirale und nicht lediglich eine Wiederholung oder Wiederbelebung.

So könnte man »meine Herren« zu Menschen des eigenen Kreises sagen, aber ebenso auch im sowjetisch-soldatischen Jargon »Brüderchen« oder »Kinder«. Man kann sie mit »Leute« anreden, auch wenn diese »Leute« alle Vollakademiker sind, oder auch mit »Burschen«, *chlopzy* (ein Lehnwort aus dem Ukrainischen, das wiederum eine enge Verbindung unter Gleichen ausdrückt). In dieser Synonymen-Kette, die sich immer weiter fortsetzen ließe, wird weder »Genosse« noch »Bürger« Aufnahme finden. Sie sind für den lebendigen Gebrauch tot.

Ich möchte die Kette mit einem letzten Beispiel schließen. Es stammt ebenfalls aus dem Lager und ereignete sich am Tag meiner Einlieferung. Ein hochgewachsener Greis mit einem ungeheuer wilden Bart trat auf mich zu. Er war, wie ich später erfuhr, ein religiöser Sektierer und verurteilt nach Paragraph fünfzig. Dieser Alte sprach mich wiederum ganz anders an: »Mensch! Nimm, das ist das, was du brauchst!« und hielt mir einen selbstgemachten Füllfederhalter entgegen. Wahrscheinlich hatte er gehört, daß ich Schriftsteller bin, und wollte mir als Zeichen seiner Anerkennung diesen Füller schenken, damit ich weiterschreiben konnte. Begreiflich, daß ich von diesem Geschenk zutiefst erschüttert war. Aber noch stärker bewegte mich seine Anrede: »Mensch!«, die ich nie wieder vergessen habe. Ich verstand, daß alle Synonyme, alle Titel, alle Namen, die wir untereinander verwenden, nichts als blasse Ableitungen des Wortes »Mensch« sind – natürlich nur, wenn es nicht ein leeres Füllsel ist, sondern ein Logos, randvoll von tragik-komischen Intonationen, von Liebe und Leid. Und so, wie der Greis es gebrauchte, umfaßte das Wort »Mensch« uns alle, angefangen bei Adam. Er ließ das Wort »Mensch« in seiner ursprünglichen Bedeutung auferstehen. Und das wäre, wie ich annehme, ohne seine Erfahrung, ohne die Erfahrung sämtlicher Lager und Gefängnisse, ohne den Verlust aller Bestimmtheiten nicht möglich gewesen.

Dem Russischen kommt hinsichtlich der Streuungsbreite und des Reichtums an Synonymen eine der ersten Stellen, vielleicht sogar die erste unter den europäischen Sprachen zu. Die Ursache ist darin zu suchen, daß im Lauf der Zeit eine Unzahl von Fremdwörtern aus den verschiedensten Ländern und Völkern in das Russische eingegangen sind, und daß diese Wörter Wurzeln trieben und sich einlebten, Seite an Seite mit den urrussischen, angestammten. Daraus erklärt sich mitunter die Tendenz, Bedeutungen und Nuancen sich überkreuzen und vermengen zu lassen. Von Zeit zu Zeit verlaufen diese Prozesse sehr auffällig und nehmen den Charakter einer chaotischen Wortwanderung und -vermehrung an. Das brauchen keineswegs immer positive Entwicklungen zu sein. In den Jahren des Bürgerkriegs zum Beispiel wucherten die Synonyme für »Massenhinrichtung« und »Abrechnung mit dem Feind«. Die Umgangssprache entwickelte hier zynisches Raffinement und Erfindungsgeist, um schamhaft eine direkte Erinnerung an Hinrichtung und Tod zu vermeiden und präsentierte sie als unauffällige, routinemäßige, leichte und sogar komische Situationen. So wird statt »erschießen« »wechseln« gebraucht (wie Geld wechseln) oder »abschreiben« (wie bei der Buchführung) oder »beseitigen« oder »zu Duchonin auf Dienstreise schicken«. Duchonin hieß ein General, der von den rebellierenden Soldaten 1917 grausam umgebracht worden war. Da es sich um einen der ersten legalen Morde dieser Art handelte, nahm er Symbolcharakter an: Siehst du, wir, ganz einfache Soldaten, wir haben es uns vorgenommen und unseren Oberbefehlshaber umgebracht. Außerdem evoziert der Name Duchonin das Wort »Geist« (*duch*): Tötet man einen Menschen, nimmt man ihm seinen Geist und schickt ihn zum Heiligen Geist in den Himmel.

Zu diesem Thema schrieb ein Dichter aus dem Kreis der Symbolisten, Maximilian Woloschin, 1921 das Gedicht, »Terminologie«. Es bestand ausschließlich aus neuen Synonymen, die in aller Munde waren und für Erschießung und Folter standen. Schon die Überschrift »Terminologie« klingt wie ein tragischer Hohn, eine Groteske oder ein Alptraum, denn es handelt sich nicht um eine linguistische Studie, sondern um den Versuch, mittels der Sprache den Zustand der Welt darzustellen: Zunehmende Verrohung des Menschen, für den der Mord an seinesgleichen zu einer tagtäglichen und manchmal sogar kurzweiligen Beschäftigung geworden ist:

›Aufs Korn nehmen‹, ›an die Wand stellen‹,
›Abschreiben‹,
so wandeln sich von Jahr zu Jahr
des Daseins und der Sprache Farben.
›An die Wand klatschen‹, ›beseitigen‹
›In Duchonins Stab abkommandieren‹, ›Zu Kleingeld machen‹ –
Knapper und rüder ist unsere
Blutige Mühle nicht wiederzugeben.

Das Gedicht schließt mit der Vermutung des Autors, daß eine solche Sprache und eine solche Terminologie nicht ohne Folgen bleiben können und unweigerlich apokalyptische Konsequenzen haben müssen.

Alle werden wir den letzten Schritt tun.
Alle werden wir auf dem verlausten Strohsack liegen,
Alle werden wir uns ausstrecken – die Kugel im Genick
Und das Bajonett im Bauch.

Dabei äußert sich in der Entwicklung und Anwendung der Synonyme auch eine erstaunliche schöpferische Kraft, die Fähigkeit, Zusammenhänge zu erfassen und sie mit ihrem wahren Namen zu benennen. Ich scheue mich nicht, diese Fähigkeit mit dem dichterischen Vermögen, mit künstlerischer Potenz zu vergleichen. Nur erscheint in diesem Fall das Volk selbst als Künstler, ohne etwas von Kunst zu wissen und ohne etwas von einem künstlerischen Prozeß zu ahnen.

Ich möchte hier eine Episode aus der zweiten Hälfte der fünfziger Jahre wiedergeben. Ort der Handlung: der Sawelowskij-Bahnhof in Moskau. Ein sehr kleiner und äußerst unansehnlicher Bahnhof, schmutzig, verkommen, schlecht geführt und nur vom einfachen Volk benutzt: Auf dieser Strecke reisen die sogenannten »Angeworbenen«, das heißt Arbeiter, manchmal auch Landstreicher, die eine Arbeit im russischen Norden, in der Gegend von Workuta, angenommen haben. Eines Tages traf ich mich auf diesem Bahnhof mit einem französischen Freund, einem Slawisten. Wir wollten gar nicht weit fahren, nach Pereslawl-Salesskij, einem kleinen Städtchen, gleichsam einem Stückchen des Alten Rußland. Der Zug fährt nachts ein. Aber es ist völlig unmöglich, sich zu einem Waggon durchzukämpfen. Die Menge drängt vor – mit Säcken, Koffern, brüllenden Kindern, mit entsetzlichen Flüchen, und nimmt den Zug im Sturm. Wir stehen auf dem Bahnsteig und warten, bis sich die Aufregung gelegt hat. Ein Bäuerlein, klein, zerzaust, abgerissen, läuft an uns vorbei und hat offensichtlich ebenfalls wenig Hoffnung, in einen Waggon hineinzukommen. Er wendet sich an uns, deutet auf das Gedränge, auf das Durcheinander, auf diese Menschen, die einander erdrücken, um zuerst einzusteigen und bringt nur ein einziges Wort hervor: »Schalman!« Aber das mit einer unglaublichen Intensität, mit einer verzweifelten und gleichzeitig verzückten Stimme: »Schalman!«

Natürlich fragte mein französischer Slawist: »Wie? Was haben Sie gesagt?« Als geborener Philologe und Kenner der russischen Sprache ist er immer wachsam und möchte jedes seltene Wort verstehen und behalten.

Darauf ruft der Bauer, gleichsam als Erklärung, mit derselben Intonation, ihm ein anderes Wort zu: »Bardak!« Der französische Slawist fragt abermals, weil er immer noch nicht versteht, was gemeint ist: »Was haben Sie gesagt?« Aber der Bauer weiß nicht, daß er es mit einem Ausländer zu tun hat, und deshalb ruft er ihm im Weiterlaufen das letzte Wort zu, das allgemein bekannt ist und alles erklären soll: »Kolchos!« Und verschwindet in der Menge.

Das alles geschieht innerhalb von Sekunden. Die drei aufeinanderfolgenden Worte sollen die Situation erklären. Dabei präzisiert jedes folgende nach Meinung des Sprechers das vorangehende.

Versuchen wir, uns in diesen Synonymen zurechtzufinden. Alle drei entstammen verschiedenen Sprachschichten, sind aber dem Sowjetmenschen gleichermaßen verständlich. »Schalman« entstammt dem Milieu, dem Rotwelsch, und bedeutet »Absteige« oder »Kaschemme«. Hier können sich die Diebe entspannen und sicher fühlen. Im »Schalman« feiern sie bis zur nächsten Aktion, saufen, singen, schlafen mit ihren Mädchen, genießen ihr Leben so gut es geht, und schmieden Pläne. Hier auf dem Sawelowskij-Bahnhof bedeutet »Schalman« Chaos, lustig und bedrohlich zugleich, zumal sich unter den Einsteigenden viele aus dem kriminellen Milieu befinden.

Das zweite Synonym, »Bardak«, ist ein allgemeinverbreitetes Wort, das soviel wie »Puff« bedeutet. Aber das russische »Bardak« klingt irgendwie gröber und kann auch im übertragenen Sinn für »Unordnung« oder »nachlässige Arbeit« angewandt werden. Man kann zum Beispiel sagen: »Das hier ist kein Betrieb, das ist ein Bardak!«, oder »Kein Land, sondern ein Bardak!«

Und schließlich ist das dritte und letzte Synonym, »Kolchos«, ein absolut offizielles Sowjetwort, das, wie bekannt, die Gesellschafts- und Wirtschaftsstruktur des russischen Dorfes bezeichnet. Aber in diesem Fall ist der offizielle und politisierte Begriff (»Kollektiv-Wirtschaft«) wirklichkeitsgemäß auf den Kopf gestellt und meint Ruin, Desorganisation, Mißwirtschaft, »Bardak« und »Schalman« – das alles ist eben »Kolchos«. Es ist interessant, daß die Synonymen-Reihe eine Art Progression, eine Skala, eine Steigerung darstellt: »Schalman« – »Bardak« – »Kolchos«, wobei jedes folgende Wort den Sachverhalt exakter erfaßt.

Die Reihe klingt wie ein politisches Bild, eine künstlerische Formel, deren Prinzip in der Vermischung von Wörtern und im Ineinanderschieben von Sprachebenen besteht. Das ist Sowjetsprache in ihrer lebendigsten Gestalt. Ihre Farbigkeit verdankt sie der Überschneidung verschiedener lexikaler und stilistischer Reihen. Und das Endergebnis ist wunderbar und schrecklich zugleich. Aber manchmal erscheinen eben das Wunderbare und das Schreckliche in enger Nachbarschaft, und dann bietet die Sprache das vollendete Beispiel einer phantastischen Groteske.

Aus solch einer Sprachmischung erwächst die Folklore. In der sowjetischen Folklore gibt es drei wichtige Grundformen: den Gassenhauer, das Lied, die Milieu-Lyrik oder das Lagerlied, und schließlich – den Witz.

Die russische Folklore verfiel seit dem Ende des neunzehnten Jahrhunderts, bis sie plötzlich einen neuen Impuls erhielt und sich ihr neue Formen und Möglichkeiten eröffneten – dank des Sowjetregimes. Es war eine unfreiwillige Rettungsaktion – durch Abwürgen der Gedanken und der Meinungsfreiheit.

Die drei Genres der neuen Folklore können auch chronologisch betrachtet werden. Als erstes der Gassenhauer, den es bereits vor der Revolution gab, dessen Blütezeit aber in die ersten Jahre des Sowjetregimes fällt. Es ist kein Zufall, daß Blok sich in seinen *Zwölf* der Form des Gassenhauers bedient.

Die russischen Gassenhauer sind kurze Couplets, wie sie von

der Fabrikjugend und auch auf dem Land gesungen wurden. Ihre Heimat ist die Vorstadt, aber sie breiteten sich über das Land aus und zogen das Dorf in ihren Bann – als Nachfolge des alten, schwermütigen lyrischen Volkslieds. Seinem Stil und seiner Struktur nach ist der Gassenhauer eine Eintagsfliege, dreist, aufdringlich und frech.

Ja, mein Schatz ist wie das Kälbchen,
Nur in einem Punkte nicht:
Unser Kälbchen frißt den Abfall,
Sowas tut mein Liebchen nicht.

Quicklebendig und beweglich absorbiert er alle Neuheiten des Alltags und der Sprache.

Liebe Mama, sollst nicht schelten,
Daß ich oft im Klubhaus bin,
Grundlos tu ich's wirklich selten –
Hab die Politik im Sinn.

In den zwanziger und dreißiger Jahren bediente sich das Regime des Gassenhauers als eines folkloristischen Mittels der Massenbeeinflussung und beauftragte sogar seine Dichter, neue sowjetische Verse zu schmieden. Aber da die Folklore kein Auftragsgeschäft ist, sondern ein organischer Prozeß, waren es antisowjetische Gassenhauer, die wie Pilze aus dem Boden schossen. Aber stilistisch und sprachlich bildeten sie keinen Gegensatz: der Protest bediente sich derselben, der Sowjetsprache. Über die inhaltliche Tendenz hinaus handelt es sich um eine Weiterentwicklung der Sprache, der es aber jetzt nicht um die Verschleierung, sondern um die Enthüllung der Wahrheit geht.

Zum Beispiel um die *mjassosagotowka* – die Zwangslieferung von Vieh und Fleisch an den Staat gegen eine lächerlich niedrige Bezahlung. Oder um den obligaten Erwerb von Staatsanleihen – eine Art zusätzlicher Besteuerung. Eines Tages taucht der Gassenhauer, der den Ruin der Dorfbevölkerung zum Thema hat, auf. Aber er ist ganz und gar aus den Elementen der zeitgenössischen Sprache aufgebaut. Indem er diese Sprache konsequent realisierte, machte er sie lächerlich:

> Zum Export kommt unser Weizen,
> Hafer zum Konsumverein,
> Weiberfleisch in Wurstfabriken,
> Staatsanleih' soll'n Mädchen sein.

Es gibt ganz erstaunliche Gassenhauer, die einen bestimmten Abschnitt der sowjetischen Geschichte charakterisieren, etwa die Kriegs- und Nachkriegsjahre. Die folgenden vier Zeilen spiegeln mit vollkommener Objektivität, ohne jede Emotion, in einer makellos poetischen Form den Alltag dieser Zeit:

> Mädchen lieben Offiziere,
> Frauen mehr den Mann am Steuer,
> Mädchen lieben wegen Kohle,
> Frauen mehr das Holz fürs Feuer.

Aber gerade wegen seiner sprachlichen Aktualität verblaßt der Gassenhauer und wird Vergangenheit. Nicht anders ergeht es dem zweiten Genre der sowjetischen Folklore, der Unterwelt-Lyrik. Und nur die dritte Kategorie, der Witz, scheint nicht bloß ein aktuelles, sondern auch das langlebigste Genre zu sein. Das moderne Rußland wimmelt nur so von Witzen, und das schon seit Jahrzehnten. Diese Entwicklung ist dadurch zu erklären, daß sämtliche Wege der Literatur und Publizistik kontrolliert sind. Der literarische Fortschritt findet auf dem Weg der mündlichen Überlieferung statt. Das Wort überschreitet dabei im weitesten Sinn die Grenze der Sprache, die Grenze dessen, was diese Gesellschaft zur Norm erklärt.

Daher verzweigt sich der moderne russische Witz in die Zote und in die antisowjetische Anekdote. Beide sind bestrebt, die Barrieren der sowjetischen Zensur zu durchbrechen und das Eigentliche des Alltags und seiner Sprache einzufangen.

Ich möchte mich nicht bei den Zoten aufhalten, das wäre ein Ausflug in die allgemeine Sprachwissenschaft. Hier interessiert mich der antisowjetische Witz. Zunächst eine Richtigstellung: Das Attribut »antisowjetisch« ist eine Erfindung des Regimes. In Wirklichkeit handelt es sich dabei um eine Weiterentwicklung der Sowjetsprache. Und das i-Tüpfelchen dieser Witze ist das Wort, ein Wort, das konsequent weitergesponnen und auf komische Weise realisiert wird. Zum Beispiel erschien zu Lenins hundertstem Geburtstag eine ganze Serie von Witzen, die die Idee der allerorten stattfindenden Geburtstagsfeiern ad absurdum führten. Ein Teil davon basierte auf der Vorstellung, daß irgendwelche Betriebe zum Jubiläum Sonderprodukte herausbrachten, zum Beispiel das Parfüm »Lenin«, oder ein dreischläfriges Bett, Marke: »Lenin ist immer dabei«. Die Formel »Lenin ist immer dabei« tauchte unendlich oft auf den Plakaten und Spruchbändern auf, die im Lenin-Jahr überall hingen, und so entstand dieser Witz.

Im Zusammenhang mit der Massenemigration der Juden aus der Sowjetunion wurde erzählt: Heute gibt es in Leningrad nur eine einzige Jüdin, sie heißt Aurora Kreuzer. Dieser Witz entstand durch die Umstellung von Wörtern und durch die Erkennbarkeit der jüdischen Namen für das russische Ohr. Jeder Bewohner der Sowjetunion weiß seit Kindesbeinen, daß die Oktoberrevolution mit einer Geschützsalve des Kreuzers »Aurora« begonnen hat. Diese Salve war das Signal zum Sturm auf das Winterpalais. Die »Aurora« ist eine heilige Reliquie, die allen Besuchern Leningrads vorgeführt, in Funk und Presse erwähnt und in Lyrik und Prosa besungen wird. Und plötzlich wird die Sprachschablone gesprengt, indem der Kreuzer »Aurora« in die Jüdin Aurora Kreuzer verwandelt wird.

Eigentlich ließe sich die ganze sowjetische Geschichte an einer Folge von Witzen demonstrieren, denn der Witz ist stets präsent, aktuell und dem Ereignis auf den Fersen. Er hat auch in den allerschlimmsten Zeiten nicht aufgehört zu existieren, im Gegenteil, er blüht und gedeiht gerade dann, wenn er verboten ist und dieses Verbot übertritt. In der Sowjetunion wurden Menschen für

Witze verfolgt und sogar eingesperrt. Unter Stalin gab es für einen politischen Witz zehn Jahre Lager. Aber diese harten Maßnahmen haben seine Entwicklung höchstens stimuliert, und über den Kreuzzug gegen den Witz entstanden sofort weitere Witze. Etwa der von dem Juden Rabinowitsch, der die Tollkühnheit hatte, bei einer Versammlung eine Frage zu stellen: Der Vortragende erzählt von den Erfolgen des Kommunismus und fragt zum Schluß die Zuhörer: »Hat noch jemand eine Frage?« Rabinowitsch steht auf und fragt: »Alles schön und gut. Aber ich habe eine Frage: Wo ist die Butter?« Unmittelbar darauf verschwindet Rabinowitsch. Ein Jahr vergeht, derselbe Vortragende hält wieder einen Vortrag und fragt: »Hat noch jemand eine Frage?« Chaimowitsch, ein anderer Jude, steht auf und fragt: »Ich frage nicht: Wo ist die Butter? Aber ich möchte wissen: Wo ist Rabinowitsch?«

In der Unfreiheit fühlt sich der Witz, wie der Fisch im Wasser. Deshalb entwickelte er sich zum führenden Genre der Folklore und zur ständigen Begleitmusik des sowjetischen Alltags, deshalb hat er einen unermeßlichen Einfluß auf das moderne Russisch. Und dabei ist der Witz, als organischer Ausdruck einer Opposition, keineswegs ein Fremdkörper innerhalb der Sowjetzivilisation – er ist ihre natürliche Folge und ihre Zierde.

Oft dreht sich der Witz nicht um ein bestimmtes Ereignis, sondern um einen sprachlichen Ausdruck, und der politische Witz um die offizielle Schablone.

Zum Beispiel die Frage: Was ist demokratischer Zentralismus? (Nach der offiziellen Definition ist die kommunistische Partei auf dem Prinzip des demokratischen Zentralismus aufgebaut, das heißt auf einer durchgängigen Verbindung von Basis und Spitze. Selbstverständlich ist das reine Scholastik.) Antwort: Demokratischer Zentralismus ist, wenn jeder Einzelne »dagegen« ist, alle zusammen aber »dafür«.

Oder: Rabinowitsch besucht seine Bekannten. Sie fragen ihn: »Rabinowitsch, was ist los? Sind Sie in die Partei eingetreten?« Darauf untersucht Rabinowitsch erschrocken seine Schuhe und fragt zurück: »Wieso? Stinkt es etwa?«

Man bemerkt unschwer, daß viele Witze die in der Sprache verborgenen Metaphern aufdecken. Dabei wird die übertragene Bedeutung konkret und gegenständlich aufgefaßt. Es ergeben sich Alogismen und Absurditäten. Und das tote Wort (die Schablone) lebt wieder auf.

Manchmal wird der Witz als eine nur komische Nichtigkeit ohne tiefere Bedeutung aufgefaßt. Freilich ist jeder Witz für sich genommen eine Nichtigkeit, ein verschwindend kleines Samenkörnchen. Denkt man aber an die unübersehbare Menge der Witze, so stellen sie sich als eine umfassende und schöpferische Äußerung der sprachbildenden Fähigkeit eines Volkes dar. Keimend beleben diese Körnchen die sowjetische Sprache und zeugen von der Überlebenskraft der russischen. Der Held des Witzes ist das Wort.

Hoffnungen und Alternativen

Das Dissidententum

Wer sind die Dissidenten und woher kommen sie? Ich habe versucht, die Sowjetzivilisation als Ganzes, in ihrer klassischen Form zu betrachten, ohne auf die Abweichungen von der Norm einzugehen, die ja zu ihrem Erscheinungsbild gehören. In dieser Zusammensetzung könnte die Sowjetzivilisation unbeirrt weiterbestehen, ohne nennenswerte Veränderungen. Sie ist stabil und widerstandsfähig. Ihren Höhepunkt erlebte sie in der Stalinzeit, insbesondere nach dem Sieg im Zweiten Weltkrieg. Aber nach Stalins Tod und bis auf den heutigen Tag lassen sich Verfalls- und Zersetzungserscheinungen beobachten, die allerdings nichts versprechen und nichts über das Ende des Systems aussagen. Das erste Anzeichen der Zersetzung war das Auftauchen der sogenannten Dissidenten.

Das Wort »Dissident« steht für »Unangepaßter«, »Apostat«, »Raskolnik«, »Häretiker«, »Andersdenkender«, kurz, für einen Menschen, der mit der offiziellen Doktrin in Konflikt geraten ist. Genauer gesagt, sind die Dissidenten in der Sowjetunion Menschen, die seit der zweiten Hälfte der fünfziger und in den sechziger und siebziger Jahren eine kritische Haltung gegenüber dem Staat und seiner Ideologie bezogen haben. Das Dissidententum ist völlig organisch entstanden, auf dem natürlichsten Wege, und kann keinesfalls durch »ideologische Infiltration«, »ideologische Subversion« oder »bourgeoisen Einfluß« erklärt werden. Dissidenten sind keine Staatsfeinde oder Fremdkörper innerhalb der sowjetischen Gesellschaft, sondern Kinder dieses Systems in der Epoche seines beginnenden Verfalls.

Die Bezeichnung »Dissident« paßt nicht auf Gegner oder Kritiker des Sowjetregimes, wie es sie schon früher gab, zum Beispiel in der »weißen Bewegung« oder der alten Intelligenzija. Ebensowenig können Pasternak, Mandelstam und Achmatowa »Dissidenten« genannt werden, obwohl sie innerhalb der sowjetischen Literatur als Häretiker und Andersdenkende verschrien waren. Als Andersdenkende waren sie Wegbereiter und Vorboten des Dissidententums, aber durch ihre Herkunft, durch ihre Verwurzelung in der Vergangenheit, in den vorrevolutionären Traditionen der russischen Kultur, unterscheiden sie sich von den späteren Dissidenten.

Die Dissidenten sind also eine grundsätzlich neue Erscheinung, die gänzlich und ausschließlich der sowjetischen Wirklichkeit entspringt. Sie stammen aus der Generation, die zwischen 1940 und 1960 geboren wurde. Sie sind Sowjetmenschen, die in der sowjetischen Gesellschaft aufwuchsen und dennoch an dieser Gesellschaft Anstoß nehmen. Darin liegt die Chance der sowjetischen Dissidenten im Westen, die der ersten und zweiten Emigration nicht gegeben war.

Die erste, die sogenannte »weiße« Emigrationswelle, setzte gleich nach der Revolution und dem Bürgerkrieg ein. Sie war quantitativ und qualitativ überwältigend. Man weiß, daß einige Städte Westeuropas – Berlin, Paris, Prag – damals, zu Beginn der zwanziger Jahre, wahre Pflanzstätten russischer Kultur waren. Es hatte sich eine Art Exodus der russischen intellektuellen Elite ereignet.

Nichtsdestoweniger zeigte der europäische Westen dieser Emigrationswelle weitgehend die kalte Schulter. Zum Teil ist dies dadurch zu erklären, daß die westlichen liberalen Intellektuellen von den revolutionären Ideen und Prozessen, die sich damals in Rußland abspielten, fasziniert waren. Nach dem Ersten Weltkrieg glaubten viele, dort sprudele die einzige Quelle der Erneuerung und der Hoffnung auf soziale Gerechtigkeit. Häufig hielt der Westen sich die Ohren zu, um die Stimmen der ersten russischen Emigration nicht hören zu müssen und schickte sie gleichsam in die intellektuelle Wüste. So konnten zum Beispiel Augenzeugen über die Grausamkeiten der Tscheka berichten, aber niemand im Westen nahm das für bare Münze. Dieses Mißtrauen wurde durch den objektiven Umstand noch verstärkt, daß die weiße Emigration im wesentlichen ein klassenbedingtes Interesse an der Herstellung der alten vorrevolutionären Ordnung hatte. Die westliche intellektuelle Elite sagte daher ungefähr Folgendes: In der Tat, diese Menschen haben viel durchgemacht. Sie haben Macht, Güter und Geld verloren und verdienen als arme Emigranten alles Mitgefühl. Aber sie sind ehemalige Gutsbesitzer und Kapitalisten, die die Revolution deshalb verabscheuen, weil sie persönlich gelitten haben. Sie sind Rußlands Vergangenheit, seine dem Untergang geweihte Vergangenheit, die mit dem Sowjetregime unvereinbar ist. Diese Menschen haben nur ein einziges Ziel: das Alte wiederherzustellen.

Möglicherweise ist das ein Grund, weshalb der Westen auf die Stimme der Dissidenten achtet. Sie sind Menschen eines neuen Typs, sie gehören zur Intelligenzija, die unter dem Sowjetregime herangewachsen ist und keine klassenspezifische Vergangenheit hat.

Man fragt sich: Wie ist das möglich? Wie kommt es, daß aus einem Komsomolzen von gestern ein Dissident von heute wird? Und wann soll man die Geburtsstunde des Dissidententums in der Sowjetunion ansetzen?

Meiner Ansicht nach nimmt die russische Dissidentenbewegung ihren Anfang im Jahr 1956, nachdem Chruschtschow auf dem Zwanzigsten Parteitag die historische Rede über die Verbrechen der Stalinzeit und die Verirrungen des »Personenkults« gehalten hatte. Von diesen Verbrechen hatte man schon früher gewußt, und zwar sehr viel mehr und Genaueres als das, was Chruschtschow darüber sagte. Die Wirkung seines Berichts bestand nicht in dem informativen Gehalt, sondern in erster Linie in der Tatsache, daß der Staat sich durch seinen höchsten Vertreter zu kolossalen Verbrechen bekannte – Verbrechen gegen die Menschlichkeit, gegen das eigene Volk und sogar gegen sich selbst und die Partei. Natürlich drängte sich nun die Schlußfolgerung auf, ein Regierungs- und Parteisystem, das solche Vorkommnisse zuließ, müsse selbst funktionsuntüchtig sein. Aber die sowjetische Führung war nicht bereit und auch nicht fähig, diesen Schluß zu ziehen. Sie behauptete, aller Logik und dem gesunden Menschenverstand zum Trotz, daß, ungeachtet aller Verbrechen, die Politik von Partei und Staat unfehlbar sei. Die Fehler habe Stalin gemacht, die Partei aber führe das Land unbeirrt und geradewegs in die lichte Zukunft, zum Kommunismus.

Diese Inkonsequenz, die den Bericht Chruschtschows und andere offizielle Selbstbezichtigungen auszeichnete, war die eigentliche Ursache für das Entstehen des Dissidententums. So real und monströs die vom Staat zugegebenen Verbrechen waren, so dumm und primitiv war die von ihm vorgebrachte Erklärung, die aus Sophisterei, Wortklauberei und dem nichtssagenden Schlagwort »Personenkult« bestand. Als hätte alles an diesem Personenkult gelegen. Und nun sei es mit diesem Kult vorbei und alles in bester Ordnung.

Diese von der Partei vorgebrachte Erklärung des »Personenkults« widerspricht allen Grundsätzen des Marxismus, nach denen keinem Einzelnen, keiner Persönlichkeit, auch nicht der bedeutendsten, eine selbständige Rolle, und sei es nur die nebensächlichste, im geschichtlichen Ablauf zufällt, sondern alles durch die ökonomischen Verhältnisse und Klasseninteressen entschieden wird. Man fragt sich, wessen Klasseninteressen Stalin in seinem Personenkult zum Ausdruck gebracht hat? Und wie konnte ein Stalin allein die Geschichte beeinflussen? Denn der Sowjetmensch ist seit Kindesbeinen, von der Schulbank an gewohnt, über die Historiker der Bourgeoisie zu spotten, die alles auf den Willen einzelner Persönlichkeiten zurückführen – der Zaren, der Heerführer, der Helden. Das beliebte Beispiel sowjetischer Geschichtsschreiber: Ein alter Historiker erklärt die Wende in Napoleons Leben und seinen schließlichen Sturz damit, daß er bei Waterloo Schnupfen gehabt, deshalb die Schlacht verloren und dadurch die ganze europäische Geschichte in andere Bahnen gelenkt habe. Und nun wurde als Erklärung für die Epoche Stalins und ihre blutigen Ereignisse ebenfalls ein »Schnupfen« vorgeschlagen – der »Schnupfen« des Personenkults Stalins, der schon immer einen schwierigen Charakter gehabt und mit zunehmendem Alter einen immer schwierigeren bekommen habe, worauf die Geschichte des Sowjetstaates so und nicht anders verlaufen sei.

Natürlich, das war unerträglich zu hören – nicht nur für einen Marxisten, sondern für jeden vernünftigen Menschen. Man stelle sich vor: Millionen Sowjetmenschen wurden umgebracht – und das soll nur an dem »Personenkult« gelegen haben, den die Partei aus irgendeinem Grunde duldete, gegen die Grundsätze des Marxismus-Leninismus, nach denen sie sich immer noch und trotz allem richtet?

Aber wenn der Staat eine Antwort verweigert oder vermeidet, beginnen die Einzelnen, für sich selbst und für ihre nächste Umgebung diese häretischen Fragen zu stellen: Was tat die Partei, als Stalin regierte? Wer garantiert uns, daß der Stalinismus sich nicht wiederholt, wenn die Partei selbst an diesem Kult mitwirkte und ihn unterstützte? Die Menschen, die sich derartige Fragen stellten und eine eigene Antwort fanden, können die ersten Dissidenten genannt werden.

Deshalb ist die Behauptung zulässig, daß die Dissidentenbewegung 1956 ihren Anfang genommen hat. Aber keineswegs deshalb – ich betone es –, weil der Zwanzigste Parteitag ihnen die Augen geöffnet hätte, sondern weil er eine ernstzunehmende Erklärung der Stalinzeit und eine verläßliche Garantie, daß solche Zustände sich künftig nicht wiederholten, schuldig geblieben war. Den Menschen wurde zugemutet, sich diese Information wie jede andere anzuhören und anschließend seelenruhig nach Hause zu gehen, nicht zu grübeln, nicht zu denken und in allem der Partei zu vertrauen. Aber dieser Partei hatte man bereits viel zu lange bedenkenlos vertraut, und viele sahen sich nun nicht mehr in der Lage, nicht zu grübeln und zu hinterfragen: Deshalb ist die Dissidentenbewegung vorwiegend eine intellektuelle Bewegung, ein selbständiger und furchtloser Denkprozeß, dessen Gegenstand in erster Linie die Probleme und Rätsel der sowjetischen Geschichte und Staatlichkeit sind.

Über seine Reaktion auf den Zwanzigsten Parteitag erzählt Wladimir Bukowskij in seinen Memoiren:

»Was sind denn diese progressiven Ideen, wenn sie einen Stalin entstehen lassen? Was ist denn die Partei, wenn sie Stalin, nachdem sie ihn an die Spitze gesetzt hatte, nicht mehr Einhalt gebieten konnte? Hatte sie Angst oder war sie ahnungslos – ist das nicht dasselbe? (...)

Damals wurde viel von parteiinterner Demokratie geredet, aber für uns klang das alles wenig überzeugend. Warum sollte Demokratie nur parteiintern sein? Waren die anderen Menschen vielleicht nicht ebensogut Menschen? Nicht wir wählen die Partei – sie wählt sich doch selbst. Und es läuft darauf hinaus, daß dieselben Menschen, die Stalin großwerden ließen und ihn unterstützten, heute die höchste Gerechtigkeit auf dem Wege parteiinterner Demokratie herstellen wollen. Dieselben Schurken, die uns dreißig Jahre lang etwas über Stalin vorgelogen hatten, wollen künftig über parteiinterne Demokratie lügen. Wer kann noch an sie glauben?«

Das ist ein typisches Beispiel für eine Diskussion der ersten Dissidenten oder einen entsprechenden Monolog. Wenn solche Verbrechen in unserem Namen (im Namen des Sowjetvolkes) mit unserer mittelbaren oder passiven Unterstützung geschehen sind – dürfen wir jetzt schweigen? Überall regte sich das Gefühl persönlicher Verantwortung, in erster Linie unter der Intelligenzija. Denn sie ist ihrer Natur nach zur Kritik, zur Entwicklung des persönlichen und öffentlichen Bewußtseins, zum Fragen nach dem Sinn berufen. Deshalb verbindet sich die intellektuelle Aufgabe (die Notwendigkeit, das Geschehene zu analysieren) in der Regel mit einer moralischen Entscheidung, mit dem Begriff und der Empfindung einer moralischen Pflicht, zu der der Mensch sich bekennt und die ihn zu selbständigem Denken veranlaßt.

Dieser Aspekt ist für die Bewegung der Dissidenten, die sich unter dem Zeichen des moralischen Idealismus entwickelte, außerordentlich bedeutsam. Es ist kein Zufall, daß sie gelegentlich die »moralische Résistance« genannt wurden. Ein Autor drückte das etwas feierlicher aus: »Die Dissidenten retten die Ehre der Bevölkerung eines riesigen Imperiums. Sie beweisen, daß noch nicht alles in ihm verrottet ist und sind dabei, eine neue geistige Tradition zu schaffen.«

Die Ehre seines Volkes oder des Menschen, die Ehre des Intellektuellen zu retten, ist eine ethische Aufgabe. Aber was heißt das eigentlich? Wie rettet man jemandes Ehre? Ein einfaches Beispiel: Als die sowjetischen Truppen im August 1968 die Tschechoslowakei besetzten, demonstrierte eine Handvoll sowjetischer Dissidenten – ganze sieben Menschen – mit Protestplakaten auf dem Roten Platz. Rechneten sie etwa damit, daß sie mit ihrer Geste die sowjetischen Panzer anhalten und die Politik des Staates beeinflussen könnten? Natürlich nicht. Sie wußten genau, daß sie sofort, auf der Stelle, verhaftet werden, ihre Demonstration wahrscheinlich unbemerkt bleibt und die zufälligen Augenzeugen auf dem Roten Platz nicht einmal verstehen würden, was sich hier soeben ereignet hatte. Mit anderen Worten, einen praktischen Nutzen hatte diese Geste nicht. Aber es war eine symbolische, eine moralische Geste. Sie bewies nicht nur Solidarität mit der Tschechoslowakei, sondern war auch ein Versuch der Ehrenrettung des sowjetischen Volkes, von dem man nun nicht mehr sagen konnte, daß es die Politik der Partei und Regierung einstimmig billigte.

Die Bedeutung des moralischen Impulses für die Dissidentenbewegung ist eminent, und das beste Beispiel dafür ist das Handeln und vor allem die Persönlichkeit Andrej Sacharows, der als das Gewissen der sowjetischen Intelligenzija gilt. Es ist bemerkenswert, daß sein Gewissen, seine moralischen Prinzipien schon lange vor dem Auftreten des Dissidententums auf seine Umgebung eine große Wirkung ausgeübt haben. Chruschtschow erzählt in seinen Memoiren, wie sich seinerzeit Sacharow an ihn gewandt habe, mit der Bitte, die Wasserstoffbombenversuche einzustellen. Natürlich sind die moralische Position Sacharows und die sowjetische Staatspolitik inkommensurable Größen, und deshalb konnten das Staatsoberhaupt und Sacharow einander kaum verstehen, geschweige denn sich in diesem

Punkt einigen. Aber sogar Chruschtschow nennt Sacharow einen »moralischen Kristall«, ein Vergleich, der sich später in Sacharows Haltung, in seinem Kampf um die Menschenrechte bestätigen sollte.

Auf die Dissidenten läßt sich eine tiefsinnige Bemerkung des russischen Religionsphilosophen Lew Schestow anwenden, die er am Anfang unseres Jahrhunderts machte: »Denken, wirklich zu denken beginnt der Mensch erst dann, wenn er sich überzeugt, daß ihm nichts mehr zu tun übrigbleibt ...« Mit »nichts mehr zu tun übrigbleibt« ist die Ausweglosigkeit gemeint, in die ein Einzelner und manchmal sogar eine ganze Generation geraten kann. Mehrere Generationen der sowjetischen Intelligenzija lebten viel zu lange im Banne des Staates und haben nicht gedacht, sondern Befehle ausgeführt. So landeten sie schließlich in einer Sackgasse, wo einem »nichts mehr zu tun übrigblieb« als nachzudenken und nach einer Erklärung für das Geschehene zu suchen.

Dabei handelt es sich nicht um abstrakte Spekulationen. Die Verbindung von Idee und moralischem Imperativ verleiht den Dissidenten manchmal eine ideologische Stabilität, mit der sie sogar ihre Gegenspieler auf der Seite des Staates übertreffen. Ein Lagerinsasse erzählte mir, wie beim Verhör der Ermittlungsrichter des KGB immer wieder darauf zurückkam, daß er, dieser junge Mann, eine steile Karriere vor sich gehabt hätte, wenn er nicht diesen komischen Ideen nachgelaufen wäre. Nun habe er sein Leben verpfuscht, er hätte befördert werden, sein geliebtes Mädchen heiraten, eine fabelhafte Wohnung und entsprechende Möbel kaufen können usw. ... Der junge Mann aber war seiner Überzeugung nach noch ein romantischer Komsomolze und träumte vom Kommunismus mit menschlichem Gesicht. Selbstverständlich empörten ihn diese Reden, und er sagte dem ergrauten Ermittlungsrichter im Range eines Obersten, daß man schwerlich den echten Kommunismus aufbauen könnte, wenn alle nur an die eigene Karriere und den materiellen Wohlstand dächten. Der Oberst spuckte aus und sagte ärgerlich: »Und ich dachte, du wärst ein kluger Kopf! Aber du bist ein Idiot!«

Das ist übrigens der ständig wiederkehrende Refrain, sowohl des Spießers als auch des Regimes: »Was fehlte eigentlich diesem Dissidenten! Er hat doch gut verdient und eine Wohnung gehabt! Er konnte doch leben wie ein normaler Mensch! Aber nein! ...«

Im Unterschied zu dem gewöhnlichen Sowjetmenschen sind die Dissidenten von einer überpersönlichen Neugier getrieben, vom intellektuellen, schöpferischen, geistigen oder einfach moralischen Tatendrang.

An dieser Stelle müssen einige weitere Faktoren, die bei der Entstehung der Dissidentenbewegung eine Rolle gespielt und zu ihrer Konsolidierung beigetragen haben, erwähnt werden. Erstens sind es die wiedererstandenen Traditionen der russischen Intelligenzija und der russischen Literatur. Diese Traditionen sind mannigfaltiger Art, aber ihr wichtigster Aspekt war und ist die Idee der Wahrheit und des Humanismus in Verbindung mit dem Streben nach einer höheren Lebenserfüllung. Als Pawel Litwinow vor Gericht gefragt wurde, unter wessen Einfluß er, ein im kommunistischen Milieu aufgewachsener Enkel des berühmten sowjetischen Diplomaten, gehandelt habe, antwortete er mit gelassener Offenheit: »Unter den Einfluß der klassischen russischen Literatur.« Der Richter war verblüfft: »Wie kann das sein? Verleiten denn die klassischen russischen Dichter zum Dissidententum?« Er hatte den Nagel auf den Kopf getroffen: Natürlich tun sie das. Freilich nur, wenn Tschechow, Nekrassow, Tolstoj und Korolenko nicht nur mit den Augen, sondern auch mit dem Herzen gelesen und als moralische Nahrung aufgenommen werden.

Dazu gehören auch gewisse Traditionen der russischen Literatur des zwanzigsten Jahrhunderts, merkwürdigerweise sogar der sowjetischen Literatur. Es klingt zwar paradox, aber es gibt viele Beispiele dafür, daß die sowjetische Jugend zum Protest oder zum Dissidententum von Majakowskij inspiriert wurde. Bereits zu Beginn der sechziger Jahre begannen sich in Moskau zu Füßen des Majakowskij-Denkmals junge Menschen zu versammeln und eigene oder fremde Gedichte vorzutragen. Anschließend wurde diskutiert. Am Majakowskij-Denkmal empfing mancher Jugendliche die Feuertaufe. Gelegentlich aber wurde der Majakowskij-Platz für die Fans der nichtoffiziellen russischen Lyrik zum Richtplatz; denn oftmals wurden sie dort von KGB-Agenten in Zivil erwartet. So wurde Majakowskij, der Bannerträger der Revolution und des Sowjetstaates, für viele zum geistigen Führer der Opposition.

Man kann fragen, was die Dissidentenjugend bei Majakowskij für sich entdeckte und warum seine Persönlichkeit eine solche Anziehungskraft ausübte. Zunächst waren es wahrscheinlich sein rebellischer Geist, sein Nonkonformismus und der Verzicht auf jede bürgerliche Respektabilität. In diesem Sinn spielte sogar der frühe Nihilismus Majakowskijs, sein »épater le bourgeois«, eine positive Rolle für das Erstarken einer unabhängigen Persönlichkeit.

Andererseits öffnete sich über Majakowskij der Weg in die Sphäre der neuen Kunst und der neuen Dichtung überhaupt. Hier muß an die besondere Erziehung des sowjetischen Schülers oder Studenten erinnert werden, vor allem in den vierziger und in der ersten Hälfte der fünfziger Jahre, in der Zeit der sogenannten »Schdanowschtschina«. Damals stand die moderne Kunst auf dem Index, und selbst die unschuldigsten französischen Impressionisten wurden geächtet. Majakowskij war gleichsam der einzige Strohhalm, das einzige Spältchen, das einen Blick in die verbotene Welt der linken Kunst gewährte und die Möglichkeit bot, das heilige Gesetz zu übertreten, das in sämtlichen Lehrbüchern »Realismus« genannt wurde.

Man fing mit Majakowskij an und endete bei Pasternak, Mandelstam und Zwetajewa. Oder man fing mit Majakowskij an und lernte mit ihm Picasso, Braque und Chagall lieben. Majakowskij diente vielen als Katalysator für eine ernsthafte und adäquate Auseinandersetzung mit der Kunst.

Man muß sich vergegenwärtigen, daß der sowjetische Samisdat mit der Verbreitung von Lyrik begonnen hatte, mit dem Abschreiben (von Hand oder mit der Maschine) schwer zugänglicher oder verbotener Gedichte. Da schlug die Stunde der vier großen russischen Lyriker – Pasternak, Mandelstam, Zwetajewa und Achmatowa –, die die Entstehung der Dissidentenbewegung wesentlich gefördert haben. Heute noch sind sie in den Kreisen der sowjetischen Intelligenzija die am meisten gelesenen und bewunderten Autoren.

Anfangs schrieben Liebhaber, meist Studenten, ihre Gedichte für den eigenen Gebrauch ab und ließen die Kopien unter ihren Freunden und Bekannten kursieren. Das war eine unschätzbare Leistung, eine Brücke zwischen zwei Epochen und zwei Kulturen, zwischen der Kultur des »Silbernen Zeitalters« und der der sowjetischen Gegenwart. Der Traum und die Prophezeiung des Dichterphilosophen Maximilian Woloschin, dem die Revolution jeden Weg in die Literatur abgeschnitten hatte, wurde Wirklichkeit: »Es ist die höchste Ehre, auswendig gelernt und heimlich abgeschrieben zu werden und schon zu Lebzeiten nicht ein Buch zu sein, sondern ein dünnes Heft.« Denn das Buch wird vom Staat zensiert, während ein dünnes Heft niemandem untertan ist und die lebendige Stimme des Autors weiterträgt. Der Samisdat war anfangs nur ein Versuch, die Zensur zu umgehen und einen Kontakt mit der Vergangenheit der russischen Kultur herzustellen. Aber mit der Zeit weitete der Versuch sich aus, und es entstand eine zweite russische Literatur, die sich parallel zu der offiziellen behauptete und mit ihr sehr erfolgreich konkurrierte. Der Erfolg war so groß, daß man sich darüber Witze erzählte: Die reiche Mutter eines studierenden Sohnes kommt zu einer Sekretärin und beauftragt sie, Tolstojs *Krieg und Frieden* auf der Maschine abzuschreiben. Die Sekretärin wundert sich und meint, das würde sehr teuer werden, es wäre einfacher und billiger, den Roman in der Buchhandlung zu kaufen. Aber die Mutter gibt sich nicht zufrieden: »Mein Sohn liest nichts außer Samisdat. Ich möchte aber, daß er auch *Krieg und Frieden* liest.«

Mit anderen Worten, alles auf der Maschine Geschriebene war dreißig Jahre lang (von Chruschtschows Tauwetter an bis zu Gorbatschows Tauwetter) ernster zu nehmen und erregte größere Aufmerksamkeit als ein im Staatsverlag erschienenes Buch.

Die russische Literatur kehrte, um zu überleben, in das handschriftliche Stadium zurück.

Der Samisdat wurde mächtig und unausrottbar, weil er nicht zu erfassen, nicht zu lenken und absolut spontan war. Wer will, kann »Verleger« werden: Man schrieb das eigene oder ein fremdes Manuskript auf der Schreibmaschine ab und gab eine Kopie zum Lesen weiter. Und wenn dem nächsten der Text gefiel, schrieb er den Text seinerseits ab und gab ihn ebenfalls weiter. Hinter dem Samisdat standen weder Verleger noch Autoren, sondern Leser, und deshalb ist ihm auch ein langes Leben beschieden.

Alexander Galitsch besingt den Erfolg eines Samisdat-Werkes folgendermaßen:

> Vier Durchschläge schafft »Erika«,
> Mehr nicht!
> Das reicht!

So wirkt der Samisdat, der zwischen Rußlands zeitgenössischem literarischen Schaffen und seiner literarischen Tradition steht. Er hat eine breitere Basis als das Dissidententum, aber ohne ihn könnte die Bewegung nicht existieren, denn ihre einzige Waffe ist das Wort. Und über das Wort (das heißt über den Samisdat) knüpft sie neue Beziehungen mit ihren wahren Vorfahren, mit der freien russischen Literatur.

Aber die Dissidentenbewegung entsprang letztlich nicht einem literarischen Impuls, sondern einer Schicksals- und Lebensfrage. Der Einzelne kam aufgrund ganz spezifischer Erfahrungen zum Dissidententum. Für den einen zum Beispiel war es die jüdische Frage, wobei der Betreffende nicht unbedingt selbst Jude sein mußte. So erging es einer Bekannten, die bei den Aufnahmeprüfungen für die Hochschulen entdeckte, daß sie als Russin gute Noten bekam. Die besseren Antworten ihrer künftigen Kommilitonen wurden schlechter benotet – sie waren Juden. Für einen anderen war die Armee eine solche Lebensschule; für einen Dritten die Arbeit auf dem Dorf oder irgendwo in der Provinz, wo er mit Ungerechtigkeiten des Regimes konfrontiert wurde.

Aber die größte Rolle spielten bei diesem Prozeß die sowjetischen Lager und Gefängnisse. Zunächst durch ehemalige Häftlinge, die nach Stalins Tod amnestiert oder rehabilitiert wurden. Das waren Menschen aus einer anderen Generation, meistenteils alte Männer, die nach vielen Jahren Haft nach Hause zurückkehrten und nun erzählten, was ihnen widerfahren war und was sie gesehen hatten. Diese rehabilitierten Häftlinge, die buchstäblich in jeder Familie auftauchten, waren die Helden des Tages und die willkommensten Gäste am Tisch. Häufig waren sie alte Kommunisten oder jedenfalls Menschen, die ursprünglich dem Regime ergeben gewesen waren und ihm treu gedient hatten. Aber die Lagererfahrung zwang sie dazu, ihre Ideale zu revidieren und in vieler Hinsicht umzudenken. Und wenn sie auch nicht mehr einen aktiven ideologischen Kern bilden konnten, so dienten sie doch den sowjetischen Dissidenten gleichsam als Basis. Sie waren alle erfüllt von bitterer Ironie, die sich zum Beispiel in der parodistischen Bezeichnung für die Epoche nach Stalins Tod ausdrückte: die »Spätrehabilitance« (wie »Spätrenaissance«). Die »Rehabilitance« war meistens zu spät gekommen, postum oder am Lebensabend des Unglücklichen.

In einer Welt, in der die Alten soeben aus den Lagern zurückkamen, wo sie »für nichts und wieder nichts« gesessen hatten (und wo die Jungen in nächster Zukunft nun nicht mehr »für nichts und wieder nichts« sitzen würden), breitete sich eine Art Nostalgie aus: Bin ich überhaupt noch ein anständiger Mensch, ein ehrlicher Intelligenzler, wenn ich noch nie gesessen habe? Darf ich mir überhaupt ein Urteil erlauben, wenn ich die wichtigste Erfahrung noch nicht gemacht habe – die Gefängniserfahrung?

Selbstverständlich nahmen in der Dissidenten- und Samisdat-Literatur die Gefängnis- und Lagermemoiren aus früherer und jüngster Zeit den ersten Platz ein: W. Schalamows *Erzählungen aus Kolyma*, Solschenizyns *Archipel GULAG*, Jewgenija Ginsburgs *Marschroute eines Lebens*, Anatolij Martschenkos *Meine*

Aussagen usw. Hier dokumentierte sich der Werdegang der Sowjetzivilisation aus der Perspektive ihrer Opfer.

In moralischer Hinsicht ist die Gefängnis- und Lagererfahrung die entscheidende und schwerste Prüfung eines Dissidenten. Er darf nicht umfallen und sich schuldig bekennen, sondern er muß die volle Verantwortung für seine Worte und Taten auf sich nehmen. Er muß sein Dissidententum unter Beweis stellen, in der Untersuchungshaft, vor Gericht und im Lager. So entsteht eine Art Gefängnis- und Lagerethik. Wenn der Dissident sich nicht daran hält, hört er auf, Dissident zu sein. So geschah es mit Iwan Dsjuba, mit Vater Dmitrij Dudko, mit den reuigen, in allen Punkten geständigen Führern der Dissidentenbewegung Jakiz und Krassin – sie alle hörten auf, Dissidenten zu sein. Deshalb gilt die besondere Aufmerksamkeit der Strafverfolgungsorgane dem Schuldbekenntnis und der Reue des Angeklagten. Was kann schon, juristisch gesehen, daran liegen, ob der Verbrecher sich schuldig bekennt oder nicht? Der Tatbestand bleibt derselbe, aber für den Staat ändert er sich durch das Schuldbekenntnis, und zwar fundamental. Das gilt jedoch ausschließlich für Dissidenten, für die »Gefangenen ihres Gewissens«, das heißt, für Menschen, die wegen ihrer Ansichten, Ideen und Reden strafrechtlich verfolgt werden. Dieben, Mördern, Rowdies und anderen Kriminellen bleibt es erspart, sich schuldig zu bekennen oder gar bereuen zu müssen. In solchen Fällen begnügt sich der Staat mit dem Ermittlungsergebnis und der Strafzumessung. Von den Dissidenten aber wird Reue verlangt. Es gibt eine Menge Beispiele dafür, daß ein Angeklagter mit einer ganzen Liste von Anklagepunkten mit einer geringen Strafe oder gar einem Freispruch davonkommt, weil er geständig war, während sein Freund, der vergleichsweise unschuldig ist, mit einer hohen Haftfrist bedacht wird, weil er sich beharrlich weigerte, Reue zu zeigen.

Rechtlich mutet es komisch und dilettantisch an, aber diese Verfahrensweise entspricht der Natur des Sowjetstaates und auch dem Wesen des Dissidententums. Wie bereits festgestellt, ist der Sowjetstaat nicht im eigentlichen Sinn ein Staat, sondern eine Kirche. Und diese »Kirche« erhebt, ebenso wie die christliche Kirche im Mittelalter, Anspruch auf die Seelen, den Geist und die Reden ihrer Schäfchen. Sie betrachtet die Sowjetbürger als Rechtsgläubige und bestraft die geringste Abweichung ebenso hart, wie Rom einst die Häretiker bestraft hatte. Auf den sowjetischen Häretiker wird schwerster Druck ausgeübt mit dem einzigen Ziel, daß er wenigstens formal, nach außen hin seine Häresie widerruft. In diesem Sinne setzt das KGB ein ganzes System von Drohungen, Versprechungen, Bestechungen und Mystifikationen ein. Zum Beispiel: Wenn Sie Ihre Schuld zugeben, dann können Sie morgen nach Hause gehen, dann sind Sie frei. Bekennen Sie sich nicht schuldig, dann kommen Sie ins Lager und bei Ihrem Gesundheitszustand ist das lebensgefährlich. Dabei hält sich das KGB in der letzten Zeit auffällig oft an seine Worte. Es zieht es vor, einen Reuigen zu entlassen, statt ihn nach Paragraphen zu verurteilen, denn der Reuige ist kein Dissident mehr und läuft als Beispiel sowjetischer Loyalität herum, während der Verstockte gefährlich ist.

Im Namen dieser kirchenstaatlichen Selbstherrlichkeit wurden geschlossene psychiatrische Anstalten für Andersdenkende ins Leben gerufen. Hartnäckiges Beharren auf eigenen Ansichten bedeutet, daß es sich entweder um einen Feind oder um einen Geisteskranken handelt. Für die Nonkonformisten wurde sogar eine besondere medizinische Terminologie geschaffen: »Gerechtigkeitswahn«, »Kritikwahn« oder »hypertrophes Persönlichkeitsbewußtsein«.

Für den Dissidenten hat das juristische Faktum der Geständigkeit prinzipielle und weitreichende Bedeutung: Es kommt einer Selbstverleugnung und dem Verrat am eigenen Gewissen gleich. Boris Schragin, ein gründlicher Kenner der Probleme des Dissidententums, machte die scharfsinnige Bemerkung, daß Dissidenten Menschen seien, die den Schuldkomplex gegenüber dem Sowjetstaat, der Partei und der Regierung verloren hätten und deshalb imstande seien, sich nicht mehr als schuldig zu empfinden und das Geständnis zu verweigern, während ein durchschnittlicher Sowjetmensch sich gegenüber seinem Staat grundsätzlich schuldig fühlt. Das soll natürlich nicht bedeuten, daß Dissidenten überhaupt keiner Schuldgefühle fähig seien, es ist ja gerade das Schuldgefühl vor ihrem Volk, der Geschichte, dem eigenen Gewissen, das sie bewogen hat, auszuscheren.

Durch die Überwindung des Schuldkomplexes gegenüber dem Staat verwandelte sich der Sowjetbürger aus einem Untertanen in einen freidenkenden Menschen. Die gesellschaftliche Resonanz solcher Befreiung ist immens, denn sämtliche bekannten politischen Schauprozesse in der Geschichte der UdSSR waren durch die Selbstbezichtigungen und Schuldgeständnisse der Angeklagten gekennzeichnet. Das gehörte einfach zum Ritual. Die »Volksfeinde« bestanden darauf, »Volksfeinde« zu sein. Und es waren die Dissidenten, die dieses Gewohnheitsrecht brachen und bewiesen, daß Menschen Menschen seien und nicht bloß Abstraktionen, die entweder unter die Rubrik »Volksfreunde« (Bolschewiki) und »Volksfeinde« (alle anderen, gelegentlich auch das gesamte Volk) gehören.

Und nun einige Worte zu dem dritten Faktor oder stimulierenden Einfluß, der eine wesentliche Rolle für das Entstehen des Dissidententums gespielt hat: der Westen. Nach Stalins Tod öffnete sich der hermetisch abgeschlossene Sowjetstaat allmählich. Der Eiserne Vorhang schien durchsichtiger und leichter zu überwinden. In Moskau tauchten westliche Touristen auf, es fanden Begegnungen und Festivals statt, Partnerschaften wurden initiiert. Einige halten das große internationale Jugendfestival im Jahr 1957 in Moskau sogar für die Geburtsstunde des Dissidententums. Nach und nach schmolz (genauer gesagt: begann zu schmelzen) nicht nur die physische, sondern vor allem die psychologische Barriere zwischen der Sowjetunion und dem Ausland. Zu Stalins Zeiten war jeder Ausländer ein Spion, ein Feind, den man sich am besten vom Leibe hielt. Kontakte mit Ausländern zogen meistens die Verhaftung nach sich. Und nun stellte sich heraus, daß westliche Ausländer Gesprächspartner werden konnten, daß das westliche Ausland keineswegs die Hölle war, sondern daß das Leben dort im Vergleich mit den Zuständen im sowjetischen Imperium wesentlich angenehmer verlief. Von dort, aus dem Westen, trafen Bücher ein, während Manuskripte nach drüben wanderten, um als Bücher zurückzukehren. Die Dissidenten appellierten nun in aller Offenheit an die westlichen Demokratien, ohne zu befürchten, daß sie auf diese Weise »dem Weltimperialismus in die Hand arbeiteten«. Und man muß dem Westen Gerechtigkeit widerfahren lassen: Er zeigte sich offen für die Stimmen, die ihn aus der Sowjetunion erreichten. Zwischen ihm und den Dissidenten kam es zu einem Dialog, der sich wesentlich lebendiger und interessanter gestaltete als die Annäherungen auf Staatsebene. Das war eine Art Bresche innerhalb des Systems und der Ideologie. Und durch die Vermittlung der Dissidenten wurden die sowjetischen Lager und die Verletzung der »Menschenrechte« im Westen zum Gegenstand einer allgemeinen Diskussion, was wiederum für eine gewisse Öffentlichkeit, für Glasnost in der Sowjetunion sorgte. (Wir sprechen hier von Glasnost als Parole und Forderung bei der ersten Dissidentendemonstration im Dezember 1965. Gorbatschow entlieh diesen Ausdruck möglicherweise dem Dissidentenwortschatz.)

Das sowjetische Dissidententum äußert sich in den verschiedensten Formen und Nuancen, die sich ständig erneuern und durch andere ergänzen. Nicht ganz zu Unrecht wird der Dissident in einem Witz wie folgt definiert: Ein Dissident ist nicht jemand, der gegen das Sowjetregime kämpft, sondern jemand, gegen den das Sowjetregime kämpft. Und wie bekannt kämpft das Sowjetregime gegen jede auch noch so geringe Abweichung von der Ideologie. Unter diesen mannigfaltigen Formen des sowjetischen Dissidententums spielte die demokratische oder Menschenrechtsbewegung eine wichtige Rolle. Sie war das Zentrum und der gemeinsame Nenner für alle. Konkret: Das Verbindende war die ständige Information über die unzähligen Menschenrechtsverletzungen in der Sowjetunion. Das hatte seinen Grund: Alle – Schriftsteller, Fabrikarbeiter, Gläubige, nationale Minderheiten, der rechte und der linke Flügel –, alle sind an der Wahrung wenigstens der elementarsten Menschenrechte interessiert. Und unter den Menschenrechten kommt selbstverständlich der Freiheit der Meinungsäußerung und des Gewissens der erste Platz zu.

Die westlichen Intellektuellen (vor allem die Linken) mutet dieser Kampf für die Menschenrechte manchmal primitiv und banal an. Gelegentlich bekommt man zu hören: Weshalb setzen sich die Dissidenten nicht für die ökonomischen Rechte der Werktätigen ein, weshalb kämpfen sie nur für ihre Freiheit, die Freiheit der Intellektuellen – für das Recht der freien Meinungsäußerung? Solche Geringschätzung gegenüber dem Wort läßt sich dadurch erklären, daß die Menschen im Westen sich an die Möglichkeit, sich frei zu äußern, so sehr gewöhnt haben, daß ein solches Recht für sie sekundär, besser gesagt, selbstverständlich ist. Sie denken daran ebensowenig wie an die Luft, die sie atmen, aber der Kranke denkt sehr wohl an diese Luft, er ringt gierig und mühsam um sie.

Von der anderen Seite, vor allem aus dem russischen Milieu mit nationalistisch autoritärer Einstellung, hört man gelegentlich den Einwand, daß die »Menschenrechte« keineswegs das Höchste seien, was der Mensch zum Leben brauche – verglichen mit seinen religiösen oder geistigen Bedürfnissen. Dem ist nicht zu widersprechen. Aber die Menschenrechte bedeuten ja nicht ein Maximum, sondern jenes Minimum, das allein ein Fortleben und eine Äußerung des geistigen Lebens ermöglicht.

Hier stoßen wir auf ein weiteres wichtiges Merkmal der Menschenrechtsbewegung. Sie kämpft nicht für »die Interessen einer Klasse«, nicht für das Land, nicht für den Zaren, nicht für materielle Privilegien und nicht einmal für die Demokratie. Sie kämpft für den Menschen, für jeden Menschen. Nach fünf Dezennien war der Sowjetbürger plötzlich wieder Mensch und nicht eine abstrakte gesellschaftspolitische Größe. Er durfte seine eigene, seine persönliche Stimme erheben und nicht mehr die einer Klasse oder die der Partei. Das Dissidententum stellte innerhalb der Sowjetzivilisation den verlorengegangenen Begriff des Individuums wieder her.

Die nationale Frage gehört zu den brisantesten der Sowjetzivilisation und führt in unseren Tagen zu besonders stürmischen Diskussionen und Auseinandersetzungen. Ich möchte hier die vier wichtigsten Ursachen anführen, warum sie sich heute als so außerordentlich komplex und schwierig erweist.

Die erste läßt sich durch einen einzigen Begriff ausdrücken: das Imperium. Zuerst das Russische Imperium, das sich in Jahrhunderten konsolidiert hat und von dem neuen Regime als Erbe übernommen wurde. Und anschließend das Sowjetische Imperium, auf den Trümmern des ersten aufgebaut und zu einer Weltmacht emporgewachsen. Heute ist es das einzige Imperium der Welt, einmalig nach Ausdehnung und nationaler Vielfalt. Es versteht sich von selbst, daß die imperiale Einstellung die nationalen Probleme verschärft, statt sie zu lösen.

Eine zweite Ursache liegt, wie seltsam das auch klingen mag, in der Kombination von Internationalismus und Chauvinismus. Wie bekannt, gehört der Internationalismus zu den Fundamenten der kommunistischen Ideologie und steht dem Großmacht-Chauvinismus diametral gegenüber. Vor dem Hintergrund internationalistischer Prinzipien treten nationale Konflikte besonders kraß hervor.

Die dritte Komponente ist auf eine Art nationaler Renaissance zurückzuführen, die im zwanzigsten Jahrhundert in vielen Ländern und bei vielen Völkern stattfand und zum Kampf um nationale Unabhängigkeit führte.

Dazu kommt schließlich das Erstarren und Verwittern der kommunistischen Ideologie.

Nach der marxistischen und später auch sowjetischen Glaubenslehre entstehen nationale Spannungen, Kriege und jede nationale Diskriminierung ausschließlich in einer auf Klassengegensätzen aufgebauten Gesellschaft. Demnach sind Unterdrükkung und Versklavung einer Nation durch eine andere nichts als Resultat und Ausdruck eines Systems der sozialen Unterdrükkung. Dementsprechend wurde die nationale Frage von den

Marxisten niemals in den Vordergrund gerückt und nur als sekundäre Folge sozialer Mißstände betrachtet. Die Aufhebung der Klassen, die Aufhebung der sozialen Unterdrückung sollte mit Selbstverständlichkeit die Lösung sämtlicher nationaler Konflikte nach sich ziehen und zum Triumph von Gleichheit und Brüderlichkeit der Werktätigen aller Länder, zur sozialistischen Freundschaft aller Nationen führen. Das schien ein Axiom.

Das russische Imperium hatte und hat immer noch – im Vergleich zu anderen Imperien oder Kolonialmächten – den unschätzbaren Vorteil, daß es sich in den Grenzen eines einzigen Kontinents ausbreitete. Es wuchs, indem es sich immer weitere Randgebiete einverleibte, und stieß nur selten auf nennenswerte Hindernisse. Mit ganz wenigen Ausnahmen handelte es sich um Annexion angrenzender Landstriche, die nicht einmal als Kolonien betrachtet oder als solche bezeichnet, sondern in das eine, unteilbare Rußland integriert wurden.

In dieser sukzessiven Ausweitung des geschlossenen Territoriums hatten die Russen stets nicht nur die militärische und ökonomische, sondern auch die überwältigende quantitative Priorität und gliederten sich kleinere und meistens weniger entwikkelte Völkerschaften ein, wie zum Beispiel die Völker Sibiriens. Eine Ausnahme bildete in erster Linie das Kulturland Polen, und es war Polen, das durch sein Streben nach nationaler und politischer Autonomie den Zaren Sorgen und den größten Ärger bereitet hatte.

Überdies nahm die russische Herrschaft niemals die Form unverhohlener nationaler Unterdrückung an: Die russischen Statthalter betrachteten die unterworfenen Völker grundsätzlich nicht als Sklaven oder minderwertige Rasse, im Gegenteil, die Eroberten oder Annektierten galten als »rechtmäßige« Untertanen des Zaren. Sogar die Einführung der Leibeigenschaft in der Ukraine sollte als eine großzügige Geste Katharinas verstanden werden: Dadurch, hieß es, wurden die ukrainischen Bauern den russischen gleichgestellt. Dem Ideal nach (selbstverständlich nur dem Ideal nach) waren für den russischen Zaren alle Untertanen, ohne Unterschied der Nationalität, so lange gleichberechtigt, bis sie zu »Verrätern« wurden, bis sie die Lust verloren, Rußlands Herrschaft anzuerkennen. Und es ist bezeichnend, daß diese Politik, diese Staatspsychologie und sogar die dazugehörige Terminologie bis heute aktuell geblieben sind – nun unter den Bedingungen des Sowjetimperiums. Als die Sowjetunion das Baltikum besetzte, wurden aufmüpfige Letten, Litauer, Esten oder sonst verdächtige Personen als Landesverräter an die Wand gestellt oder deportiert, obwohl gerade diese Menschen ihre Heimat nicht verraten wollten.

Kraft all dieser Umstände bewahrte das Russische Imperium als ein multinationales Ganzes eine gewisse Stabilität. Trotzdem stand es unter starken nationalen Spannungen, die in erster Linie auf den großrussischen Chauvinismus zurückzuführen waren. Über seine Natur klärt uns das *Buch der Erinnerungen* auf, dessen Verfasser einer der Großfürsten, Alexandr Michailowitsch, ist. Er schrieb seine Memoiren in der Emigration, sie erschienen 1933. Mit melancholischem Humor erinnert sich der Autor an seine Jugend und an seine Erziehung. Man schrieb 1885. Vor uns entrollt sich das Edukationsprogramm der Mitglieder der kaiserlichen Familie, künftiger oder potentieller regierender Häupter, das vom höchsten Patriotismus bestimmt ist – war es doch für Menschen gedacht, die sich durch besonders reine und prägnante Vorstellungen von der russischen Geschichte und Politik auszeichnen sollten. Großfürst Alexandr Michailowitsch schreibt:

»... Mein Seelenhaushalt war durch einen seltsamen Überschuß an Haß belastet. Es lag nicht an mir, daß ich Juden, Polen, Schweden, Deutsche, Engländer und Franzosen haßte. Ich klage die orthodoxe Kirche und die Doktrin des offiziösen Patriotismus an, die mir zwölf Jahre lang eingehämmert wurde und schließlich meine Fähigkeit zerstörte, selbst den Nationen wohlwollend entgegenzutreten, die mir nichts Böses angetan hatten ...

Mein Religionslehrer erzählte mir täglich von den Martern Christi. Er verdarb meine kindliche Einbildungskraft, und es gelang ihm, mich soweit zu bringen, daß ich in jedem Juden einen Mörder und Peiniger sah. Meine schüchternen Versuche, auf die Bergpredigt hinzuweisen, wurden sofort ungeduldig zurückgewiesen: ›Ja, Christus lehrte uns, unsere Feinde zu lieben‹, pflegte Vater Georgij Titow zu sagen, ›aber das darf auf unsere Ansichten über die Juden keinen Einfluß haben.‹

(...) ›Für den Zaren von ganz Rußland darf es keinen Unterschied zwischen Juden und Nicht-Juden geben, wenn es um seine Untertanen geht‹, schrieb Zar Nikolaj I. unter die Alleruntertänigste Bittschrift der russischen Geistlichkeit, die für die Beschränkung der bürgerlichen Rechte der Juden plädierte. ›Er sorgt sich um das Wohl seiner treuen Untertanen und straft die Verräter. Jedes andere Kriterium ist für ihn unannehmbar.‹ Zu Rußlands Unglück hatte sich die Fähigkeit meines Großvaters ›wie ein Zar zu denken‹ auf seine Nachfolger nicht vererbt. ... Ich mußte mich sehr anstrengen, um die Xenophobie zu überwinden, die meine Geschichtslehrer in mein Herz gesät hatten ... Ich war von ›Feinden‹ umgeben. Der Patriotismus in offizieller Auslegung verlangte von mir, daß ich in meinem Herzen das Feuer des ›heiligen Hasses‹ gegenüber jedem anderen schürte ...«

Das will natürlich nicht heißen, daß die russischen Schulen und die Orthodoxe Kirche Generationen von Russen nur in solchem Geiste erzogen hätten. Aber dieser großfürstliche Lehrplan ist das beste Beispiel imperialer Xenophobie. Und es ist verständlich, daß die russische Gesellschaft und die russische Intelligenzija (und die Revolutionäre erst recht) auf Nationalismus und Xenophobie, auf die Doktrin des Großen Unteilbaren Rußlands, eines Tages widerspenstig reagierten – mit der Internationale.

Als das Imperium zusammenbrach und die Bolschewiki an die Macht kamen, sahen sie sich von neuem mit der nationalen Frage konfrontiert, die nun keineswegs so schnell und einfach zu lösen war, wie es vor der Revolution ausgesehen hatte. Es zeigte sich nämlich, daß die befreiten Völker es keineswegs eilig hatten, sich in die Arme Sowjetrußlands zu werfen, und daß in den Randgebieten des früheren Imperiums neue nationale Staatsbildungen unter den Fahnen verschiedener Länder, Parteien und Armeen im Entstehen begriffen waren. Es galt, das auseinanderbröckelnde Reich unter dem Banner eines einigen Machthabers neu zuammenzuschweißen – sei es mit diplomatischen oder propagandistischen Mitteln oder durch Waffengewalt.

Die Restitution und weitere Ausbreitung des Imperiums, das heute die Sowjetunion bildet, verlief im wesentlichen in zwei Etappen. Diese zwei Etappen spiegeln sich auch in der Behandlung der nationalen Frage durch das Sowjetregime. Die erste können wir verallgemeinernd die internationalistische Etappe unter Lenin nennen, die zweite – die chauvinistische unter Stalin. Selbstverständlich sucht man vergeblich nach einer klaren historischen oder ideologischen Abgrenzung. Die Grundsätze des Leninschen Internationalismus haben auch nach seinem Tod noch lange weitergewirkt, ebenso wie heute Stalins chauvinistische Tendenz weiterwirkt. Trotzdem unterscheiden sich diese beiden Auffassungen nationaler Politik in der sowjetischen Geschichte und in der Psychologie des Sowjetmenschen deutlich voneinander.

Die erste Etappe der Sammlung und Konsolidierung des Sowjetischen Imperiums vollzog sich unter der Fahne der Internationale und der internationalen Verbrüderung sämtlicher Werktätigen unter der Parole: Freiheit und Gleichheit aller Nationalitäten, einschließlich der Freiheit, die Staatsform oder die Staatsangehörigkeit nach eigenem Willen zu bestimmen. An sich sind solche Ideen edel und erhaben. Freiheit, Friede und Brüderlichkeit für alle Völker des Erdballs ist ein alter Traum der besten Köpfe der Menschheit. Deshalb waren die Ideen der Internationale so verlockend, besonders für das frühere russische Imperium und in der Schlußphase des Ersten Weltkrieges. Selbstverständlich konnten die Vertreter des einstigen unteilbaren Rußlands diesen wunderbaren Ideen nichts Gleichwertiges entgegenhalten. Diese Tatsache war es übrigens, die den Bolschewiki – und nicht den weißen Generälen – die Sympathie der nationalen Minderheiten sicherte, ebenso wie die Sympathie und Unterstützung der linken Intellektuellen und Arbeiter im Westen und in den kolonialen und halbkolonialen Ländern.

Bei aller formalen Gleichberechtigung unterscheiden sich die Völker nach Staatsform, Territorium, Wirtschaft und Kultur.

Und um die formale Gleichberechtigung hatten sich schon die russischen Zaren bemüht. Jedenfalls idealiter. In seiner Ode an Jekaterina beschreibt Derschawin das russische Imperium als einen Idealstaat, als eine Art »Internationale«, die sich um den russischen Thron schart. Und Derschawin träumt davon, daß alle anderen Völker sich Jekaterina unterwerfen und unter ihrer hohen und gütigen Herrschaft versammeln mögen. Denn Jekaterina sei als Regentin die »inkarnierte himmlische Gnade«, sorge für das Glück ihrer Bürger ungeachtet ihrer Nationalität und schenke ihnen, falls sie gehorchen, Freiheit und Selbstbestimmung. Derschawin träumt davon, daß sogar die fernen Inder und andere Wilde den Weg zu diesem internationalen Imperium finden:

> Daß Fremde, die in fernen Ländern wohnen,
> Bedeckt mit Fell und Schuppen,
> Geschmückt mit bunter Vögel Federkleid,
> Mit Laub und Rinde,
> Sich um ihren Thron versammeln,
> Der sanften Stimme des Gesetzes lauschen
> Und über das gesenkte dunkelgelbe Antlitz
> Zähren der Rührung rinnen.

Und die Zarin läßt die Stämme und Völker huldvoll wissen:

> Die Freiheit gebe ich euch zu denken
> Und eure Würde zu erkennen,
> Sich nicht dem Sklaven gleich,
> Sondern als Untertan zu fühlen ...

Selbstverständlich ist dies eine Pseudo-Internationale und Pseudo-Freiheit von Völkern, die unter den Flügeln einer großen Zarin leben. Aber es geht ja gerade darum, daß das Imperium, falls es bestehen will, gezwungen ist, einen relativen »Internationalismus« zu predigen. Ebenso ist es gezwungen zu behaupten, alle unterjochten Völker hätten sich ihm freiwillig »ergeben«.

Der große Analytiker und Philosoph der Despotie, der Italiener Machiavelli (den Stalin gern las und sehr schätzte), schrieb seinem *Principe*: »... wo immer diese (die Römer, A. d. Ü.) einfielen, wurden sie von den Einheimischen herbeigerufen.«

Es wurde also schon immer auf die Illusion einer Freiwilligkeit der »Eingeborenen« Wert gelegt, denen später, jahrzehnte-, manchmal sogar jahrhundertelang, eingehämmert wurde: Ihr habt es ja selbst gewollt. Ihr habt uns ja um brüderliche Hilfe gebeten. Und wir haben euch diese Wohltat erwiesen. Machiavellis geniale Formel bleibt universell und aktuell, angefangen vom Römischen Reich bis auf den heutigen Tag. Bis zu dem Tag, an dem sowjetische Truppen auf Bitte der Regierung und des Volkes in Afghanistan einmarschierten. Das heißt, nachdem »sie von den Einheimischen herbeigerufen« wurden.

Ich will keineswegs behaupten, daß der sowjetische, kommunistische Internationalismus von Anfang an nur Täuschung oder ein Weg zur Restitution des früheren multinationalen großrussischen Imperiums gewesen wäre. Die Absicht der Restitution des Imperiums und die fortgesetzte Aggression ergaben sich aus der Idee der Weltrevolution und eines einzigen globalen sozialistischen Staates. Es handelt sich um einen Imperialismus neuen Typs: Nicht mehr die Herrschaft einer Nation über andere, sondern eine allgemeine, multinationale Brüderlichkeit unter dem Banner des Sozialismus.

Es ist bekannt, daß viele zaristische Offiziere, Verfechter der großrussischen Staatlichkeit, zum Dienst unter dem neuen Regime nur deshalb bereit waren, weil sie in ihm die einzige reale Möglichkeit einer Wiederherstellung des russischen Imperiums sahen. Später, nach dem Ende des Bürgerkriegs, stellten auch einige Repräsentanten und Ideologen der Weißen Bewegung, die gegen das Sowjetregime gekämpft hatten, sich ebenfalls den neuen Machthabern zur Verfügung – ebenfalls aus nationalstaatlichen Überlegungen, in der Hoffnung auf ein neues, großes unteilbares Rußland. Sie hielten den bolschewistischen Internationalismus für eine vorübergehende, temporäre und taktische Form des imperialen Gedankens. Aber die Bolschewiki selbst sahen die erste Etappe der sowjetischen Geschichte ganz anders. Für überzeugte Kommunisten ist und bleibt der Internationalismus keine vorläufige, sondern die einzige mögliche Lösung der nationalen Frage.

In den ersten Revolutionsjahren entschieden sich die Kommunisten für eine über-nationale Position. Grundsätzlich spielt für den wahren Revolutionär marxistischer Schule die eigene Nationalität keine wesentliche Rolle.

Aber der Drang zu einem über-nationalen Bewußtsein ist nur eine der Erscheinungsformen oder Möglichkeiten der Internationale. Wie seltsam das auch klingen mag – in bestimmten Kreisen fördert der Internationalismus das nationale Selbstgefühl und das nationale Selbstbewußtsein. Und so ist es bei vielen Völkern, unter anderem auch bei den Russen. Der Internationalismus, berufen, den russischen Imperialismus abzulösen, sollte einen neuen Weg und eine neue Art des Zusammenlebens von Nationen bahnen, jenseits des früheren imperialen Chauvinismus; aber gleichzeitig hob die Revolution das Prestige der Russen und Rußlands sowohl im eigenen Land als auch in der ganzen Welt. Die siegreiche Beendigung des Bürgerkriegs bedeutet für die Nation eine Revanche, und zwar für alle erlittenen Niederlagen – für Tsushima, für Brest-Litowsk, für die jahrhundertelange Not und Dunkelheit. Freilich, man nahm dem Land seine nationale Vergangenheit, die Religion und Tradition, und sogar den Namen »Rußland«, aber man gab ihm dafür das Bewußtsein nationaler Stärke und eine unendliche kosmische Perspektive. Mit der Revolution und der Internationalität nahm das russische Nationalgefühl einen messianischen Charakter an. Und sogar die Parteihymne, die »Internationale«, klang für manches Ohr wie die russische Nationalhymne. Darin ist eine der Voraussetzungen für den Umschlag des Internationalismus in einen imperialen Nationalismus zu suchen. In den zwanziger Jahren kam dem Gedanken der Internationalität eine wichtige Aufgabe zu: Damals sollte die Internationalität das Vertrauen der nationalen Minderheiten zum gemeinsamen politischen Zentrum, Moskau, und zur Gründung eines geeinten Staatsgebildes stärken. Deshalb verwarfen die Bolschewiki demonstrativ die gesamte russische Vergangenheit, deshalb verfluchten sie sämtliche, von den Zaren angezettelten Eroberungskriege, das Zarenreich überhaupt – diesen »Kerker der Völker«. Der »Kerker der Völker« sollte nun von einem freiwilligen Zusammenschluß nationaler Republiken abgelöst werden. Dem Prinzip der Freiwilligkeit war ein besonderer Punkt des Partei- und Regierungsprogramms gewidmet, der den einzelnen Nationalitäten das Recht auf Selbstbestimmung, einschließlich des Austritts aus der Union, garantierte. Dieser Punkt ist heute noch Bestandteil der sowjetischen Verfassung, obwohl er längst zur leeren Hülse geworden ist. Denn in Wirklichkeit wird nicht nur jeder reale Versuch eines Austritts, sondern schon der leiseste Gedanke an die Selbstbestimmung einer Republik oder ihre mögliche Autonomie als antisowjetische Agitation und Landesverrat bestraft. Aber anfangs lagen die Dinge anders, jedenfalls schien es so. Kein Geringerer als Lenin vertrat das Recht der nationalen Republiken auf eine selbständige staatliche Existenz. Eine seiner Äußerungen zu dieser Frage:

»Als Internationalisten müssen wir unbedingt erstens gegen die (manchmal unbewußten) Relikte des großrussischen Imperialismus und Chauvinismus der ›russischen‹ Kommunisten besonders energisch vorgehen, und zweitens müssen wir namentlich in der Nationalitätenfrage als einer verhältnismäßig unbedeutenden (für einen Internationalisten steht das Problem der staatlichen Grenzen an zweiter, wenn nicht an zehnter Stelle) zu Konzessionen bereit sein. Wichtig für uns sind andere Probleme, wichtig sind die fundamentalen Interessen der proletarischen Diktatur ... Wichtig ist die führende Rolle des Proletariats gegenüber den Bauern: sehr viel weniger wichtig ist die Frage, ob die Ukraine ein autonomer Staat sein soll oder nicht. Wir sind nicht im geringsten überrascht – und schon gar nicht erschreckt – durch die Perspektive, daß die ukrainischen Arbeiter und Bauern im Laufe, sagen wir, einiger Jahre verschiedene Systeme ausprobieren und praktisch sowohl den Anschluß an die Russische Föderative SSR als auch die Autonomie in Form einer separaten Ukrainischen SSR oder verschiedene Formen einer Verbindung usw., usw. durchexerzieren könnten.

Ein Versuch, diese Frage im voraus ein für allemal ›fest‹ und ›endgültig‹ zu lösen, wäre engstirnig oder ganz einfach dumm.«
Man könnte glauben, daß Lenin in diesem Fall eine ungewöhnliche Offenheit und Toleranz in der Behandlung der Nationalitätenfrage an den Tag legt. Das ist aber keineswegs der Fall. Er ist gegenüber der Ukraine zu jeder Konzession bereit – innerhalb der UdSSR oder außerhalb der UdSSR –, aber immer unter der *conditio sine qua non*: der Diktatur des Proletariats, das heißt, der Diktatur des Parteiapparats und seiner Führer. Wobei sowohl der Parteiapparat als auch seine Führer Internationalisten sein müssen, das heißt, treue und ergebene Verbündete Sowjetrußlands. Und wären sie auf die Idee verfallen, ihre Ukraine nach irgendwelchen anderen, nichtkommunistischen Prinzipien aufzubauen, hätten sie sich sofort in »bourgeoise Nationalisten« verwandelt, und Lenin hätte eine Selbstbestimmung oder einen Abfall der Ukraine zu verhindern gewußt.

Trotzdem bewies Lenin eine beträchtliche Flexibilität in der Nationalitätenfrage und ein großes Vertrauen in die nationalen Parteikader vor Ort – gerade deshalb, weil er ein überzeugter Internationalist war. Und aus dem gleichen Grund warnte er wiederholt vor der Gefahr des großrussischen Chauvinismus und forderte von den Kommunisten der herrschenden Nation äußerste Nachgiebigkeit zugunsten der nationalen Minderheiten.

Lenin wußte sehr wohl und ließ in seinen Artikeln und Reden durchblicken, daß nationale Minderheiten, falls man nicht zu Konzessionen bereit wäre, zu einem schwelenden Herd der Unzufriedenheit und des Widerstandes werden würden. Andernfalls müßte man wieder den alten imperialen Kurs einschlagen und die nationalen Randgebiete unter Druck setzen, was Lenin, der überzeugte Internationalist, unter allen Umständen vermeiden wollte. Deshalb wandte er sich auch so beredt gegen den großrussischen Geist, aus dem heraus – bewußt oder unbewußt – die anderen Kommunisten russischer (und auch nichtrussischer) Abstammung handelten.

Seine Denkweise, der Maßstab seines Handelns, die Neigung zum Zentralismus machten Lenin nicht gerade zu einem Föderalisten, aber er war bereit, sogar den Föderalismus zu fördern, wenn es nur dem System des neuen internationalistischen Imperiums zuträglich war. Alle seine Konzessionen sollten an der Einheit nicht rütteln, im Gegenteil, sie sollten sie stabilisieren und die Sowjetunion schließlich in ein ideales Modell der künftigen kommunistischen Weltordnung verwandeln – in das Urbild der allmenschlichen Internationale. Für Lenin mußte dieses Urbild vollkommen sein, damit die ganze Welt dieser Harmonie nachstreben könne – und deshalb mußten auch die nationalen Minderheiten mit größter Aufmerksamkeit behandelt werden.

Dennoch war dies der Anfang vom Ende aller nationalen Kulturen und nationalen Eigenständigkeit der Völker. Eine Formel Stalins, die er zum Thema »multinationale Entwicklung« prägte, macht das deutlich: Es sind Kulturen, national der Form und sozialistisch dem Inhalt nach. Darin wich Stalin nicht eine Handbreit von Lenin ab, sondern formulierte die Idee des proletarischen Internationalismus lediglich auf seine Weise.

Möglicherweise gibt es Menschen, für die diese Formel akzeptabel ist. »Sozialistisch dem Inhalt nach« – das bedeutet Einheit in der Hauptsache, im Wesen: auf der Stufe von Gleichheit, Brüderlichkeit und gegenseitiger Liebe. Und »national der Form nach« meint die Mannigfaltigkeit, den unvorstellbaren Reichtum innerhalb dieser Einheit.

Geht man aber dieser inzwischen klassischen Formulierung nach oder vergleicht sie mit der realen Entwicklung der sowjetischen Nationen und Nationalkulturen, so zeigt sie ihr wahres, schreckliches Gesicht. Und zwar: National ist nur die äußere Form. Dem Inhalt ist alles Nationale genommen und durch die einheitliche sozialistische Schablone ersetzt worden. Das bedeutet in der Realität, daß man in der ukrainischen, georgischen, französischen, englischen, tschuwaschischen und jeder anderen Sprache den Kommunismus und die Partei Lenins und Stalins preisen darf und muß.

Außer der Sprache werden unter dem Wort »Form« einige wenige ethnographische Details verstanden und hingenommen. Zum Beispiel lyrische Auslassungen über die Natur: »Oh, mein

Dagestan!«, »Oh, meine schöne Kamtschatka!« Zur »Form« gehören auch Trachten, Volksmusik und Volkstanz. Schließlich drückt sich die Mannigfaltigkeit der »Formen« in der Gründung von Volkstanz-Ensembles aus, die turnusmäßig nach Moskau transportiert werden, um dort ihre Ergebenheit und ihre Dankbarkeit für die nationale Unabhängigkeit zu demonstrieren. Auf diese Weise läuft die ganze Internationalität auf Dekoration hinaus, was aber eine organische Folge der Nationalitäten-Politik Lenins ist. Das Fundament, die Essenz ist und bleibt die »Diktatur des Proletariats«, bloß darf man um diese Diktatur herum nach eigenem Gusto singen und tanzen.

Sogar das alte russische Imperium räumte den kleinen Völkern und ihren Kulturen eine größere Eigenständigkeit ein, als es die Sowjetzivilisation tut: Sie durften nicht nur die Form, sondern auch die Inhalte pflegen – die besondere soziale und wirtschaftliche Struktur, Religion, Folklore.

Wir wissen, daß im zwanzigsten Jahrhundert die zivilisatorischen Prozesse die Völker des ganzen Erdballs nivellieren und ihre Eigenarten verwischen. Aber in der Sowjetzivilisation geschieht etwas anderes: Die Völker Sibiriens zum Beispiel wurden nicht einfach zivilisiert, sondern man hat, um sie zu zivilisieren, ihre Schamanen, die Träger der heidnischen Religion und der Folklore, kurzerhand ausgemerzt. Dabei war die Folklore der sibirischen Völker eine der erstaunlichsten der ganzen Welt und noch gar nicht erforscht. Nun erhielt man das Recht zu studieren und konnte nach dem Studium jeden Posten einnehmen – Chefingenieur, Professor oder Sekretär der Gebietsexekutive. Die Möglichkeiten einer individuellen Karriere sind sicherlich ein Gewinn: Jeder Jakute kann, wenn es ihm beliebt und er sich Mühe gibt, mit jedem Russen konkurrieren. Und er kann Puschkin in seiner Muttersprache lesen. Aber einmal fragte ich einen Jakuten, einen Professor und hohen Parteifunktionär, ob man einen Schamanen finden und jakutische Folklore sammeln könnte. Da kamen dem Mann die Tränen. Er weinte keineswegs aus Liebe zum Heidentum oder zu den Schamanen, sondern weil sein Volk seine Nationalität verloren hatte.

Es lag in der Natur der Dinge, daß an einem bestimmten Punkt der Entwicklung des Internationalismus in den Großmachtchauvinismus umschlug – entsprang doch dieser Chauvinismus der Idee der Weltherrschaft und der Praxis der totalitären kommunistischen Diktatur.

Obwohl die Internationalität mit der Verkündung von Gleichheit und Brüderlichkeit aller Völker begann, führte der Aufbau des Staates auf der Basis zentralisierter Gewalt und kommunistischer Diktatur notwendig zu einer Art Absolutismus. Das war eine eigengesetzliche Wendung derselben Politik in der nächsten historischen Phase. Deshalb vollzog sich der Übergang von extremer Internationalität zu extremer Nationalität anfangs ziemlich unauffällig.

Als Beispiel kann das Majakowskij-Gedicht »An unsere Jugend« dienen. Majakowskij, ein aufrichtiger und konsequenter Revolutionär und Internationalist, begrüßt die multinationale Brüderlichkeit, das kommunistische Vorbild für die ganze Welt. Und er ist glücklich, daß jedes Volk seine nationale Eigenständigkeit auslebt. Aber gleichzeitig macht er sich Gedanken darüber, daß diese Nationen und Republiken sprachlich isoliert seien und daß ihnen ein internationaler gemeinsamer Nenner fehle. Und als einen solchen gemeinsamen Nenner schlägt er die russische Sprache und Moskau vor, das politische Zentrum der kosmischen Bruderschaft aller Werktätigen.

> Genossen Jünglinge, den Blick – auf Moskau
> und Ohren aufgemacht fürs Russische!

Im Folgenden erklärt er, weshalb gerade das Russische so wichtig ist. Nicht etwa weil das russische Volk höher stünde oder bedeutender und besser wäre als alle anderen Nationen und auch nicht weil er, Majakowskij, ein Russe sei. Nein, auf seine eigene Nationalität ist er jederzeit bereit zu verzichten, wie es sich für einen überzeugten Internationalisten gehört. Es ist etwas anderes:

Wäre ich ein Neger im fortgeschrittenen Alter,
auch dann
ohne zu klagen und ohne die Arbeit zu scheuen
würde ich Russisch lernen nur deshalb,
weil es die Sprache Lenins war.

Die Priorität des Russischen und Moskaus ist ausschließlich dadurch zu erklären, daß Moskau und Rußland zum Zentrum der Weltrevolution geworden sind. Von nun an, seit der Oktoberrevolution, ist das Russische der Code des Internationalismus.

In seinen Kinderversen schrieb Majakowskij – halb spaßhaft und halb ernst –, »ihren Anfang nimmt die Erde, das wissen alle Toren, in Moskaus Kreml, vor seinen Toren«. Später, in der Epoche Stalins, war das russische Volk im Kreise der anderen Nationen »primus inter pares«. Und wenn es diesen »Primus« nicht gegeben hätte, wäre die ganze Internationale auseinandergebröckelt. Und ebenso auseinandergebröckelt wäre der »Kommunismus«, wenn es keine Diktatur des Proletariats gegeben hätte. Auf diese Weise geht die Idee der Diktatur des Proletariats und einer Partei ganz von selbst in die Diktatur einer Nation, in die Diktatur Moskaus über.

Mit anderen Worten – nur eine Großmacht kann die Existenz einer Internationale garantieren.

Der Historiker und Philosoph Fedotow, der diese Entwicklung bis zu seiner Emigration an Ort und Stelle beobachtete, schreibt, daß nach Lenins Tod »die Partei unaufhaltsam russifiziert« würde und daß der Nationalismus ein Zerfallsprodukt des Internationalismus sei. Gerade in der Mitte der zwanziger Jahre sollten die höchsten Gremien der Partei gesiebt und von Juden gesäubert werden. Zu Beginn des Jahres 1927 wurden die wichtigsten Parteifunktionäre jüdischer Herkunft aus dem Politbüro ausgeschlossen, in den folgenden zwanzig Jahren auch aus dem Zentralkomitee. Natürlich nahm das nie die Form einer offenen antisemitischen Kampagne an, sondern geschah im Zusammenhang mit der Ablösung der führenden Parteikader. Damals entstand die »neue Klasse«, wie sie Milovan Djilas genannt hat, deren Kern nicht mehr die Elite, die professionellen Revolutionäre bildeten, sondern der konservative Durchschnitt und der Massenmensch. Und selbstverständlich rekrutierte sich diese Klasse im wesentlichen aus der nationalen Mehrheit, aus Russen und zu einem Teil aus Ukrainern. Während Juden und Letten, die in den ersten Jahren nach der Revolution eine sehr große Rolle gespielt hatten, verdrängt wurden.

1934, im Zusammenhang mit der Affäre um den Eisbrecher »Tscheljuskin«, sprach Stalin feierlich das inzwischen fast vergessene Wort aus: *Heimat*. Es klang überraschend, weil die offizielle Ideologie davon ausging, daß der Sowjetmensch in all seinem Fühlen und Handeln ausschließlich von der Liebe zur Revolution und zum Kommunismus, von Brüderlichkeit und Solidarität mit den Werktätigen aller Länder sich leiten ließ, keineswegs aber von der Liebe zu seinem Vaterland und den eigenen nationalen Wurzeln.

Begriffe wie »Heimat«, »Vaterland«, »Patriotismus« zählten zu den Gespenstern der vorrevolutionären Vergangenheit und hatten den unangenehmen Beigeschmack des alten zaristischen Rußlands. Nun drängten plötzlich diese Worte an die Oberfläche und wurden von höchster Stelle sanktioniert – vom Führer der Partei und des Staates persönlich.

Es ist offensichtlich kein Zufall, daß diese Wende mit dem Jahr 1934 einsetzte. In diesem Jahr wurde die Kollektivierung, das heißt die Verelendung und Versklavung des Dorfes, abgeschlossen.

Und nun, als Ersatz für das endgültig verlorene Land, wurden die nationalen und patriotischen Gefühle des Volkes geweckt, das zu dem größten, mächtigsten und glücklichsten der Welt erklärt wurde. Ein verlogener, kitschiger Patriotismus sollte die realen und verhängnisvollen Verluste kompensieren helfen. Von nun an wurde nicht mehr unter der Fahne des Internationalismus, sondern unter der Fahne »Heimat« marschiert. Dieser Begriff entsprach dem primitiven Bewußtsein der neuen Beamtenkaste mit ihrem Bedürfnis nach einem Vorgesetzten, mit ihrer Sklavenseele und ihrem hypertrophierten Selbstgefühl.

1937 wurde mit ungeheurem Pomp der hundertfünfundzwanzigste Jahrestag der Schlacht von Borodino gefeiert. Aus diesem Anlaß erschienen viele, was Stil und Lexik anbetrifft, bemerkenswerte Presseartikel. Eigentlich ging es nicht um dieses Jubiläum, nicht um eine Erinnerung an die große Schlacht gegen Napoleon, sondern um ein Glaubensbekenntnis:

»1812 bewiesen die Soldaten der russischen Armee, ungeachtet des Umstandes, daß sie Leibeigene waren, vor der ganzen Welt die Macht des großen russischen Volkes, das sich wie ein Mann gegen die fremden Aggressoren erhob ... Das Volk wird diese hervorragende patriotische Tat jahrhundertelang würdigen und preisen ...« (*Wetschernjaja Moskwa*)

Eigentlich nichts Besonderes. Es stimmt, Rußland hat schließlich und endlich über Napoleon gesiegt. Es stimmt, die russischen Soldaten vollbrachten wahre Wunder an Mut, obwohl sie zum größten Teil Leibeigene waren. Das Neue und Bemerkenswerte ist anderswo zu suchen. Es besteht darin, daß Gegensätze und Vorzüge der Klassen vor dem Nationalgefühl zurücktreten mußten. Ungeachtet der Leibeigenschaft, ungeachtet der Gutsbesitzer, ungeachtet der sozialen Unterdrückung, das heißt, entgegen der marxistisch-leninistischen Geschichtskonzeption, erwies sich das russische Volk als das größte und mächtigste. Das läßt darauf schließen, daß in der Geschichte nicht nur der Faktor »Klasse«, sondern auch der Faktor »Nation« wirksam ist und triumphieren kann. Und das läßt darauf schließen, daß das russische Volk von Anfang an stärker und besser war als die anderen.

Die *Prawda* verherrlichte im Widerspruch zu sämtlichen proletarischen Traditionen den Feldmarschall Kutusow und veröffentlichte sein mit sämtlichen Zarenorden geschmücktes Porträt. Es war das erste Mal seit der Revolution, daß ein General des Zaren, der von nun an »ewig in den Herzen der Werktätigen leben« sollte, gefeiert wurde. Bis dahin durften »in den Herzen der Werktätigen« nur große Revolutionäre oder Rebellen leben, etwa Spartacus, Stepan Rasin und Jemeljan Pugatschow. Die internationalen »Prinzipien der Klasse« verblaßten vor der nationalen Größe der Helden, die zu den Symbolen allrussischer und sowjetischer imperialer Macht avancieren.

Seine Blüte erreichte der große russische Nationalismus und Chauvinismus Ende der vierziger und zu Beginn der fünfziger Jahre. Dies hing mit dem außerordentlichen militärischen und politischen Einfluß der Sowjetunion nach dem Sieg über Deutschland und mit ihren Akquisitionen zusammen. Die eroberten Länder mußten an die Kandare genommen werden. Auch die späteren politischen Tendenzen: Aufrüstung, der Kalte Krieg, die entschieden antiwestliche Stimmung, trugen das ihre dazu bei. Nun wurden die Verbündeten von gestern – Engländer und Amerikaner – als Handlanger des Faschismus abgestempelt. Man hatte sich zwar das halbe Europa einverleibt, scheute jedoch vor nichts zurück, um die russische Metropole vor dem leisesten Hauch europäischer Einflüsse abzuschirmen. Außerdem mußten die furchtbaren Opfer und Verluste der Kriegsjahre psychologisch und ideologisch kompensiert und der niedrige Lebensstandard kaschiert werden. Der gesunkene Lebensstandard fiel besonders den Soldaten auf, die aus Europa in ihre bettelarme russische Heimat zurückkehrten.

Oft wird Stalin beschuldigt, den Internationalismus gegen den großrussischen Chauvinismus ausgetauscht zu haben. Selbstverständlich trug er viel dazu bei und brachte das Land auf den nationalistischen Kurs. Stalin war Russophile und Zentralist. Seine Tochter Swetlana schreibt: »Der Vater liebte Rußland sein Leben lang leidenschaftlich und tief. Ich habe noch nie einen Georgier gesehen, der alles Nationale so sehr abgelehnt und alles Russische so heftig geliebt hätte.«

Ich halte das Problem für komplizierter und schwieriger. Lenin hat Rußland auch geliebt, war aber trotzdem ein Gegner des großrussischen Chauvinismus. Das war übrigens einer der Gründe, warum er vor Stalin warnte.

Wenn man von den menschlichen, persönlichen Eigenschaften Stalins ausgeht, ist es durchaus vorstellbar, daß er sich deshalb so entschieden von seiner eigenen nationalen Vergangenheit absetzte, weil er noch nicht genügend russisch geworden war und seine georgische Vergangenheit noch nicht überwunden hatte. Zuerst sagte er sich davon los als Internationalist, für den es sich nicht gehört, auf seine nationale Herkunft zu pochen. Und später war seine unmißverständliche Geringschätzung der georgischen Abstammung dadurch zu erklären, daß er als absoluter Herrscher des sowjetischen Imperiums unmöglich als Georgier auftreten konnte und dies auch nicht wollte.

Die nichtrussische Abstammung Stalins war der russischen Bevölkerung zweifellos ein Dorn im Auge. Stalin wußte das und wünschte auf keinen Fall, als georgischer Zar zu regieren, sondern als *russischer* Zar Herrscher über ganz Rußland zu sein. Das erklärt übrigens die Vorliebe, die er für alte russische Volksweisheiten oder für Zitate aus der russischen Klassik hegte. Mit besonderer Betonung, versonnen und gedankenvoll, konnte er zum Beispiel sagen: »Weder eine Kerze für Gott noch ein Feuerhaken für den Teufel.« (Was dem deutschen »Nicht Fisch, nicht Fleisch« entspricht.) Georgische Sprichwörter und Zitate dagegen kamen nie über seine Lippen. Der georgische Akzent schien ihm schon schlimm genug.

Das war keine Heuchelei. Stalin war aufrichtig davon überzeugt, daß er den Interessen des gesamten Imperiums und in erster Linie Rußland als der nationalen Mehrheit diene, und daß er deshalb Georgien nicht bevorzugt behandeln dürfe. Man erzählt, ein einfallsreicher Historiker, der sich offensichtlich bei Stalin einschmeicheln wollte, habe aufgrund vagen Quellenmaterials, das bis in die Zeiten der Zarewna Sofja zurückreichte, eine Untersuchung zusammengeschrieben, die beweisen sollte, daß Peter der Große ein unehelicher Sohn eines georgischen Botschafters, des Zarewitsch Wachtang, gewesen sei. Stalin schrieb angeblich unter diesen Aufsatz: »Ein großer Mann gehört dem Land, dem er dient.«

Selbstverständlich durfte Stalin es nicht auf einen offenen Bruch mit dem Internationalismus ankommen lassen – das wäre ein krasser Verstoß gegen den Marxismus gewesen und hätte die Führung des Imperiums und die Kontakte zu den Bruderländern und den kommunistischen Parteien in der ganzen Welt gestört.

So setzte er auf eine noch größere Zentralisation der Macht, auf die Parteibürokratie und den russischen Chauvinismus. In den dreißiger Jahren wird eine intensive Russifikation und die entschiedene Unterdrückung der unbotmäßigen Nationalitäten eingeleitet. Man erzählt, daß Stalin nach dem Krieg häufig geäußert habe, er würde am liebsten auch die Ukrainer in entfernte Landstriche umsiedeln, weil ihre Treue zu Moskau und zu dem Sowjetregime zu wünschen übrigließe; leider wären sie zu viele, um mit ihnen genauso zu verfahren wie mit den Krimtataren.

Die internationale Verbrüderung kam nicht zustande. Die Völker leben im allgemeinen nicht besonders gern in enger Freundschaft, erst recht nicht innerhalb der Grenzen eines einzigen Staates. Beispiele hierfür erleben wir täglich. Besonders schwierig gestaltet sich eine Freundschaft unter den Bedingungen einer Diktatur, einer zentralisierten Macht. Denn Sozialismus bedeutet nicht nur Gleichheit und Brüderlichkeit der Werktätigen, nicht nur fortschreitenden Aufbau der neuen Wirklichkeit, er bedeutet auch Repression, Uniformität, Entfremdung der Arbeit und Verlust des nationalen Charakters. Und obwohl die Repression nicht vom russischen Volk, sondern von einem irgendwie anonymen Regime ausgeübt wird, assoziieren ihn alle übrigen Völker mit dem Zentrum, mit Moskau – mit dem Russischen. Und das Argument, die Russen hätten selbst keineswegs weniger, sondern sehr oft mehr als alle anderen Völker zu leiden, wiegt dabei nicht schwer. Die nationalen Minderheiten bringen ihr Gegenargument vor: Sollen sie doch leiden, sie, die Russen, die dieses Regime errichtet haben und es sich gefallen lassen. Und ein Kasache, dem man das Vieh für die Kolchose abholt, läßt sich nicht dadurch trösten, daß der russische Bauer auch alles verloren hat. Für ihn ist die Kolchose Ausgeburt eines russischen Hirns. Und wahrscheinlich hätte nicht einmal Lenins Politik der relativen Toleranz zum erhofften Erfolg geführt. Nach dem bekannten russischen Sprichwort: »Füttere den Wolf, solange du willst, er schielt doch nach dem Wald.« Auch unter einer Diktatur strebt der Mensch nach Freiheit, auch nach der nationalen Freiheit.

Darüber schrieb Fedotow bereits in den zwanziger Jahren: »Beim Zerfall des internationalen Patriotismus der bolschewistischen Partei entstehen Nationalismen: der großrussische und der der Minderheiten, die sich heute untereinander bekämpfen und damit die Partei unterhöhlen und die morgen mit aller Schärfe die Einheit Sowjetrußlands in Frage stellen werden.«

Dazu kam, daß die Weltrevolution und auch die Revolutionen in den europäischen Ländern auf sich warten ließen, und daher eine neue Politik, die der militärischen Annexion, notwendig wurde. Der Pakt mit Hitler war ein folgerichtiger Schritt auf diesem Weg. Später führte die Sowjetunion überall, wo sie nur konnte, den Sozialismus mit Gewalt ein – einen Sozialismus unter dem Schutz imperialistischer Bajonette.

Die Abkapselung des Sowjetstaates begünstigte natürlich den großrussischen Chauvinismus. Das Erstaunliche war, daß man sich unter dem Banner des Internationalismus und des Multinationalismus abschottete. Der deutsche Philosoph Walter Schubart, ein Gegner des Bolschewismus, aber ein glühender Russophile, schreibt:

> »Eine merkwürdige Ironie der Geschichte: Der internationale Marxismus, der keine nationalen Schranken anerkennt, schließt Rußland von allen Völkern rücksichtslos ab. Wider seine bewußten Absichten erneuert er das Nationalgefühl und verbreitet es in Schichten, die es bisher nicht gekannt haben. Er trennt das Russentum wie durch eine chinesische Mauer vom Ausland. Noch nie war es so auf sich selbst zurückgeworfen wie jetzt.«

Der Sowjetstaat fürchtet sich, seine Grenzen zu öffnen. Das Volk schmorte im eigenen Saft und feierte den Nationalismus als primären Sinn seiner Existenz. Seine Vorstellungen vom Ausland waren denkbar unzutreffend. Wie konnte es auch anders sein? Das lag nicht nur an der Propaganda, sondern ebenso sehr an der Enfremdung von der übrigen, nichtsowjetischen Welt. Das Gespräch eines Franzosen mit einem Russen über Verkehrsprobleme gibt die damalige Stimmung ziemlich treffend wieder: »Morgens, wenn ich zur Arbeit muß«, erzählt der

Franzose, »fahre ich mit der Metro: Ich kann mir eine Zeitung kaufen und brauche keinen Parkplatz zu suchen. Am Wochenende fahre ich mit dem Auto aufs Land, und die Ferien verbringe ich im Ausland, dorthin fliege ich am liebsten.« Darauf der Russe: »Ich mach es ganz ähnlich. Zur Arbeit fahre ich mit der Metro. Sonntags fahre ich mit der Vorstadtbahn auf die Datscha. Und ins Ausland? Ins Ausland fahr ich meistens mit dem Panzer.«

Es leuchtet ein, daß die Isolation und anhaltende Feindseligkeit gegenüber dem Westen zum Entstehen aller möglichen Phobien führen mußte. Überheblichkeit gründet häufig, wie seltsam das auch erscheinen mag, auf einem Minderwertigkeitsgefühl.

Der wachsende Chauvinismus weckt bei den Minoritäten feindliche Gefühle: Haß gegen Rußland und gegen die Russen. Ich möchte im voraus betonen, daß die von mir angeführten Beispiele persönliche Animositäten belegen und keineswegs das Verhältnis des jeweiligen Volkes zu dem russischen Imperium im allgemeinen ausdrücken. Aber gerade solche Extreme machen deutlich, wie es um die »Völkerfreundschaft« in der Sowjetunion bestellt ist.

Ich gebe Gespräche mit guten Bekannten wieder, die gegen meine Person nichts einzuwenden hatten – aber ich war eben ein Russe. Wir waren einander außerordentlich sympathisch, zumal ich keineswegs ein Verfechter des einen, unteilbaren Rußlands war, sondern gerne allen und jedem die gewünschte Freiheit zugestand. Ich wünschte nur, daß unsere Beziehungen frei von jeder Xenophobie wären und daß wir unter allen Umständen die Möglichkeit zum menschlichen und intellektuellen Anstand bewährten, selbst wenn uns in einer fernen utopischen Zukunft Staatsgrenzen trennen sollten. Ich wünschte nur, daß ein Russe kein Schreckgespenst für diese Völker sei und daß sie ihm eine Chance gäben, ihr Vertrauen zu gewinnen und zum gegenseitigen Verständnis zu kommen. Aber ich hatte nicht viel Glück.

Das erste Gespräch führte ich mit einem Intellektuellen westeuropäischen Typs. Er stammte aus dem Baltikum und erzählte mir von den Greultaten, die die sowjetische Tscheka unter seinen

Landsleuten begangen hätte, von der absurden Russifikation, von den tumben Russen, die seine Heimatstadt bevölkerten und die alten Häuser und Gräber seiner Ahnen mit den übelsten Zoten beschmierten.

Ich versuchte ihm zu erklären, daß es in Rußland ganz ähnlich zugehe, daß das russische Volk seine eigenen Kirchen und Gräber entweihe und daß man dies nicht ihm, sondern der sowjetischen Ideologie anlasten müsse. Worauf er sehr einleuchtend erwiderte: »Sie können nach Herzenslust Ihre eigenen Gräber schänden, aber was wollen Sie eigentlich bei uns?« Darauf ich: »Wir wollen ja gar nichts von Ihnen. Es ist der Sowjetstaat, der Sie besetzt hat. Was hat das russische Volk damit zu tun?« – »Aber wenn das russische Volk nichts damit zu tun hat, dann muß es sich anders aufführen als der Sowjetstaat.« Und schließlich fragte ich als letzten Versuch: »Aber Sie sind doch ein Kenner der russischen Kultur, Sie lieben die russische Literatur: Wenn wir uns nun bloß als Utopie vorstellen, daß Ihr Land wieder selbständig wird und zu Westeuropa gehört, wenn Rußland für Sie also keine Gefahr mehr bedeutet, wenn alle schlechten Gefühle abgeklungen sind, dann werden Sie doch ein gutes Wort für Rußland, für die russische Kultur finden?« Da sagte er: »Ja – nichts wissen und für immer vergessen!«

Das zweite Gespräch führte ich mit einem ukrainischen Nationalisten, einem sehr fortschrittlichen Intellektuellen. Ich meinte, daß die künftige autonome Ukraine, von der er träumte, hoffentlich die geistigen Beziehungen zu Rußland nicht abreißen lassen würde. Wir haben doch immerhin eine gemeinsame Tradition.

Er (ironisch): Zum Beispiel? Was haben wir denn Gemeinsames?

Ich (so rücksichtsvoll wie möglich): Wir haben eine gemeinsame Wiege. Die Kiewer Rus, der sowohl die Ukraine wie auch Rußland entstammen.

Er: Mit Kiew hat Rußland überhaupt nichts Gemeinsames.

Ich: Sie können Kiew ruhig behalten. Darum geht es ja gar nicht!

Er (fällt mir ins Wort): Vielen Dank! Sehr freundlich, daß Sie uns unser Kiew abtreten!

Ich: Aber in ferner Vergangenheit war die Kiewer Rus der Ursprung auch jener Kultur, die sich bis in den russischen Norden ausbreitete. Die Kiewer Bylinen wurden im russischen Norden aufgezeichnet.

Er: Aber ihr stammt ja gar nicht aus der Kiewer Rus!

Ich: Und woher dann?

Er: Aus den Mordwinischen Sümpfen.

Die Ironie bestand darin, daß dieses Gespräch in Mordwinien stattfand, in einem mordwinischen Lager, in dem wir beide inhaftiert waren. Aber ich verstand, daß er die finnischen Stämme meinte, die einst die nördlichen Gebiete des künftigen moskowitischen Reiches besiedelten.

Ich: Aber das kann doch nicht Ihr Ernst sein! Immerhin ist die russische Kultur, die Kultur der Moskauer Rus, ein großes komplexes Ganzes, sie konnte unmöglich nur von den finnischen Stämmen geschaffen werden!

Er (sarkastisch lächelnd): Haben Sie nicht vorhin behauptet, Sie seien kein Chauvinist? Aber Sie möchten um nichts auf der Welt mordwinischen oder finnischen Volksstämmen entspringen! Das heißt, daß Sie sie verachten! Sie sind Ihnen zu unbedeutend! Sie möchten unbedingt von unserm Kiew abstammen!

Ich nahm es ihm nicht übel. Ich wich aus und schnitt ein anderes Thema an. Ich erwähnte Gogol, den man ebensogut einen ukrainischen wie russischen Schriftsteller nennen kann und der für die russische Literatur und für die ganze Welt die Ukraine entdeckt hatte.

Darauf meint mein Gesprächspartner ungerührt: »Diesen Gogol, diesen Verräter können Sie behalten. Den brauchen wir nicht.«

Es stellte sich heraus, daß Gogol in seinen Augen ein Verräter war, weil er russisch schrieb. Ich versuchte ihm zu erklären, daß es Gogol gerade deshalb gelingen konnte, die Ukraine in das Bewußtsein der Welt zu rücken. Wenn Gogol damals, am Anfang des neunzehnten Jahrhunderts, ukrainisch geschrieben hätte, wäre er ein provinzieller Schriftsteller geblieben und seine Ukraine hätte nie universelle Bedeutung erlangt ... Aber meinem Aufwand an Logik und Philologie war kein Erfolg beschieden, Gogol blieb ein Verräter, weil er aus der Ukraine nach Petersburg gezogen war und statt über die Ukraine auf russisch über Rußland geschrieben hatte. Er war einfach ein Renegat ...

Eine letzte Unterhaltung, diesmal mit einem Moslem. Selbstverständlich hatte auch er nicht sehr viel für die Russen übrig. Er wußte aus der Überlieferung von der Eroberung des Kaukasus und hatte als Kind eine Deportation erlebt, bei der in einem Güterwagen seine Mutter, sein Großvater und seine kleinen Brüder starben. Natürlich gehörte ihm mein ganzes Mitgefühl, aber trotzdem versuchte ich ihm zu erklären, daß nicht alle Russen Verbrecher, daß Russen auch Menschen und keine Bestien seien. Daß es den Koran gibt, aber auch das Evangelium. Und plötzlich merkte ich, daß für ihn die Begriffe *Russe, Bolschewik, Christ, Europäer* identisch waren. Ich versuchte, ihm klarzumachen, daß Christ und Bolschewik nichts miteinander zu tun haben, aber von seinem Standpunkt aus sind sie ein und dasselbe: Aggressor, Betrüger, Mörder, Verbrecher ... Und das Evangelium? Das ist für ihn kein Argument. Die Christen kümmern sich nicht um das Evangelium. Wir aber, die Moslems, wir befolgen den Koran und leben ein gerechtes Leben. Aber die Christen – Russen – Bolschewisten – Europäer nehmen das Evangelium nur als Tarnung. Darauf erlaube ich mir die Bemerkung, daß auch muslimische Völker grausam handeln können, zum Beispiel die Türken. Die Türken kannten doch eine besonders schreckliche Hinrichtungsart – der Mensch wurde auf einem Pfahl aufgespießt. Dies will er mir nicht glauben und meint, das sei Verleumdung, denn ein Mohammedaner könne niemals grausam und unmoralisch handeln, das sei ein Märchen, das die Hunde – Christen – Bolschewisten – Europäer – Russen erfunden hätten, um ihre eigene Grausamkeit zu entschuldigen.

Für die ideale politische Ordnung, für den idealen Staat hielt er die Vereinigten Kalifate. Und sogar den Mongoleneinfall idealisierte er: Eine Handvoll edler Ritter besetzte ohne alle Grausamkeit, einzig um der Gerechtigkeit willen, das riesige, feige, primitive Rußland. Und das einzig Bedauerliche sei, daß sie sich nicht auch Europa unterworfen hätten ... Ich traute meinen Ohren nicht. Aber es war ein wirklich grundanständiger, gütiger und kluger Mann. Rußland hatte seinem kleinen Volk einfach zu viel Schlimmes angetan ...

Wie will man da die Internationale auf Erden verwirklichen?

Wir, die russischen Menschen!

Jeder Nationalcharakter, jeder Begriff einer »Volksseele« ist ein Rätsel, das bis in die tiefste Vergangenheit hinab reicht und endlose Untersuchungen erfordert. Deshalb versuche ich nur einige wenige Tendenzen des russischen Nationalcharakters anzudeuten, wobei ich im voraus bemerken möchte, daß diese Züge sich oftmals widersprechen und sich sogar gelegentlich aufheben. Sie überlagern sich und bilden ein verschlungenes, vieldeutiges Muster. Es kann sich nur um eine Skizze handeln, da die Materie sich präzisen und eindeutigen Kategorien entzieht.

Als erste russische nationale Eigenschaft betrachte ich einen Komplex, den ich »Patriotismus« nenne, obwohl diese Vokabel in dem bombastischen sowjetischen Kontext inzwischen abgenutzt und trivial geworden ist. Selbstverständlich liebt jedes Volk das Land seiner Väter. Aber bei den Russen nimmt diese Liebe gelegentlich den Charakter einer mystischen Verbundenheit an. Der russische Patriotismus entzündet sich an jedem beliebigen Gegenstand, wenn nur in ihm sich etwas von der Heimat widerspiegelt: sei es das »armselige Rußland«, das um seiner Armseligkeit, Armut, Preisgegebenheit willen geliebt wird, sei es, die »große, mächtige Rus«. Und die Parole aus alten Zeiten: »Für Glauben, Zar und Vaterland!« kann sich ohne weiteres verwandeln in: »Für Sowjetmacht und Weltrevolution!« oder »Für die Partei, für die Sache Lenins und Stalins!«. Aber im Innern der neuen Parolen wirkt bewußt oder unbewußt die patriotische Idee. Die Symbole des Patriotismus verändern sich, der Kern aber bleibt unangetastet und letztlich rational unbegründbar. Und Stalin wußte sehr wohl, was er tat, als er den Knopf »Patriotismus« drückte, wobei er diesen Begriff aufs Äußerste vereinfachte und vulgarisierte. Der russische Patriotismus ist keineswegs mit dem Nationalismus identisch, obwohl er sehr oft zum Nationalismus führt und von ihm lebt. Patriotismus ist noch lange nicht Nationalismus. Alexandr Blok, der Rußland vergötterte, war nicht im mindesten Nationalist. Die Heimat ist für die Russen ein derart überpersönliches und sogar übernationales Prinzip, daß seine Verehrung manchmal religiöse Formen annimmt. Und ebenso wie das religiöse Bewußtsein grenzt der russische Patriotismus an einen Messianismus. Das heißt, zu diesem Patriotismus gehört die Überzeugung, daß Rußland der ganzen Welt ein hohes Ideal vorzuleben habe. Was eigentlich dieses Ideal ist, das weiß man nicht immer so genau.

Ein zweites Charakteristikum besteht darin, daß, obwohl die Russen in ihrem Patriotismus eine Art Familie bilden, die Beziehungen innerhalb dieser Familie keineswegs ideal sind und sich oftmals in Zwist und Hader entladen, wie es bei anderen Völkern, die ebenfalls von einer nationalen oder patriotischen Idee beseelt sind, kaum der Fall ist. Die Freundschaften unter Russen arten nicht selten in Handgreiflichkeiten aus. Der Anlaß sind in der Regel ideologische Differenzen und sogar patriotischer Übereifer – meistens geht es um die Interpretation des Begriffs »Heimat«.

Einen anderen nationalen Charakterzug des Russen könnte man »Formlosigkeit« nennen. Ich meine damit nicht etwas unbedingt Negatives. Der russische Charakter scheint mir irgendwie amorph oder nicht voll auskristallisiert zu sein. Darüber schrieb auch W. G. Korolenko in seinem Tagebuch kurz nach der Oktoberrevolution:

»Ja, der russischen Seele fehlt das Knochengerüst. Auch die Seele muß unbedingt ein Knochengerüst haben, das sie daran hindert, sich bei jedem Druck zu verbiegen, das ihr Stabilität und Kraft bei Aktion und Reaktion verleiht. Dies alles fehlt uns gänzlich, oder wir haben nicht genug davon.«

Unter diesem »Knochengerüst« versteht Korolenko den moralischen Imperativ, der den Menschen befähigt, an seinen Überzeugungen festzuhalten und fremden Einflüssen zu widerstehen. Auch Iwan Bunin kommt in seinen Tagebüchern aus derselben Zeit auf ähnliches zu sprechen:

»Das russische Volk ist ... ungeheuer wandelbar in seinen Stimmungen, Gesichtern, es ›schwankt‹, wie man früher sagte. Das Volk sagte von sich selbst: ›Aus uns läßt sich, wie aus Holz, ein Prügel oder eine Ikone machen‹, je nach den Umständen und der Hand, die dieses Holz bearbeitet: Sergej Radoneskij oder Jemeljan Pugatschow.«

Es ist kein Zufall, daß so viele Ausländer Hand an dieses Holz legten: Waräger, Griechen, Tataren, Polen, Deutsche. Und man muß zugeben, daß diese fremden Einflüsse oder diese fremden »Hände« manchmal glänzende Resultate hervorbrachten.

Eine weitere Eigentümlichkeit des russischen Nationalcharakters nannten Dostojewskij und in seiner Nachfolge viele andere »die allweltliche Resonanzfähigkeit«. In seiner berühmten Rede vom Jahr 1880 bekannte sich Dostojewskij zu Puschkin als zu einer prophetischen Figur, die auf unerreichte Weise den Geist des »Russischen« zum Ausdruck gebracht habe. Das Wesentliche daran ist das Bewußtsein seiner »allmenschlichen und allweltlichen« Bestimmung. »Ein wirklicher Russe, ganz Russe sein, heißt vielleicht nur, ein Bruder aller Menschen sein, ein *Allmensch*, wenn man so will.« Das klingt natürlich ziemlich übertrieben, ziemlich großspurig, viel zu begeistert – ganz im Sinne des russischen Messianismus, zu dem Dostojewskij neigte. Die »allweltliche Resonanzfähigkeit« charakterisiert viel eher die russische Kultur als das russische Leben und den russischen Menschen, wie er ist. Und trotzdem läßt sich sogar im Alltag des einfachen Russen eine verhältnismäßig offene Haltung gegenüber anderen Völkern beobachten. Das russische Volk ist ein europäisches Volk, ungeachtet all seiner asiatischen Züge. Möglicherweise wurde seine relative Toleranz (ich betone – relative) durch die historischen Gegebenheiten gefördert, die es immer wieder vor die Notwendigkeit stellten, mit allen möglichen Völkerstämmen in und um Rußland auszukommen. Obwohl der Weg bis zum »Allmenschen« immer noch recht weit ist, hilft die Offenheit der russischen Seele, eine bedingungslose und harte Feindseligkeit gegenüber anderen Nationalitäten zu vermeiden. Man könnte sagen, das russische Volk spielt unfreiwillig die Rolle einer elastischen Bandage, mit deren Hilfe der Staat andere Nationen im Zaume hält. Mit anderen Worten: diese Völker können die Russen als Symbol eines Imperiums und als physische Übermacht glühend hassen und gleichzeitig den einzelnen Russen nicht nur als den unbeugsamen Repräsentanten einer Kolonialmacht, sondern als eine mit allgemein menschlichen Mängeln, aber auch ausgesprochenem Mitgefühl ausgestattete Persönlichkeit sehen.

In diesem Zusammenhang muß der entgegengesetzte Zug des russischen Nationalcharakters genannt werden, der unsere Skizze abschließen soll: die Selbstgenügsamkeit des Russen, seine Fähigkeit, sich allein mit dem bloßen Umstand zufriedenzugeben, daß er ein Russe ist (und infolgedessen ein guter Mensch). In der russischen Psyche sind die Vorstellungen von »swoj« und »tschuschoj«, von »unser« und »nicht unser« tief und unerschütterlich verwurzelt. Es handelt sich dabei vermutlich um ein Relikt aus den Zeiten des Patriarchats, in denen die menschlichen Beziehungen in erster Linie unter dem Gesichtspunkt der eigenen und fremden Sippe betrachtet wurden. Gehört dieser Mensch zu unserer Sippe oder nicht? Ist er aus unserm Dorf? Aus unserm Landstrich? Kurz: gehört er zu uns oder ist er ein Fremder? Man weiß, daß einige Minoritäten im Kaukasus ihre Stammesbezeichnung von dem Possessivpronomen »unser« ableiten. Wörtlich übersetzt heißt der Name eines solchen Volkes: »eigene Menschen« oder »unsere Menschen«.

In alten russischen Märchen findet sich manche lustige Variante des Themas »unser« und »nicht unser«, »eigen« und »fremd«. Zum Beispiel wird der Teufel euphemistisch »nicht unser« genannt. »Und dann kamen die Nicht-unsern angeflogen« bedeutet: die Teufel kamen angeflogen. »Unsere« sind ganz allein die Russen. Es ist sicherlich kein Zufall, daß unter »Njemez« (das alte Wort für Ausländer) jene verstanden wurden, die »stumm« (*njemoj*) waren, d. h. nicht russisch sprachen. Sie waren »Nicht-Menschen« und häufig »unreine Geister«. Dementsprechend sind die »Tataren« Abgesandte aus dem Tartarus, aus der Hölle. Wir aber, wir sind Russen, wir gehören dem »Licht« an (*swjet*), wir »sind in Ordnung« (*slawnyje*), wir haben den »rechten Glauben« (*prawoslawnyje*), wir sind Slawen (*slawjane*).

Selbstverständlich weiß man im modernen Sowjetstaat nichts mehr von diesen Wurzeln. Aber die Teilung in »Unsere« und »Fremde« bleibt bestehen. Dabei ist der Begriff »unser« außerordentlich verschwommen und läßt sich überhaupt nicht genau fassen. Um so mehr, da sein Inhalt sich immerzu wandelt. Vorgestern waren die »Unseren« die Russen (oder die Jungen aus unserm Dorf), gestern waren die »Unseren« die Roten, heute sind die »Unseren« die Sowjetmenschen. Und morgen sind es die Blauen oder Violetten. Die Nuancen, die sich während eines bestimmten historischen Abschnitts herauskristallisieren, sind im Grunde genommen sekundär. Es kommt auf das ewige Prinzip an – »unser« und »fremd«. Dieser Instinkt steckt so tief, daß das Sowjetregime ihn ungeniert sich zunutze macht und die Teilung in »unser« und »fremd« in die Staatspsychologie und Amtssprache einbezieht. Bei den Verhören im KGB bekommt ein Dissident anfangs sehr oft zu hören: »Nein, Sie sind ein Mensch, der nicht zu uns gehört!« Und später, wenn es um die Reue geht: »Aber Sie gehören doch trotzdem zu uns? Antworten Sie: Sind Sie unser oder nicht unser?« Am liebsten möchte man dann zurückfragen: »Warum muß ich unbedingt ›unser‹ oder ›nicht unser‹ sein?« Aber das wäre eine absurde Frage, denn die ganze Menschheit wird nach diesem Prinzip eingeteilt. Und die letzte Ursache dafür nistet irgendwo in den Tiefen des Unterbewußtseins – die Kardinalfrage: Russe oder Nicht-Russe?

Hedrick Smith schreibt dazu: »Mütterchen Rußland bleibt ihr Fels und ihre Zuflucht. Abgesehen von den Systemkritikern kommt kaum ein Russe auf den Gedanken, daß auch sein Land moralisch schuldig geworden sein könnte. Das Bewußtsein moralischer Unschuld ist bei ihnen heute so ungebrochen wie eh und je.«

Aber nun fragt es sich: Wie verträgt sich eine solche Unterscheidung mit dem Allweltgefühl der russischen Seele, mit der Prädestination des Russen zum »Allmenschen«? Selbstverständlich verträgt sich das eine überhaupt nicht mit dem anderen, und so schwankt das russische Bewußtsein zwischen der Bejahung sämtlicher oder doch vieler Nationen bis hin zur Ablehnung von jedem und allem Fremden. Die Xenophobie ist ein Extrem und kein allgemeines Spezifikum des russischen Nationalcharakters. Aber sie existiert und führt oftmals dazu, daß man von außen den Eindruck bekommt, sämtliche Russen litten am Fremdenhaß. Ich zitiere Schabotinskij: »... Die russische Literatur ... verlor nicht ein einziges gutes Wort über die Völkerstämme, die der russische Staat unterjocht hatte, und die großen russischen Dichter rührten nicht einen Finger zu deren Verteidigung.« Das ist allerdings sehr ungenau. Es gab doch einen Lermontow, der auf dem Höhepunkt des Kaukasischen Feldzugs mit höchster Achtung über die Bergbewohner schrieb, einen Lew Tolstoj mit seinem *Chadschi-Murat*, einen Korolenko, der sich für die Moslems einsetzte ...

Vielleicht ist auch die russische Xenophobie eine Kompensation des Bewußtseins der eigenen Armut, des Elends und der Minderwertigkeit. Und so kommt es zur typischen Verkehrung: Wir Russen sind besser als alle anderen, da es uns schlechter geht als allen anderen. Hier vermischen sich soziale Spannungen mit dem Nationalitätenproblem. Es kommt zu Mißgunst und Haß gegenüber den Ländern und Völkern, die in größerem Wohlstand leben. Unter dem einfachen Volk konnte man nach der Besetzung der Tschechoslowakei häufig hören: »Richtig so! Was hat diesen Tschechen eigentlich gefehlt? Sie hatten ein viel besseres Leben als wir! Aber die kriegten den Hals nicht voll!«

Das ist Klassenhaß übersetzt in die Sprache des Nationalismus.

Das einfache russische Volk hat übrigens Adel und Intelligenzija schon immer als Ausländer oder Fremdstämmige angesehen. Die Unterschiede in Kleidung, Sprache und Verhalten waren Merkmale des »Fremden«. Der Herr gehörte einem anderen Volk an. Auch in diesem Fall nahm der Klassenhaß die Form nationaler Feindschaft an. Etwas ähnliches findet auch in der Sowjetgesellschaft statt: der einfache Mensch betrachtet den Intelligenzler als einen Gast aus fremden Ländern. Dabei spielt nicht nur der Neid, sondern auch die aufgezwungene Uniformität ihre Rolle: Jeder, der herausragt, gehört nicht zu uns. Es kommt vor, daß ein russischer Intelligenzler für einen Juden gehalten wird, weil er eine Brille trägt und viel liest.

Unter den Bedingungen sozialer Gleichheit und allgemeiner Uniformität wird jedes individuelle Merkmal als ein nationales interpretiert. Nach dem bewährten Schema: »Unser« – »Fremder«. Ein älterer russischer Bauer fragte einmal einen jüngeren Russen: »Bist du vielleicht ein Jude, daß du dir einen Bart wachsen läßt?« Das ist schlechthin komisch, weil vor verhältnismäßig kurzer Zeit alle russischen Bauern Bärte trugen und das glattrasierte Gesicht das Merkmal eines Ausländers oder des Herrn war. Jetzt ist es umgekehrt: Alle Russen rasieren sich, einer läßt den Bart stehen, also muß er ein Ausländer sein.

Die Begriffe »Unser« – »Fremder« nahmen unter dem Sowjetregime an Bedeutung zu. Lange Jahre war man in erster Linie damit beschäftigt, den Klassenfeind zu suchen und zu vernichten. Er war der Fremde. Sobald die Klassenfeinde erledigt waren, tauchte der nationale Feind auf. Es ist kein Zufall, daß die erste Welle des staatlich gelenkten Antisemitismus kurz nach der Ausmerzung der letzten Klassenfeinde, der Kulaken, anrollte. Der Staat selbst leitete den Klassenhaß in die Bahnen nationaler Mißgunst um. Die Juden wurden zum neuen Klassen- und Nationalfeind.

Der jüdische Dichter Boris Sluzkij, ein Kriegsteilnehmer, hat seine Situation in der Sowjetunion besonders eindrucksvoll geschildert:

Juden säen und ernten nicht,
Juden stehen hinterm Ladentisch,
Juden kriegen früh eine Glatze,
Juden stehlen am meisten.

Juden sind schlechte Menschen,
Sie sind keine guten Soldaten:
An der Front kämpft Iwan,
Im Co-op Abraham.

Mit anderen Worten: Alles wäre gut, wenn es nur keine Juden gäbe. Über Nacht wurden die Juden in der Sowjetunion zu den »Anderen«. Und selbst wenn der Jude sich noch so gut assimilierte und an Sprache und Auftreten von dem Russen nicht zu unterscheiden war – er verkörperte ein Prinzip, das Rußland und dem russischen Volk angeblich konträr war. Er war in dem Fall nicht nur ein Fremder, sondern ein getarnter Fremder, der unbedingt enttarnt werden mußte. Auf diese Weise gipfelte der Klassenkampf im Antisemitismus – und zwar durchgehend auf allen Ebenen, im alltäglichen Leben des Volkes und im Regierungsapparat.

Manchmal hört man, die Juden hätten diese antisemitische Welle selbst verschuldet, weil sie es waren, die die Revolution inszenierten. Bunin widerlegte diese Auffassung sehr überzeugend:

»Die ›Linken‹ legen sämtliche ›Exzesse‹ der Revolution dem alten Regime zur Last, die Schwarzhundertschaften – den Juden. Das Volk steht völlig unschuldig da! Und das Volk selbst wird über kurz oder lang alles den anderen in die Schuhe schieben – dem Nachbarn und dem Juden: ›Was kann ich denn dafür. Ich tue, was mein Nachbar tut, und die Juden haben uns immer dazu aufgestachelt ...‹«

Die Juden in der UdSSR sind der neue »Klassenfeind«, der liquidiert werden muß. Warum? Möglicherweise auch deshalb, weil die Juden in der sowjetischen Geschichte den Platz und die Rolle des russischen Adels übernahmen. Nach der Revolution besetzten die Juden viele entscheidende Positionen im kulturellen und akademischen Leben. Im Gegensatz zu vielen Russen, die Partei- und Wirtschaftsfunktionäre wurden, stand den Juden oft kein anderer Weg offen, als der des Studiums, der akademischen Bildung, um schließlich als neue Intelligenzija die frühere Adelsintelligenzija abzulösen.

Das unglückliche Volk – die Russen – sucht nach einem Sündenbock. Die Logik ist folgende: Wir Russen können gar nicht so schlechte Menschen sein, um einen derart blutrünstigen kommunistischen Staat ins Leben zu rufen; wir können es nicht gewesen sein, es war jemand anderes. Und dann beginnen die Legenden. Legenden, die davon handeln, daß Rußland von Fremden beherrscht werde. Und da weit und breit kein Fremder zu entdecken ist, müssen es die Juden sein. Die Juden sind schon längst aus allen verantwortungsvollen Stellungen entfernt, in der Regierung gibt es nicht einen einzigen Juden, und das Regime verfolgt eine offen antisemitische Politik. Trotzdem glaubt das Volk, es werde von den Juden gegängelt. Bittet man um Begründung, so bekommt man zu hören: »Wie könnte eine russische Regierung das eigene Volk so unterdrücken? Selbstverständlich sind das nicht wir, sondern die ›Anderen‹, die Fremden.« Und wer sind diese »Fremden«, die sich unter die Russen gemischt haben? Selbstverständlich Juden. Das Politbüro besteht aus Juden. Und das KGB besteht auch aus Juden. Das heißt, aus Fremden, die sich als Russen tarnen.

Anfang der fünfziger Jahre führte ich ein aufschlußreiches Gespräch mit einem bedeutenden russischen Parteifunktionär. Er glaubte beweisen zu können, daß die Juden überhaupt Verräter seien. Die Juden hätten schon immer zur handeltreibenden Bourgeoisie gehört und wollten heute die Sowjetunion an die Amerikaner verkaufen. Sämtliche Volksfeinde seien Juden gewesen. Der Jude halte jetzt die Stellung des Klassenfeindes. Seine Vernichtung würde das allgemeine Wohl zur Folge haben.

Das Sowjetregime kann den Zustand der Freiheit nicht dulden, selbst wenn es wollte, denn Freiheit würde den Zerfall des Imperiums herbeiführen. Deshalb bedeutet großrussischer Imperialismus in erster Linie Unterdrückung des eigenen großrussischen Volkes, das leiden muß, damit alle anderen an der Kette bleiben.

Das russische Volk muß ein Sklavendasein führen – um Rußlands Größe willen –, und Rußlands Größe kann nur durch Einverleibung anderer Völker und Länder bestehen. Und je mehr das Reich sich einverleibt, je mehr es sich ausdehnt, desto schlimmer und hoffnungsloser ist die Lage in seinem Innern. Die äußeren Erfolge werden durch innere Verelendung und Versklavung erkauft.

Vom Gesichtspunkt der nationalen Frage sieht die Zukunft dieses Imperiums ziemlich düster aus. Das Erwachen der Minoritäten ist eine natürliche Reaktion auf den Druck des Regimes. Und wenn in Afrika neue souveräne Staaten entstehen, muß man sich fragen, weshalb Georgien, Armenien und die Ukraine nicht etwas Ähnliches anstreben sollten? Etwa nur deshalb nicht, weil sie unter *russischer* Herrschaft stehen? Aber nichts dauert ewig, und wenn die Welt nicht ohnehin infolge der sowjetischen Expansionspolitik zugrunde geht, so ist der Zusammenbruch des sowjetischen Imperiums früher oder später dennoch unvermeidlich. Für die russische Bevölkerung an der Peripherie wird dies furchtbare Folgen haben, denn dort wird sie ausgerottet werden. Möglicherweise wird die marxistische Ideologie von einer faschistoiden abgelöst – als einzige Überlebenschance für das multinationale Imperium.

Die erklärte Priorität einer einzigen Nation wird sich heute kaum ein anderes Volk gefallen lassen, und deshalb muß sich auch eine Weltmacht mit faschistoidem Hintergrund nolens volens zum Internationalismus bekennen. Aber in einer kritischen Situation wird sie die Maske fallen lassen und ihre faschistische Ideologie offenbaren. Dafür existieren schon die erforderlichen Voraussetzungen an der Basis, und es haben sich bereits Varianten eines russischen Faschismus herausgebildet.

Die erste kann »Nationalbolschewismus« genannt werden, der den Kern sowjetischer Staatlichkeit bildet. In diesem Zusammenhang spielen Marxismus und Internationalismus eine rein demagogische Rolle. Ihre wahre Ideologie ist die einer Großmacht mit dem unglücklichen und mächtigen russichen Volk an der Spitze.

Die zweite Variante ist der erklärte Faschismus, der alle marxistische Terminologie über Bord wirft und das russische Volk als seinen einzigen Träger direkt anspricht. Solche Faschisten finden ihren obligaten Gegner im Judentum (dem inneren Feind) und im Westen (dem äußeren Feind), wobei der Westen als internationaler Zionismus verstanden wird. Seine Konzeption ist primitiv genug: Die Juden streben nach der Weltherrschaft; dafür haben sie – provokativ – Christus und das Christentum erfunden und Westeuropa damit infiziert; nach der strahlenden griechisch-römischen Antike breitete sich über ganz Europa das finstere Mittelalter aus; und sobald sich Europa im Zuge der Aufklärung von den Fesseln des Christentums zu befreien anschickte und nationale Kräfte und Staaten sich regten, legten die Juden die Zeitbombe – Marx und den Sozialismus.

Der schlimmste Stein des Anstoßes für einen Faschismus dieses Typs sind Christus und Marx. Und da man die Religion nicht einfach über Bord werfen kann, wird die Rückkehr zu den heidnischen nationalen Gottheiten propagiert. Die Parole heißt: »Es ist kein Gott außer Thor, und Hitler ist sein Prophet.« Im slawischen Heidentum heißt die entsprechende Gottheit Perun. Selbstverständlich ist die Anbetung Thors, Peruns oder Wotans bloßer Schein und ein taktischer Rückgriff auf die nationalen, von der jüdisch-europäischen Kultur unberührten Quellen. Auf russischem Boden hat dieser Faschismus nur geringe Chancen. Das liegt unter anderem daran, daß der Russe völkisch und rassisch kein reines Bild bietet. In seinen Adern fließt mongolisches, finnisch-ugrisches und anderes Blut. Die typisch russische Physiognomie wirkt nicht sonderlich arisch. So ist der russische nationale Gedanke auf eine allgemeinere, umfassendere Definition angewiesen, und es entsteht die dritte Variante: die faschistische Orthodoxie. Ihre Ideologen behaupten, der wahre Russe sei der Rechtsgläubige. Und umgekehrt: wer nicht orthodox ist, könne kein Russe sein. Die ideale Staatsform ist die Theokratie: die Herrschaft der Kirche anstelle des Staates. Ihre Devise: »Die Welt muß orthodox werden.« Einer der Theoretiker dieser Richtung, der Dissident Gennadij Schimanow, schreibt: »Das Sowjetregime geht mit der Theokratie schwanger ... Das Sowjetregime ist das prädestinierte Instrument für den Aufbau des *Tausendjährigen Reiches* auf Erden, das die Weltgeschichte noch nicht kennt, die Heilige Schrift aber verheißt ... Eine derart vollkommene Monokratie hat die Welt noch nie gesehen ... Die Monarchie duldete die gesellschaftlichen und politischen Strömungen auf eine beinahe liberal zu nennende Weise ... Und erst heute, mit der Entstehung des Sowjetstaates, wurde es möglich, daß eine *Partei*, die das Land absolutistisch regiert und keinerlei politische Konkurrenz duldet, sich nicht mehr wie unsere früheren Herrscher und Herrscherinnen von unbestimmten Vorstellungen leiten läßt, sondern von einem *Programm*, nach dem eine wahrhaft christliche Gesellschaft aufgebaut werden kann ... Wenn wir von der künftigen Transformation der Kommunistischen Partei in eine *Orthodoxe Partei der Sowjetunion* ausgehen, können wir mit der Verwirklichung eines *idealen Staates* rechnen ... Der russischen Revolution kommt *globale* Bedeutung zu: Sie muß im Lauf der Zeit für die gesamte Welt Geltung erlangen. Nach dem Großen Oktober geht es nun darum, daß die *ganze Welt orthodox werden* und infolgedessen bis zu gewissem Grade russifiziert werden muß. Die Idee der künftigen *orthodoxen Theokratie* – das ist die einzige schöpferische Idee unserer Zeit.«

So etwas läßt sich im Gegensatz zum Kommunismus als für den Westen harmloser Unsinn abtun. In der Tat, vorläufig bedeutet diese Idee für den Westen kaum eine Gefahr. Aber sie ist eine Gefahr für die Orthodoxie als christliche Religion, denn es geht ihr um die Verwandlung der Religion in eine Regierungsfunktion und damit in ein Instrument der Macht. Der Sowjetstaat ist eine Kirche ohne Gott, ausgestattet mit der entsprechenden Hierarchie. Und nun soll es zu einer weiteren Verquickung kommen: die orthodoxe Kirche soll auf der Grundlage des kirchenähnlichen sowjetischen Systems in einen Staat umgewandelt werden. Alles bleibt, wie es ist, aber anstelle des Roten Sternes soll das Kreuz funkeln. Diese Absicht, Orthodoxie und Nationalstaat zu vereinen, erscheint mir äußerst gefährlich: Das Kreuz auf dem roten Banner – ist nicht mehr das Kreuz.

Nachwort

Kann man eine Pyramide in den Parthenon verwandeln?

Die Sowjetzivilisation ist aus riesigen, schweren Quadern errichtet. Sie ist gut geeignet, menschliche Freiheit zu unterdrücken, nicht aber, sie zu entdecken, zu fördern und zu stimulieren. Sie läßt sich mit einer ägyptischen Pyramide vergleichen, die aus riesigen, haargenau aneinandergefügten, eingepaßten, geglätteten Steinen besteht. Eine Masse aus totem Stein, eine eindrucksvolle Monumentalität, ein Bau, der einst erhabenen und uns heute unbekannten Zwecken diente, mit einem winzigen nutzbaren Innenraum im Zentrum. Und in diesem Zentrum eine Mumie: Lenin. Ringsum: Wüstenwind. Sand. So ist das Bild.

Einige dieser »Steine« – metaphysische Symbole der Sowjetzivilisation – versuchte ich im vorliegenden Buch zu beschreiben, in einer Art Bauzeichnung, indem ich den Gegenstand unter verschiedenen Blickwinkeln und in verschiedener Perspektive darstellte. Aber wie sollte man die Steine einzeln herausheben, ohne das Ganze aus den Augen zu verlieren, und ist eine solche Extraktion überhaupt möglich?

Zum Beispiel: Die Revolution, die irgendwann in der Vergangenheit so leicht heran- und wieder zurückflutete. In der Folge diente sie als attraktives Motto für andere »Revolutionen« von oben, die alle mit dem Enthusiasmus der Massen rechneten (Stalins Kollektivierung, Gorbatschows Perestrojka sind solche »Revolutionen von oben«, die auf eine »Unterstützung von unten«

angelegt sind). Dieselbe Revolution gebar eine Macht, die einen nie dagewesenen Druck auf die Gesellschaft und das Volk ausübt und sich nicht mehr abschütteln läßt (Kapitel 1).

Die utopische Idee, die (im Widerspruch zum Marxismus) das Fundament der Pyramide bildet, ist ebensowenig wegzudenken: Die Ideologie bestimmt die Politik, die Politik bestimmt die Ökonomie (Kapitel 2).

Lenin blieb bis heute eine unantastbare Autorität. Eliminiert man Lenin – was würde von dem Regime, von der Diktatur des Proletariats, von der Sowjetzivilisation übrigbleiben? Auf Lenin folgte allerdings Stalin, und es war Lenin, der den Grundstein der »unbegrenzten Gewalt« gelegt und die Parteibürokratie in die Welt gerufen hat, die er später mit wiederum bürokratischen Maßnahmen zu bekämpfen versuchte (Kapitel 3).

Stalin könnte, so scheint es, ohne nachteilige Folgen ausgespart werden, und wir versuchen dies seit über dreißig Jahren. Stalin, so heißt es gelegentlich, ist aufgrund seiner Grausamkeiten eine dem Sozialismus wesensfremde Erscheinung. Breiten wir einen Schleier über die Grausamkeiten. Aber gerade die Kritik an Stalin, die in der sowjetischen Presse zunehmend lauter wird, unterstreicht die bleibende Rolle, die er im sozialistischen Staat und im Bewußtsein des Volkes spielte und immer noch spielt (Kapitel 4).

Und was soll mit dem »neuen Menschen« geschehen, der, zu voller Größe aufgerichtet, den Helden und den Sklaven und die stumpfsinnige Selbstzufriedenheit gleichzeitig verkörpert (Kapitel 5)?

Der »Sowjet-*byt*« (Kapitel 6) und die »Sowjetsprache« (Kapitel 7) sind der Niederschlag allgemeiner Prinzipien im Alltag der Gegenwart. Dies ist im großen und ganzen das Schema dieses Buches.

Heute sind wir Zeugen einer relativ dynamischen Erscheinung: von Gorbatschows »Perestrojka«. Bereits Chruschtschow hatte zu Beginn seines »Tauwetters« befürchtet, dieses könnte in einem echten Frühling enden, und nach Beratung mit seinem Parteiapparat den Entschluß gefaßt, es wieder »einzufrieren«.

Später schrieb Chruschtschow in seinen Erinnerungen, daß er und die gesamte Führung »das Tauwetter zwar begrüßt ... aber uns bewußt vor diesem Tauwetter gefürchtet haben ... Wir hielten gleichsam das Tauwetter zurück, damit dieses Tauwetter nicht mit einem Hochwasser endete.«

Gorbatschow geht offenbar weiter. Jedenfalls scheint es so, denn niemand weiß darüber Genaues. Die Informationen sind gleich Null, fast wie zu Stalins Zeiten. Vielleicht kämpft Gorbatschow gegen Ligatschow. Vielleicht haben sie sich abgesprochen: der eine bremst die Perestrojka, der andere treibt sie voran. Das Regime hüllt sich wie immer in ein undurchdringliches Geheimnis. Jedenfalls befindet sich die Sowjetzivilisation zum ersten Mal auf dem Prüfstand der Freiheit. Wird sie bestehen oder wird sie nicht bestehen? Hält sie es aus oder hält sie es nicht aus? – fragt die schreckensbleiche Intelligenzija. Sie ist vorläufig Gorbatschows einzige Stütze – eben die Intelligenzija, die so lebhaft auf ihn reagiert und sich an der verbalen Perestrojka (eine andere ist vorläufig noch nicht in Sicht) beteiligt – unter wütendem Widerstand der Parteibürokratie und absoluter Gleichgültigkeit und Passivität des Volkes.

Jedenfalls begann ein Teil der Presse eine lebendige Sprache zu sprechen. Zum ersten Mal ist die Lektüre von Zeitungen und Zeitschriften interessant, in der Sowjetunion heißt es: »Das Lesen ist heute interessanter als das Leben.« Man hat den Eindruck, daß die Veränderungen der Sprache die Fundamente der Zivilisation im nächsten Augenblick erschüttern könnten. Selbstverständlich ist das eine Illusion, immerhin ist die Feststellung aufschlußreich, welche Bedeutung im Bewußtsein der Zeitgenossen der Sprache zukommt.

Das Gesetz der Glasnost treibt wilde Blüten: »Wir brauchen nichts zu essen, wir wollen nur sagen dürfen, daß wir nichts zu essen haben!« sagt die Intelligenzija. Und auch das Volk nimmt sich viel heraus: »Was soll diese Perestrojka, wenn es sowieso nichts zu fressen gibt!« Die ewige Inkongruenz: Den einen geht es um die Freiheit, den anderen um das Brot ...

Zögernd erobern die Städte ihre ursprünglichen Namen zurück. Niemand möchte in einer Stadt leben, die seinerzeit zu Ehren eines hochgerühmten Verbrechers oder einer Mediokrität umbenannt worden ist. Die Stadt Ustinow erhielt ihren ursprünglichen Namen Ischewsk zurück (Der Jubel der Bevölkerung kannte keine Grenzen!); die Stadt Breschnew heißt heute wieder Nabereschnyje Tschelny ...

In dem Augenblick, da ich diese Zeilen niederschreibe, findet in der Presse eine heftige Diskussion statt: Wie kann die Stadt Mariupol das verhaßte Joch des Namens »Schdanow« und die Leningrader Universität ebendenselben Namen loswerden – den Namen eines Würgers russischer Kultur?

Aber dann muß man weiter fragen, was wird aus Leningrad, aus Uljanowsk (Simbirsk), aus Andropow (Rybinsk), aus Kalinin (Twer), aus Kaliningrad (Königsberg) und aus Gorkij (Nischnij Nowgorod)? Die bloße Aufzählung verschlägt einem den Atem ... Nur die Stadt Togliatti (Stawropol) hat es gut: Ältere, des Lesens und Schreibens unkundige Bauern nennen sie einfach Teljatjew und denken dabei an »teljonok« (Kälbchen).

Es ist so weit gekommen, daß sogar die Formel »Sowjetmacht« (aus der die Bezeichnung »Sowjetunion« und das gesamte System politischer und sprachlicher Verzweigungen entstanden ist) zusehends ein Gegenstand der Kritik wird: Wo ist, heißt es, und welche Rolle spielt bei uns diese »Sowjetmacht«? Wo sind eigentlich die Sowjets, die Räte? Was und wen beraten sie eigentlich?

Unterdessen entstehen neue Schablonen, diktieren das Leben und schmieden die Sprache um: »Perestrojka« (ein Begriff, dessen sich bereits Stalin bedient hatte), »Glasnost« (statt Meinungsfreiheit) und »Demokratisierung« (der »Diktatur«). Man muß ständig aus einer Sprache in die andere übersetzen. Was heißt eigentlich »sozialistischer Pluralismus«? Verschiedene Auffassungen im Rahmen totaler Einigkeit? Und was geschieht nun mit den »Sowjetmenschen« und der »Sowjetzivilisation«? Vielleicht spricht das vorliegende Buch nur von Phantomen, von Dingen, die es in Wirklichkeit gar nicht gab und nicht gibt? Wie dem auch sei – die Perestrojka hat etwas in Bewegung gesetzt, und einiges hat sich im Land zum Besseren gewendet. Genauer: Viele seit Jahren verschleppte Krankheiten sind wenigstens diagnostiziert worden. Plötzlich stellt sich heraus, daß die Partei hier und dort zu einer Art Terrarium entartet ist, daß die Bürokratie die Rolle einer Mafia spielt, daß die Sowjetunion auf allen Gebieten ein unterentwickeltes Land ist. Was steht nicht heute alles in sowjetischen Zeitungen! Durch die Presse fegt der Sturm selbstmörderischer Eingeständnisse. Dieser Zeitschriften- und Zeitungs-Orkan zeugt in erster Linie von der kaum zu erschütternden Rückständigkeit der Gesellschaft, die in dem Wunsch nach einer Perestrojka mit den Armen fuchtelt, ohne auch nur um Haaresbreite von der Stelle zu rücken. Außer der Bürokratie hängen die riesige Armee und das KGB dem Land wie ein Stein am Hals, ganz zu schweigen von dem Zwang, die Nationalrepubliken und die sozialistischen Bruderländer am Zügel der Völkerfreundschaft zu halten, ganz zu schweigen von der Trägheit der Masse, die nach dem Drill so vieler Jahre völlig verlernt hat, persönliche Initiativen zu entwickeln ...

Nichts liegt mir ferner als die Behauptung, Glasnost und Perestrojka seien nur ein Vernebelungsmanöver, von geschickter Hand inszeniert, um der Bevölkerung Rußlands und dem Westen künftige Reformen vorzugaukeln. Ich begrüße die Glasnost, die der »Generaldissident« Gorbatschow verkündigte, indem er verschiedene Ideen Sacharows in den Parteijargon übersetzte. Dennoch steht man im Bann der gewohnten Erwartung, daß eines schönen Tages die ganze Perestrojka auf den bereits mehrfach erprobten Weg zu einer neuen Stagnation und einem neuen Frost umgelenkt wird. Die prekären »Freiheiten« der Sowjetunion lassen sich leichter verbieten, als etablieren und im Volk verwurzeln.

T. Saslawskaja, Akademiemitglied und Präsident der Sowjetischen Soziologischen Assoziation, warnt vor drohenden Gefahren: »Für uns war eine hohe Machtkonzentration immer charakteristisch ... Immer gab es einen mächtigen regierenden Kern, der sich vor niemandem zu verantworten brauchte.« (*Iswestija* 4. Juli 1988). »Immer«, d. h. seit Lenin. Die ständige

Machtkonzentration in den Händen weniger hat zur Folge, daß jeder Versuch einer Demokratisierung der Gesellschaft auf den Widerstand der Hierarchie stößt, der die Kolonnen der zahllosen Bürokraten mehr oder weniger gehorsam folgen.

Andererseits sind solche Versuche einer Demokratisierung des Systems nur bei wachsamer Toleranz einer mutigen Spitze möglich, die über die Kühnheit und die Macht verfügt, »Freiheit« mit großer Autorität und in kleinen Dosen einzuführen. Die Demokratie wird auf Befehl von oben eingeführt, wobei es der Führung überlassen bleibt, ob sie sie im nächsten Moment einschränkt oder erweitert. Der Zwang ist die Voraussetzung der »Freiheit«. Darin liegt der Grund für die Inkonsequenz und Zaghaftigkeit der Perestrojka, die sich gleichsam vor sich selbst scheut und jeden Augenblick über die Schulter nach der Vergangenheit zurückschielt.

Wir haben vorläufig keinen Grund, an der Aufrichtigkeit Gorbatschows, an seinen guten Absichten zu zweifeln, und dennoch ist die einzige Stütze des sowjetischen Liberalismus und der russischen Demokratie wiederum nur das Wohlwollen eines Väterchens Zar und seiner getreuen Hofleute.

Heute, wie in der grauen Vergangenheit, redet man dem Herrscher nach dem Mund. Sobald sie einen kühnen Gedanken aussprechen, verweisen die sowjetischen Journalisten auf die höchste Autorität, auf M. S. Gorbatschow, der als erster gesagt habe ... Es ist undenkbar, daß sich die Journalisten des Westens ebenso begeistert auf Mitterrand, Reagan oder einen anderen amtierenden Präsidenten berufen würden. Wie lange kann man »Indianer und Großer Häuptling« weiterspielen? Sehen so die ersten Lernschritte in Sachen Demokratie aus? Der unvergeßliche Mark Twain schreibt dazu in *Ein Jankee am Hofe des König Artus*:

»Unbegrenzte Macht ist das Ideale, wenn sie in vertrauenswürdigen Händen ruht. Die Despotie des Himmels ist die einzige ganz und gar vollkommene Regierungsform. Und die irdische Despotie wäre die vollkommenste Regierungsform, wenn die Bedingungen die gleichen wären, wenn nämlich der Despot das vollkommenste Individuum des Menschengeschlechtes und seine Lebensdauer ewig wäre. Da aber auch ein vollkommener Mensch vergänglich ist und sterben muß und seinen Despotismus einem unvollkommenen Nachfolger überlassen muß, ist irdischer Despotismus nicht nur eine schlechte Regierungsform, sondern die schlimmste, die überhaupt möglich ist.«

Nach der heutigen Sowjetpresse zu urteilen, haben sich sämtliche Parteiführer zwischen Lenin und Gorbatschow im nachhinein als minderwertige Gesellen erwiesen, als Schurken, Feiglinge, Mißgeburten, Halbleichen oder gar ausgekochte Bösewichter. Breschnew wirkt neben Stalin wie ein kleiner Krimineller. Der verblüffte Leser der sowjetischen Presse hat allen Grund zu verzweifeln: Sein ganzes Leben, die gesamte Geschichte und Theorie des sowjetischen Staates sind vertan, haben der Menschheit ungeheuren Schaden bereitet, waren umsonst.

Die hohen Ziele Lenins und der Oktoberrevolution harren noch heute ihrer Verwirklichung: Weder gehört alle Macht den Sowjets, noch der Boden den Bauern, noch die Fabriken den Arbeitern. Nur die durch die Bürokratie gestützte Diktatur ist wohlerhalten geblieben.

T. Saslawskaja schreibt dazu:

»Soweit mir bekannt ist, hat keiner der Deputierten (des Obersten Sowjets, A. S.) seit einem Vierteljahrhundert (warum nicht seit fünfzig oder sechzig Jahren, A. S.) eine echte, radikale soziale Initiative entwickelt, obwohl dies kein Risiko für ihn bedeutet hätte und er mit keinerlei negativen Folgen für sich hätte rechnen müssen ... Der Oberste Sowjet ... hat im wesentlichen automatisch die vom Apparat vorbereiteten und vorgelegten Entschlüsse bestätigt ...

Die Reaktion (so wollen wir diese Gruppe nennen) verfügt immer noch über beträchtliche Kräfte. Im ganzen Land sind äußerst einflußreiche Herde organisierter Kriminalität zerschlagen worden. Diese Clans vereinigten in sich den demoralisierten Teil der Mitarbeiter des Handelsnetzes, die Schieber der illegalen Volkswirtschaft und auch die korrumpierten Angehörigen des Machtapparats einschließlich der Justiz. Solche mächtigen Verbrecher-Clans führten auf den von ihnen ›bevormundeten‹ Territorien ein Regime der Gesetzlosigkeit ein. Einige Mafiosi sind entlarvt worden, aber es ist anzunehmen, daß viele von ihnen untergetaucht sind. Ein passives Abwarten können sie sich kaum leisten – für sie bedeutet die Perestrojka den totalen Untergang und sie werden vor nichts zurückschrecken.«

Nach so bitterer Enttäuschung dürfen die Zeitungsleser wieder hoffen: endlich könnten sie Glück haben, denn heute liegt die Macht in einer würdigen und festen Hand. Heißt das aber nicht, daß der einzige Bürge für Freiheit, Fortschritt und wahre Bildung die Despotie ist?

Die altägyptische Pyramide gilt mit Recht als die stabilste Bauform – unvergleichlich zuverlässiger und haltbarer als der Parthenon. Wo sind sie jetzt, diese luftigen Tempel?

Die Pyramiden dagegen – die stehen noch da! Und so erhebt sich die Frage: Ist an einer Pyramide eine »Perestrojka« überhaupt möglich? Und noch dazu auf eine beschleunigte, revolutionäre Art und Weise? Und noch dazu auf Befehl von oben? Natürlich kann man sie mit einer Säulenreihe umgeben, mit Stuck überziehen oder mit einem Portikus versehen. Aber was kann der fremde Zierat an ihr bewirken, bleibt er überhaupt an ihren Flächen haften? Und wird er nicht eigentlich das alte Profil und den Stil verderben?

Diese durchsichtige Allegorie möchte wenigstens andeuten, weshalb der Verfasser – ungeachtet aller Sympathie für einzelne Bemühungen der Perestrojka – den Zweifel mancher Zeitgenossen an einem radikalen Standortwechsel teilt, an Veränderungen, die berufen wären, die Sowjetzivilisation im Sinne einer Demokratisierung zu verjüngen. Wie will man eine Pyramide von der Stelle rücken? Sie wird jeden, der es versucht, unter sich zermalmen.

Ich werde glücklich sein, wenn die Wirklichkeit meine Erwartungen übertrifft und diese pessimistischen Gedankengebäude widerlegt.

Glossar zur deutschen Ausgabe

Achmatowa, Anna Andrejewna (eigentl. Gorenko) (1889–1966). Große russische Lyrikerin; Puschkin-Forscherin. Ihr Poem über den Stalinschen Terror *Requiem* (1935 bis 1940 verfaßt) gehört zu den wichtigsten Werken der russischen Literatur des zwanzigsten Jahrhunderts; in der Sowjetunion erschien es erst 1987 in den Zeitschriften *Newa* und *Oktjabr*.

Alexandr Newskij (1220–1263). Fürst von Nowgorod, später Großfürst von Wladimir. 1240 schlug er die Schweden; 1242 errang er auf dem Eis des Peipussees einen entscheidenden Sieg über den Deutschen Orden.

Alilujewa, Swetlana Iossifowna (geb. 1925). Tochter Stalins; 1966 ausgereist, über Indien in die USA gelangt, wo man ihr Asyl gewährte. Lebt in England. Ihre Erinnerungsbände *Zwanzig Briefe an einen Freund* und *Das Erste Jahr* erschienen 1967 bzw. 1969 auf deutsch.

Andropow, Jurij Wladimirowitsch (1914–1984). Ab November 1982 Generalsekretär der KPdSU; ab Juni 1983 bis zu seinem Tod Staatsoberhaupt der UdSSR.

Apanasenko, Iossif Rodionowitsch. Im Bürgerkrieg Kommandeur einer Division in der Ersten Reiterarmee; diente als Prototyp des Helden der »Lebensbeschreibung des Matwej Rodionowitsch Pawlitschenko«, einer Erzählung aus dem Zyklus *1. Die Reiterarmee* von I. Babel.

Awerbach, Leopold Leonidowitsch (1903–1938). Komsomolfunktionär; einer der Gründer der RAPP (Russischer Verband der Proletarischen Schriftsteller); vulgär marxistischer Literaturkritiker.

Awtorchanow, Abdurachman (geb. 1908). Von Herkunft Tschetschene; russischer Politologe und Publizist; ab 1943 im Westen. Wichtige Studien zur sowjetischen Zeitgeschichte; seine Memoiren erschienen 1983 in Frankfurt am Main.

Babel, Isaak Emmanuilowitsch (1894–1941?). Bedeutender russischer Epiker, Meister der Kurzerzählung. 1938 verhaftet; später verschollen. Sein bekanntestes Werk, der Erzählungszyklus *Die Reiterarmee*, erschien 1926 in Moskau.

Bagritzkij, Eduard Georgijewitsch (eigentl. Dsjubin) (1895–1934). Russischer Lyriker; in seinen Gedichten romantisiert er die russische Revolution und den Bürgerkrieg.

Bakunin, Michail Alexandrowitsch (1814–1876). Russischer Revolutionär. Theoretiker und Vorkämpfer des Anarchismus.

Balmont, Konstantin Dmitrijewitsch (1867–1942). Russischer Lyriker und Übersetzer; Vertreter des Symbolismus. 1920 nach Frankreich emigriert.

Berdjajew, Nikolaj Alexandrowitsch (1874–1948). Russischer Philosoph, einer der Begründer des christlichen Existentialismus. 1922 wegen radikaler Kritik am Materialismus und Atheismus zusammen mit anderen führenden Denkern aus Sowjetrußland ausgewiesen; ab 1924 in Paris. Sein politischer Aufsatz »Die russische Gironde« erschien 1906 in der Zeitschrift *Nascha Schisn* (Unser Leben); als Buchveröffentlichung 1907 in Sankt Petersburg in der Aufsatzsammlung *Sub speciae aeternitatis.*

Berggolz, Olga Fjodorowna (1910–1975). Russische Lyrikerin. Ihr autobiographisches Prosawerk *Tagessterne* erschien 1959 in Leningrad.

Berija, Lawrentij Pawlowitsch (1899–1953). Sowjetischer Politiker. 1938 Volkskommissar für Inneres (NKWD) und damit Chef des gesamten Polizei-, Nachrichten- und Sicherheitsdienstes. Maßgebliche Beteiligung am Massenterror Stalins; erschossen.

Blok, Alexandr Alexandrowitsch (1880–1921). Bedeutender russischer Lyriker; Dramatiker, Essayist; führender Symbolist. Sein bekanntestes Werk, das Poem *Die Zwölf*, erschien 1918, der erwähnte Aufsatz »Intelligenzija und Revolution« im Januar desselben Jahres.

Blücher, Wassilij Konstantinowitsch (1890–1938). Sowjetischer Heeresführer und Parteifunktionär; Held des Bürgerkrieges; ab 1935 Marschall der Sowjetunion. Fiel der letzten stalinistischen Säuberungswelle innerhalb der Führungsspitze der Roten Armee zum Opfer; erschossen.

Breschnew, Leonid Iljitsch (1906–1982).

Brest-Litowsk, Frieden von. abgeschlossen zwischen den Mittelmächten und Sowjetrußland am 3. 3. 1918 als erster Friedensschluß im Ersten Weltkrieg.

Brik, Ossip Maximowitsch (1888–1945). Russischer Literaturtheoretiker, Kritiker; führender Futurist.

Bucharin, Nikolaj Iwanowitsch (1888–1938). Bolschewistischer Politiker und Theoretiker, bedeutender marxistischer Nationalökonom. 1925–1927 bekämpfte er zusammen mit Stalin die linke Opposition, wurde 1929 als Rechtsabweichler entmachtet. Später Chefredakteur der *Iswestija*. 1937 verhaftet, nach einem Schauprozeß 1938 hingerichtet; 1988 parteiamtlich rehabilitiert.

Bukowskij, Wladimir Konstantinowitsch (geb. 1942). Biologe; Menschenrechtler. Seit 1963 wiederholte Haftstrafen, zum Teil in der Gefängnispsychiatrie. 1976 im Rahmen einer weltweit angelegten Tauschaktion gegen den chilenischen KP-Führer Corvalan ausgetauscht. Lebt in England.

Bulgakow, Michail Afanasjewitsch (1891–1940). Russischer Epiker und Dramatiker. Sein bedeutendster Roman *Der Meister und Margarita* erschien vollständig erst im Jahr 1969; *Die Tage der Turbiny* (die Bühnenfassung seines Romans *Die Weiße Garde* von 1924) wurde 1926 verfaßt und ab dann wiederholt vom Moskauer Künstlertheater aufgeführt; seine 1925 geschriebene Novelle *Das Hundeherz* erschien in der Sowjetunion erst im Jahr 1987.

Bunin, Iwan Alexejewitsch (1870–1953). Bedeutender russischer Prosaiker; Lyriker. Bunin emigrierte 1920 nach Paris; 1933 erhielt er als erster russischer Schriftsteller den Nobelpreis für Literatur.

Chlebnikow, Welimir (eigentl. Wiktor Wladimirowitsch) (1885 bis 1922). Führender Futurist, bedeutender experimenteller Lyriker.

Chlestakow Held der Komödie *Der Revisor* aus dem Jahr 1836 von N. W. Gogol.

Chodassewitsch, Wladislaw Felizianowitsch (1886–1939). Lyriker und Literaturkritiker; emigrierte 1922 nach Berlin, später nach Paris. *Der Weiße Korridor* erschien erstmals 1925 in Paris in der Zeitschrift *Dni* (Die Tage); als Buchveröffentlichung 1954 in New York in *Literaturnyje statji i wospominanija* (Literarische Essays und Erinnerungen).

Chruschtschow, Nikita Sergejewitsch (1894–1971). Seine Memoiren erschienen 1971 in deutscher Übersetzung unter dem Titel *Chruschtschow erinnert sich.*

Derschawin, Gawrila Romanowitsch (1743–1816). Bedeutender Dichter des russischen Klassizismus. Seine wertvollen Lebenserinnerungen erschienen 1871 als Buch.

Djilas, Milovan (geb. 1911). Jugoslawischer Politologe und Schriftsteller; 1954 Ausschluß aus dem Politbüro, bis dahin führender Politiker Jugoslawiens. *Die neue Klasse* erschien 1958 im Westen.

Falscher Dmitrij. Nach der »Wahl« Boris Godunows zum Zaren und Nachfolger seines Schwagers, Zar Fjodor, beschuldigten ihn seine Feinde, in Uglitsch den jungen Prinzen Dmitrij ermordet zu haben – den jüngsten Sohn Iwan des Schrecklichen und rechtmäßigen Thronanwärter. Dieses Gerücht trug entscheidend zur großen Thronfolgekrise, zur Zeit der Wirren bei, in deren Verlauf sich mehrere Abenteurer als der auf wunderbare Art gerettete Zarewitsch Dmitrij ausgaben. Der Bemerkenswerteste unter ihnen, der falsche Dmitrij I., genoß die Unterstützung des Königs von Polen und der Jesuiten und träumte davon, das moskowitische Reich zu zivilisieren. Er hatte die Tochter eines polnischen Aristokraten, Marina Mniszek, geheiratet, die dem Massaker von 1606 entrann, in dessen Verlauf er von einer Menge in Moskau getötet wurde.

Dostojewskij, Fjodor Michailowitsch (1821–1881). Großer russischer Epiker, Publizist.

Dserschinskij (Dzierżyński), Felix Edmundowitsch (1877–1926). Polnischer Sozialdemokrat; später führender Bolschewik. Erster Vorsitzender der 1917 gegründeten Tscheka.

Dsjuba, Iwan Michajlowitsch (geb. 1931). Ukrainischer Prosaiker und Publizist, Bürgerrechtler. Ab 1972 mehrmals inhaftiert und in Verbannung. Sein berühmter Essay »Internationalismus oder

Russifizierung« erschien 1968 auf Ukrainisch im Westen. Seit 1987 ist er in den ukrainischen literarischen Zeitschriften wieder publizistisch tätig.

Duchonin, Nikolaj Nikolajewitsch (1876–1917). Generalleutnant der zaristischen Armee; wurde von rebellierenden Soldaten umgebracht.

Dudko, Dimitrij Sergejewitsch (geb. 1922). Russisch orthodoxer Geistlicher bäuerlicher Herkunft; 1947 bis 1956 wegen religiöser Dichtung in Haft; empfing 1963 die Priesterweihe, seitdem als Prediger bekannt; 1980 in Untersuchungshaft.

Entkulakisierung. 1928 auf Veranlassung von Stalin eingeleiteter Prozeß der Enteignung und Verbannung der sogenannten Kulaken. (*Kulak* russ. Faust. Ursprüngl. Bezeichnung für einen Dorfwucherer. Stalin benutzte den Begriff, um Mittel- und Großbauern im Zusammenhang mit der Kollektivierung ideologisch abzustempeln.)

Essen, Maria Moisejewna (1872–1956). Russische linke Sozialdemokratin; ab 1920 Mitglied der Kommunistischen Partei.

Fadejew, Alexandr Alexandrowitsch (1901–1956). Sowjetischer Literaturfunktionär; ab dem Jahr 1934, nach dem I. Schriftstellerkongreß, führendes Mitglied des Schriftstellerverbandes. Seine Romane wurden zu Meisterwerken des Sozialistischen Realismus hochstilisiert. Der Bürgerkriegsroman *Geschlagen* erschien im Jahr 1927.

Fedin, Konstantin Alexandrowitsch (1892–1977). Sowjetischer Prosaiker; Anfang der zwanziger Jahre gehörte er den »Serapionsbrüdern« an, einer Petrograder Gruppe junger experimenteller Schriftsteller; später wurde er zum lebendigen Klassiker des Sozialistischen Realismus erklärt.

Fedotow, Georgij Petrowitsch (1886–1951). Russischer religiöser Denker, Essayist und Kirchenhistoriker. Emigrierte in den zwanziger Jahren.

Feuchtwanger, Lion (1884–1958). *Moskau 1937* erschien 1939 in einer limitierten Auflage, die Feuchtwanger vor allem seinen Freunden zugänglich machte.

Furmanow, Dmitrij Andrejewitsch (1891–1926). Sowjetischer Prosaiker und Literaturfunktionär; aktive Teilnahme am Bürgerkrieg als politischer Kommissar. 1923 erschien sein halbdokumentarischer Roman *Tschapajew* über den Bürgerkriegshelden Wassilij Iwanowitsch Tschapajew (1887–1919).

Gagarin, Jurij Alexejewitsch (1934–1968). Sowjetischer Kosmonaut, flog am 12. 4. 1961 als erster Mensch in das Weltall.

Galitsch, Alexandr Arkadjewitsch (eigentl. Ginsburg) (1919 bis 1977). Russischer Dramatiker, Drehbuchautor, Liedermacher – schrieb engagierte antistalinistische Lieder. Emigrierte 1974, starb in Paris.

Gastew, Alexej Kapitonowitsch (1882–1941). Proletarischer Dichter; wissenschaftliche Studien über physiologische und organisatorische Grundbedingungen der Industriearbeit.

Ginsburg, Jewgenija Semjonowna (1906–1977). Russische Schriftstellerin, Historikerin. Von 1937 bis 1955 in Haft und Verbannung. Aufschlußreich sind ihre zweibändigen Erinnerungen, deren erster Teil 1967 unter dem Titel *Marschroute eines Lebens* im Westen erschien; 1980 wurde er in einer deutschen Neuübersetzung in dem Band *Gratwanderung* noch mal veröffentlicht, gemeinsam mit dem erst posthum erschienenen zweiten Teil.

Gippius, Sinaida Nikolajewna (nach den deutschen Vorfahren auch Hippius) (1869–1945). Symbolistische Lyrikerin; verheiratet mit D. S. Mereschkowskij; emigrierte 1919 nach Paris.

Glasnost (russ. Transparenz; Offenheit). Schlagwort, das seit 1986 die demokratischen Intentionen der Reformpolitik Gorbatschows zusammenfaßt.

Godunow, Boris Fjodorowitsch (um 1552–1605). Nach dem Tod des kinderlosen Zaren Fjodor Iwanowitsch im Jahr 1598 wurde Godunow zu seinem Nachfolger erklärt. Angeblich auf sein Geheiß war schon im Jahr 1591 der jüngere Bruder des Fjodor Iwanowitsch, Zarewitsch Dmitrij, umgebracht worden.

Gogol, Nikolaj Wassiljewitsch (1809–1852). Großer russischer Dichter; sein wichtigstes prosaisches Werk *Die Toten Seelen* erschien 1842, die erwähnte Komödie *Die Heirat* im selben Jahr; sein Band *Ausgewählte Stellen aus dem Briefwechsel mit Freunden* (1847) enthält neben Aufsätzen zur Ästhetik und Dichtung auch konservative moralisierende Essays, die in der zeitgenössischen russischen Gesellschaft auf starke Kritik stießen.

Gorbatschow, Michail Sergejewitsch (geb. 1931). Seit April 1985 Generalsekretär des ZK der KPdSU.

Gorkij, Maxim (eigentl. Alexej Maximowitsch Peschkow) (1868–1936). Russischer Epiker, Dramatiker. Von 1921 bis 1931 zum Teil aus gesundheitlichen, aber auch aus politischen Gründen im westeuropäischen Exil; Begründer des Sowjetischen Schriftstellerverbandes im Jahr 1934. Die vier Bände seiner unvollendeten Romanchronik *Das Leben des Klim Samgin* erschienen zwischen den Jahren 1927 bis 1936.

Gornfeld, Arkadij Georgijewitsch (1867–1941). Literaturwissenschaftler, Kritiker und Übersetzer; mehrere Arbeiten zur Theorie der künstlerischen Kreativität.

Grigorenko, Pjotr Grigorjewitsch (1907–1986). Sowjetischer Generalmajor ukrainischer Herkunft; ab 1961 als Menschenrechtler aktiv, machte Vorschläge für gesellschaftliche und politische Reformen, seit 1964 mehrfach in psychiatrischer Haft; 1977 Ausreise in die USA. Seine *Erinnerungen* erschienen 1981 im Westen.

Grossman, Wassilij Semjonowitsch (1905–1964). Russischer Epiker, Kriegsberichterstatter während des Zweiten Weltkrieges. *Leben und Schicksal*, der zweite Teil seines großen Kriegsromans *Für die gerechte Sache*, wurde 1961 vom KGB beschlagnahmt und erst 1980 in der Schweiz veröffentlicht.

Ilf (eigentl. Feinsilberg, Ilja Arnoldowitsch) (1897–1937) und *Petrow* (eigentl. Katajew, Jewgeni Petrowitsch) (1902–1942). Populäres Autorenteam, berühmt für seine satirische Prosa und Reiseskizzen. Die erwähnten Romane *Die zwölf Stühle* und *Das goldene Kalb* erschienen 1928 bzw. 1931.

Iskander, Fasil Abdulowitsch (geb. 1929). Russischer Lyriker und Epiker. Einige Episoden des erwähnten Romanzyklus *Sandro von Tschegem* erschienen in gekürzter Fassung im Jahr 1973 in der Moskauer Zeitschrift *Nowi Mir*; der vollständige Roman wurde erst 1979 bzw. 1980 in den USA in zwei Bänden veröffentlicht; 1989 erschien er auch in der Sowjetunion.

Iswestija (Nachrichten der Volksabgeordnetenräte der UdSSR). Zentrale Tageszeitung, herausgegeben vom Präsidium des Obersten Sowjets der UdSSR.

Iwan IV. Wassiljewitsch, der Schreckliche (1530–1584). Großfürst ab 1533. Gilt als der erste russische Zar (ab 1547); berüchtigt wegen seiner zum Teil sinnlosen grausamen Massenverfolgungen und Hinrichtungen vermeintlicher Gegner.

Jakir, Iona Emmanuilowitsch (1896–1937). Sowjetischer Heeresführer; aktive Teilnahme an der Oktoberrevolution in Bessarabien und am Bürgerkrieg. Im Zuge der Säuberungen in der Führungsspitze der Roten Armee hingerichtet.

Jaroslawskij, Jemeljan Michailowitsch (eigentl. Minej Israiljewitsch Gubelman) (1878–1943). Sowjetischer Parteifunktionär und Staatsmann. Als Gründer des »Bundes der Gottlosen« maßgebliche Beteiligung an der Religionsverfolgung. Mehrere parteigeschichtliche Studien.

Jaurès, Jean (1859–1914). Bedeutender französischer Sozialist und Historiker der Französischen Revolution; am Vorabend des Ersten Weltkrieges wegen seiner antimilitaristischen Haltung von einem extremistischen Patrioten umgebracht.

Jenukidse, Awel Safronowitsch (1877–1937). Einer der Gründer der sozialdemokratischen Parteiorganisation in Transkaukasien; später führender Bolschewik. Seine parteigeschichtlichen Studien widerlegten den Mythos von Stalin als Parteigründer und nächster Mitarbeiter Lenins; 1937 auf Veranlassung Stalins hingerichtet.

Jessenin, Sergej Alexandrowitsch (1895–1925). Russischer Lyriker bäuerlicher Herkunft, sehr populär. Beging Selbstmord; der bekannteste Lyrikzyklus *Kneipen-Moskau* erschien 1924.

Joffe, Adolf Abramowitsch (1883–1927). Sowjetischer Parteifunktionär und Staatsmann, enger Freund Trotzkijs. Diplomat, 1918 Mitglied der sowjetischen Delegation bei den Friedensverhandlungen von Brest-Litowsk, erster sowjetischer Bevollmächtigter in Berlin. Kurz nach dem Ausschluß Trotzkijs aus der Partei beging er Selbstmord.

Kaganowitsch, Lasar Moisejewitsch (geb. 1893). Sowjetischer Parteifunktionär und Staatsmann; Vertrauensmann Stalins, maßgebliche Beteiligung an der Industrialisierung Sowjetrußlands und an allen Säuberungswellen. 1957 aller Ämter enthoben.

Kalinin, Michail Iwanowitsch (1875–1946). Partei- und Staatsfunktionär bäuerlicher Herkunft. Ab 1919 Staatsoberhaupt; vor der Kollektivierung unter den Bauern sehr beliebt und als »Allunionsältester« bekannt.

Kamenew, Lew Borisowitsch (eigentl. Rosenfeld) (1883–1936). Führender sowjetischer Politiker, 1925 nach dem Scheitern der sogenannten »Vereinigten Opposition« entmachtet; 1936 nach dem ersten großen Moskauer Schauprozeß hingerichtet. Seine Ehefrau, Olga Dawydowna, war die jüngere Schwester Trotzkijs.

Katharina II. (1729–1796). Ab 1762 russische Kaiserin.

Kautsky, Karl (1854–1938). Österreichischer Sozialdemokrat. Einflußreicher Theoretiker des Marxismus.

Kawerin, Wenjamin Alexandrowitsch (eigentl. Silber) (geb. 1902). Russischer Prosaiker und Literaturwissenschaftler. Anfang der zwanziger Jahre Mitglied der »Serapionsbrüder«, einer Petrograder Gruppe junger experimenteller Schriftsteller; nach dem Tod Stalins bekannt durch seine antistalinistischen Erinnerungsschriften und Publizistik.

KGB. Siehe *Tscheka*.

Kirillow, Wladimir Timofejewitsch (1890–1943). Proletarischer Dichter; einer der Mitbegründer des sogenannten »Proletkult«.

Kirow, Sergej Mironowitsch (eigentl. Kostrikow) (1886–1934). Führender Parteifunktionär; seit 1926 Erster Sekretär der Leningrader Parteiorganisation. Wegen seiner Popularität auf Stalins Geheiß ermordet. Der Mord wurde Anlaß zum Massenterror.

Knjasew, Wassilij Wassiljewitsch (1887–1937, bzw. 1938). Proletarischer Lyriker, seine Agitationsdichtung ist gekennzeichnet von einer konventionellen poetischen Form. Wie die meisten Revolutionsdichter der ersten Stunde in der Haft umgekommen.

Koltschak, Alexandr Wassiljewitsch (1874–1920). Russischer Admiral, Befehlshaber der Weißen Armeen in Sibirien. 1918 ernannte er sich zum Reichsverweser. 1920 von dem bolschewistischen Revolutionskomitee hingerichtet.

Korolenko, Wladimir Galaktionowitsch (1853–1921). Russischer Schriftsteller und Publizist, Mitherausgeber der Zeitschrift *Russkoje Bogatstwo*; ideologisch stand er den sogenannten Volkstümlern nahe.

Kossarew, Alexandr Wassiljewitsch (1903–1939). Einer der Gründer der Kommunistischen Jugendorganisation Sowjetrußlands

(Komsomol) und von 1929 bis 1938 Generalsekretär ihres ZKs. Während der letzten großen Säuberungswelle umgekommen.

Krupskaja (Uljanowa), Nadeschda Konstantinowa (1869–1939). Ehefrau und engste Mitarbeiterin Lenins; Mitbegründerin des Volksbildungssystems. Die ersten 2 Bände ihrer *Erinnerungen an Lenin* erschienen 1932 bzw. 1933; vollständig zusammengetragen wurde das Werk erst nach Stalins Tod veröffentlicht.

Krassin, Leonid Borisowitsch (1870–1926). Altbolschewik; ab 1920 Volkskommissar für Außenhandel.

Ktorowa, Alla (eigentl. Wiktorija Iwanowna Sandor geb. Kotschurowa) (geb. 1926). Russische Prosaikerin; seit 1958 in den USA.

Kurskij, Dmitrij Iwanowitsch (1874–1932). Sowjetischer Politiker. Von 1918 bis 1928 Volkskommissar für Justiz der RSFSR und der erste sowjetische Generalstaatsanwalt.

Kusikow, Alexandr Borisowitsch (eigentl. Kusikjan) (geb. 1896). Russischer Lyriker, Mitglied der Imaginisten-Gruppe; seit 1921 in der Emigration.

Kuusinen, Otto (1881–1964). Finnisch-sowjetischer kommunistischer Parteifunktionär; gehörte zur Komintern-Spitze, während des sowjetisch-finnischen Krieges (1939/40) bildete er auf Geheiß Stalins eine finnische Exilregierung, die nach dem Friedensschluß wieder fallengelassen wurde.

Lakoba, Nestor Apollonowitsch (1893–1936). Gebürtiger Abchase. Schon früh in der bolschewistischen Bewegung im Kaukasus aktiv; ab 1922 Vorsitzender des Abchasischen Rats der Volkskommissare; von 1930 bis 1936 Vorsitzender des Zentralen Exekutivkomitees Abchasiens. Während des Stalin-Terrors ermordet.

Lebedew-Kumatsch, Wassilij Iwanowitsch (eigentl. Lebedew) (1898–1949). Sowjetischer Liederdichter und Satiriker; aus seiner Feder stammen die Texte zu den berühmtesten offiziellen Liedern der stalinistischen Epoche.

Lenin, Wladimir Iljitsch (eigentl. Uljanow) (1870–1924).

Leonow, Leonid Maximowitsch (geb. 1899). Sowjetischer Epiker und Dramatiker; nachdem er in den zwanziger Jahren interessante experimentelle Prosawerke geschrieben hatte, wurde er später zu einem Klassiker des Sozialistischen Realismus.

Lermontow, Michail Jurjewitsch (1814–1841). Großer russischer Dichter der Spätromantik. Im Duell getötet.

Literaturnaja Gaseta (Literatur-Zeitung). Organ des Vorstandes des Schriftstellerverbandes der UdSSR, 1929 gegründet (ab 1967 Wochenzeitung). Die Bedeutung dieser Zeitung geht weit über das literarische Leben hinaus; in Sachen Kultur, Wirtschaft und Innenpolitik vertrat sie immer vergleichsweise fortschrittliche und liberale Positionen.

Litwinow, Pawel Michailowitsch (geb. 1940). Physiker, Menschenrechtler. Seit 1974 in England, später in den Vereinigten Staaten.

Liwschiz, Jewgenija Isaakowna (1901–1961). Eine Bekannte Jessenins.

Lugowskoj, Wladimir Alexandrowitsch (1901–1957). Sowjetischer Dichter; in seiner Lyrik und Vers-Epik findet man romantisierende Darstellungen der frühen sowjetischen Geschichte.

Lunatscharskij, Anatolij Wassiljewitsch (1875–1933). Altbolschewik; sowjetischer Kulturpolitiker, Literaturwissenschaftler. Nach dem bolschewistischen Umsturz von 1917 wurde er Volkskommissar für Bildung. Er förderte avantgardistische und proletarische Literatur und Kunst, setzte sich jedoch auch für das »klassische« Kulturerbe ein.

Machno, Nestor Iwanowitsch (1889–1934). Ukrainischer Anarchist. Führer der anarchischen Bauernarmee des »Vaters Machno«. Kämpfte gegen die österreichisch-deutschen Okkupationstruppen, gegen die Weiße Armee und die ukrainisch-nationalistische Petljura-Bewegung; zeitweise mit der Roten Armee verbündet. Emigrierte 1921 mit den Resten seiner Armee über Rumänien und starb in Paris.

Majakowskij, Wladimir Wladimirowitsch (1893–1930). Russischer Lyriker, Dramatiker. Führender Futurist; 1922 bis 1929 an der Spitze von LEF (russ.: Linke Front der Künste). Trotz seines aufrichtigen Engagements für die kommunistische Umgestaltung wurde er von den meisten vulgär-marxistischen Kritikern und Kulturfunktionären abgelehnt, unter der neuen kommunistischen Arbeiter- und Studentenjugend war er immer sehr beliebt; beging Selbstmord. Erst 1935 wurde er von Stalin zum »besten und begabtesten Lyriker unserer Sowjetepoche« erklärt. Seine erste Verserzählung *Wolke in Hosen* erschien 1915; seine Poeme *150 000 000* – 1920, *Wladimir Iljitsch Lenin* – 1924, *Gut! Ein Oktoberpoem* – 1927; die satirische Komödie *Die Wanze* wurde 1928 veröffentlicht.

Mandelstam, Ossip Emiljewitsch (1891–1938). Großer russischer Lyriker, begann als Akmeist; Autor von Experimentalprosa und literaturwissenschaftlichen Arbeiten; kam während der Lagerhaft um.

Martschenko, Anatolij Tichonowitsch (1938–1986). Stammte aus einer Arbeiterfamilie; Bürgerrechtler, Mitglied der sowjetischen Helsinki-Gruppe; seit 1960 mehrmals in Lagerhaft und Verbannung; starb im Gefängnis nach einem Hungerstreik. Sein weltweit berühmtes Buch *Meine Aussagen* erschien 1967 im Samisdat, 1969 dann als Buch in Paris.

Matrossow, Alexandr Matwejewitsch (1924–1943). Soldat, der während des Zweiten Weltkriegs die Schießscharte eines deutschen Maschinengewehrbunkers mit dem eigenen Körper bedeckte. Er ist zum Sinnbild der Tapferkeit und Selbstaufopferung stilisiert worden.

Mereschkowskij, Dmitrij Sergejewitsch (1865–1941). Symbolistischer Dichter und Literaturtheoretiker, Verfasser mehrerer historischer Romane. In seiner Abhandlung *Tolstoj und Dostojewskij* (1901) erforschte er russische geistige Traditionen. Emigrierte 1919 über Warschau nach Paris.

Mikojan, Anastas Iwanowitsch (1895–1978). Sowjetischer Politiker armenischer Herkunft. In der Partei- und Regierungsspitze zuständig für Fragen des Binnen- und Außenhandels.

Mir (russ. Welt). Im Russischen homonym mit »Frieden«; diente auch als Bezeichnung für die großrussische Dorfgemeinde und die Vollversammlung ihrer männlichen Mitglieder. In der russischen Phraseologie wird der Begriff auch auf das gesamte russische Volk bzw. auf das orthodoxe Kirchenvolk im Sinne einer Gemeinschaft übertragen.

Molotow, Wjatscheslaw Michailowitsch (eigentl. Skrjabin) (1890–1986). Sowjetischer Politiker, einer der engsten Mitarbeiter Stalins. 1957 auf Geheiß Chruschtschows aller höheren Partei- und Regierungsposten enthoben.

Narbut, Wladimir Iwanowitsch (1888–1944). Russischer Lyriker ukrainischer Herkunft, schloß sich 1912 den Akmeisten an; in den zwanziger Jahren im sowjetischen literarischen Leben auch als Kritiker und Herausgeber aktiv; 1936 verhaftet, im Lager umgekommen.

Narkom Abkürzung für russ. *narodnyj komissar* (Volkskommissar); *narkomat* Abk. für russ. *narodnyj komissariat* (Volkskommissariat). 1946 kehrte man zu den traditionellen Bezeichnungen »Minister« und »Ministerium« zurück.

Narodniki (russ. »Volkstümler«). Demokratische, anfangs aufklärerisch-reformistische, später auch revolutionäre Bewegung in der zweiten Hälfte des 19. Jhs.

Nekrassow, Wiktor Platonowitsch (1911–1987). Russischer Prosaiker. Menschenrechtler. 1974 ausgebürgert, lebte in Paris. Sein berühmter Kriegsroman *In den Schützengräben von Stalingrad* erschien 1946; er erhielt für ihn den Stalinpreis.

NEP (russ. Abkürzung für Nowaja Ekonomitscheskaja Politika – Neue Ökonomische Politik). Anfang 1921 wurde die restriktive Wirtschaftspolitik des Kriegskommunismus aufgehoben. Die Zwangsentrichtung von Lebensmitteln auf dem Lande wurde eingestellt und durch eine Naturalsteuer abgelöst. Für die Bauern sowie in der Industrie gab es nunmehr einen beschränkt freien Markt, es wurden Privatunternehmen (in Handwerk und Leichtindustrie) zugelassen und Konzessionen an ausländische Firmen vergeben. Die NEP wurde nie offiziell aufgehoben, aber de facto durch Kollektivierung und willkürliche Unterdrückung des Bauerntums und Privatunternehmertums in den frühen dreißiger Jahren endgültig beseitigt.

Nikolajewskij, Boris Iwanowitsch (1887–1966). Russischer Sozialdemokrat, Gegner der Bolschewiki. Mitherausgeber des 1921 gegründeten *Sozialistitscheskij Westnik* (Sozialistischer Bote), eines Organs der russischen Menschewiki in der Emigration.

Oblomow. Hauptgestalt des gleichnamigen Romans von Iwan Gontscharow. Ein Beispiel für den Typus des »überflüssigen Menschen«; der Inbegriff der Apathie, eines schwermütigen und passiven Daseins. Soziologisch wurde diese Figur in Zusammenhang mit dem Untergang des russischen Landadels gebracht.

Ogonjok (Flämmchen). Populäre Moskauer Wochenillustrierte, erscheint seit 1923.

Olescha, Jurij Karlowitsch (1899–1960). Russischer Epiker, Dramatiker, Essayist. Sein Roman *Der Neid* erschien 1927 und stellte exemplarisch verschiedene Lebensmuster der russischen Intelligenzija nach der Revolution einander gegenüber.

Ordschonikidse, Grigorij Konstantinowitsch (1886–1937). Führender Parteifunktionär georgischer Herkunft, Bürgerkriegskommissar, zuletzt Volkskommissar für Schwerindustrie. Plötzlicher Tod durch Mord oder Selbstmord im Kreml.

Orlow, Alexandr (eigentl. Lew Feldbin) (1896–1973). Ehemaliger Tscheka-Mitarbeiter. Von 1936 bis 1938 sowjetischer Berater im Spanischen Bürgerkrieg, blieb anschließend im Westen. Sein aufschlußreiches Buch *Geheimgeschichte der Verbrechen Stalins* erschien 1953 auf englisch in den USA; 1983 wurde die russische Fassung, ebenfalls in den USA, veröffentlicht.

Ostrowskij, Nikolaj Alexejewitsch (1904–1936). Sowjetischer Prosaiker. Schrieb mit seinem zweiteiligen Roman *Wie der Stahl gehärtet wurde* (1932, 1934 erschienen) ein Musterwerk des Sozialistischen Realismus.

Papanin, Iwan Dmitrijewitsch (geb. 1894). Sowjetischer Polarforscher. Chef der ersten Nordpolexpedition (1937/1938).

Pasternak, Boris Leonidowitsch (1890–1960). Großer russischer Dichter, Lyriker, Epiker, Übersetzer. Der erwähnte Lyrikzyklus *Meine Schwester – das Leben* erschien 1922; das Versepos *Leutnant Schmidt* 1926–1927; sein großer Roman *Doktor Schiwago* über das Schicksal eines Intellektuellen in den russischen Revolutionen, in und nach dem Bürgerkrieg wurde 1956 abgeschlossen und im nächsten Jahr in Italien veröffentlicht. Für diesen Roman sollte Pasternak 1958 den Nobelpreis für Literatur erhalten; er sah sich jedoch gezwungen, den Preis abzulehnen, als er wegen der Hetzkampagne gegen ihn mit der Ausbürgerung rechnen mußte. *Doktor Schiwago* durfte 1988 in der Zeitschrift *Nowyj Mir* erscheinen.

Perestrojka (russ. Umgestaltung). Ein Begriff, der in der modernen Geschichte Rußlands bzw. der Sowjetunion immer wieder bei wichtigen Veränderungen gesellschaftlicher oder politischer Natur als Schlagwort auftauchte. Bereits von Lenin mehrmals angeführt.

Peters, Jakow Christoforowitsch (1886–1938). Bolschewik lettischer Herkunft; gehörte ab der Gründung zur Führungsspitze der Tscheka und deren Nachfolgeorganisationen. Opfer der Säuberungen.

Pilnjak, Boris Andrejewitsch (eigentl. Wogau) (1894–1937 oder 1941). Bedeutender russischer Prosaiker; in seinen Werken wandte er immer wieder neue experimentelle Erzähltechniken an. Pilnjak behandelte paradoxe und tragische Sujets aus der Revolutionsepoche, vom Standpunkt eines engagierten russischen Intellektuellen. Sein Bürgerkriegroman *Das nackte Jahr* erschien im Jahr 1921.

Pissarew, Dimitrij Iwanowitsch (1840–1868). Russischer Publizist und Literaturkritiker. In seinen Arbeiten bewertete er Literatur ausschließlich nach ihrem Nutzen für die gesellschaftliche Entwicklung und Volksaufklärung. Seine berühmtesten Aufsätze behandeln die Werke Puschkins und Turgenjews.

Presnja (heute *Krasnaja Presnja*) Moskauer Arbeiterwohnviertel, dessen Bewohner in allen drei Revolutionen sehr aktiv waren.

Proletkult (russ. Abkürzung für Proletarskije Kulturnoproswetitelskije Organisazii – Proletarische kulturell-aufklärerische Organisationen). Februar 1917 von linken Sozialdemokraten gegründet; mit dem Ziel, eine eigene proletarische Kultur und Literatur zu fördern. Der vulgär-soziologische Standpunkt der Proletkult-Theoretiker wurde von Lenin und anderen Bolschewiki abgelehnt. 1932 aufgelöst.

Provisorische Regierung. 1917 nach der Februarrevolution als zentrales Macht- und Exekutivorgan Rußlands gebildet. Sie wurde vorwiegend von den liberalen und sozialistischen Parteien bzw. Bewegungen getragen und am 25. Oktober (7. November) 1917 vom Kriegsrevolutionären Komitee der bolschewistischen Partei gestürzt.

Pugatschow, Jemeljan Iwanowitsch (1742–1775). Donkosak. Gab sich für den ermordeten Zaren Peter III. aus. Anführer eines Bauernkriegs (1773–1775) an der Wolga und im Ural, der nach anfänglichen Erfolgen niedergeschlagen wurde. Hingerichtet.

Puschkin, Alexandr Sergejewitsch (1799–1837). Großer russischer Dichter.

Radek, Karl Berngardowitsch (eigentl. Sobelsohn) (1885–1937?). Polnisch-deutscher Linkssozialist. Einer der führenden Funktionäre und Publizisten der Komintern. 1937 im zweiten großen Schauprozeß als Mitangeklagter und »Kronzeuge« zu 10 Jahren Haft verurteilt; später »verschollen«.

Radischtschew, Alexander Nikolajewitsch (1749–1802). Russischer Schriftsteller. Radikalster und literarisch bedeutendster Verfechter der revolutionären Aufklärung im damaligen Rußland. Unter Katharina II. nach Sibirien verbannt, nach ihrem Tod begnadigt.

Rasin, Stepan Timofejewitsch (um 1630–1671). Donkosak, Organisierte 1667 den Aufstand der Kosaken an der Wolga und am Kaspischen Meer, der 1670 zu einem Bauernkrieg wurde. Im Oktober 1670 wurde er mit seinem Heer geschlagen, 1671 von den Kosakenältesten an die Zarenregierung ausgeliefert, und hingerichtet.

Raskolnikow. Held des Romans *Schuld und Sühne* von Fjodor M. Dostojewskij (1866).

Repin, Ilja Jefimowitsch (1844–1930). Führender realistischer Maler Rußlands; sein letztes bedeutendes historisches Gemälde »Die Saporoger Kosaken schreiben einen Brief an den türkischen Sultan« wurde im Jahr 1891 fertiggestellt. Das Heer der Saporoger Kosaken schloß reihum mit seinen Nachbarvölkern kurzlebige Bündnisse. Auf dieser Darstellung reagieren die Kosaken spöttisch auf ein Angebot des türkischen Sultans.

Ropschin, W. Siehe *Sawinkow.*

ROSTA-Fenster. ROSTA: russ. Abkürzung für Rossiskoje Telegrafnoje Agenstwo (Russischer Depeschendienst); von 1918 bis 1935 Zentrales Informationsorgan der Sowjetregierung. Führende linke Künstler, u. a. Majakowskij, Rodschenko, Lebedew, beteiligten sich an der Gestaltung der sogenannten ROSTA-Fenster – während des Bürgerkriegs Agitprop-Plakate, die im ganzen Machtbereich der Bolschewiki ausgehängt wurden.

RSFSR (russ. Abkürzung für Rossiskaja Sowjetskaja Federatiwnaja Sozialistitscheskaja Respublika – Russische Föderative Sozialistische Sowjetrepublik) 1917 nach dem bolschewistischen Umsturz ausgerufen.

Russkoje bogatstwo (Russischer Reichtum). Literarische, wissenschaftliche und politische Monatszeitschrift, erschien von 1876 bis 1918 in Sankt Petersburg. Ein legales Organ der sogenannten Volkstümler (*narodniki*).

Sacharow, Andrej Dimitrijewitsch (geb. 1921). Sowjetischer Physiker, Mitglied der Akademie der Wissenschaften der UdSSR, seit Ende der sechziger Jahre aktiver Menschenrechtler; Träger des Friedensnobelpreises. Lebte von 1980 bis 1986 in Gorkij in der Verbannung.

Sakulin, Pawel Nikititsch (1868–1930). Russischer Literaturwissenschaftler, Anhänger der sogenannten Kulturhistorischen Schule.

Samisdat. Russ. Sammelbegriff für alle im »Selbstverlag« in der Sowjetunion erscheinende Literatur.

Samjatin, Jewgenij Iwanowitsch (1884–1937). Bedeutender russischer Prosaiker und Dramatiker. Emigrierte 1932. Die erwähnte Erzählung »Die Höhle« erschien 1921; sein antiutopischer Roman *Wir* wurde 1920 geschrieben, aber erst 1924/25 im Ausland veröffentlicht. Er zeichnet in genialer Voraussicht das Bild des modernen totalitären Staates.

Sawinkow, Boris Wiktorowitsch (1879–1925). Führender Sozialrevolutionär, gehörte zur Spitze der terroristischen Kampforganisation dieser Partei. Kriegskommissar der Provisorischen Regierung; aktiver Kampf gegen die Bolschewiki im Bürgerkrieg. Als Prosaiker unter dem Pseudonym W. Ropschin bekannt. Seine Novelle *Das, was nie geschah* erschien 1914 im Westen. 1924 wurde er von GPU-Agenten (der damaligen politischen Staatspolizei) aus Frankreich nach Rußland gelockt und verhaftet; im selben Jahr in einem Schauprozeß zu zehn Jahren Haft verurteilt; beging im Gefängnis Selbstmord.

Silbernes Zeitalter. So nannte man in bezug auf die russische Dichtung die ersten zwei Jahrzehnte des zwanzigsten Jahrhunderts, analog zum »goldenen Zeitalter« Puschkins.

Simonow, Konstantin (eigentl. Kirill) *Michajlowitsch* (1915 bis 1979). Sowjetischer Lyriker, Prosaiker, Literaturfunktionär.

Bekannt sind seine Lyrik und Romane, die hauptsächlich das Schicksal der sowjetischen Soldaten im Zweiten Weltkrieg thematisieren.

Sinowjew, Alexandr Alexandrowitsch (geb. 1922). Russischer Logiker; Prosaiker und Publizist. 1976 Berufsverbot, 1978 Ausreise in die Bundesrepublik und Ausbürgerung. Sein berühmter Roman *Gähnende Höhen*, der zugleich ein soziologisches Traktat über die sowjetische Gesellschaft darstellt, wurde 1974 in Moskau geschrieben und 1976 im Westen veröffentlicht. Es folgten u. a. *Lichte Zukunft* und *Homo Sovieticus*.

Sluzkij, Boris Abramowitsch (1919–1986). Lyriker und Übersetzer, publizierte erst nach dem Tod Stalins.

Smena wech (Zeitenwende). Titel einer Pariser Zeitschrift (1921–1922) des Organs einer gleichnamigen sozialpolitischen Bewegung der russischen Intelligenzija. Die großrussisch, nationalistisch gestimmten »Smenowechowzy« akzeptierten die bolschewistische Sowjetmacht als einen russischen Nationalstaat, hofften aber dennoch auf eine baldige Restauration.

Smith, Hedrick (geb. 1934). Amerikanischer Journalist. Sein Buch *Die Russen* erschien 1976.

Smolnyj. Seit August 1917 waren in diesem Petrograder Gebäude (einer ehemaligen Lehranstalt für junge Mädchen adliger Herkunft) mehrere bolschewistische Organisationen untergebracht. Von hier aus wurde der Oktoberumsturz geleitet.

Solschenizyn, Alexandr Isajewitsch (geb. 1918). Russischer Epiker und Historiker. 1945 als Kriegsoffizier verhaftet; bis 1953 in Lagerhaft. Die Lagererzählung »Ein Tag im Leben des Iwan Denissowitsch« wurde 1962 mit Billigung Chruschtschows in der Zeitschrift *Nowyi Mir* gedruckt; ansonsten wurden in der Sowjetunion nur einige Erzählungen veröffentlicht, u. a. »Ein Zwischenfall auf dem Bahnhof Kotschetowka« (1963). Zu seinen bekanntesten Werken gehört die historische Studie über das sowjetische Lagersystem *Archipel Gulag* (1973–1975). 1971 erhielt er den Nobelpreis für Literatur. 1974 aus der Sowjetunion ausgewiesen.

Soschtschenko, Michail Michaijlowitsch (1895–1958). Bedeutender russischer Satiriker. Seine bekanntesten Erzählungen aus den zwanziger und Anfang der dreißiger Jahre schildern den sowjetischen Alltag im Leben des kleinen Mannes. Ein Meister der *Skaz*-Technik. Seit Anfang der vierziger Jahre fiel er zunehmend in Ungnade.

Subbotnik (von russ. *subbota*, Samstag). Ursprünglich ein freiwilliger und unentgeltlicher Arbeitseinsatz der Kommunisten am Wochenende oder an Feiertagen, vor allem samstags; daher die Bezeichnung »Kommunistischer Subbotnik«. Seit den dreißiger Jahren faktisch eine Pflicht für alle Werktätigen.

Suworow, Alexandr Wassiljewitsch (1729 oder 1730–1800). Russischer Feldherr und Militärtheoretiker. Sieger in vielen Kriegen gegen Preußen, die Türkei, Polen und Frankreich. Wurde zum Nationalmythos.

Swetlow, Michail Arkadjewitsch (1903–1964). Russischer Lyriker. Seine frühen Gedichte, in denen er die Revolutionen und Bürgerkriege des zwanzigsten Jahrhunderts romantisierte, waren unter der Komsomolzenjugend sehr populär. Während der sechziger Jahre schrieb er vor allem philosophische Lyrik.

Schabotinskij, Wladimir (1880–1940). Publizist und zionistischer Politiker der rechtsorientierten, sog. revisionistischen Richtung.

Schaginjan, Marietta Sergejewna (1888–1982). Sowjetische Schriftstellerin, Literaturkritikerin und Musikwissenschaftlerin.

Schalamow, Warlam Tichonowitsch (1907–1982). Russischer Epiker und Lyriker. Von 1926 bis 1929 und 1937 bis 1954 Lagerhaft. Seine *Erzählungen aus Kolyma* wurden im Samisdat verbreitet und im Westen seit 1966 nach und nach veröffentlicht.

Schdanowtschina. Auf Veranlassung des Parteiideologen Andrej Schdanow (1896–1948) eröffnete das ZK der KP am 14. August 1946 mit seiner Resolution über die Leningrader Zeitschriften *Swesda* (Stern) und *Leningrad* eine langjährige erbitterte Kampagne gegen westliche Kultureinflüsse. Zu ersten Opfern wurden die populärsten Leningrader Schriftsteller Anna Achmatowa und Michail Soschtschenko. Diese Hetze gegen die »dekadenten Antipatrioten« sowie der kurz darauf entfachte antisemitisch gefärbte Kampf gegen die »Kosmopoliten« führten zu einer Stagnation des gesamten kulturellen Lebens bis hin zu Stalins Tod.

Schestidesjatniki (die »1860er Generation«). Eine Gruppe russischer Schriftsteller, meistens geistlicher oder bürgerlicher Herkunft, die sich nach dem Tod Nikolaj I. im Zuge der liberalen Reformen Alexandr II. formierte. Ihre Prosa war vor allem von sozialkritischen Anliegen geprägt und idealisierte zuweilen das einfache Volk. Tschernyschewskij und Pissarew versuchten die literarische Praxis der Schestidesjatniki theoretisch zu untermauern.

Schestow, Lew (eigentl. Lew Isaakowitsch Schwarzman) (1866–1938). Russischer existententieller Philosoph und Essayist. Sein Werk *Die Apotheose der Bodenlosigkeit* erschien 1905 und gehört zur frühen irreligiösen Phase seines Schaffens. Lebte seit 1920 in Paris.

Schimanow, Gennadij Michailowitsch (geb. 1937). Russischer Publizist, der seine extrem nationalistischen Schriften im Samisdat herausbringt.

Schkulew, Filipp Stepanowitsch (1868–1930). Russischer proletarischer Lyriker bäuerlicher Herkunft; besang die Poesie der einfachen Arbeit, sowohl auf dem Acker als auch in der Fabrik, und ebenso den Klassenkampf.

Schmidt, Leutnant Schmidt, Pjotr Petrowitsch (1867–1906). Leutnant der russischen Schwarzmeerflotte. 1905 leitete er den Matrosenaufstand auf dem Panzerkreuzer »Otschakow«; als aktiver Revolutionär hingerichtet. Wurde zum Helden des gleichnamigen Versepos von Boris Pasternak.

Scholochow, Michail Alexandrowitsch (1905–1984). Russischer Epiker, Autor des *Stillen Don*; 1965 erhielt er den Nobelpreis für Literatur. Die erwähnte Kriegserzählung »Die Wissenschaft des Hasses« wurde 1942 veröffentlicht.

Schragin, Boris Iossifowitsch (geb. 1926). Russischer Philosoph und Publizist; ab 1965 in der Bürgerrechtsbewegung, 1974 Ausreise in die USA.

Stalin, Jossif Wissarionowitsch (eigentl. Dschugaschwili) (1879–1953).

Stalskij, Sulejman (eigentl. Gasanbekow) (1869–1937). Lesginischer Volksdichter, schrieb zahlreiche epische Gedichte und Loblieder auf Stalin und die Sowjetmacht.

Stanislawskij, Konstantin Sergejewitsch (eigentl. Alexejew) (1863–1938). Bedeutender russischer Regisseur, Schauspieler und Theatertheoretiker. Mitbegründer des Moskauer Künstlertheaters (1898).

Struwe, Pjotr Berngardowitsch (1870–1944). Russischer Philosoph, Volksökonom und Historiker. Ursprünglich gehörte er der legal-marxistischen Richtung an, bereits nach der Jahrhundertwende wurde er jedoch zum Rechtsliberalen.

Tichonow, Nikolaj Semjonowitsch (1896–1979). Sowjetischer Lyriker und Literaturfunktionär. In den frühen zwanziger Jahren profilierte er sich als sowjetischer Epigone von Rudyard Kipling.

Tolstoj, Alexej Nikolajewitsch (1883–1945). Russischer Epiker, Dramatiker, stammte aus einer adligen Gutsbesitzerfamilie. 1919–1922 in der Emigration; später mustergültiger Autor des Sozialistischen Realismus. Der erwähnte Roman *Das Brot* (1937) mythologisiert Stalins Rolle im Bürgerkrieg, insbesondere bei der Verteidigung von Zarizyn an der Wolga.

Tolstoj, Lew Nikolajewitsch, Graf (1828–1910). Großer russischer Epiker, Moralist und Pädagoge.

Togliatti, Palmiro (1893–1964). Italienischer Kommunist.

Trotzkij, Lew Dawydowitsch (eigentl. Bronstein) (1879–1940). Im Exil in Mexiko von einem Geheimagenten des NKWD ermordet.

Tschakowskij, Alexandr Borisowitsch (geb. 1913). Sowjetischer Prosaiker und Literaturfunktionär; als Chefredakteur der *Literaturnaja gaseta* hat er seit 1982 eine wichtige Stellung im kulturellen und politischen Leben der Sowjetunion.

Tscheka (russ. Abkürzung für [Wserossiskaja] Tschreswitschajnaja kommissija po borbe s konterrewoluzijei i sabotaschem – Außerordentliche Kommission für den Kampf gegen Konterrevolution und Sabotage). Staatssicherheitsorganisation, im Dezember 1917 gegründet, später mehrmals reorganisiert und umbenannt: GPU, NKWD, MGB, schließlich KGB.

Tschernow, Wiktor Michajlowitsch (1873–1952). Russischer Politiker; einer der Gründer und Theoretiker der Partei der Sozialrevolutionäre. Seit 1920 in der Emigration.

Tschernyschewskij, Nikolaj Gawrilowitsch (1828–1889). Russischer Schriftsteller, Publizist und Philosoph. Vertreter radikaldemokratischer Ideen. 1862 verhaftet, 1864 zu Strafarbeiten in Sibirien verurteilt. Aus der Verbannung konnte er erst 1883 zurückkehren. Seinen Roman *Was Tun?*, der Elemente einer sozialistischen Utopie enthält, schrieb er 1863 im Gefängnis.

Tschitscherin, Georgij Wassiljewitsch (1872–1936). Sowjetischer Staatsmann; von 1918 bis 1930 Volkskommissar für Auswärtige Angelegenheiten.

Tschkalow, Walerij Pawlowitsch (1904–1938). Pilot, der 1937 mit zwei Kameraden den ersten Flug über den Nordpol von Moskau in die USA verwirklichte.

Turgenjew, Iwan Sergejewitsch (1818–1883). Großer russischer Epiker. Sein bekanntester Roman *Väter und Söhne* erschien im Jahr 1862.

Twain, Mark (eigentl. Clemens, Samuel Longhorne) (1835–1910). Amerikanischer Epiker und Satiriker; Autor von *Huckleberry Finn*. Sein bizarrer Roman *Ein Yankee am Hofe König Artus'* erschien 1889; auf deutsch erstmals 1923.

Twardowskij, Alexandr Trifonowitsch (1910–1971). Russischer Lyriker, Essayist. Von 1950 bis 1954 und 1958 bis 1970 Chefredakteur der literarischen und kritischen Monatszeitschrift *Nowyj Mir* (veröffentlichte u. a. A. Solschenizyn), die bis zu seiner Absetzung als Hauptorgan der engagiert demokratischen russischen Intelligenzija galt.

Uljanowsk. Siehe *Lenin*.

Ustinow, Dmitrij Fjodorowitsch (1908–1984). Sowjetischer Politiker; zeitweilig stellvertretender Ministerpräsident.

Ustrjalow, Nikolaj Wassiljewitsch (1890–1938). Russischer Politiker und Publizist; Ideologe der »Smena wech«. Emigrierte 1920 nach Charbin (Mandschurei), kehrte 1935 zurück.

Walentinow, Nikolaj (eigentl. Wolskij, Nikolaj Wladislawowitsch) (1879–1964). Russischer sozialdemokratischer Journalist und Philosoph. Ab 1928 in der Emigration. Sein Buch *Begegnungen mit Lenin* veröffentlichte er 1953 in den USA.

Wandermaler. 1870 schlossen sich einige russische Maler zur »Genossenschaft für Wanderausstellungen« zusammen, die ein Gegengewicht zum akademischen Kunstbetrieb schaffen sollte. Ihre Kunst zeichnete sich durch eine eher konventionelle realistische Ästhetik und sozialkritisches Engagement aus (u. a. Kramskoj, Repin, Surikow, Perow).

Wechi (Meilensteine). Ein 1909 erschienener *Sammelband über die russische Intelligenzija* (so der Untertitel), in dem die ehemaligen Marxisten N. Berdjajew, S. Bulgakow, P. Struwe u. a. russische Philosophen und Publizisten die Folgen der Revolution von 1905/06 und die historische Rolle der russischen Intelligenzija kritisch betrachteten.

Weiß (wie in Weiße Garde, Weiße Armee, Weiße Bewegung usw.). Eine inoffizielle Sammelbezeichnung für die Teilnehmer des Bürgerkriegs, die restaurative Ziele verfolgten. Die Symbolik »weiß« für Anhänger der alten Ordnung im Gegensatz zum »rot« des rebellierenden Volkes geht auf die Französische Revolution zurück.

Westnik Ewropy (Europäischer Bote). Literarische und politische Monatszeitschrift liberaler Prägung. Erschien von 1866 bis 1918 in Petersburg.

Wolodarskij, W. (eigentl. Goldstein, Moissej Markowitsch) (1891–1918). Russischer Revolutionär, schloß sich 1917 den Bolschewiki an. Fiel einem Attentat zum Opfer, auf das die erste Welle des sogenannten »Roten Terrors« folgte.

Woloschin, Maximilian Alexandrowitsch (eigentl. Kirienko-Woloschin) (1878–1932). Bedeutender russischer Lyriker, Maler und Kulturhistoriker, Übersetzer. Ab 1917 lebte er auf der Krim und bemühte sich, nicht in den Sog der politischen Auseinandersetzungen zu geraten.

Woronskij, Alexandr Konstantinowitsch (1884–1943). Altbolschewik; Literaturkritiker und Schriftsteller. Von 1921 bis 1927 war er Chefredakteur der literarischen Monatszeitschrift *Krasnaja Now* und förderte auch andersgesinnte Schriftsteller nicht-proletarischer Herkunft, die sogenannten »Poputschiki«, dtsch.: »Weggefährten«.

Woroschilow, Kliment Jefremowitsch (1881–1969). Altbolschewik. Heerführer im Bürgerkrieg. 1925–40 Volkskommissar für Kriegs- und Marineangelegenheiten bzw. Verteidigung. 1953–60 Vorsitzender des Präsidiums des Obersten Sowjets (Staatsoberhaupt). Mit seinem Werk *Stalin und die Rote Armee* trug er maßgeblich zum Stalin-Kult bei.

Zarizyn. Im sechzehnten Jahrhundert gegründete Stadt an der

Wolga, die 1925 in Stalingrad und 1961 in Wolgograd umbenannt wurde.

Zwetajewa, Marina Iwanowna (1892–1941). Große russische Lyrikerin, Essayistin. 1922–1939 in der Emigration, beging 2 Jahre nach ihrer Rückkehr in die Sowjetunion Selbstmord.